青少年必知的

中国历史

吕思勉　张荫麟等◎著

中国文史出版社

图书在版编目（CIP）数据

青少年必知的中国历史/吕思勉 张荫麟等著.—北京：
中国文史出版社，2022.12

ISBN 978-7-5205-3778-0

Ⅰ.①青…　Ⅱ.①吕…②张…　Ⅲ.①中国历史—青少年读物
Ⅳ.①K209

中国版本图书馆 CIP 数据核字（2022）第 246992 号

责任编辑：张春霞

出版发行：**中国文史出版社**

社　　址：北京市海淀区西八里庄69号院　邮编：100142

电　　话：010-81136606　81136602　81136603（发行部）

传　　真：010-81136655

印　　装：北京新华印刷有限公司

经　　销：全国新华书店

开　　本：710mm×1010mm　1/16

印　　张：21　字数：312千字

版　　次：2023年3月第1版

印　　次：2023年3月第1次印刷

定　　价：68.00元

目录
Contents

第一章　细说先秦

夷夏东西说 / 002

夏商大事及以前之传说 / 028

周朝的兴起 / 031

晋楚争霸 / 035

春秋战国的竞争和秦国的统一 / 040

第二章　秦汉之际

项羽与巨鹿之战 / 046

楚汉相争及其结局 / 049

秦汉之际中国与外族 / 057

武帝时文术之盛 / 060

儒家的正统地位之确立 / 064

改制与革命 / 067

第三章　魏晋南北朝

后汉的分裂和三国 / 082

晋初的形势 / 085

五胡之乱 / 089

南北朝的始末 / 095

南北朝隋唐间塞外的形势 / 101

第四章　隋唐五代

隋朝和唐朝的盛世 / 106

唐朝的职官与选举制度 / 109

府兵制的起源及其评价 / 112

唐朝的中衰 / 120

唐朝的衰亡和沙陀的侵入 / 123

五代十国的兴亡和契丹的侵入 / 127

第五章　细说宋史

宋朝的开国和开国规模 / 134

北宋的积弱 / 146

北宋的外患与变法 / 151

南宋中兴之机运 / 169

南宋恢复的无成 / 174

第六章　迅速崛起的蒙元

蒙古大帝国的盛衰 / 182

元的勃兴和各汗国的创建 / 186

元的制度 / 191

元帝国的瓦解 / 194

第七章　细说明史

明开国以后之制度 / 200

洪武年中诸大事 / 215

燕王朱棣靖难 / 228

明朝的盛衰 / 242

崇祯致亡之症结 / 246

李自成、张献忠及建州兵事 / 250

第八章　盛极而衰的清朝

圣祖撤藩取台湾 / 262

盛明之缺失 / 275

嘉庆间兵事之海患 / 288

鸦片案始末 / 293

晚清的政局 / 310

汉族的光复运动 / 315

清朝的衰乱及覆亡 / 319

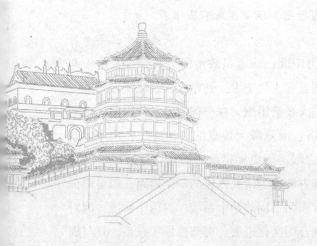

第一章

细说先秦

夷夏东西说

傅斯年

这一篇文是我在"九一八"以前所作《民族与古代中国史》一书中的三章。这一书已成 之稿，大致写在"九一八"前两年至半年间。这三章是二十年春天写的，因时局的影响，研究所迁徙两次，我的工作全不能照预定呈现，所以这一书始终不曾整理完。现在把其中的三章，即本文的三章，编成一文，敬为蔡孑民师寿。因为本是一部书，所以中间常提到他章，现在改作"别见某文，未刊"。这一篇中的中心思想，是我十余年前的见解，此数章写成亦在数年前。这几年中我没有在这一线上用功夫，所以除字句略加修正及末一节以外，几全是当年的原文。此文本应附图，现在亦来不及作了。

民国二十三年十月

自东汉末以来的中国史，常常分南北，或者是政治的分裂，或者由于北方为外族所统治。但这个现象不能倒安在古代史上。到东汉，长江流域才大发达。到孙吴时，长江流域才有独立的大政治组织。在三代时及三代以前，政治的演进，由部落到帝国，是以河、济、淮流域为地盘的。在这片大地中，地理的形势只有东西之分，并无南北之限。历史凭借地理而生，这两千年的对峙，是东西而不是南北。现在以考察古地理为研究古史的一个道路，似足以证明三代及近于三代之前期，大体上有东西不同的两个系统。这两个系统，因对峙而生争斗，因争斗而起混合，因混合而文化进展。夷与商属于东系，夏与周属于西系。以下四章是为求能证明这个设定而写的。先从商代说起，上溯夏后世者，因为后王事迹多，容易看清楚，先讨论他，于了解此文之命意上似乎便当些。

一、亳—商—殷

（一）商代发迹于东北渤海与古兖州是其建业之地

下列数事，合起来可证成本节标题所假定。

甲　《诗·商颂》："天命玄鸟，降而生商。"又，"有娀方将，帝立子生商。"这个故事的意义，可以《吕氏春秋·音初篇》所记说明之。

有娀氏有二佚女，为之九成之台，饮食必以鼓。帝令燕往视之，鸣若谧隘。二女爱而争搏之，覆以玉筐。少选，发而视之，燕遗二卵北飞，遂不反。二女作歌，一终曰："燕燕往飞。"实始作为北音。

《商颂》中所谓"玄鸟"及"有娀"之本事，当即此说之内容。此一神话之核心，在于宗祖以卵生而创业。后代神话与此说属于一源而分化者，全在东北民族及淮夷。现在将此神话之重要材料录于下方。

《论衡·吉验篇》北夷橐离国王侍婢有娠，王欲杀之。婢对曰："有气大如鸡子，从天而下，我故有娠。"后产子，捐于猪溷中，猪以口气嘘之，不死。复徙置马栏中，欲使马藉杀之，马复以口气嘘之，不死。王疑以为天子，令其母收取，奴畜之，名东明，令牧牛马。东明善射，王恐夺其国也，欲杀之。东明走，南至掩㴲水，以弓击水，鱼鳖浮为桥，东明得渡。鱼鳖解散，追兵不得渡，因都王夫余，故北夷有夫余国焉。（《魏志》三十《夫余传》注引《魏略》同）

《魏书·高句丽传》高句丽者，出于夫余。自言先祖朱蒙。朱蒙母河伯女，为夫余王闭于室中，为日所照，引身避之，日影又逐。既而有孕，生一卵，大如五升。夫余王弃之与犬，犬不食。弃之与豕，豕又不食。弃之于路，牛马避之。后弃之野，众鸟以毛茹之。夫余王割剖之，不能破，遂还其母。其母以物裹之，置于暖处，有一男破壳而出。及其长也，字之曰朱蒙。其俗言朱蒙者，善射也。夫余人以朱蒙非人所生，将有异志，请除之。王不听，命之养马。朱蒙每私试，知有善恶，骏者减食令瘦，驽者善养令肥。夫余王以肥者自乘，以瘦者给朱蒙。后狩于田，以朱蒙善射，限之一矢。朱蒙虽矢少，殪兽甚多。夫余之臣又谋杀之，朱蒙母阴知，告朱蒙曰："国将害汝，以汝才略，宜远适四方。"朱蒙乃与乌引、乌违等二人弃夫余东南走。中道遇一大水，欲济无梁，夫余人追之甚急。朱蒙告水曰："我是日子，河伯外孙，今日逃走，追兵垂及，如何得济？"于是鱼鳖并浮，为之成桥。朱蒙得渡，鱼鳖乃解，追骑不得渡。朱蒙遂至普述水，遇见三人，其一人著麻衣，一人著衲衣，一人著水藻衣，与朱蒙至纥升骨城，遂居焉。号曰高句丽，因以为氏焉。

《高丽好大王碑》惟昔始祖邹年王之创基也，出自北夫余，天帝之子，母河伯女郎，剖卵降出。生子有圣德□□□□命驾巡东南下，路由夫余奄利大水。王临津言曰："我是皇天之子，母河伯女郎，邹年王，为我连葭浮龟。"应声即为连葭浮龟，然后造渡于沸流谷忽本西城山上而建都焉。永乐□位，因遣黄龙来下迎王，王于忽本东冈黄龙负升天。

高丽王氏朝金富轼撰《三国史记·高句骊纪》始祖东明圣王姓高氏，讳朱蒙（一云邹年，一云象解）。先是扶余王解夫娄老，无子，祭山川求嗣。其所御马至鲲渊，见大石，相对流泪。王怪之，使人转其石，有小儿，金色，蛙形（蛙一作蜗）。王喜曰："此乃天赉我令胤乎？"乃收而养之，名曰金蛙。及其长，立为太子。后其相阿兰弗曰："日者天降我曰：'将使吾子孙立国于此，汝其避之东海之滨，有地号曰迦叶原，土壤膏腴，宜五谷，可都也。'"阿兰弗遂劝王移都于彼国，号东扶余。其旧都有人，不知所从来，自称天帝子解慕漱来都焉。及解夫娄薨，金蛙嗣立。于是时得女子于太白山南优渤水，问之，曰："我是河伯之女，名柳花，与诸弟出游，时有一男子自言天帝子解慕漱，诱我于熊心山下鸭绿边室中私之，即往不返，父母责我无媒而从人，遂谪居优渤水。"金蛙异之，幽闭于室中。为日所照，引身避之，日影又遂而炤之，因而有孕。生一卵，大如五升许，王弃之于犬豕，皆不食。又弃之路中，牛马避之。后弃之野，鸟覆翼之。王欲剖之，不能破。遂还其母。其母以物裹之，置于暖处，有一男儿破壳而出，骨表英奇。年甫七岁，岐嶷异常，自作弓矢射之，百发百中。扶余俗语善射为朱蒙，故以名云。金蛙有七子，常与朱蒙游戏，其伎能皆不及朱蒙。其长子带素言于王曰："朱蒙非人所生，其为人也勇，若不早图，恐有后患，请除之。"王不听，使之养马。朱蒙知其骏者而减食令瘦，驽者善养令肥。王以肥者自乘，瘦者给朱蒙。后猎于野，以朱蒙善射，与其矢小，而朱蒙殪兽甚多。王子及诸臣又谋杀之，朱蒙母阴知之，告曰："国人将害汝，以汝才略，何往而不可？与其迟留而受辱，不若远适以有为。"朱蒙乃与乌伊摩离陕父等三人为友，行至淹㴲水（一名盖斯水，在今鸭绿东北），欲渡无梁，恐为追兵所迫，告水曰："我是天帝子，河伯外孙，今日逃走，追者垂及，如何？"于是鱼鳖浮出成桥，朱蒙得渡，鱼鳖乃解，追骑不得渡。朱蒙行至毛屯谷（《魏书》云，至普述水），遇三人，其一人着麻衣，一人着衲衣，一人着水藻衣。朱蒙问曰："子等何许人也？何姓何名乎？"麻衣者曰："名再思。"衲衣者曰："名武骨。"水藻衣者曰："名默居。"而不言姓。朱蒙赐再思姓克氏，武骨仲室氏，默居少室氏。乃告于众曰："我方承景命，欲启元基，而适遇此三贤，岂非天赐乎？"遂揆其能，各任以事，与之俱至卒本川（《魏书》云，至纥升骨城）。观其土壤肥美，山河险固，遂欲都焉，而未遑作宫室，但结庐于沸流水上居之。国号高句丽，因以高为氏（一云，朱蒙至卒本，扶余王无子，见朱蒙，知非常人，以其女妻之。王薨，朱蒙嗣位）。时朱蒙年二十二岁，是汉孝元帝建昭二年。

朝鲜《旧三国史·东明王本纪》（案，原书已佚，日人今西龙在《内藤虎次郎颂寿纪念史学论丛》中所作《朱蒙传说》据高丽王氏朝李奎报《李相国文集》中之《东明王篇注释》辑录成篇，并以朝鲜《世宗实录》《地理志·平安道》平壤条所载者补订之。此处所引，即据今西龙氏辑文）夫余王解夫娄老无子，祭山川求嗣。所御马至鲲渊，见大石流泪。王怪之，使人转其石，有小儿金色蛙形。王曰："此天赐我令胤乎？"乃收养之，名曰金蛙，立为太子。其相阿兰弗曰："日者天降我曰，将使吾子孙立国于此，汝其避之东海之滨，有地号迦叶原，土宜五谷，可都也。"阿兰弗劝王移都，号东夫余。于旧都解慕漱，为天帝子来都。汉神雀三年壬戌岁（四月甲寅），天帝遣太子降游扶余王古都，号解慕漱。从天而下，乘五龙车，从者百余人，皆骑白鹄，彩云浮于上，音乐动云中，止熊心山，经十余日始下。首戴乌羽之冠，腰带剑光之剑，朝则听事，暮即升天，世谓之天王郎。城北青河河伯（青河今鸭绿江也）有三女，长曰柳花，次曰萱花，季曰苇花，三女自青河出游熊心渊上，神姿艳丽，杂佩锵洋，与汉皋无异。王谓左右曰："得而为妃可有后胤。"其女见王，即入水。左右曰："大王何不作宫殿，俟女入室，当户遮之？"王以为然。以马鞭画地，铜室俄成，壮丽于空中。王三席置樽酒，其女各座其席，相欢，饭酒大醉，云云。王俟三女大醉，急出遮。女等惊走，长女柳花为王所止。河伯又怒，遣使告曰："汝是何人，留我女乎？"王报云："我是天帝之子，今欲与河伯结婚。"河伯又使告曰："汝若天帝之子，于我有求婚者，当使媒，云云，今辄留我女，何其失礼？"王惭之。将往见河伯，不能入室。欲放其女，女既与王定情，不肯离去，乃劝王曰："如有龙车，可到河伯之国。"王指天而告，俄而五龙车从空而下。王与女乘车，风云忽起，至其宫。河伯备礼迎之，坐定，谓曰："婚姻之道，天下之通规，为何失礼辱我门宗？"河伯曰："王是天帝之子，有何神异？"王曰："惟在所试。"于是河伯于庭前水化为鲤，随浪而游，王化为獭而捕之。河伯又化为鹿而走，王化为豺逐之。河伯化为雉，王化为鹰击之。河伯以为诚是天帝之子，以礼成婚。恐王无将女之心，张乐置酒，劝王大醉（河伯之酒七日乃醒），与女入于小革舆中，载以龙车，欲令升天。其车未出水，王即酒醒。取女黄金钗，刺革舆，从孔独出升天。河伯大怒其女，曰："汝不从我训，终辱我门。"令右左绞挽女口，其唇吻长三尺，惟与奴婢二人贬于优渤水中。优渤，泽名，今在太伯山南。渔师强力扶邹告金蛙曰："近有盗梁中鱼而将去者，未知何兽也？"王乃使渔师以网引之，其网破裂。更造铁网引之，始得一女，坐石而出。其女唇长，不能言，令三截其唇，乃言。王知天帝子妃，以别宫置之。其女怀牖中日曜，因以有娠。神雀四年癸亥岁夏四月，生朱蒙。啼声甚伟，骨表英奇。初生，左腋生一卵，大如五升许。王怪之，曰："人生鸟卵，可为不祥。"使人置之马牧，群马不践。弃于深山，百兽皆护，云阴之日，卵上恒有日光。王取卵送母养之，卵终乃开，得一男。生未经月，言语并实。谓母曰："群蝇嗜目，不能睡，母为我作弓矢。"其母以苇作弓矢与之，自射纺车上蝇，发矢即中。扶余谓善射曰朱蒙。年至长大，才能兼备。金蛙有子七人，常共朱蒙游猎。王子及从者四十余人，惟获一鹿，朱蒙射鹿至多。王子妒之，乃执朱蒙缚树，夺鹿而去，朱蒙树拔而去。太子带素言于王曰："朱蒙神勇之士，瞻视非常，若不早图，必有后患。"王使朱蒙牧马，欲试其意。朱蒙内怀恨，谓母曰："我是天帝之孙，为人牧马，生不如死，欲往南土造国家，母在，不敢自专，云云。"其母曰："此吾之所以日夜腐心也。""吾闻士之涉长途者，顺凭骏足，吾能择马矣。"遂往牧马，即以长鞭乱捶，群马皆惊走，一骤马跳过二丈之栏。朱蒙知马骏逸，潜以针捶马舌，痛不食水草，其马瘦悴。王巡行马牧，见群马悉肥，大喜，仍以瘦赐朱蒙。朱蒙得之，拔其针加倭云。暗结乌伊摩离陕父等三人，南行至淹滤，一名盖斯水，在今鸭绿东北，欲渡无舟。恐追兵奄及，乃以策指天，慨然叹曰："我天帝之孙，河伯之甥，今避难至此，皇天后土怜我孤子，速致舟桥。"言讫，以弓打水，龟鳖浮出成桥，朱蒙乃得渡。良久，追兵至。追兵至河，鱼鳖桥即灭，已上桥者皆没死。朱蒙临别，不忍暌违。其母曰："汝勿以一母为念。"乃裹五谷种以送之。朱蒙自切生别之心，忘其麦子。朱蒙息大树之下，有双鸠来集。朱蒙曰："应是神母使送麦子。"乃引弓射之，一矢俱举，开喉得麦子。以水喷鸠，更苏而飞去，云云。王行至卒本川，庐于沸流水上，国号为高句丽。王自坐苇绝之上，略定君臣神。（中略）在位十九年，秋九月，王升天不下，时年四十。太子以所遗玉鞭葬于龙山，云云。（下略）

《清太祖武皇帝实录》（故宫博物院藏本。按《清太祖实录》今已发见者有三本，一名《太祖武皇帝实录》，藏北平故宫博物院，是最初本。一名《太祖高皇帝实录》，是一稿本，涂改数遍，藏中央研究院历史语言研究所。一名亦《太祖高皇帝实录》，藏北平故宫博物院，已由该院印出，此为最后之本。又有《满洲实录》，藏沈阳故宫博物院，已由该院影印，文饰较少，当在故宫第一本及中央研究院稿本之间。今录故宫第一本，而注明沈阳本之异文）长白山高约二百里，周围约千里。此山之上有一潭名他门（沈阳本作闼门），又以下提行。周约八十里。鸭绿、混同、爱滹三江，俱从此山流出。鸭绿江自山南泻出向西流，直入辽东之南海。混同江自山北泻出向北流，直入北海。爱滹江向东流，直入东海。此三江中每出珠宝。长白山山高地寒，风劲不休，夏日，环山之兽俱投憩此山中。（沈阳本此下有云，此山尽是浮石，乃东北一名山也）

满洲源流。

满洲原起于长白山之东北布库里山下一泊，名布尔（沈阳本作勒）湖里。初，天降三仙女浴于泊，长名恩古伦，次名正古伦，三名佛库伦，浴毕上岸，有神鹊衔一朱果置佛库伦衣上，色甚鲜妍。佛古（沈阳本作库）伦爱之不忍释手，遂衔口中。甫著衣，其果入腹中，即感而成孕。告二姊曰："吾觉腹重不能同升，奈何？"二姊曰："吾等曾服丹药，谅无死理，此乃天意，俟尔身轻上升未晚。"遂别去。佛库伦后生一男，生而能言，倏尔长成。母告子曰："天生汝，实令汝为夷国主（沈阳本作以定乱国），可往彼处将所生缘由一一详说。"乃与一舟，"顺水去，即其地也。"言讫，忽不见。其子乘舟顺流而下，至于人居之处，登岸，折柳条为坐具，似椅形，独踞其上。彼时长白山东南鳌莫惠（地名）鳌多理（城名。此两名沈阳本作鄂谟辉、鄂多理），内有三姓夷酋争长（沈阳本作争为雄长），终日互相杀伤。适一人来取水，见其子举止奇异，相貌非常，回至争斗之处，告众曰："汝等无争，我于取水处遇一奇男子，非凡人也。想天不虚生此人，盍往观之？"三酋长（沈阳本作三姓人）闻言罢战，同众往观。及见，果非常人，异而诘之。答曰："我乃天女佛库伦所生，姓爱新（华语〔沈阳本作汉言〕，金也）觉罗（姓也），名布库理雍顺，天降我定汝等之乱。"因将母所嘱之言详告之。众皆惊异曰："此人不可使之徒行。"遂相插手为舆，拥捧（沈阳本作护）而回。三姓人息争，共奉布库里英雄（沈阳本作哩雍顺）为王，以百里女妻之。其国定号满洲，乃其始祖也（南朝误名建州）。

如上所引，可知此一传说在东北各部族中之普遍与绵长。此即东北人之"人降"神话，在东北人以外，古淮夷亦有此神话：

《史记·秦本纪》秦之先帝，颛顼之苗裔，孙曰女修。女修织，玄鸟陨卵，女脩吞之，生子大业。大业取少典之子，曰女华，女华生大费，与禹平水土。

按，此虽记秦之祖，然实叙夷淮之祖，因秦本嬴姓，嬴姓在商代，凭殷人西向之势，自岱南出建部落于西北，事见《秦本纪》。淮夷本是东海上部类，《诗·鲁颂》"至于海邦，淮夷来同"，是其证。然则淮夷与东北沿海诸族同其人降之神话，本不足怪。且此处之神话，明明归本于颛顼氏，颛顼正是东北方部落之宗神。《晋书》卷一百八（慕容）"廆以大棘城即帝颛顼之墟也"可以为证。据此考量，淮夷有此神话，正自东北来，即当入之东北一类中也。

然而此一神话殊不以东北为限，殷商亦然。《诗》所谓"天命玄鸟，降而生商"，所谓"有娀方将，帝立子生商"者，据郑笺云："天使鳦下而生商者，谓鳦遗卵，有娀氏之女简狄吞之而生契。"是谓玄鸟之卵，入有娀氏女之腹，遂生商祖。然则《商颂》中此一神话，与上文所举后来东北各部族中之神话，明明白白是一件事，至少是一个来源。持此以证商代来自东北，固为不足，持此以证商代之来源与东北有密切关系，至少亦是文化的深切接触与混合，乃是颇充足，很显然的。[①]

乙 《诗·商颂》："宅殷土芒芒。"我们要看商所宅之殷土在何处。自武乙以来所都之处，《史记》称之曰殷墟，殷墟正在洹水南岸，（今河南安阳境）。不过这是后来的话，不足证殷商之本在河北。当更由他法寻求称殷商部族之本土。《吕氏春秋·慎大览》："亲郼如夏。"高诱曰："郼读如衣，今兖州人谓殷氏皆曰衣。"毕沅证之曰："《书·武成》，殪戎殷，《中庸》作壹戎衣，二字声本相近。"然则殷即郼，郼、韦、卫三字当为一字之异体。今能寻卫、韦之所在，则殷土之原来地望可知。卫者，康侯封所受之旧名，康侯之国名卫，并非康侯自他处带去（若燕之本不在蓟，鲁之本不在曲阜）。而为其地之旧名者，可以下列考量证之。康叔本封于康，故建侯于卫时犹曰康叔，其子犹曰康伯，从此可知卫为眛邦（即《诗》之"沫乡牧野"）之本名，当今彰德、卫辉、大名一带之地。韦者，一曰豕韦，《左传》哀二十四杜注曰："东郡白马县东南有韦城。"晋白马县，当今滑县东境一带，其四围正在古所谓河济之间。《吕氏春秋·有始览》又云："河济之间为兖州，卫也。"此尤明示卫之地望，更由此可知称殷之原来所在。其实殷、兖（古作"沇"）二字，或者也不免是一词之变化，音韵上非不可能。此说如不错，则殷、衣、韦、郼、卫、沇、兖，尽由一源，只缘古今异时，成殊名耳。商之先世，于建业蒙亳之先（说详下）宅此殷土，则成汤以前先公发祥自北而南之踪迹，可以推知矣。

丙 《诗·商颂》："相土烈烈，海外有截。"试为"景员维河"之国家设想，最近之海为渤海，最近可能之海外为辽东半岛或朝鲜西北境。相土为商代甚早之先王，在契之后、汤之前，并在王恒、王亥之前。以如此早之一代，竟能戡定海外，则其根据地必去渤海不远。纣殁后，殷人以亡国之余，犹得凭箕子以保朝鲜，朝鲜如不早在其统治之内，甚难以亡国余烬，远建海邦。然则箕子之东，只是退保辽水之外，"从先王居"而已，犹之金亡后犹在混同江边保

———————

① 此节含义已见拙著《东北史纲》初稿第一卷第14—24页。彼处于本文所引资料外，更及"娥乙"一辞。今承董作宾先生告我："王国维所释，'娥乙'二文实是'河'字，其'𥕝'，一字，则为'岳'字。"按董说甚确，故删是段。

其女真族，元亡后犹在漠南北保其蒙古族。[①]

据以上三事，则最早最可信之史料——《商颂》——已明明告我们，殷代之祖先起自东北方矣！然证据尚不只此。

丁 王恒亦是殷先王世系中甚早者，他与有易有一段相杀的故事（王国维考之甚确）。按，都邑之名每以迁徙而移，水名则不移。有易之地望可以易水所在推知其概。王恒、王亥、上甲微三世既皆与有易发生关系，而王恒且为有易掳去做牧夫，则此时殷先公之国境，必与有易毗连可知，即必在今河北省境北部或中部可知。查王国维所证与此事有涉之《天问》十二韵云：

该（亥）秉季德，厥父是臧，胡终弊于有扈（易之误，据王考），牧夫牛羊？干协时舞，何以怀之？平胁曼肤，何以肥之？有扈（易）牧竖，云何而逢？击床先出，其命何从？恒秉季德，焉得夫朴牛？何往营班禄，不但（疑旦之误）还来？昏微循迹，有狄（易之借字，据王考）不宁，何繁鸟萃棘（疑林之误），负子肆情？眩（亥）[②]弟并淫，危害厥兄，何变化以作诈，而后嗣逢长？

今更据文义推测此一故事之大略面目。一个故事，每因同源异流之故，化为几个不同的面目。现在看看《天问》中这个故事的面目，果与其他记同一故事者合否。照这十几韵中的含义，大约殷王季是这个故事中一个重要的人物，大约服牛之功是当归之于季的。所以谈到他的儿子们，一则曰，"该秉季德"，再则曰，"恒秉季德"。此点正与《国语》祭统合，二者皆以为冥（据王考，即季）有大功。然则王氏以为"《山海经》《天问》《吕览》《世本》皆以王亥为始做服牛之人"，在《天问》或不如此。《天问》既曰该恒秉季德，是此一重要制作，在王亥不过承袭父业，或者《天问》作者心中是以王季担

---

① 《左传》昭九，"肃慎燕亳，吾北土也"。此当为亳之本土，说详下。又，朝鲜一辞不见六经，按之司马相如《上林赋》，"齐……斜与肃慎为界"，西汉齐国之斜界正为朝鲜，或者战国以来所谓朝鲜，即古之肃慎耶？说别详。

② 此处眩字疑亦亥之误字。盖上文正说王亥、王恒、上甲微，下文又说汤之创业，不应中间忽插入舜象故事，如王逸所解者。即使信《国语》"商人禘舜"之舜字不误，亦应列于"简狄在台喾何喜"之前。《天问》骤看似语无伦次者，然若以"故事系统"论其次序，以韵读定其错间或不错，当知实非漫无连贯者。故舜事无论如何解，不当入之此处也。又眩、胲二字在篆文虽不可乱，在隶书则甚易讹也。

此制作之任者。王季有几个儿子，其中亥、恒皆能秉父德，不幸亥之诸弟（恒当除外）实行"共妻主义"，偏这群人自己没遭祸事，祸事到老兄头上，所谓"危害厥兄"也。此与郭璞《大荒东经注》引《竹书》所云："殷王子亥，宾于有易而淫焉，有易之君绵臣杀而放之"，当系一件故事之不同说法，《竹书》归罪于王亥，《天问》归罪于其弟耳。所谓"昏微循迹，有狄不宁"者，盖上甲微在国败君亡之后，能振作旧业，压迫有狄，有狄为之不宁，此与《鲁语》祭统所谓"上甲微能帅契"者相合。不过，据《天问》之发问者，微不是王亥之子，而是亥之弟之子，故有天道难知之感，以并淫作诈害及子兄之人，其后嗣乃能长盛，为不平也。如上所析解此一故事，诸书用之者大同小异，盖此故事至晚周已有不同之面目。然其中有一点绝无异者，即汤之先世在此期中历与有易斗争，卒能胜有易，故后世乃大。夫易水所在，古今未改，有易所在，即可推知。以数世与有易斗争之国，必为有易之邻国可知，必在今河北省中部或南部亦可知矣。

戊 《山海经》中所说之地望，初看似错乱，如匈奴见于南方，流沙见于东方之类。但全部排比一下，颇有一个线索可寻，而《大荒经》中之东西南北，尤不紊乱。今将《大荒东经》中所载一切帝王之迹抄之如下。

东海之外，大壑，少昊之国，少昊孺帝颛顼于此。

大荒之中，有山名曰合虚，日月所出。有中容之国：帝俊生中容。

有司幽之国：帝俊生晏龙，晏龙生司幽。

有白民之国：帝俊生帝鸿，帝鸿生白民。

有黑齿之国：帝俊生黑齿，姜姓。

东海之渚中有神，人面鸟身，珥两黄蛇，践两黄蛇，名曰禺䝮（《北经》作禺号）。黄帝生禺䝮，禺䝮生禺京。禺京处北海，禺䝮处东海，是惟海神。

有困民国，勾姓，而食（郝懿行云，勾姓下而食上当有阙脱），有人曰王亥。两手操鸟，方食其头。王亥托于有易，河伯仆牛。有易杀王亥，取仆牛。河念有易，有易潜出为国于兽方食之，名曰摇民。帝舜生戏，戏生摇民。

有五采之鸟相乡弃沙，惟帝俊下友。

东荒之中有山，名曰壑明俊疾，日月所出，有中容之国。

东海中有流波山……其上有兽。……其名曰夔，黄帝得之，以其皮为鼓。

据此我们可说帝俊竟是《大荒东经》中惟一之帝。此外少昊一见，谓其孺颛顼于此；黄帝二见，一谓其为处于东海之禺貌之祖，一谓其得夒；舜一见，谓其为摇民之祖；皆不多见。至于中容王亥，一为俊之子，一则殷先王，正在一系中。又帝俊之见于他卷者，仅《大荒南经》，"帝俊妻娥皇，生此三身之国"，"帝俊生季釐"，"羲和者，帝俊之妻"；《大荒西经》，"帝俊妻常义"，《大荒北经》，"东北海之外，大荒之中，河水之间，附禺之山……帝颛顼有九嫔葬焉……丘方圆三百里，丘南帝俊竹林在焉，大可为舟……丘西有沉渊，颛顼所浴"，及《海内经》末段之综记帝族统系。除《海内经》末段另文详论外，所有《大荒经》南西北三方中之帝俊，多是娥皇一故事之分化。至《大荒北经》所记帝俊竹林，虽列入《北经》，按其所述之地望，实在东北。由此统计以看帝俊之迹及其宗族，独占东北方最重要之位置。帝俊既见于殷墟文字，称曰高祖，而帝俊之地望如此，则殷代龙兴之所在可知。

综上列五事以看，直接史料与间接史料相互参会，均指示我们商起于东北，此一说谓之为已经证成可也。

（二）亳

然而竟有人把商代也算到西方去，其故大概由于亳之地望未看清楚，太史公又曾糊里糊涂说了一句。他说："或曰，'东方物所始生，西方物之成熟。'夫作事者必于东南，收功实者常于西北。故禹兴于西羌；汤起于亳；周之王也，以丰镐伐殷；秦之帝用雍州兴；汉之兴自蜀汉。"这话里边，只汤起于亳一说为无着落，而徐广偏"希意承旨"，以说"京兆杜县有亳亭"，于是三亳、阪尹之外，复有此西亳，而商起东北之事实，竟有太史公之权威作他的反证！[①]查

---

① 按，京兆有亳亭一说，《史记》曾言及。《封禅书》记秦地诸祠祀有云："于社亳有三社主之祠。"《秦本纪》云："宁公二年，遣兵伐荡社。三年，与亳战，亳王奔戎，遂灭荡社。"《索隐》曰："西戎之君，号曰亳王。盖成汤之胤。"《集解》引皇甫谧曰："亳王号汤，西夷之国……非殷也。"据此，知周桓王时之亳王，乃西戎君长，不关殷商。其居京兆杜县，当由犬戎之乱，入据畿甸。西周盛时，断不容卧榻之旁，由人酣睡。意者殷克鬼方后，子姓有统率戎人部落者，逮殷之灭，遂袭亳王之号，及周之乱，遂据杜县。无论此说当否。此乃后代事，不能据之以证商代之渊源。商人何来，固当以早年地理证之，亳人发迹之所在求之，若求之于八九百年后之地名，恐无当矣。

亳之所在，皇甫谧已辨之，宋人亦有论及。在近代，有孙星衍（见外集《汤都考》）、胡天游（见《石笥山房集》）、郝懿行（见《山海经笺疏》）、金鹗（见《求古录礼说》）、毕亨（见《九水山房文存》）、王国维（见《观堂集林》）皆主偃师之西亳为后起之亳，汤之始都应在东方。汤自东徂西之事，在今日已可为定论。诸家所说，今不具引，仅于所论之外，补申两事：

甲　亳实一迁徙之名。地名之以居者而迁徙，周代犹然。宗周成周虽于周上冠字，其号周则一。鲁本不在今山东南境，燕本不在今河北北境，皆因徙封而迁（说见拙著《大东小东说》）。韩本在渭水流域，而《诗·韩奕》，"燕师所完"，"以为北伯"之韩，必在今河北省境。魏本在河东，而迁大梁后犹号魏。汉虽仍封梁王于此，而曹魏初建国，仍在此地。后世尚如此，早年"无定居"时迁徙较易，则洛邑号周，韦墟号商，亦甚自然。鲁有亳社之遗，可知亳者乃商人最初之国号，国王易其居，而亳易其地，原来不是亳有好些个，乃是亳王好搬动。或者有亳社之地皆可称亳。王国维君证汤之亳为汉之山阳郡薄县（今山东曹县境），以《左传》哀十四年，"宋景公曰，薄宗邑也"为证，其说至确，然不可谓汤之所居但以此为限。偃师之亳虽无确证，然汤实灭夏，夏之区宇布于今山西、河南省中，兼及陕西，而其本土在河东（详下章）。《史记》，"汤遂率兵以伐夏桀，桀走鸣条"。《集解》引孔安国曰，"地在安邑之西"。按之《吕览》等书记吴起对魏武侯云："夏桀之国左河济，右大行，伊阙在其南，羊肠在其北。"则鸣条在河东或不误。然则汤对夏用兵以偃师一带地为根据，亦非不可能者。且齐侯镈钟云："虩虩成唐（阳），又敢（严）十（在）帝所。尃受天命，剗伐夏司，敃（败）厥灵师。伊少（小）臣隹桷（辅）。咸有九州，处禹之堵（都）。"（从孙仲容释）则成汤实灭夏桀而居其土。此器虽是春秋中世之器，然此传说必古而有据。又南亳虽若偏于南隅，然相传成汤放桀于南巢，南巢竟远在庐州境，则南亳未必非汤所曾至。大凡此等传说，无以证明其然，亦无以证明其不然。如以亳为城郭宫室俱备之都邑，则汤之亳自当只有一个。如以其为兵站而有社以祷之所，则正应不只一地。且汤时兵力已甚盛，千里之间，南征北战，当是史实。不过汤之中央都邑，固当以近于商宋者为差是耳。

此外济河流域中以薄或博名者，尚有数处，其来源虽有不可知者，然以声类考之，皆可为亳之音转。

蒲姑。《左传》昭九年，"及武王克商……蒲姑商奄，吾东土也……肃慎燕亳，吾北土也"。《齐世家》作蒲姑。《诗·毛传》同。杜云，"乐安博晶昌北有薄姑城"。按，《汉志》千乘郡已有博昌县，（当今山东博兴县）。

肃慎、燕、亳之亳。此亳所在杜无说，孔谓小国不知所在。然既与肃慎、燕并举，当邻于肃慎及燕。

据司马相如《子虚赋》，齐"斜与肃慎为界"，是古肃慎当即汉之朝鲜，与后世之挹娄无涉。或者此一在东北之亳即亳之初地，亦未可知。

齐博邑。在泰山下，见《齐策》。

汉东郡博平县。在济水之北，今山东博平县境。《田齐世家》之博陵，《苏秦张仪传》之博关，当即此博。

杨守敬曰："余以为秦县之名率本于前，其有地见春秋战国而汉又有其县者，诸家虽不言秦县，安知其非秦置？……使读者知秦之立县皆有所因，而《汉志》之不详说者，可消息得之矣。"（见《嬴秦郡县图序》）此说甚通。博，博平二名虽见于后，渊源当有自耳。

又按，"亳""薄"二字，同在唐韵入声十九铎，傍各切。"博"亦在十九铎，补各切。补为帮母之切字，傍为并母之切字，是"亳""薄"二字对"博"之异仅在清浊。蒲姑之"蒲"在平声，然其声类与"亳""薄"同，而蒲姑又在《诗·毛传》《左·杜注》中作薄姑，则"蒲"当与"薄"通。又十八铎之字在古有收喉之入声（- k），其韵质当为 ak，而唇声字又皆有变成合口呼之可能，是则"蒲姑"两字正当"亳"之一音。亳字见于殷墟文字，当是本字（《殷墟文字类编》卷五第十五页）博，薄，薄姑等，为其音转，以声类韵部求之，乃极接近。此虽未能证明之假设，却颇值得留意。

乙 蒲姑，博、薄、亳等地之分配，实沿济水两岸而逆流上行。试将此数地求之于地图上，则见其皆在济水故道之两岸，薄姑至于蒙亳皆如此。到西亳南亳方离开济水之两岸，但去济水流域仍不远。大凡一切荒古时代的都邑，不论在哪一州，多是在河岸上的。一因取水的供给，二因交通的便利。济水必是商代一个最重要的交通河流。殷墟发现的品物中，海产品甚多，贝类不待说，竟有不少的鲸骨。而《卜辞》所记，王常自渔，《左传》所谓渔"非君所及"者，乃全不适用于商王，使人发生其同于辽代君主在混同江上钓鱼之感。又"济""齐"本是一字，如用以标水名，不着水旁亦可。洹水之"洹"有时作"亘"，可以为证。《卜辞》中有"齐倈"，而"齐倈"又近于夷方，此必指济水上地名而言(《殷墟书契前编》卷二第十五页，"癸巳，卜贞王旬亡𡆥，在二月，在齐倈，隹王来正[征]𠯑[夷]方。"董彦堂先生示我此条)商之先世或者竟逆济水而向上拓地，至于孟诸，遂有商丘，亦未可定。薄姑旧址去海滨不远。此一带海滨，近年因黄河之排沙，增加土地甚速。古时济漯诸水虽不能如黄河，亦当有同样而较弱之作用。然则薄姑地望正合于当年济水之入海口，是当时之河海大港无疑。至于"肃慎燕亳"之亳，既与肃慎、燕并举，或即为其比邻。若然，则此之一亳正当今河北省之渤海岸，去薄姑亦在数百里以至千里之内。今假定商之先世起源于此之一亳，然后入济水流域，逆济水西上，沿途所迁，凡建社之处皆以旧名命之，直到陕西省境，于是有如许多之亳。此设想虽不能直接证明，然如上文所排列之事实，惟似惟有此解能适合之。

（三）商代拓土之三期

商代享国六百年之说，今无从确证。《史记》所载之世系，按之《卜辞》，大体不差。虽帝王之历世甚多，然其间不少兄弟，或者《史记集解》引《汲冢纪年》"汤灭夏，以至于受，二十九王，用岁四百九十六年"之一说，较为可信。在此五百年中，大约有两个时期拓土最力，一是成汤时，一是武丁时，合之汤前之相土，共三个时期。此情形《商颂》中说得很明白。于相土曰："相土烈烈，海外有截。"于汤曰："武王载旆……九有有截。韦顾既伐，昆吾夏桀。"于武丁曰："在武丁孙子。武丁孙子，武王靡不胜。龙旂十乘，大糦是承。邦畿千里，维民所止。肇域彼四海。四海来假。"照这样看，并参以他书所记载，这三个时期拓土的范围，当如下文所列。

一、相土的东都，既在太山下，则其西部或及于济水之西岸。又曾戡定海外，当是以渤海为宇的。

二、汤时建国在蒙亳，其广野即是所谓空桑，其大渚即是孟诸（即孟渚），盖已取东夷之国，少昊之故域，而为邦畿，而且北向对韦，西向对夏，南向对淮水流域，均拓土不少。

三、盘庚，涉河迁殷后，其西北向之势力更发达。重以"中宗祖乙"（参看初版《观堂集林》九卷第二十页）"治民祇惧，不敢荒宁……享国七十有五年。""高宗（武丁）时旧劳于外，爰暨小人。……不敢荒宁，嘉靖殷邦……享国五十有九年。""祖甲……旧为小人，作其即位，爰知小人之依，能保惠于庶民……享国三十有三年。"（均见《书·无逸》）故其势力能越太行，过伊洛，而至渭水。彼时南方之疆域今虽不可考，然既至南巢，已越淮水矣。又周称周侯，崇侯之国在丰，此虽藩国不同邦畿，然亦可见其声威所至。且"高宗伐鬼方，三年克之"一传说（见《易·下经》），证以《诗经》，尤可信。《大雅·荡》云，"文王曰咨，咨女殷商。如蜩如螗，如沸如羹。小大近丧，人尚由乎行。内奰于中国，覃及鬼方。"此虽记殷之衰乱，然衰乱时尚能波及于鬼方，强武时鬼方必为其臣属可知。关于鬼方之记载，初不见于发现之卜辞，今春中央研究院始发现一骨，其辞曰，"己酉，卜贞鬼方，囗"。这样记载的稀少，似是鬼方既为殷人平定或威服之证。及纣之将亡，周人尚称之曰，"殷商之旅，其会如林"，而周人之剪服东方，历文武周公成王三世而"康克安之"。然则商人所建之帝国，盛时武力甚大，败后死而难僵。此一东起海东，西至岐阳之大帝国，在当时的文化程度中能建设起来，不能不算是一件绝伟大的事。想必凭特殊的武器及坚固的社会组织，方能做到。

二、夏迹

商代发迹自东徂西的踪迹已在上一章大致条别清楚，向上推一步便是夏代，我们且看夏代的踪迹分布在何一方。

禹的踪迹的传说是无所不在的，北匈奴南百越都说是禹后，而龙门会稽禹之迹尤著名，即在古代僻居汶山（岷山）一带不通中国的蜀人，也一般的有治水传说（见扬雄《蜀王本纪》，臧氏辑本）。虽东方系之商人，也说"濬哲维商，长发其祥。洪水芒芒，禹敷下土方"，明明以禹为古之明神。不过春秋以前书中，禹但称禹，不称夏禹，犹之稷但称稷，不称夏稷或周稷，自启以后方称夏后。启之一字盖有始祖之意，汉避景帝讳改为开，足征启字之诂。其母系出于涂山氏，显见其以上所蒙之禹若虚悬者。盖禹是一神道，即中国之 Osiris。禹鲧之说，本中国之创世传说（Genesis）。虽夏后氏祀之为宗神，然其与夏后有如何之血统关系，颇不易断。若匈奴号为夏后之裔，于越号称少康之后，当皆是奉禹为神，于是演以为祖者。如耶稣教之耶和华上帝，本是犹太一族之宗神，故《创世纪》言其世系，而耶稣教推广到他民族时，奉其教之民族，亦群认耶和华为人祖，亚当为始宗矣。然则我们现在排比夏迹，对于关涉禹者应律除去，以后启以下为限，以免误以宗教之范围，作为国族之分布。

所谓夏后氏者，其名称甚怪，氏是族类，后为王号，何以于殷曰殷人，于周曰周人，独于夏曰夏后？意者诸夏之部落本甚多，而有一族为诸夏之盟长，此族遂号夏后氏。今将历代夏后之踪迹辑次如下。

（1）见于《左传》者

帝丘　　僖三十一，"卫迁于帝丘……卫成公梦康叔曰：'相夺予享。'公命祀相。宁武子不可，曰：'鬼神非其族类，不歆其祀。杞鄫何事！相之不享，于此久矣，非卫之罪也！'"杜云："帝丘，今东郡濮阳县。"

殽　　　僖三十二，"殽有二陵焉：其南陵，夏后皋之墓也，其北陵，文王之所避风雨也。"杜云："殽在弘农渑池县西。"

穷石　　此为夏之敌国，事见襄四年，本文及讨论均见下章。空桑又曰穷桑，见昭二十九年。穷石当即空桑之音转。至斟灌过戈鬲诸地所在，则杜云，"有鬲国名，今平原鬲县"；"乐安寿光县东南有灌亭，北海平寿县东南有斟亭"；"东莱掖县北有过乡，戈在宋郑之间"。

有莘　　僖二十八，记晋文城濮之战，有云，"晋侯登有莘之虚，以观师，曰，'少长有礼，其可用也。'遂伐其木，以益其兵。己巳，晋师陈于莘北"。据此，有莘必去城濮甚近。有莘相传为夏诸侯，伊尹其一代之小臣也。

斟灌　斟寻　襄四，杜云："乐安寿光县东南有灌亭，北海平寿县东南有斟亭。"按，《水经注·巨洋水篇》引薛瓒《汉书集注》云："汲郡古文，相居斟灌，东郡观是也。"（段玉裁云，《经韵楼集》五今本《水经注》观讹为灌，而戴校未正）据此，斟灌仍在东郡，去帝丘不远。杜释此之误显然。此地既误释，其释斟寻之误亦可推知矣。

东夏　　　襄二十二，"晋人征朝于郑，郑人使少正公孙侨对曰……间二年，闻君将靖东夏。四月，又朝以听事期"。杜云："谓二十年澶渊盟，先澶渊二月往朝，以听事期。"按以二十年经传所载事，杜说不误。至澶渊所在，杜云，"在顿丘县南，今名繁污，此卫地，又近戚田"。按，卫为东夏，则夏之本土当在东夏卫地之西，但持此一条以证夏境不在东土，已充足矣。

又昭元年，"子相晋国，以为盟主，于今七年矣。再合诸侯，三合大夫，服齐狄，宁东夏，平秦乱，城淳于"。杜于"宁东夏"下注云，"襄二十八年，齐侯白狄朝晋"。

又昭十五，"文公受之，以有南阳之田，抚征东夏"。按，晋文东征者为曹卫，此又以曹、卫为东夏。

华夏　　　襄二十六，"子仪之乱，析公奔晋。晋人置诸戎车之殿，以为谋主……晋人从之，楚师宵溃，晋遂侵蔡，袭沈，获其君，败申息之师于桑隧，获申丽而还。郑于是不敢南面。楚失华夏，则析公之为也"。此指蔡沈及邻于楚北境诸国为华夏。

观扈　　　昭元，"夏有观扈"。杜云："观国在今顿丘县，扈在始平鄠县。"此皆夏之敌国，当即夏之边境。

大夏　　　昭元，"子产曰，'昔高辛氏有二子，伯曰阏伯，季曰实沈，居于旷林，不相能也。日寻干戈，以相征讨。后帝不臧，迁阏伯于商丘，主辰。商人是因，故辰为商星。迁实沈于大夏，主参，唐人是因，以服事夏商……及成王灭唐，而封太叔焉，故参为晋星。'"杜曰："大夏，晋阳也。"按，大夏与夏墟究竟在晋阳抑在翼，在地理书有异说（如《括地志》），近代学人有异论（如顾亭林，全谢山），二地相去亦数百里。然皆在汾水之旁，不关山东也。

钓台　　　昭四，"夏启有钓台之享"。杜云："河南阳翟县南有钓台陂。"

仍缯　　　昭四，"夏桀为仍之会，有缯叛之"。杜于此不能指其所在，但云，"仍缯皆国名"，哀元年注亦然。《史记正义》引《帝王世纪》云："夏之杀帝相也，妃有仍氏女曰后缗，归有仍，生

少康。"（此本哀元年传）《正义》于他地名几皆有说，于此亦
无说。

夏墟　　定四，"分唐叔以大路、密须之鼓，阙巩、沽洗，怀姓九宗，
职官五品，命以《唐诰》，而封于夏墟。启以夏政，疆以戎
索"。此更直示吾人，晋为夏之本土。

涂山　　哀七，"禹合诸侯于涂山，执玉帛者万国"。杜云："涂山在
寿春东北。"按昭四有"三涂"之名，杜云，"在河南陆浑县
南"。涂山或即三涂之一。

（2）见于《国语》者

伊洛　　《周语》上，"幽王二年，西周三川皆震。伯阳父曰，'……昔
伊洛竭而夏亡，河竭而商亡，今周德若二代之季矣。'"按伊
洛于夏，犹西周三川之于周，河之于殷，据此可知夏之地望
以伊洛为本土矣。

崇山　　聆隧《周语》上，"昔夏之兴也，融降于崇山。其亡也，回禄
信于聆隧"。韦云，"崇，崇高山也。夏居阳城，崇高所近"。
又云，"聆隧，地名也"。按，韦以崇为嵩高。

有崇　　《周语》下，"其在有虞，有崇伯鲧，播其淫心，称遂共工之
过，尧用殛之于羽山。其后伯禹念前之非……"据上节所引
韦解，崇即嵩高。然《诗·文王篇》云，"既伐于崇，作邑于
丰"，是崇国境当殷末在渭南。渭南之山境亦东与崇高接。又
《左传》宣元，"晋欲求成于秦，赵穿曰，'我侵崇，秦急崇，
必救之（杜云，崇，秦之与国），吾以求成焉。'冬赵穿侵崇，
秦弗与成"。然则春秋时晋秦界上犹有以崇为号之国，此亦可
知崇在西土。

杞鄫　　同节，"有夏虽衰，杞鄫犹在"。按，杞在春秋时由今杞县境
东迁，鄫则杜云，"在琅琊鄫县"（僖十四）。然《国语》记西
周亡时事云："申缯西戎方强，王室方骚……王欲杀太子以成
伯服，必求之申。申人弗畀，必伐之。若伐申而缯与西戎会
以伐周，周不守矣。"果鄫本在琅琊，势难与申西戎会伐周。

然则鄟在琅琊，亦是后来东迁所至。

戎夏　　《晋语》一，"献公卜伐骊戎，史苏占之……对曰：'……戎夏交捽……若晋以男戎胜戎，而戎亦必以女戎胜晋……诸夏从戎，非败而何？'"此以晋为夏，与《左传》定四封唐叔于夏墟事合。

昆吾　　《郑语》，"昆吾为夏伯矣"。准以《诗·商颂》"韦顾既伐，昆吾夏桀"之说，昆吾当非诸夏之一，而别为一族，然与夏族当有若何关系。至昆吾所在，则《左传》昭十二楚子云，"昔我皇祖伯父昆吾旧许是宅，今郑人贪赖其田而不我与"，可知昆吾在许，即今许昌一带。

东夏　　《楚语上》，"析公奔晋，晋人用之，实谮败楚，使不规东夏。"韦云，"东夏，沈蔡也"。按此即《左》襄二十六事，彼处称华夏，此处称东夏。

诸夏　　《吴语》，"昔楚灵王不君，……不修方城之内，逾诸夏而图东国。"韦云，"诸夏，陈蔡。东国，徐夷吴越"。此更明明证夏之不在东土。

（3）见于《诗》者

雅　　雅之解说不一，《诗序》云，"雅者正也，言王政之所由废兴也"。此真敷衍语。《小雅·鼓钟篇》云，"以雅以南"，南是地域名（详见《诗经讲义》），则雅之一辞当亦有地名性。《读书杂志》：《荀子·荣辱篇》"君子安雅"条云，"雅读为夏，夏谓中国也，故与楚越对文。《儒效篇》：居楚而楚，居越而越，居夏而夏，是其证。古者夏、雅二字互通，故《左传》齐大夫子雅，《韩子·外储说右篇》作子夏，杨注云，正而有美德谓之雅，则与上下二句不对矣。"（阮元亦以雅言之雅为夏）此真确解，可破历来一切传说者之无知妄解。由此看来，《诗经》中一切部类皆是地名，诸国风不待说，雅为夏，颂分周、鲁、商。然则国风之名，四始之论，皆后起之说耳。雅既为夏，而夏辞之大小雅所载，若一一统计其地望，则可见宗周成周文辞较多，而东土之文辞较少。周自以为承夏绪，而夏朝之地望如此，恰与《左传》、《国语》所记之夏地相合（此说详见我所作《〈诗经〉讲义》，未刊，其略见《新获卜辞写本后记跋》，《安阳发掘报告》第三八五页）。

（4）见于《周诰》者

区夏　　　《康诰》，"惟乃丕显考文王，克明德慎罚，不敢侮鳏寡，庸庸，祇祇，威威，显民，用肇造我区夏，越我一二邦，以修我西土。"按，区字不见《说文》，薛综注《东京赋》云，"区，区域也"，然则区夏犹日有（域）夏，犹日夏域，即夏国也。文王造邦于西土，而云始造我夏国，则夏之在西土可知。

（5）见于《史记》《战国策》者一段（按《史记》所引杂乱，故不遍举，此节甚关重要，不可遗之）

河洛　　太华　伊阙　羊肠《吴起列传》："起对曰……夏桀之居，左河济，右泰华，伊阙在其南，羊肠在其北。"按此语见今本《战国策》二十二。然彼处作"左天门之阴，而右天谿之阳"，虽亦谓左带水而右倚山，未如《史记》言之质实，故录《史记》。金鹗（求《古录礼说》八）据此以证夏桀之都在雒阳。今按，桀都正当雒阳否，另是一问题，然桀之国环洛阳，则依此语当无可疑。

据以上各书所记夏地，可知夏之区域，包括今山西省南半，即汾水流域，今河南省之西部中部，即伊洛嵩高一带，东不过平汉线，西有陕西一部分，即渭水下流。东方界线，则其盛时曾有济水上流，至于商丘，此便是与夷人相争之线，说详下章。最西所至，我们现在不知究到何处，汉陇西郡有大夏县，命名不知何本，更不知与夏后之夏有否关系。最南所至，我们也不知，《汉·地理志》谓汉水将入江时名夏水，今尚保存江夏诸名，或者诸夏不能如此南被。且《荀子·儒效篇》云，"君子居楚而楚，居夏而夏"，楚夏对称，自不能以楚为夏。楚国之最大版图中，尽可包含一部分诸夏，而诸夏未必能过荆襄而括江汉，或者此之名夏竟是同音异辞。陈、范记关羽据荆州北伐曹操事云，"威震华夏"，是汉末犹以华夏为三辅三河汝颖等地之专名，未尝括九州而言。我们现在知诸夏西南北三方所至之大齐，而以东夏之称，夷夏之战（此事详上章），确知夏之东界，则以古代河、济、淮、泗的中国全部论，夏实西方之帝国或联盟，曾一度或数度压迫东方而已。与商殷之为东方帝国，曾两度西向拓土，灭夏克鬼方者，正是恰恰相反，遥遥相对。知此形势，于中国古代史之了解，不无小补也。

三、夏夷交胜

严格意义的诸夏所据之地域已如上章所述，至于夏后一代的大事现在可得而考见的，是些什么呢？答曰，统是和所谓夷人的斗争。夷一个名词应如何解，留在下一章中说明。其字在殷周文书每与人字一样，音亦与人相近，这是很可注意的。现在假定，凡在殷商西周以前，或与殷商西周同时所有今山东全省境中，及河南省之东部、江苏之北部、安徽之东北角，或兼及河北省之渤海岸，并跨海而括辽东朝鲜的两岸，一切地方，其中不是一个民族，见于经典者，有太暤、少暤、有济、徐方诸部，风、盈、偃诸姓，全叫做夷。《论语》有九夷之称，明其非一类。夏后一代的大事正是和这些夷人斗争。此事现在若失传，然一把经典的材料摆布起来，这事件十分明显。可惜太史公当真不是一位古史家，虽羿浞少康的故事，竟一字不提，为其作正义者所讥。求雅驯的结果，弄到消灭传说中的史迹，保留了哲学家的虚妄。

现在说羿浞与夏后少康的故事，先将材料排列出来。

（1）见于《左传》者

魏绛曰……"《夏训》有之，曰有穷后羿。"公曰："后羿何如？"对曰："昔有夏之方衰也，后羿自鉏迁于穷石，因夏民以代夏政。恃其射也，不修民事，而淫于原兽。弃武罗、伯因、熊髡、龙圉，而用寒浞。寒浞，伯明氏之谗子弟也，伯明后寒弃之。夷羿收之，信而使之，以为己相。浞行媚于内，而施赂于外，愚弄其民，而虞羿于田。树之诈慝，以取其国家，外内咸服。羿犹不悛，将归自田，家众杀而亨之，以食其子。其子不忍食诸，死于穷门。靡奔有鬲氏（杜曰，靡，夏遗臣事羿者。有鬲，国名，今平原鬲县）。浞因羿室生浇及豷。恃其谗慝诈伪，而不德于民。使浇用师灭斟灌及斟寻氏，处浇于过，处豷于戈。靡自有鬲氏收二国之烬以灭浞，而立少康。少康灭浇于过，后杼灭豷于戈。有穷由是遂亡，失人故也。昔周辛甲之为太史也，命百官，官箴王阙。于《虞人之箴》曰：'芒芒禹迹，画为九州。经启九道，民有寝庙，兽有茂草，各有攸处，德用不扰。在帝夷羿，冒于原兽，忘其国恤，而思其麀牡。武不可重，用不恢于夏家。兽臣司原，敢告仆夫。'"（襄四年）

昔有仍氏生女黰黑而甚美，光可以鉴，名曰玄妻。乐正后夔取之，生伯封，实有豕心，贪惏无餍，忿颣无期，谓之封豕。有穷后羿灭之，夔是以不祀。（昭二十八年）

伍员曰："不可，臣闻之，树德莫如滋，去疾莫如尽。昔有过浇，杀斟灌以伐斟鄩，灭夏后相。后缗方娠，逃出自窦，归于有仍。生少康焉，为仍牧正。惎浇，能戒之。浇使椒求之，逃奔有虞，为之庖正，以除其害。虞思于是妻之以二姚，而邑诸纶，有田一成，有众一旅。能布其德，而兆其谋，以收夏众，抚其官职。使女艾谍浇，使季杼诱豷，遂灭过戈，复禹之绩。祀夏配天，不失旧物……"（哀元年）

（2）见于《论语》者

南宫适问于孔子曰："羿善射，奡荡舟，俱不得其死然。禹稷躬稼而有天下。"夫子不答。南宫适出，子曰："君子哉若人，尚德哉若人！"（《宪问》篇）

（3）见于《楚辞》者

羿淫游以佚畋兮，又好射夫封狐。固乱流其鲜终兮，浞又贪夫厥家。浇身被强圉兮，纵欲而不忍。日康娱而自忘兮，厥首用夫颠陨。（《离骚》）

羿焉彃日？乌焉解羽？……帝降夷羿，革孽夏民。胡羿射夫河泊，而妻彼雒嫔？冯珧利决，封豨是射。何献蒸肉之膏，而后帝不若？浞娶纯狐，眩妻爰谋。何羿之射革而交吞揆之？阻穷西征，岩何越焉？化为黄熊，巫何活焉？咸播秬黍，莆藋是营。何由并投，而鲧疾修盈？白蜺婴茀，胡为此堂？安得夫良药不能固臧？天式从横，阳离爰死。大鸟何鸣，夫焉丧厥体？蓱号起雨，何以兴之？撰体协鹿，何以膺之？鳌戴山抃，何以安之？释舟陵行，何以迁之？惟浇在户，何求于嫂？何少康逐犬，而颠陨厥首？女歧缝裳，而馆同爰止，何颠易厥首，而亲以逢殆？（《天问》）

（4）见于《山海经》者

羿与凿齿战于寿华之野，羿射杀之，在昆仑虚东。羿持弓矢，凿齿持盾。一曰戈。（《海外南经》。按一曰戈三字，或是注文羼入者）

有人曰凿齿，羿杀之。（《大荒东经》）

帝俊赐羿彤弓素矰以扶下国，羿是始去恤下地之百艰。（《海内经》）

非仁羿莫能上。（按仁字当为夷字之读，两字皆从人，形近故致误）

（5）见于《吕氏春秋》者

夷羿作弓。（《勿躬》）

（6）见于《说文》者

羿，羽之羿风，亦古诸侯也，一曰射师。（四，羽部）

羿，帝喾躬官，夏少康灭之。从弓幵声。《论语》曰："羿，善射。"（十二，弓部。又同部弹下引《楚辞》"羿焉弹日"，羿亦作羿。）

又，《史记》于羿事不载，《正义》讥之。《世本》（见各辑本）谓夷羿作弓。《帝王世纪》所记羿事特详（见宋翔凤辑本）。然数书皆不出上文所举，故不录。

据以上材料，有数点须分解。

一、羿的地位。如罗泌所作传，及其比之于安史，则羿浞只是夏之叛臣。然此说完全无据，以上一切材料全不曾说羿是夏之属臣。然则夷羿必是夏之敌国之君，且此敌国之君并不等闲，以《天问》《山海经》所说，居然是天神，而奉天帝命降于下土者，为夷之君，自钽迁穷桑，而为后人号为帝羿或曰羿帝。（《御览》八十二引《帝王世纪》）

二、夷为东方主。此说可由其称夷羿及《说文》称羿为帝喾（据王国维考，即帝俊）射官，及其地望等事证之。

三、夷夏之争数十年，在夷一面经羿、羿二宗，在夏一面经相、少康二世，战斗得必然很厉害。《天问》所谓"阻穷西征"者，王逸解之曰："言尧放鲧羽山，西行度越岑岩之地，因堕死也。"洪兴祖补曰："羽山东裔，此云西征者，自西徂东也。上文言永遏在西山，夫何三年不施，则鲧非死于道路，此但言何以越岩险而至羽山耳。"按王说无稽，洪已辩之，然洪强释西征曰自西徂东，古书中全无此文法。此处明明谓阻（即钽）穷（石）之后帝羿西征，而越山岩，不然，西征一词全不可解，正不得以同韵之下句中说鲧化为黄熊事而谓此句亦是鲧事。

四、《左传》之神话故事已很伦理化，且《左传》之成分大体为晋、楚、鲁三国之语，而其立点是偏于西国夏、周之正统传说，所以说羿、晷甚不好。但《山海经》之为书，虽已系统化，尚未伦理化，且记东方的帝系较多。这部书中所举夷羿事，很足以表显战国时羿、晷的传说尚甚盛。《山海经》与《天问》互相发明处甚多，《天问》称羿之重要全与《山海经》合。所谓"羿焉䃸日"，正在《天问》中论创世纪一节中，则羿本是天神。所谓"帝降夷羿"者，正《山海经》所谓"帝俊赐羿彤弓素矰，以扶下国，羿是始去恤下地之百艰"。《天问》一篇，本颇有次序，王逸以为不次序者，乃由于不知《天问》所陈是流行神话故事之次序，不与汉代人之古史传说同，故不能解（余另有说见他处），其羿浞之间插入鲧之一段若甚错乱者，当由于《天问》之次叙乃神话之次叙；一神话中有数人关涉者，则一次说出，不嫌前后错综。"阻穷西征，岩何越焉"一句，至下文"释舟陵行，何以迁之"，凡十二句中，有涉及鲧处，并有若干因失其神话而不可解之故事，皆可据上下文细绎之，以知其正是说夷夏交战事。此节盖谓羿、晷相继西征，曾越山地，自鲧永遏于羽山后，禹平水土，秬、秠、蕫皆茂长，巫乃将鲧化为黄熊。（《天问》所记鲧事，与《左传》《尚书》等皆不同。《尚书》《左传》皆谓舜殛鲧于羽山，然《天问》云："永遏在羽山，夫何三年不施。"）当夏代危急，遂与能荡舟之晷战，适其时羿妻窃药而行（本文，"安得夫良药不能固藏"）并有其他怪异（"白蜺婴茀""天式从横"等语），于是大战得雨起山拊，荡舟者不得不释舟陵行，逃归其嫂，而卒为太康并得之。如此解来，则《论语》南宫适之问正甚明白。南宫适这话并不是泛举古帝王羿、晷、禹、稷而强比之，乃是论一段故事，东土强有力者失其国，西土务耕稼者有天下。《鲁语》上："昔烈山氏之有天下也，其子曰柱，能殖百谷百蔬。夏之兴也，周弃继之。"明禹、稷可作一事论。孔子对神话也如对鬼神一样敬而远之，且以其"君子相"之故，不愿于此等圣帝明王有所议论，故当面不答，而背后称赞南宫适对此神话之题旨西洋故事中所谓 Moral 者，甚能了解。若不如此，而是泛做一篇秦皇、汉武与汉文、宋仁之优劣论，殊不免于糊里糊涂。《论语》中论一事皆以一事为论，尚无策论八股气。南宫适这一段话，正可证明夷羿在当时的传说中并不大坏。若羿、夆不是当时神话中的大人物，何至与传说中功在生民之禹、稷相提并论，岂不不伦得很，不需要得很？

然则夷羿之故事，我们在现在尚可见到三种传说。一、以夷羿为自天而降甚高明者，《山海经》《天问》属之。二、以夷羿与夏后为对，而以为一崇力一崇德，故一兴一替者，此等之成败论人，《论语》记南宫适所问之背景如此。三、以夷羿为不合道理者，《左传》如此，然尚称之曰"后"，记其曾"因夏民而代夏政"（夏民者，夏所服属之民，不必改作夏族）。凡读一切神话故事，都须注意及同一题目常因流传之不同而其中是非倒置。此是一例，鲧亦是一例。同在《国语》中，《周语下》谓"崇伯鲧播其淫心，称遂共工之过"，《鲁语上》谓"鲧鄣洪水"，故夏后"郊鲧"，《吴语》亦谓"鲧禹之功"，我们不可不注意传说之演变及其道德批评之改易。

夏后一代中夷夏之争，不仅见于有穷后羿一段故事，夏代开国亡国时皆有同样的争斗。现在分别说。

（一）夏后启与伯益之争统。关于这件事，战国的传说有两种，一谓启益相让，二谓启益相争。

《孟子》：禹荐益于天。七年，禹崩。三年之丧毕，益避禹之子于箕山之阴。朝觐讼狱者，不之益而之启，曰："吾君之子也！"讴歌者不讴歌益，而讴歌启，曰："吾君之子也。"

《天问》：启代益作后，卒然离蠥。何启惟忧，而能拘是达？皆归射鞠，而无害厥躬？何后益作革，而禹播降？

古本《竹书》：益干启位，启杀之。（引见《晋书·束皙传》。《史通·疑古篇》《杂说篇》两引之）

《孟子》的古史都是些伦理化的话，然这一段中还看出这个故事本来面目的背景，此背景即是说，代禹者几乎是益，而启卒得之。这话里虽不直说有何争执，但还可隐约看出对峙的形势来。至于《竹书》的话，虽不能即信，但益启之有争执，虽《孟子》的话中也表示个破绽。因为让争本是一事的两面，不是相争的形势，不需相让的态度。《天问》的话，因故事遗失不大好讲，然益称后，又曾一度革夏命，则甚明白。

我们再看伯益是如何人。经籍中有伯益、伯翳二人，太史公在《陈杞世家》中分为二人，然在他处则不分。《索隐》议之曰："秦祖伯翳，解者以翳、益别为一人。今言十一人，叙伯翳，而又别言垂益，则是二人也。且按《舜本纪》叙十人，无翳，而有彭祖。彭祖亦坟典不载，未知太史公意如何，恐多是误。然据《秦本纪》叙翳之功云，佐舜驯调鸟兽，与《尧典》'命益作虞，若予上下草木鸟兽'文同，则为一人必矣，今未详其所以。"按，此议甚是。太史公在此处诚糊涂。罗泌重申二人不同之说，然全无证，金仁山辩之曰：

《尚书》之伯益，即《秦纪》之柏翳也。秦声以入为去，故谓益为翳也。《秦纪》谓柏翳佐禹治水，驯服鸟兽，岂非《书》所谓随山刊本，暨益奉庶鲜食，益作朕虞，若予上下鸟兽者乎？其事同，其声同，而太史公独以书纪字异，乃析一人而二之，可谓误矣。唐虞功臣，独四岳不名，其余未有无名者。夫岂别有伯翳，其功如此，而《书》反不及乎？太史公于二帝本纪言益，见《秦本纪》为翳，则又从翳，岂疑而未决，故于《陈杞世家》叙伯益与伯翳为二乎？抑出于谈迁二手，故其前后谬误也。（梁玉绳说同，〔见《史记志疑·人表考》〕不具引）

金氏此说甚明白，此疑可以更无问题。益翳既是一人，翳又为秦赵公认之祖，然则即是赢姓之祖，亦即是徐方之祖，亦即是《逸周书·作雒解》所谓"周公立，相天子，三叔及殷东（东亦地域名，说别见）徐奄及熊盈以略"之盈族之祖，然则伯益正是源源本本的东夷之祖，更无疑义，益启之争，不即是夷夏之争吗？

（二）汤放桀，等于夷灭夏。商人虽非夷，然曾抚有夷方之人，并用其文化，凭此人民以伐夏而灭之，实际上亦可说夷人胜夏。商人被周人呼为夷，有经典可证，说另详。

然则夏后一代的三段大事，开头的益启之争便是夏夷争，中间的羿少康之争又是夷夏之争，末后的汤桀之争还是夷夏之争。夏代东西的斗争如此厉害，而春秋战国的大一统主义哲学家都把这些显然的史迹抹杀了，或曲解了！

夏商大事及以前之传说

张荫麟

商朝从成汤创业以后，六百年间，可考的大事，除了六次迁都，除了对鬼方的大战，除了最后直接间接和亡国有关的打击外，便是五度由盛而衰的循环。所谓盛就是君主英武，诸侯归服；所谓衰就是君主昏暗，或王室内乱，而诸侯叛离。前期第一度的盛衰牵涉汤孙太甲（商朝第四王）和汤的开国功臣伊尹的关系。这有二说：一说太甲无道，"颠覆汤之典型"，伊尹把他放逐于桐，过了三年，伊尹见他悔过修德，又迎他复位。一说伊尹于商王仲壬死后，把法当嗣位的太甲放逐于桐，而自即王位；其后七年，太甲自桐潜出，杀伊尹。肇始商朝后期的盘庚是一位中兴之主。在他以后，惟他的侄子武丁曾一度中兴。武丁以降，商朝一直衰下去。继位的君主皆生长安逸，"不知稼穑之艰难，惟耽乐之从"（这是周朝开国元勋周公追数前朝衰亡的原因的话）。他们以畋游荒宴代替了国政的烦劳。在商朝末年，一种叔世的颓废和放纵弥漫了整个商人社会。狂饮滥醉的风气普遍了君主、贵族和庶民。这是他们亡国的主因。

在叙述商朝灭亡的经过之前，让我们回溯商朝所继承的历史线索。

商朝所替换的朝代是夏。关于夏朝，我们所知，远更模糊。例如夏朝已有没有文字？有没有铜器？其农业发展到什么程度？其政治组织与商的异同如何？这些问题都无法回答。在后人关于夏朝的一切传说和追纪中，我们所能抽出比较可信的事实，大要如下。

夏朝历年约莫四百。其君位是父死子继而不是兄终弟及。其国都的迁徙比商朝更为频繁。最初的君主禹历都阳城、晋阳、安邑，皆不出今山西的西南角（阳城在翼城西，晋阳在临汾西，安邑在平陆东北）。禹子启始渡河而南，居今新郑、密县间。以后除启孙后相因外患失国远窜外，夏主的迁徙，不出今河南的黄河以南，汝、颍以北。当夏朝为成汤所灭时，都于斟鄩，即今巩县西南。夏朝最大的事件是与外族有穷氏的斗争。有穷氏以钼（今河南滑县东）为根据地，当启子太康时，攻占了夏都（时在斟鄩）。以后统治了夏境至少有六七十年。太康逃居于外，有穷氏以次立其弟仲康及仲康子后相为傀儡。后相继被窜逐追杀。后来后相的遗腹子少康收聚夏朝的残余势力，乘有穷氏的衰弱，把它灭掉，恢复旧物。有穷氏是在夏境的东北，后来灭夏的成汤则来自东南，其先世亦发祥于东北。夏朝的外患盖常在东方。

成汤的先世累代为部族长。他的先十四代祖契与禹同时，以蕃（今河北平山附近）为根据地。契子昭明迁于砥石（今河北砥水流域），继迁于商（今河南商丘），"天邑商"，及商朝之得名由此。昭明子相土是一雄才大略的君长，曾大启疆宇，以相（在今安阳西十五里）为东都。可惜他的功业的记录只剩下他的后裔的两句颂诗：

相土烈烈，海外有截。

此时的海外说不定就是辽东或朝鲜。后来商朝亡后，王弟箕子能逃入朝鲜而历世君临其地，莫不是因为商人原先在那里有些根据？相土以后两三百年间，商人的事迹无考，也许这是他们的中衰时代（传说相土发明以马驾车，又他的后裔王亥——也是成汤的先世——发明以牛驾车）。到了成汤才复把商人带领到历史上，他从商北迁于亳，继灭了北方的若干邻族，然后向夏进攻，夏主桀兵败，被他放逐于南巢（在今安徽巢县东北五里）而死，夏朝于此终结。

我们若从夏朝再往上溯，则见历史的线索迷失于离奇的神话和理想化的传说中不可析辨了。凡此种种，本书自宜从略。但其中有一部分和后来历史的外表，颇有关系，应当附带叙及。

据说禹所继承的君主是舜，国号虞；舜所继承的是尧，国号唐。当尧舜之世，天下为公，而不是一家一姓所得私有的。尧怎样获得帝位，传说没有照顾到。舜本是历山（在今山东）的农夫，有一串故事（这里从略）表明他是一个理想的孝子和理想的贤兄，又有一串故事（例如他在哪里耕种，哪里的农人便互相让界；他在哪里打鱼，哪里的渔人便互相让屋；他在哪里造陶器，哪里的陶工便不造劣器）。表明他是一个理想的领袖。帝尧闻得他的圣明，便把他召到朝廷里来，把两个女儿同时嫁给他，试他治家的能力；并拿重要的职位去试他政治的能力。他果然家庭雍睦任事称职。尧老了，便告退，把帝位推让给他。尧的时候有一场普遍于全"中国"的大水灾。禹父鲧，因治水无功，被处死刑，禹继承了他父亲的任务终于把水患平定。禹治水的工作凡历十三年，在这期间，曾三次走过自己的家门，都没有进去，并且有一次听到新产的儿子在呱呱而泣呢。后来舜照尧的旧例，把帝位推让给禹。禹在死前，也照例选定了一位益做自己的继承者。但禹死后，百姓不拥戴益，而拥戴禹的儿子启，于是启践登了帝位（一说益和启争位，为启所杀）。旧例一破便不再回复了。这便是尧舜"禅让"的故事。

还有一位值得提到的传说中的重要人物，那就是黄帝。他所在故事中的时代虽在尧舜之先，他的创造却似在尧舜之后。照传说的一种系谱（《史记·五帝本纪》），他是尧的高祖，舜的八世祖，禹的高祖（舜反比禹低三辈，这很奇怪），也是商周两朝王室的远祖，并且成了后来许多同化的外族的祖先。黄帝和他左右的一班人物并且是许多文化成分的创造者，例如他发明舟、车、罗盘、阵法、占星术和许多政治制度；他的妃嫘祖最初教人养蚕织丝；他的诸臣分别发明文字、算术、历法、甲子和种种乐器。总之，他不独是中国人的共祖，并且是中国文化的源头。他的功用是把中国古代史大大地简单化了。

周朝的兴起

张荫麟

现在让我们离开想象，回到事实。

当商朝最末的一百年间，在渭水的流域，兴起了一个强国，号为周。周字的古文象田中有种植之形，表示这国族是以农业见长。周王室的始祖后稷（姬姓），乃是一个著名的农师（传说与禹同时），死后被周人奉为农神的。后稷的子孙辗转迁徙于泾渭一带；至古公亶父（后来追称太王），原居于豳（今陕西邠县附近），因受不了鬼方侵迫，率众迁居岐山（在今陕西岐山县境）之下。这一带地方土地特别肥沃，所以后来周人歌咏它道：

周原膴膴，堇荼如饴。

以一个擅长农业的民族，经过移民的选择，来到肥沃土地，而且饱经忧患，勤奋图存，故不数十年间，便蔚为一个富强之国。到了古公子季历（后来追称王季）在位时，竟大败鬼方，俘其酋长二十人了。古公在豳，还住地穴，其时周人的文化可想而知。迁岐之后，他们开始有宫室、宗庙和城郭了。季历及其子昌（后来追称文王）皆与商朝联婚，这促进了周人对商文化的接受，也即促进了周人的开化。

至少自古公以下，周为商朝的诸侯之一，故卜辞中有"令周侯"的记录。旧载季历及昌皆受商命为"西伯"，即西方诸侯之长，当是可信。但卜辞中屡有"寇周"的记载，可见商与周的关系并不常是和谐的。旧载古公即有"翦商"的企图。盖周自强盛以来，即以东向发展为一贯之国策。古公和季历的雄图的表现，于史无考，但西伯昌的远略尚可窥见一斑。他在逝世前九年，自称接受了天命，改元纪年。此后六年之间，他至少灭掉了四个商朝的诸侯国：

一、密 今甘肃灵台县西，

二、黎 今山西黎城县东北，

三、邘 今河南怀庆西北，

四、崇 今河南嵩县附近。

此外商诸侯不待征伐而归附他的当不少。又旧载西伯昌曾受商王纣命，管领江汉汝旁的诸侯，大约他的势力已及于这一带。后来周人说他"三分天下有其二"，若以商朝的势力范围为天下，恐怕竟去事实不远了。灭崇之后，西伯昌作新都于丰邑（在今长安县境），自岐下东迁居之。他东进的意向是够彰明的了。

文王死后第四年的春初，他的嗣子武王发率领了若干诸侯及若干西北西南土族的选锋（中有庸、蜀、羌、髳、微、卢、彭、濮等族类，其名字不尽见于以前和以后的历史），大举伐商；他的誓师词至今犹存，即《尚书》里的《牧誓》。凭一场胜仗，武王便把商朝灭掉。战场是牧野，离商王纣的行都朝歌（今河南淇县）不远。朝歌是他的离宫别馆所在，是他娱悦晚景的胜地。这时他至少已有六七十岁了。在享尽了畋游和酒色的快乐之后，他对第一次挫败的反应是回宫自焚而死。商兵溃散，武王等长驱入殷。商朝所以亡得这样快，照后来周人的解释是文王、武王累世积德行仁，民心归向，而商纣则荒淫残暴，民心离叛；所谓"汤武革命，顺乎天而应乎人"。这固然不能说没有一些事实的影子，但事实绝不如此简单。周人记载中无意泄露的关于商、周之际的消息，有两点可注意。一说"纣克东夷而陨其身"。可见商人在牧野之战以前，曾因征服东方的外族，而把国力大大损耗了；武王乃乘其疲敝而取胜的。一说"昔周饥，克殷而年丰"。可见牧野之战，也是周人掠夺粮食、竞争生存之战。武王是知道怎样利用饥饿的力量的。

殷都的陷落和商朝的覆亡，只是周人东向发展的初步成功。商朝旧诸侯的土地并不因此便为周人所有，而且许多旧诸侯并不因此就承认武王为新的宗主。此后武王、成王、康王之世，不断地把兄弟、子侄、姻戚、功臣分封于外，建立新国。这些新国大抵是取旧有的诸侯而代之，也许有的是开辟本来未开辟的土地。每一个这类新国的建立，便是周人的一次向外移殖，便是周人势力范围的一次扩展。

但当初武王攻陷殷都之后，并没有把殷都及殷王畿占据，却把纣子武庚禄父封在这里，统治商遗民，而派自己的两个兄弟管叔和蔡叔去协助并监视他们。这不是武王的仁慈宽大。这一区域是民族意识特别深刻的"殷顽民"的植根地，而且在当时交通不便的情形之下，离周人的"本部"丰岐一带很远，显然是周人所不易统治的。故此武王乐得做一个人情。但这却种下后来一场大变的原因。武王克殷后二年而死，嗣子成王年幼，王叔周公旦以开国功臣的资格摄政。管、蔡二叔心怀不平，散布流言，说"周公将不利于孺子"。并鼓动武庚禄父联结旧诸侯国奄（今山东曲阜一带）和淮水下游的外族淮夷，背叛周室。周公东征三年，才把这场大乱平定。用兵的经过不得而详，其为艰苦卓绝的事业，是可想象的。于是周公以成王命，把殷旧都及畿辅之地封给文王的少子康叔，国号卫；把商丘一带及一部分殷遗民封给纣的庶兄微子启，以存殷祀，国号宋；把奄国旧地封给周公子伯禽，国号鲁；又封功臣太公望（姜姓）的儿子于鲁之北，国号齐（都今山东临淄）；封功臣召公奭（周同姓）的儿子于齐之北，国号燕（都今北平附近），都是取商朝旧有诸侯国而代之的。周公东征之后，周人的势力才达到他们的"远东"。就周人向外发展的步骤而论，周公的东征比武王的克殷还更重要。这大事业不可没有一些艺术的点缀。旧传《诗经·豳风》里《东山》一篇就是周公东征归后所作，兹录其一章如下：

我徂东山，慆慆不归。我来自东，零雨其濛。鹳鸣于垤，妇叹于室。洒扫穹窒，我征聿至。有敦瓜苦，烝在栗薪，自我不见，于今三年。

假如传说不误，这位多才多艺的军事政治家，还是一个委婉的诗人呢！

先是武王克殷后，曾在丰邑以东不远，另造新都曰镐京（仍在长安县境），迁居之，是为宗周。"远东"戡定后，在周人的新版图里，丰镐未免太偏处于西了。为加强周人在东方的控制力，周公在洛阳的地方建筑一个宏伟的东都，称为成周。成周既成，周公把一大部分"殷顽民"，远迁到那里。从此周人在东方可以高枕无忧了。却不料他们未来的大患乃在西方！周公对被迁到成周的殷人的训词，至今还保存着，即《尚书》里的《多士》。

武王、成工两世，共封立了七十多个新国，其中与周同姓的有五十多国；但这七十余国而外，在当时黄河下游和大江以南，旧有国族之归附新朝或为新朝威力所不届的，大大小小，还不知凡几。在这区域内，周朝新建的和旧有的国，现在可考的有一百三十多。兹于现在可考的周初新建国中，除上面已提到的宋、卫、鲁、齐、燕外，择其可以表示周人势力的分布的十八国列表如下：

国名	姓	始祖与周之关系	国都今地
晋	姬	武王子叔虞	山西太原北
霍	姬	文王子叔处	山西霍县
邢	姬	周公子	河北邢台
芮	姬		陕西大荔县南
贾	姬		陕西蒲城西南
西虢	姬	文王弟虢叔	陕西宝鸡县东
腾	姬	文王子叔绣	山东滕县
口	姬	文王子叔武	山东汶上县北
郕	姬	文王子	山东城武县东南
曹	姬	文王子叔振铎	山东定陶县
东虢	姬	文王弟虢仲	河南汜水县
蔡	姬	文王子叔度	河南上蔡县（约在纪元前530年左右迁于今新蔡）
祭	姬	周公子	河南郑州东北
息	姬		河南息县
申	姜		河南南阳北
蒋	姬	周公子	河南固始县西北
随	姬		湖北随县
聃	姬	文王子季载	湖北荆门东南

本节叙周人的南徙至周朝的创业，本自成一段落。但为以下行文的方便起见，并将成王后康、昭、穆、共、懿、孝、夷、厉八世的若干大事附记于此。这时期的记载甚为缺略，连康、昭、共、懿、孝、夷六王在位的年数亦不可考（成王在位的年数亦然）。因此厉王以前的一切史事皆不能正确地追数为距今若干年。成、康二世为周朝的全盛时代，内则诸侯辑睦，外则四夷畏慑。穆王喜出外巡游，其踪迹所及，不可确考，但有许多神话附着于他。夷王时周室始衰，诸侯多不来朝，且互相攻伐。厉王即位于前878年。他因为积久的暴虐，于即位第三十七年，为人民所废逐，居外十四年而死。在这期间，王位虚悬由两位大臣共掌朝政，史家称之为共和时代。厉王死后，其子继立，是为宣王。

晋楚争霸

张荫麟

　　桓公的霸业是靠本来强盛的齐国做基础的。当他称霸的时代，晋国和秦国先后又在缔构强国的规模，晋国在准备一个接替桓公的霸主降临，秦国在给未来比霸业更宏大的事业铺路。话分两头，先讲晋国。

　　晋始封时都于唐（今太原县北），在汾水的上游；其后至迟过了三个半世纪，已迁都绛（今翼城县），在汾水的下游。晋人开拓的路径是很明显的。不过迁绛后许久他们还未曾占有汾水流域的全部，当汾水的中游还梗着一个与晋同姓的霍国，当汾水将近入河的地方还碍着一个也与晋同姓的耿国，前745年晋君把绛都西南百多里外的曲沃，分给他的兄弟，建立了一个强宗。此后晋国实际分裂为二。曲沃越来越盛，晋国越来越衰，它们间的仇隙也越来越大。这对抗的局面终结于前679年曲沃武公灭晋并且拿所得的宝器向周王买取正式的册封。老耄的武公，受封后两年，便一瞑不视，遗下新拼合的大国给他的儿子献公去粘缀、镶补。

　　献公即位于齐桓公十年（前676年），死于桓公三十五年。他二十六年的统治给晋国换一副面目。他重新修筑了绛都的城郭；把武公的一军扩充为二军。他灭霍、灭耿、灭魏、灭虞、灭虢，使晋国的境土不独包括了整个的汾水流域，并且远蹻到大河以南。但献公最重要的事业还不止此。却说武公灭晋后，自然把他的公族尽力芟锄，免遗后患。我们可以想象晋国这番复合之后，它的氏室必定灭了许多，但在曲沃一方，自从始封以来，公子公孙们新立的氏室为数也不少。献公即位不久，便设法收拾他们。他第一步挑拨其中较穷的，使与"富子"为仇，然后利用前者去打倒后者。第二步，他让残余的宗子同住一邑，好意地给他们营宫室，筑城郭；最后更好意地派大兵去保卫他们，结果，他们的性命都不保。于是晋国的公族只剩下献公的一些儿子。及献公死，诸子争立。胜利者鉴于前车，也顾不得什么父子之情，把所有长成而没有继位资格的公子都遣派到各外国居住，此后的一长期中，公子居外，沿为定例。在这种制度之下，遇着君死而太子未定，或君死而太子幼弱的当儿，君权自然失落在异姓的卿大夫手里。失落容易，收复却难。这种制度的成立便是日后"六卿专晋""三家分晋"的预兆。话说回来，献公夷灭群宗后，晋国的力量一时集中在公室；加以他凭藉"险而多马"的晋士，整军经武，兼弱攻昧，已积贮了向外争霸的潜能。可惜他晚年沉迷女色，不大振作，又废嫡立庶，酿成身后一场大乱，继他的儿孙又都是下等材料。晋国的霸业还要留待他和狄女所生的公子重耳，就是那在外漂流十九年，周历八国，备尝艰难险阻，到六十多岁才得位的晋文公。

文公即位时，宋襄公已经死了两年。宋人又与楚国"提携"起来，其他郑、鲁、卫、曹、许等国，更不用说了。当初文公漂流过宋时，仁慈的襄公曾送过他二十乘马。文公即位后，对宋国未免有情。宋人又眼见他归国两年间，内结民心，消弭反侧；外联强秦，给王室戡定叛乱，觉得他大可倚靠，便背楚从晋。楚率陈、蔡、郑、许的兵来讨，宋人向晋求救。文公和一班患难相从的文武老臣筹商了以后，便把晋国旧有的二军扩充为三军，练兵选将，预备"报施救患，取威定霸"。他先向附楚的曹、卫进攻，占据了他们的都城；把他们的田分给宋国；一面叫宋人赂取齐、秦的救援。虽是著名"刚而无礼"的楚帅子玉，也知道文公是不好惹的，先派人向晋军说和，情愿退出宋境，只要晋军同时也退出曹、卫。文公却一面私许恢复曹、卫，让他们宣告与楚国绝交；一面把楚国的来使拘留，这一来把子玉的怒火点着了。于是前632年，即齐桓公死后十一年，楚、陈、蔡的联军与晋、宋、齐、秦的联军大战于城濮（卫地）。就在这一战中，楚人北指的兵锋初次被挫，文公成就了凌驾齐桓的威名，晋国肇始它和楚国八十多年乍断乍续的争斗。

这八十多年的国际政治史表面虽很混乱，却有它井然的条理，是一种格局的循环。起先晋楚两强，来一场大战；甲胜，则若干以前附乙的小国自动或被动地转而附甲，乙不肯干休，和它们算账；从了乙，甲又不肯干休，又和它们算账，这种账算来算去，越算越不清，终于两强作直接的总算账，又来一场大战。这可以叫做"晋、楚争霸的公式"。晋、楚争取小国的归附就是争取军事的和经济的势力范围。因为被控制的小国对于所归附的霸国大抵有两种义务：一是当它需要时，出定额的兵车助它征伐。此事史无明文，但我们从以下二事可以类推：（1）齐国对鲁国某次所提出的盟约道："齐师出境而不以甲车三百乘从我者，有如此盟！"（2）其后吴国称霸，鲁对它供应军赋车六百乘，邾三百乘。二是以纳贡或纳币的形式对霸国作经济上的供应（贡是定期的进献，币是朝会庆吊的赘礼）。此事史亦无明文，但我们从以下三事可以推知：（1）楚人灭黄的藉口是它"不归楚贡"。（2）前548年晋执政赵文子令减轻诸侯的币，而加重待诸侯的礼；他就预料兵祸可以从此稍息。（3）前530年郑往晋吊丧，带去作赘礼的币用一百辆车输运，一千人押送。后来使人不得觐见的机会，那一千人的旅费就把带去的币用光！当周室全盛时，诸侯对于天王所尽的义务也不过如上说的两事。可见霸主即是有实无名的小天王，而同时正式的天王却变成有名无实了。

在晋、楚争霸的公式的复演中，战事的频繁和剧烈迥非齐桓、宋襄的时代可比，而且与日俱甚。城濮之战后三十五年，晋师救郑，与楚师遇，而有邲（郑地）之战，楚胜；又二十二年，楚师救郑，与晋师遇，而有鄢陵（郑地）之战，晋胜；又十八年，晋伐楚以报楚之侵宋（先是楚侵宋以报晋之取郑），而有湛阪（楚地）之战，晋胜。但这四次的大战只是连绵的兵祸的点逗。在这八十余年间，楚灭江、六、蓼、庸、萧（萧后入于宋），及群舒；晋灭群狄，又灭偪阳以与宋；齐灭莱；秦灭滑（滑后入于晋）；鲁灭邾；莒灭鄫（鄫后入于鲁）。在这期间，郑国为自卫，为霸主的命令，及为侵略而参加的争战在七十二次以上。宋国同项的次数在四十六以上。其他小国可以类推。兵祸的惨酷，可以从两例概见：（1）前597年，正当邲战之前，楚人在讨叛的名目下，围攻郑都。被围了十七天后，郑人不支，想求和，龟兆却不赞成；只有集众在太庙哀哭，并且每巷备定一辆车，等候迁徙，这一着却是龟兆所赞成的。当民众在太庙哀哭时，守着城头的兵士也应声大哭。楚人都被哭软了，不禁暂时解围。郑人把城修好，楚兵又来，再围了三个月，终于把城攻破，郑君只得祖着身子，牵着一只象征驯服的羊去迎接楚王。（2）过了两年，恶运轮到宋人头上。楚王派人出使齐国，故意令他经过宋国时，不向宋人假道。宋华元说：经过我国而不来假道，就是把我国看作属地，把我国看作属地就是要亡我国；若杀了楚使，楚人必来侵伐，来侵伐也是要亡我国；均之是亡，宁可保全自己的尊严。于是宋杀楚使。果然不久楚国问罪的大军来到宋都城下，晋国答应的救兵只是画饼。九个月的包围弄到城内的居民"易子而食，析骸以炊"；楚人还在城外盖起房舍，表示要久留。但宋人宁可死到净尽，不肯作耻辱的屈服。幸亏华元深夜偷入楚营，乘敌帅子反的不备，挥着利刃，迫得他立誓，把楚军撤退三十里，和宋国议和，这回恶斗才得解决。

像这类悲惨事件所构成的争霸史却怎样了结？难道它就照一定的公式永远循环下去吗？难道人类共有的恻隐心竟不能推使一个有力者稍作超国界的打算吗？前579年，尝透了战争滋味的华元开始做和平运动。这时他同晋、楚的执政者都很要好；由他的极力拉拢，两强订立了下面的盟约：

凡晋、楚无相加戎，好恶同之，同恤菑危，备救凶恶。若有害楚，则晋伐之；在晋，楚亦如之。交贽往来，道路无壅。谋其不协，而讨不庭（不来朝的）。有渝此盟，明神殛之；俾队（坠）其师，无克胙国。

这简直兼有现在所谓"互不侵犯条约"和"攻守同盟"了。但这"交浅言深"的盟约，才侥幸保证了三年的和平，楚国便一手把它撕破，向晋方的郑国用兵；次年便发生鄢陵的大战。

争霸的公式再循环了一次之后，和平运动又起。这回的主角向戌也是宋国的名大夫，也和晋、楚的执政者都有交情的，但他的愿望和福气都比华元大。前546年，他在宋都召集了一个十四国的"弭兵"大会。兵要怎样弭法，向戌却是茫然的。这个会也许仅只成就一番趋跄揖让的虚文，若不是楚国的代表令尹子木提出一个踏实的办法：让本未附从晋或楚的国家以后对晋、楚尽同样的义务。用现在的话说，这就是"机会均等""门户开放"的办法。子木的建议经过两次小修正后到底被采纳了。第一次的修正是在晋、楚的附从国当中把齐、秦除外，因为这时亲晋的齐和亲楚的秦都不是好惹的。第二次的修正又把邾、滕除外，因为齐要把邾、宋要把滕划入自己的势力范围。四国除外，所以参加盟约的只有楚、晋、宋、鲁、郑、卫、曹、许、陈、蔡十国。

在这次盟会中晋国是大大地让步了。不独它任由楚人自居盟主；不独它任由楚人"衷甲"赴会，没一声抗议；而那盟约的本身就是楚国的胜利；因为拿去交换门户开放的，晋方有郑、卫、曹、宋、鲁五国，而楚方则只有陈、蔡、许三国。但晋国的让步还有更大的。十二年后，楚国又践踏着这盟约，把陈国灭了（五年后又把它复立，至前478年终灭之），晋人只装作不知。弭兵之会后不久，晋人索性从争霸场中退出了，晋国的"虎头蛇尾"是有苦衷的。此会之前，晋国已进入一个蜕变的时期。在这时期中，它的主权从公室移到越来越少的氏室，直至它裂为三国才止。在这蜕变的时期中，它只有蛰伏不动。但楚国且慢高兴，当他灭陈的时候，新近暴发的吴国已蹑在它脚后了。

春秋战国的竞争和秦国的统一

吕思勉

文化是从一个中心点，逐渐向各方面发展的。西周以前所传的，只有后世认为共主之国一个国家的历史，其余各方面的情形，都很茫昧。固然，书阙有间，不能因我们之无所见而断言其无有，然果有文化十分发达的地方，其事实也绝不会全然失传的，于此，就可见得当时的文明，还是限于一个小区域之内了。东周以后则不然，斯时所传者，以各强国和文化较发达的地方的事迹为多，所谓天子之国，转若在无足重轻之列。原来古代所谓中原之地，不过自泰岱以西，华岳以东，太行以南，淮、汉以北，为今河南、山东的大部分，河北、山西的小部分。渭水流域的开发，怕还是西周兴起以来数百年间之事。到春秋时代，情形就大不然了。当时号称大国的，有晋、楚、齐、秦，其兴起较晚的，则有吴、越，乃在今山西的西南境，山东的东北境，陕西的中部，甘肃的东部，及江苏、浙江、安徽之境。在向来所称为中原之地的鲁、卫、宋、郑、陈、蔡、曹、许等，反夷为二三等国了。这实在是一个惊人的文化扩张。其原因何在呢？居于边地之国，因为和异族接近，以竞争磨砺而强，而其疆域亦易于拓展，该是其中最主要的。

"周之东迁，晋、郑焉依。"（见《左传》隐公六年）即此便可见当时王室的衰弱。古代大国的疆域，大约方百里，至春秋时则夷为三等国，其次等国大约方五百里，一等国则必方千里以上。当西周之世，合东西两畿之地，优足当春秋时的一个大国而有余，东迁以后，西畿既不能恢复，东畿地方，又颇受列国的剥削，周朝自然要夷于鲁、卫了。古语说"天无二日，民无二王"，这只是当时的一个希望。事实上，所谓王者，亦不过限于一区域之内，并不是普天之下，都服从他的。当春秋时，大约吴、楚等国称雄的区域，原不在周朝所管辖的范围内，所以各自称王。周天子所管辖的区域，因强国不止一个，没有一国能尽数慑服各国，所以不敢称王，只得以诸侯之长，即所谓霸主自居。所以春秋时代，大局的变迁，系于几个霸国手里。春秋之世，首起而称霸的是齐桓公。当时异民族杂居内地的颇多，也有相当强盛的，同族中的小国，颇受其压迫。（1）本来古代列国之间，多有同姓或婚姻的关系。（2）其不然的，则大国受了小国的朝贡，亦有加以保护的义务。（3）到这时候，文化相同之国，被文化不同之国所压迫，而互相救援，那更有些甫在萌芽的微茫的民族主义在内了。所以攘夷狄一举，颇为当时之人所称道。在这一点上，齐桓公的功绩是颇大的。他曾却狄以存邢、卫，又尝伐山戎以救燕（这个燕该是南燕，在今河南的封邱县。《史记》说它就是战国时的北燕，在今河北蓟县，怕是弄错了的，因为春秋时单称为燕的，都是南燕。即北燕的初封，我疑其亦距封邱不远，后来才迁徙到今蓟县，但其事无可考）。而他对于列国，征伐所至亦颇广。曾南伐楚，西向干涉晋国内乱，晚年又曾经略东夷。古人说"五霸桓公为盛"，信非虚语了。齐桓公的在位，系自前685年至前643年。桓公死后，齐国内乱，霸业遽衰。宋襄公欲继之称霸。然宋国较小，实力不足，前638年，为楚人所败，襄公受伤而死，北方遂无霸主。前632年，晋文公败楚于城濮（今山东濮县），楚国的声势才一挫。此时的秦国，亦已尽取西周旧地，东境至河，为西方一强国，然尚未能干涉中原之事。秦穆公初和晋国竞争不胜，前624年，打败了晋国的兵，亦仅称霸于西戎。中原之地，遂成为晋、楚争霸之局。前597年，楚庄王败晋于邲（今河南郑县），称霸。前591年卒。此时齐顷公亦图与晋争霸。前589年，为晋所败。前575年，晋厉公又败楚于鄢陵（今河南鄢县）。然楚仍与晋兵争不息。至前561年，楚国放弃争郑，晋悼公才称复霸。前546年，宋大夫向戌，善于晋，楚的执政，出而合二国之成，为弭兵之会，晋、楚的兵争，至此才告休息。自城濮之战至此，凡87年。弭兵盟后，楚灵王强盛，北方诸侯多奔走往与其朝会。然灵王奢侈而好兵争，不顾民力，旋因内乱被弑。此时吴国日渐强盛，而楚国政治腐败，前506年，楚国的都城，为吴阖闾所破，楚昭王藉秦援，仅得复国，楚国一时陷于不振，然越国亦渐强，起而乘吴之后。前496年，阖闾伐越，受伤而死。前494

年，阖闾子夫差破越。夫差自此骄侈，北伐齐、鲁，与晋争长于黄池（今河南封邱县），前473年，越勾践灭吴，越遂徙都琅邪，与齐、晋会于徐州（今山东诸城县），称为霸王。然根基因此不固，至前333年而为楚所灭。

此时已入于战国之世了（春秋时代，始于周平王四十九年，即鲁隐公元年，为前722年，终于前481年，共242年。其明年为战国之始，算至前222年秦灭六国的前一年为止，共259年）。春秋之世，诸侯只想争霸，即争得二、三等国的服从，一等国之间，直接的兵争较少，有之亦不过疆场细故，不甚剧烈。至战国时，则（1）北方诸侯，亦不复将周天子放在眼里，而先后称王。（2）二、三等国，已全然无足重轻，日益削弱，而终至于夷灭，诸一等国间，遂无复缓冲之国。（3）而其土地又日广，人民又日多，兵甲亦益盛，战争遂更烈。始而要陵驾于诸王之上而称帝，再进一步，就要径图并吞，实现统一的欲望了。春秋时的一等国，有发展过速，而其内部的组织，还不甚完密的，至战国时，则臣强于君的，如齐国的田氏，竟废其君而代之，势成分裂的，如晋之赵、韩、魏三家，则索性分晋而独立。看似力分而弱，实则其力量反更充实了。边方诸国，发展的趋势，依旧进行不已，其成功较晚的为北燕。天下遂分为燕、齐、赵、韩、魏、秦、楚七国。六国都为秦所并，读史的人，往往以为一入战国，而秦即最强，这是错误了的。秦国之强，起于献公而成于孝公，献公之立，在前385年，是入战国后的96年，孝公之立，在前361年，是入战国后的120年了。先是魏文侯任用吴起等贤臣，侵夺秦国河西之地。后来楚悼王用吴起，南平百越，北并陈、蔡，却三晋，西伐秦，亦称雄于一时。楚悼王死于公元前381年，恰是入战国后的100年，于是楚衰而魏惠王起，曾攻拔赵国的邯郸（今河北邯郸县）。后又伐赵，为齐救兵所败，秦人乘机恢复河西，魏遂弃安邑，徙都大梁（今河南开封县）。秦人渡蒲津东出的路，就开通了。然前342年，魏为逢泽之会（在开封），《战国·秦策》称其"乘夏车，称夏王，（此'夏'字该是'大'字的意思）。朝天子，天下皆从"，则仍处于霸主的地位。其明年，又为齐所败。于是魏衰而齐代起，宣王、湣王两代，俨然称霸东方，而湣王之时为尤盛。相传苏秦约六国，合纵以摈秦，即在湣王之时。战国七雄，韩、魏地都较小，又逼近秦，故其势遂紧急，燕、赵则较偏僻，国势最盛的，自然是齐、秦、楚三国。楚袭春秋以来的声势，其地位又处于中部，似乎声光更在齐、秦之上，所以此时，齐、秦二国似乎是合力以谋楚的。《战国策》说张仪替秦国去骗楚怀王：肯绝齐，则送他商于的地方六百里（即今商县之地）。楚怀王听了他，张仪却悔约，说所送的地方只有六里。怀王大怒，兴兵伐秦。两次大败，失去汉中。后来秦国又去诱他讲和，前299年，怀王去和秦昭王相会，遂为秦人所诱执。这种类乎平话的传说，是全不足信的，事实上，该是齐、秦合力以谋楚。然而楚怀王入秦的明年，齐人即合韩、魏以伐秦，败其兵于函谷（在今河南灵宝县西南，此为自河南入陕西的隘道的东口，今之潼关为其西口）。前296年，怀王死于秦，齐又合诸侯以攻秦；则齐湣王似是合秦以谋楚，又以此为秦国之罪而伐之的，其手段亦可谓狡黠了。先是前314年，齐国乘燕内乱攻破燕国。宋王偃称强东方，前286年，又为齐、楚、魏所灭。此举名为三国瓜分，实亦是以齐为主的，地亦多入于齐。齐湣王至此时，可谓臻于极盛。然过刚者必折。前284年，燕昭王遂合诸侯，用乐毅为将，攻破齐国，湣王走死，齐仅存聊、莒、即墨三城（聊，今山东聊城县。莒，今山东莒县。即墨，今山东平度县）。后来虽借田单之力，得以复国，然已失其称霸东方的资格了。东方诸国中，赵武灵王颇有才略。他不与中原诸国争衡，而专心向边地开拓。先灭中山（今河北定县），又向今大同一带发展，意欲自此经河套之地去袭秦。前295年，又因内乱而死。七国遂惟秦独强。秦人遂对诸侯施其猛烈的攻击。前279年，秦白起伐楚，取鄢、邓、西陵。明年，遂破楚都郢，楚东北徙都陈，后又迁居寿春（鄢，即鄢陵。邓，今河南邓县。西陵，今湖北宜昌县。郢，今湖北江陵县西北。吴阖庐所入之郢，尚不在江陵，但其他不可考，至此时之郢，则必在江陵，今人钱穆、童书业说皆如此），直逃到今安徽境内了。对于韩、魏，亦时加攻击。前260年，秦兵伐韩，取野王，上党路绝，降赵，秦大败赵兵于长平，坑降卒40万（野王，今河南沁阳县。上党，今山西晋城县。长平，今山西长平县），遂取上党，北定太原。进围邯郸，为魏公子无忌合诸国之兵所败。前256年，周朝的末主赧王为秦所灭。前249年，又灭其所分封的东周君。前246年，秦始皇立。《史记·秦本纪》说，这时候，吕不韦为相国，招致宾客游士，欲以并天下。大概并吞之计，和吕不韦是很有关系的。后来吕不韦虽废死于蜀，然秦人仍守其政策不变。前230年，灭韩。前228年，灭赵。燕太子丹使荆轲刺秦王，不中，秦大发兵以攻燕。前226年，燕王喜奔辽东。前225年，秦人灭魏。前223年，灭楚。前222年，发兵攻辽东，灭燕。前221年，即以灭燕之兵南灭齐，而天下遂统一。

秦朝的统一，绝不全是兵力的关系。我们须注意：此时交通的便利，列国内部的发达，小国的被夷灭，郡县的渐次设立，在政治上、经济上、文化上，本有趋于统一之势，而秦人特收其成功。秦人所以能收成功之利，则（1）宅地处西陲，开化较晚，风气较为诚朴。（2）三晋地狭人稠，秦地广人稀，秦人因招致三晋之民，使之任耕，而使自己之民任战。（3）又能奉行法家的政策，裁抑贵族的势力，使能尽力于农战的人民，有一个邀赏的机会。该是其最重要的原因。

第二章

秦汉之际

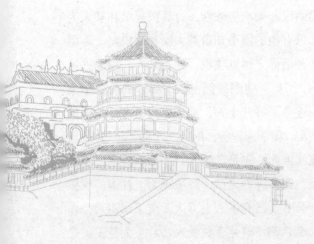

项羽与巨鹿之战

张荫麟

　　项燕的先人累世做楚将，封于项，因以项为氏，而家于下相。项燕有子名项梁，梁有侄名项藉字羽。项羽少时学书写，不成，弃去；学剑，又不成。项梁怒责他。他说：书写只可以记姓名罢了，剑是一人敌，也不值得学，要学万人敌！项梁于是教他兵法。他略通大意，再不深求。项梁曾因事杀人，带着项羽，逃匿于吴（今吴县，秦会稽郡治），吴中名士大夫都奉他为领袖，遇着地方有大徭役或大丧事，每请项梁主办，项梁暗中用兵法部勒宾客子弟，因此他的干才为人所知。项羽长成，身材魁岸，力能扛鼎，尤为吴中子弟所敬畏。

　　二世元年九月，会稽郡守和项梁商议起兵响应陈涉，打算派项梁和某人为将，是时某人逃匿山泽中。项梁说，只有他的侄子知道某人所在。说完，离座外出，对项羽嘱咐了一番，又走进来，请郡守传见项羽，使召某人。项羽进见后，项梁向他使个眼色，说道："可以了！"项羽拔剑，砍下郡守的头。项梁拿着郡守的首级佩了他的印绶。项羽连杀了好几十人，阖署慑伏听命，共奉项梁为会稽守。项梁收召徒众，得八千人。项羽为裨将，时年二十四。

　　二世二年二月，项梁叔侄率兵渡江而西。先是广陵人召平为陈胜取广陵不下，闻陈胜败走秦兵将到，渡江至吴，假传陈胜之命，拜项梁为上柱国。项梁一路收纳豪杰，到了下邳（今江苏盱眙县）已有了六七万人。离下邳不远，在彭城之东，有秦嘉所领的一支义军，奉景驹（旧楚贵族景氏之后）为楚王。是时陈胜的下落，众尚不知。项梁声言秦嘉背叛陈王擅立景驹大逆不道，即进击之。秦嘉败死，军降，景驹走死。

　　既而项梁得知陈胜确实已死，乃从居巢老人范增之策，访得楚怀王之孙

（名心）于牧场中，立以为王，仍号楚怀王，都于盱眙（今江苏盱眙县），项梁自号武信君。这是六月的事。

自四月至八月间，项梁叔侄军与秦军转战于今苏北、鲁南及豫东一带，连获大捷。项梁由此轻视秦军，时露骄色，部下宋义劝谏他道：战胜而将骄卒惰乃是败征；现在士卒已渐形怠懈，而秦兵日增，大可忧虑。项梁不以为意。九月章邯得到关中派来众盛的援兵之后，还击楚军，大破之于定陶，项梁战死。

章邯破项梁军，认为楚地无足忧虑，乃渡河击赵。先是赵地内乱，武臣被杀，张耳、陈余访得赵王室之后赵歇，继立为赵王，居信都。章邯入邯郸，迁其民于河内，夷其城郭。张耳与赵王走入巨鹿城，章邯使王离围之，而自军于巨鹿南。陈余北收兵于常山得数万人，军于巨鹿北。巨鹿城被围数月，粮乏兵单，危在旦夕，求援于陈余，而陈自以力薄非秦敌，按兵不肯动。

项梁死后，楚军集中于彭城附近，怀王亦移节于彭城。巨鹿围急，求救于诸侯，怀王拟派兵赴之。宋义自预言项梁之败而中，以知兵名于楚军。怀王召他来筹商，听了他的议论，大为赞赏，派他为援赵军的统帅，称上将军，以长安侯项羽为次将军，范增末将。宋义行至安阳（河南今县），逗留四十六日不进，项羽主张急速渡河，与赵军内外夹击秦军。宋义却主张先让赵秦决战；然后秦胜则乘其疲敝而击之，秦败则引兵西行，乘虚袭取咸阳。于是严申军令，禁止异动。宋义派其子某为齐相，大排筵席为其饯行。是时岁荒粮细，又适值天寒大雨，士卒饥冻。项羽昌言军中，责备宋义但顾私图，不恤士卒，不忠楚王。一天早晨，项朝见宋义，就在帐中把他的头砍下，号令军中：说他通齐反楚，奉怀王令把他诛戮。诸将尽皆慑服，共推他为"假上将军"。项羽使人报告怀王，怀王就派他代为上将军。自杀了宋义之后，项羽威震楚国，名闻诸侯。

项羽既受了援赵军统帅之任，立即派二万人渡河救巨鹿，先锋连获小胜，陈余又请添兵。项羽于是率全军渡河。既渡，凿沉船只，破毁釜甑，焚烧房舍，令士卒每人只带三日粮，示以决死无归还之心。既至巨鹿，反围王离，九战秦军，绝其粮道，大破之，王离被虏，其部下要将或战死或自杀。这是二世三年十二月的事。先是诸侯援军营于巨鹿城外的，不下十几个壁垒，都不敢出战。及楚军开始进攻，诸侯军将领皆从壁上观看。楚兵无不以一当十，呐喊声动天地，诸侯军士卒无不心惊胆震。项羽既破秦军，召见诸侯军将领，他们将入辕门，个个膝行而前，不敢抬头瞧望。于是项羽成了联军的统帅，诸侯军将领皆隶他麾下。

是时章邯尚军于巨鹿南，外见迫于项羽，内受二世的责备，又见嫉于赵高，陷入进退维谷之境。陈余乘机投书给他，说道：

白起为秦将，南征鄢郢，北阬马服（马服谓赵将马服君赵奢之子括，此指长平之战），攻城略地，不可胜计，而竟赐死。蒙恬为秦将，北逐戎人，开榆中地数千里，竟斩阳周。何者？功多，秦不能尽封，因以法诛之。今将军为秦将三岁矣，所失亡以十万数，而诸侯并起，滋益多。彼赵高素谀日久，今事急。亦恐二世诛之，故欲以法诛将军以塞责，使人更代将军，以脱其祸。夫将军居外久，多内隙，有功亦诛，无功亦诛。且天之亡秦，无愚智皆知之。今将军内不能直谏，外为亡国将，孤特独立，而欲常存，岂不哀哉！将军何不还兵，与诸侯为纵，约共攻秦，分王其地，南面称孤，此孰与身伏铁质、妻子为戮乎？

章邯得书，心中更加狐疑，秘密派人和项羽议降。议未成，项羽连接进击章邯军，大破之。章邯遂决意投降。项羽以军中粮细细，许之。二世三年七月，章邯与项羽相会于洹水南殷墟上（即今安阳殷墟），立盟定约。章邯与项羽言及赵高事，为之泪下。

楚汉相争及其结局

张荫麟

　　刘邦，字季，泗川郡沛县（江苏今县）人。家世寒微。从少即不肯学习生产技艺。壮年做了本县的泗水亭长（秦制若干户为一里，十里为一亭，十亭为一乡）。他使酒好色，却和易近人，疏财乐施，县署的属吏，常给他嘻嘻哈哈的大开玩笑。有一次县长的旧友吕公来沛县做客，县中属吏都去拜贺，萧何替他收礼，声明贺礼不满千钱的坐在堂下。刘季骗阍人道："贺礼万钱！"实在不名一钱。阍人领了他进来，吕公一见，看了他的相貌大为惊讶，特加敬重。萧何笑道：刘季只会吹牛，本领有限。刘季满不在乎地据了上位，嘲弄座客，言语之间，一点也没有屈服。酒罢，吕公暗中使眼色留他。客散之后，吕公对他说，生平喜欢看相，看过的相也不少，从未见过他这样好的相貌，望他自爱。就在这一次叙会中，吕公把女儿许嫁了给他，后来吕婆虽严重抗议也无效。

　　秦朝初年征各地刑徒赴骊山工作。沛县的刑徒，由泗水亭长押去。这些刑徒半路逃脱了许多。刘季预计到得骊山时，他们势必跑个精光。行至丰县西泽中，停下痛饮；半夜，把剩下的刑徒通通放了，自己也准备逃亡。刑徒中有十几个壮汉要跟随他。刘季于是领了这班人匿在芒、砀两县的山泽岩石之间。他们所以维持生活的方法似乎是不很名誉的，所以历史上没有交代。

　　陈胜发难后，沛县令打算响应。县吏萧何和曹参替他计议道，他以秦吏背秦，恐怕沛中子弟不服，不如把本县逃亡在外壮士召来，可得几百人，有他们相助，众人就不敢不听命了。于是派樊哙去招刘季。这樊哙是刘季的党羽，以屠狗为业。刘季率领着部下约莫一百人，跟着樊哙回来，沛令反悔，闭城不纳，并打算把萧、曹二人杀掉。二人跳城投奔刘季。刘季射书城上，劝县人诛沛令起事，否则城破之后，以屠城对付，县人遂共杀沛令，开城相迎。刘季受父老的推戴为沛公，收县中子弟得二三千人。这是二世元年九月的事。此后七个月内刘季转战于今独山湖以西苏、鲁两省相接之境，先后取沛、丰、砀（皆江苏今县）做根据地。替刘季守丰的部将叛而附魏，刘季攻他不下，走去留县求助于景驹。他始终没有得景驹的帮助，却在留县遇到了张良。张良原是韩国的贵公子，其先人五世相韩，亡国后散家财谋报国仇。秦始皇在博浪沙遇刺，那凶手就是他所买的。这时他领了一百多个少年，相投景驹，遇了刘季，情投意合，便以众相从。后来楚怀王即立，张良说动了项梁，更立故韩公子韩成为韩王，只得辞别刘季，往佐韩王。

　　景驹败死后，刘季往见项梁，项梁给他补充五千人。他得了这援助，才于二世二年四月把丰县攻下。从此刘季归附了项梁。他和项羽似乎很相得，两人总是共领一军出战或同当一面，像是形影不离的。据说当怀王派刘季西行时项羽也请求同往，只是怀王左右的老将们极力反对；以为项羽剽悍残暴，是屠城的能手；关中人民，久苦苛政，可以德服；他一去，反失人心；惟有刘季，忠厚长者，可胜宣抚之任；怀王因此不许项羽和刘季偕行。

　　宋义、项羽等北上救赵之军和刘季西进之军，同于二世二年闰九月（当时称后九月）分途出发。刘季转战于今豫东豫南，取道南阳以向武关。这时秦军的主力被吸在河北，这一路的楚军并未遇着劲敌。刘季从洛阳南下，复与张良相会。先是，张良同了韩王领兵千余，西略韩地，取了数城，又被秦军夺回，只得在颖川一带作游击战。至是，领兵与刘季合，占领了韩地十余城。刘季令韩王留守阳翟，而同了张良前进，略南阳郡。郡守兵败，退守宛城。刘季便越过宛城而西。张良谏道：现在虽急于入关，但关中兵尚众，且凭险相拒，若不攻下宛城，腹背受敌，这是危道。刘季便半夜隐匿旗帜，绕道回军，黎明，围宛城三匝。南阳守以城降，刘季封他为殷侯。由此西至武关，一路所经城邑纷纷迎降。二世三年八月武关陷。是月，赵高弑二世，使人来约降，刘季等以为诈，继进。九月峣关陷。刘季初欲急攻峣关。张良以为守将乃屠户之子，可以利动。于是楚军一面派人先行，预备五万人的餐食，并在山上多树旗帜为疑兵；一面派人拿重宝去说守将，守将果然变志，愿和楚军同入咸阳。刘季将要答应他，张良以为只是守将要反，怕士卒不从，不从可危，不如乘其怠懈进击。刘季依计遂破峣关。是月秦军再战于蓝田南，复大败。次月刘季入咸阳。先时赵高既弑二世，继立其侄子婴，贬去帝号，称秦王，子婴又袭杀赵高。至是，子婴以绳系颈，乘素车白马，捧着皇帝的玺印，迎接刘季于霸上（长安东十三里）的轵道旁。

秦历以九月为岁终，而秦历可说是终于二世三年九月。后此五十四个月，即四年半，刘季乃即皇帝位，汉朝乃开始。中间纪事，系年系月，甚成问题。若用公元，年次固可约略相附，但月份则尚无正确的对照。汉人以二世三年之后为汉元年；汉初沿秦历法，以十月为岁首，故以汉元年十月接秦二世三年九月。但此时尚无汉朝，何有汉年？今别无善法，只得依之。

刘季到了咸阳，看着堂皇的宫殿，缛丽的帷帐和无数的美女、狗马、珍宝，便住下不肯出。奈不得樊哙和张良苦劝婉谏，才把宫中的财富和府库封起，退驻霸上，以等待各方的领袖来共同处分。他又把父老召来，宣布废除秦朝的苛法，只约法三章："杀人者死，伤人及盗抵罪。"人民大喜，纷纷送上牛羊来犒军，刘季一概辞谢不受。

项羽既定河北，率楚军诸侯军及秦降军西向关中，行至新安，闻秦降卒有怨声，虑其为变，尽坑之。

当初怀王曾与诸将约，谁先入关中，即以其地封他为王。刘邦因此以关中的主人自居。而项羽西进之前已封了章邯为雍王（秦地古称雍州），大有否认怀王初约之意。刘季闻讯，派兵守函谷关，拒外军入境，同时征关中人民入伍，以扩充实力。

项羽至函谷关，不得入，大怒，攻破之。进驻鸿门，与刘季军相距只四十里。是时外军四十万，号百万；内军十万，号二十万。项羽大飨军士预备进攻。项羽的叔父项伯曾受张良救命之恩，半夜去给张良通消息，劝张良快跟他走。张良却替他和刘季拉拢。刘季会项伯一见如故，杯酒交欢，约为婚姻。刘季道："我入关以来，秋毫不敢有所沾染，簿籍吏民，封闭府库，以等待项将军。派人守关，只是警备盗贼。日夜盼望项将军到，哪里敢反？"恳求项伯代为解释。项伯答应，并约他次早亲到鸿门营中来。

项羽听了项伯的话，芥蒂已消，又见刘邦亲到，反而高兴起来，留他宴饮。项羽项伯坐西，范增坐北，刘季坐南，张良坐东。范增主张剪除刘季最力，席间屡次递眼色给项羽，同时举起所佩的玉玦。项羽默然不应。范增出去，一会儿又入来。随后不久，项庄入来奉酒祝寿。奉毕说道："君王和沛公饮酒，军营里没有什么可以助兴的，让我来舞剑！"项羽说："好！"他便舞起剑来。项伯亦拔剑起舞。项庄屡屡逼近刘季，项伯屡屡掩护着刘季。正对舞间，张良出去，一会儿又入来。随后，门外喧嚷声起，一人带剑持盾闯进来，鼓起眼睛盯着项羽。项羽按剑翘身（时席地坐）问："做什么？"张良说："那是沛公的骖乘樊哙。"项羽说："壮士！赏他酒。"是一大杯。樊哙拜谢了，一口喝干。项羽说："赏他一个猪肩！"那是生的。樊哙把盾覆在地上，把猪肩放在盾上，拔剑切肉便啖。项羽问他可还能饮不，他说："臣死也不避，何况杯酒？"接着他痛陈刘季的功劳，力数项羽的不是。项羽无话可答，只请他坐，他便挨张良坐下。自从樊哙闯入，舞剑停止。樊哙坐下不久，刘季说要如厕走开，张良跟着他。过了许久，张良单独回来，带好些玉器。张良作礼道："沛公很抱歉，因饮酒过多，不能亲来告辞。托下臣带了白璧一对献与大王（项羽），玉斗（酒器）一对献与大将军（范增）。"项羽问沛公在哪里，张良说："他听说大王有意责难他，已回营去了。"项羽收下白璧，放在几上。范增把玉斗放在地下，拔剑撞个粉碎。

随后项羽入咸阳，屠城，杀子婴，烧秦宫室，收财宝妇女，然后发号施令，分割天下。他尊怀王为义帝，却只给他湘江上游弹丸之地，都于郴（今县）。自立为西楚霸王，占旧楚、魏地九郡，都于彭城；此外他封立了十八个王国，列表如下：

王号	姓名	原来地位	国都	领地	附注
汉王	刘季		南郑	汉中、巴蜀	
雍王	章邯	秦降将	废丘	咸阳以西	三人共分关中地，三国合称三秦
塞王	司马欣	章邯部下长史	栎阳	咸阳以东至河	
翟王	董翳	章邯部下都尉	高奴	上郡	
西魏王	魏豹	魏王	平阳	河东	
河南王	申阳	张耳部将，先定河南	洛阳	河南郡	
韩王	韩成	韩王	阳翟	韩地若干郡	

王号	姓名	原来地位	国都	领地	附注
殷王	司马印	赵将，先定河内	朝歌	河内	
代王	赵歇	赵王		代郡	
常山王	张耳	赵相，从项羽入关	襄国	赵地大部分	
九江王	英布	项羽部将	六	九江郡一带	后降刘季，封淮南王
衡山王	吴芮	百越君长，从入关	邾	楚地一部分	
临江王	共敖	怀王柱国	江陵	楚地一部分	死于汉三年；子尉嗣，四年十二月为汉所房
辽东王	韩广	燕王		辽东	后拒臧荼，为所杀
燕王	臧荼	燕将，从项羽入关	蓟	燕地大部分	
胶东王	田市	齐王	即墨	齐地一部分	
齐王	田都	齐将	临淄	齐地大部分	
济北王	田安	齐王室后，项羽部将	博阳	齐地一部分	

我们看这表便可知道，其中哪些是不会悦服项羽宰割的人。刘季指望割据关中而只得到僻远的汉中、巴蜀，不用说了。魏豹由魏王而缩为西魏王，赵歇由赵王而缩为代王，田市由齐王而缩为胶东王，韩广由燕王而缩为辽东王，都是受了黜降。此外项羽在瓜分天下时所树的敌人，不见于表中的还有故齐相田荣，和故赵将陈余。当初田儋战死后，齐人立田假为王，田荣（田儋弟）逐田假更立儋子田市而专齐政。田假走依项梁，由此田荣与项氏有隙。项羽以齐地分王田市、田都、田安，而田荣无分。田荣怎肯甘心？陈余本与张耳为"刎颈交"。巨鹿之围，张求援于陈，而陈竟以利害的计较，按兵不动。两人从此成仇。但两人的"革命功绩"，实不相上下。项羽因张耳相从入关以赵地的大部分封他为常山王，而仅以南皮等三县之地封陈余为侯。陈余由此深怨项羽。

汉元年四月，在咸阳新受封的诸王分别就国。张良辞别刘季，往佐韩王，却送刘季到褒中，临别，劝他烧绝所过栈道，示无北还之心，刘季依计。

五月，田荣发兵拒田都，击走之。田荣留田市，不让他赴胶东。田市惧怕项羽，逃亡就国。田荣追杀之，而自立为齐王。是时昌邑人彭越（以盗贼起）聚众万余人于巨野，无所属。田荣给他将军印，使攻济北。越击杀济北王。于是田荣尽有全齐之地。彭越又进击楚军，大破之。陈余请得田荣的助兵，并尽发南皮三县兵，共袭常山，张耳败逃。二年十月陈余迎故赵王歇于代，复立为赵王。于是齐赵地尽反楚。是月义帝在就国途次，为项羽命人袭杀于江中。

刘季乘齐变于元年八月突入关中。章邯兵败，被围于废丘（二年六月废丘始陷，章邯自杀）。塞王、翟王皆降汉。先是项羽挟韩王成归彭城，不使就国，继废之为侯，继又杀之。于是张良逃就刘季于关中。刘季以故韩襄王（战国时）孙信为韩太尉，使共张良将兵取韩地。二年十一月，韩地既定，刘季立信为韩王。先是河南王申阳亦降汉。

项羽权衡西北两方敌人的轻重，决定首先击齐。二年正月，大败田荣于城阳。田荣遁逃，为人民所杀。项羽坑降卒。提兵北进，一路毁城放火，掳掠妇女。齐人怨叛。荣弟田横，收散兵，得数万人，复反城阳。项羽还战，竟相持不下。刘季乘齐楚相斗之际东进，降西魏王豹，虏殷王卬，为义帝发丧，率诸侯兵五十六万伐楚，遂入彭城。项羽以精兵三万人还战，汉军大溃，被挤落谷水和泗水死的据说有十余万人。再战灵璧东，汉军又溃，被挤落睢水死的据说也有十余万人，睢水几乎被死尸填塞了。楚军围了刘季三匝。适值大风从西北起，折树发屋，飞沙走石，阴霾蔽天，白昼昏黑。楚军逆着飓风，顿时散乱，刘季才得带了几十骑遁走。但项羽一去齐，田横复定齐地，立田荣子田广为王。刘季收聚散卒，又得萧何征调关中壮丁转运关中粮食来援，固守荥阳、成皋（并在今河南成皋县境，荥阳在东，成皋在西），军势复振。先是魏王豹于汉军败后，复叛归楚。汉使淮阴人韩信击之。九月，韩信俘魏王豹，定魏地。

此后战争的发展，可分为三个阶段。

第一阶段尽汉三年九月。在这一阶段，汉正面大败，而侧面猛进。在正面，汉失荥阳、成皋。刘季先后从荥阳、成皋突围先遁。其出荥阳时，将军纪信假扮着他，从东门出，以诳楚军，他才得从西门逃走，纪信因此被烧杀。在侧面，韩信取赵。先是，张耳败走，投奔汉。刘季微时曾为张耳客，因善待之。及会诸侯兵伐楚，求助于赵，陈余以汉杀张耳为条件。刘季把一个貌似张耳的人杀了，拿首级送去，陈余才派兵相助。后来陈余闻得张耳未死，便绝汉。汉使韩信击赵，杀陈余。在这阶段，还有两件大事可纪。其一，楚将九江王英布先已离心，又受了汉所遣辩士的诱说，遂举九江降汉。英布旋被项羽击败，只身逃入汉，但项羽已失去一有力的臂助了。其二，项羽中了汉的反间计，对一向最得力的谋臣范增起了猜疑，范增愤而告退，归近彭城，疽发背死。

第二阶段尽汉四年九月。在这一阶段，韩信南下取齐，楚军援齐大败，韩信遂定齐地；而彭越（于田荣死后归汉）为汉守魏地，时出游兵断楚粮道，荥阳、成皋的楚军大窘；项羽抽军自领回击彭越，汉乘机收复成皋，并进围荥阳。项羽引兵还广武（在荥阳附近，荥泽与汜水之间）与汉相持数月。项羽以前方粮绌后方又受韩信的抄袭，想和汉决一死战，而汉按兵不出，只得与汉约和。约定楚汉中分天下，以鸿沟（在广武荥泽间）为界准，其东属楚，其西属汉；楚放还前所掳汉王之父及妻。约成，项羽便罢兵东归。

以下入最后阶级。初时刘季也打算罢兵西归，张良等力劝乘势灭楚。五年十月，汉追击项羽军于固陵（今河南淮阳县西北），大败之。刘季约韩信、彭越会师，而二人不至。先是韩信既定齐，自请立为齐王，刘季忍怒许之；彭越只拜魏相国。至是张良献计：韩信故乡在楚，指望做楚王；彭越据魏地亦指望做魏王；若能牺牲楚魏地的一部分，许与他们，他们必然效命。刘季依计，二人立即会师。十一月，汉遣别将渡淮围寿春，又诱降楚舒城守将，使以舒屠六。十二月，项羽至垓下（今安徽灵璧县东南），兵少食尽，汉军围之数重。项羽率八百余骑溃围而出，所当辟易；到了长江西岸的乌江（今安徽和县东北乌江浦）只剩下二十六骑。乌江渡口单摆着一只小船。乌江亭长请他立即下渡。说道："江东虽小，也有几千里地，几十万人；现在只有这一只船，汉兵即使追来，也无法飞渡。"项羽说："我当初领江东子弟八千，渡江西去，如今无一人归还，即使江东父老怜恤我，奉我为王，我又有何面目再见他们？他们即使不说话，难道我不问心有愧？"于是把所乘的骓马赏给了亭长，令他先走。自与从人步行，持短兵接战。他连接杀了几百人，身上受了十几伤，然后拔剑自刎。

正月，汉王立韩信为楚王，领淮北，都下邳；立彭越为梁王，领魏地，都定陶。随后，诸侯向汉王上了一封献进书如下：

楚王韩信，韩王信，淮南王英布，梁王彭越，故衡山王吴芮（项羽所立，旋废之），赵王张敖（汉立张耳为赵王，先是已死，其子敖嗣），燕王臧荼昧死再拜言：大王陛下，先时秦为无道，天下诛之，大王先得秦王，定关中，于天下功最多。存亡定危，救败继绝，以安万民，功盛德厚，又加惠于诸侯王，有功者使得立社稷。地分已定，而位号比拟无上下之分，大王功德之著于后世不宣。昧死再拜上皇帝尊号。

刘季经过一番逊让之后，于二月即皇帝位于定陶附近的汜水之北。是月封吴芮为长沙王，领长沙、象郡、桂林、南海四郡；又封故粤王无诸（秦所废，后从诸侯伐秦）为闽粤王，领闽中地。初定都洛阳，五月迁都于长安。

刘季做了七年皇帝（前202年至前195年）而死，庙号太祖高皇帝（《广阳杂记》卷二："考得高祖起沛年四十八，崩时年六十三。"不知何据）。

秦汉之际中国与外族

张荫麟

当秦始皇时，匈奴既受中国的压迫，同时它东边的东胡和西边的月氏（亦一游牧民族，在今敦煌至天山间，其秦以前的历史全无可考。《管子·揆度篇》和《逸周书·王会篇》中的禺氏，疑即此族），均甚强盛。因此匈奴只得北向外蒙古方面退缩。但秦汉之际的内乱和汉初国力的疲敝，又给匈奴以复振的机会。适值这时匈奴出了一个枭雄的头领冒顿单于。冒顿杀父而即单于位约略和刘邦称帝同时。他把三十万的控弦之士套上铁一般的纪律，向四邻攻略：东边，他灭了东胡，拓地至朝鲜界；北边，服属了丁零（匈奴的别种）等五小国；南边，他不独恢复蒙恬所取河套地，并且侵入今甘肃平凉至陕西肤施一带；西边，他灭了月氏，把国境伸入汉人所谓"西域"中（即今新疆及其以西和以北一带）。这西域包含三十多个小国，其中一大部分不久也成了匈奴的臣属，匈奴在西域设了一个"僮仆都尉"去统辖他们，并且向他们征收赋税。冒顿死于文帝六年（前174年），是时匈奴已俨然一大帝国，内分三部：单于直辖中部，和汉的代郡、云中郡相接；单于之下有左右贤王，分统左右两部；左部居东方，和上谷以东的边郡相接；右部居西方，和上郡以西的边郡及氐羌（在今青海境）相接。胡俗尚左，左贤王常以太子充任。

匈奴的土地虽广，但大部分是沙碛或卤泽，不生五谷，而除新占领的月氏境外，草木也不十分丰盛，因此牲畜不会十分蕃息。他们的人口还比不上中国的一大郡。当匈奴境内人口达到饱和的程度以后，生活的艰难，使他们不得不以劫掠中国为一种副业。而且就算没有生活的压迫，汉人的酒谷和彩缯，对于他们，也是莫大的引诱。匈奴的人数虽寡，但人人在马背上过活，全国皆是精兵。这是中国人所做不到的。光靠人口的量，汉人显然压不倒匈奴。至于两方战斗的本领，号称"智囊"的晁错曾作过精细的比较。他以为匈奴有三种长技：

（1）上下山阪，出入溪涧，中国之马弗如也。

（2）险道倾仄，且驰且射，中国之骑（兵）弗如也。

（3）风雨疲劳，饥渴不困，中国之人弗如也。

但中国却有五种长技：

（1）平原易地，轻车突骑，则匈奴之众易挠乱也。

（2）劲弩长戟，射疏（广阔）及远，则匈奴之弓弗能格也。

（3）坚甲利刃，长短相杂，游弩往来，什伍俱前，则匈奴之兵（器）弗能当也。

（4）材官（骑射之兵）驺（骤）发，矢道同的，则匈奴之革笥木荐弗能支也。

（5）下马地斗，剑戟相接，去就相薄，则匈奴之足弗能给也。

这是不错的。中国的长技比匈奴还多，那么，汉人对付匈奴应当自始便不成问题了。可是汉人要有效地运用自己的长技，比之匈奴，困难得多。匈奴因为是游牧的民族，没有城郭宫室的牵累，"来如兽聚，去如鸟散"，到处可栖息。他们简直用不着什么防线。但中国则从辽东到陇西（辽宁至甘肃）都是对匈奴的防线，而光靠长城并不足以限住他们的马足。若是沿边的要塞皆长驻重兵，那是财政所不容许的。若临时派援，则汉兵到时，匈奴已远飏，汉兵要追及他们，难以捉影。但等汉兵归去，他们又卷土重来。所以对付匈奴，只有两种可取的办法：一是一劳永逸的大张挞伐，拼个你死我活；二是以重赏厚酬，招民实边（因为匈奴的寇掠，边地的居民几乎逃光），同时把全体边民练成劲旅。前一种办法，武帝以前没有人敢采。后一种办法是晁错献给文帝的，文帝也称善，但没有彻底实行。汉初七八十年间对匈奴的一贯政策是忍辱修好，而结果殊不讨好。当高帝在平城给冒顿围了七昼七夜，狼狈逃归后，刘敬献了一道创千古奇闻的外交妙计：把嫡长公主嫁给单于，赔上丰富的妆奁，并且约定以后每年以匈奴所需的汉产若干奉送，以为和好的条件；这一来匈奴既顾着翁婿之情，又贪着礼物，就不便和中国捣乱了。高帝想不出更好的办法，只舍不得公主，于是用了同宗一个不幸的女儿去替代。不过单于们所希罕的毋宁是

"蘖酒万石，稷米五千斛，杂缯万匹"之类，而不是托名公主，未必娇妍的汉女。所以从高帝初年到武帝初年间共修了七次"和亲"，而遣"公主"的只有三次。和亲使单于可以不用寇掠而得到汉人的财物。但他并不以此为满足，他手下没得到礼物或"公主"的将士们更不能满足。每度和亲大抵只维持三几年的和平。而堂堂中国反向胡儿纳币进女，已是够丢脸了，贾谊所谓"可为流涕"的事，就是指此。

上面讲的，是汉初七八十年间西北两方面的边疆状况，让我们再看其他方面的。

在东北方面，是时朝鲜半岛，国族还很纷纭；其中较大而与中国关系较密的是北部的朝鲜和南部的真番。真番在为燕所征之前无史可稽。朝鲜约自周初以来，燕齐的人民或因亡命，或因生计所迫，移殖日众；至迟到了秦汉之际，朝鲜在种族上及文化上皆已与诸夏为一体，在语言上和北燕属同一区域。在战国末期（确年无考）燕国破胡的英雄秦开（即副荆轲入秦的秦舞阳的祖父）曾攻朝鲜，取地二千余里。不久，朝鲜和真番皆成了燕的属地，燕人为置官吏。秦灭燕后，于大同江外空地筑障以为界，对朝鲜控制稍弛，朝鲜名虽臣服于秦，实不赴朝会。汉朝初立，更无远略，把东北界缩到大同江。高帝死时，燕王卢绾率叛众逃入匈奴，燕地大乱，燕人卫满聚党万余人，渡大同江，居秦故塞，收容燕齐的亡命之徒；继灭朝鲜，据其地为王，并降服真番及其他邻近的东夷小国。箕子的国祀，经八百余年，至此乃绝，卫满沿着朝鲜向来的地位，很恭顺地对汉称臣，约定各保边不相犯，同时半岛上的蛮夷君长要来朝见汉天子时，朝鲜不加阻碍。但到了卫满的孙右渠（与武帝同时），便再不和汉朝客气，一方面极力招诱逃亡的汉人，一方面禁止邻国的君长朝汉。

在南方，当秦末的内乱，闽越和西南夷，均恢复自主；南越则为故龙川县（属南海郡）令真定（赵）人赵佗所割据。汉兴，两越均隶藩封。但南越自高帝死后已叛服不常，闽越当武帝初年亦开始侵边。而西南夷则直至武帝通使之时，还没有取消独立。

以上一切边境内外的异族当中，足以为中国大患的只有匈奴。武帝对外也以匈奴为主要目标。其灭朝鲜有一部分为的是"断匈奴右臂"；其通西域全是为"断匈奴左臂"。

武帝时文术之盛

鲁迅

　　武帝有雄才大略，而颇尚儒术。即位后，丞相卫绾即请奏罢郡国所举贤良治申商韩非苏秦张仪之言者。又以安车蒲轮征申公枚乘等；议立明堂；置"五经"博士。元光间亲策贤良，则董仲舒公孙弘等出焉。又早慕词赋，喜"楚辞"，尝使淮南王安为《离骚》作传。其所自造，如《秋风辞》（见第六篇）《悼李夫人赋》（见《汉书》《外戚传》）等，亦入文家堂奥。复立乐府，集赵代秦楚之讴，以李延年为协律都尉，多举司马相如等数十人作诗颂，用于天地诸祠，是为《十九章》之歌。延年辄承意弦歌所造诗，谓之"新声曲"，实则楚声之遗，又扩而变之者也。其《郊祀歌》十九章，今存《汉书》《礼乐志》中，第三至第六章，皆题"邹子乐"。

　　"朱明盛长，雩与万物。桐生茂豫，靡有所诎。敷华就实，既阜既昌，登成甫田，百鬼迪尝。广大建祀，肃雍不忘。神若宥之，传世无疆。"《朱明》四"邹子乐""日出入安穷，时世不与人同。故春非我春，夏非我夏，秋非我秋，冬非我冬。泊如四海之沱，遍观是邪谓何。吾知所乐，独乐六龙。六龙之调，使我心若。訾，黄其何不来下！"《日出入》九是时河间献王以为治道非礼乐不成，因献所集雅乐；大乐官亦肄习之以备数，然不常用，用者皆新声。至敖游嫚饮之时，则又有新声变曲。曲亦昉于李延年。延年中山人，身及父母兄弟皆故倡，坐法腐刑，给事狗监中。性知音，善歌舞，武帝爱之，每为新声变曲，闻者莫不感动。尝侍武帝，起舞，歌曰："北方有佳人，绝世而独立，一顾倾人城，再顾倾人国。宁不知倾城与倾国，佳人难再得。"因进其女弟，得幸，号李夫人，早卒。武帝思念不已，方士齐人少翁言能致其魂，乃夜张烛设帐，而令帝居他帐遥望，见一女子，如李夫人之貌，然不得就视。帝愈益相思悲感，作为诗曰："是耶非耶？立而望之，偏何姗姗其来迟。"令乐府诸音家弦歌之。随事兴咏，节促意长，殆即所谓新声变曲者也。

文学之士，在武帝左右者亦甚众。先有严助，会稽吴人，严忌子也，或云族家子，以贤良对策高第，擢为中大夫。助荐吴人朱买臣召见，说《春秋》，言"楚词"，亦拜中大夫，与严助俱侍中。又有吾丘寿王、司马相如、主父偃、徐乐、严安、东方朔、枚皋、胶仓、终军、严葱奇等。

而东方朔、枚皋、严助、吾丘寿王、司马相如尤见亲幸。相如文最高，然常称疾避事；朔皋持论不根，见遇如俳优，惟严助与寿王见任用。助最先进，常与大臣辩论国家便宜，有奇异亦辄使为文，及作赋颂数十篇。寿王字子赣，赵人，年少以善格五召待诏，迁侍中中郎；有赋十五篇，（见《汉志》）。

东方朔字曼倩，平原厌次人也。武帝初即位，征天下举方正贤良文学材力之士，待以不次之位，四方士多上书言得失，自衒鬻者以千数。朔初来，上书曰："臣朔少失父母，长养兄嫂。年十二学书，三冬，文史足用。十五学击剑。十六学《诗》《书》，诵二十二万言。十九学孙吴兵法，战阵之具，钲鼓之教，亦诵二十二万言。凡臣朔固已诵四十四万言。又常服子路之言。臣朔年二十二；长九尺三寸，目若悬珠，齿若编贝；勇若孟贲，捷若庆忌，廉若鲍叔，信若尾生。若此，可以为天子大臣矣。臣朔昧死，再拜以闻。"其文辞不逊，高自称誉。帝伟之，令待诏公车；渐以奇计俳辞得亲近，诙达多端，不名一行，然时观察颜色，直言切谏，帝亦常用之。尝至太中大夫，与枚皋、郭舍人俱在左右，但诙啁而已，不得大官，因以刑名家言求试用，辞数万言，指意放荡，颇复诙谐，终不见用，乃作《答客难》（见《汉书》本传）以自慰谕。又有《七谏》（见《楚辞》），则言君子失志，自古而然。

临终诫子云："明者处世，莫尚于中，优哉游哉，与道相从。首阳为拙，柳惠为工。饱食安步，以仕代农。依隐玩世，诡时不逢。……圣人之道，一龙一蛇，形见神藏，与物变化，随时之宜，无有常家。"又黄老意也。朔盖多所通晓，然先以自衒进身，终以滑稽名世，后之好事者因取奇言怪语，附著之朔；方士又附会以为神仙，作《神异经》《十洲记》，托为朔造，其实皆非也。

枚皋者字少孺，枚乘孽子也。武帝征乘，道死，诏问乘子，无能为文者。

皋上书自陈，得见，诏使作《平乐观赋》，善之，拜为郎，使匈奴。然皋好诙笑，为赋颂多嫚戏，故不得尊显，见视如倡，才比东方朔、郭舍人。作文甚疾，故所赋甚多，自谓不及司马相如，而颇诋娸东方朔，又自诋娸。班固云："其文骫骳，曲随其事，皆得其意，颇诙笑，不甚闲靡。凡可读者百二十篇，其尤嫚戏不可读者尚数十篇。"至于儒术之士，亦擅文词者，则有菑川薛人公孙弘，字次卿，元光中贤良对策第一，拜博士，终为丞相，封平津侯，于是天下学士，靡然向风矣。广川董仲舒与公孙弘同学，于经术尤著，景帝时已为博士，武帝即位，举贤良对策，除江都相，迁胶西相，卒。尝作《士不遇赋》（见《古文苑》），有云：

"……观上世之清辉兮，廉士亦茕茕而靡归。殷汤有卞随与务光兮，周武有伯夷与叔齐；卞随务光遁迹于深山兮，伯夷叔齐登山而采薇。使彼圣贤其繇周邅兮，矧举世而同迷。若伍员与屈原兮，固亦无所复顾。亦不能同彼数子兮，将远游而终古……"

终则谓不若反身素业，归于一善，托声楚调，结以中庸，虽为粹然儒者之言，而牢愁狷狭之意尽矣。

小说家言，时亦兴盛。洛阳人虞初，以方士侍郎，号黄车使者，作《周说》九百四十三篇。齐人饶，不知其姓，为待诏，作《心术》二十五篇。又有《封禅方说》十八篇，不知何人作，然今俱亡。

诗之新制，亦复蔚起。《骚》《雅》遗声之外，遂有杂言，是为"乐府"。《汉书》云东方朔作八言及七言诗，各有上下篇，今虽不传，然元封三年作柏梁台，诏群臣二千石有能为七言诗，乃得上坐，则其辞今具存，通篇七言，亦联句之权舆也：

"日月星辰和四时皇帝，骖驾驷马从梁来（梁王），郡国士马羽林材（大司马），总领天下诚难治（丞相），和抚四夷不易哉（大将军），刀笔之吏臣执之（御史大夫）。（中略）蛮吏朝贺常会期（典属国），柱枅欂栌相枝持（大匠）。枇杷橘栗桃李梅（太官令），走狗逐兔张罘罳（上林令），啮妃女唇甘如饴（郭舍人），迫窘诘屈几穷哉（东方朔）。"

褚少孙补《史记》云："东方朔行殿中，郎谓之曰：人皆以先生为狂。朔曰：如朔等，所谓避世于朝廷间者也。古之人乃避世于深山中。时坐席中酒酣，乃据地歌曰——

陆沉于俗，避世金马门。宫殿中，可以避世全身；何必深山之中，蒿庐之下。"

亦新体也，然或出后人附会。

五言有枚乘开其先，而是时苏李别诗，亦称佳制。苏武字子卿，京兆杜陵人，天汉元年，以中郎将使匈奴，留不遣。李陵字少卿，陇西成纪人，天汉二年击匈奴，兵败降虏，单于以女妻之，立为右校王；汉夷其族。至元始六年，苏武得归，故与陵以诗赠答：

"携手上河梁，游子暮何之。徘徊蹊路侧，恨恨不能辞。行人难久留，各言长相思。安知非日月，弦望自有时。努力崇明德，皓首以为期。"李陵与苏武诗三首之一"二凫俱北飞，一凫独南翔。子当留斯馆，我当归故乡。一别如秦胡，会见何讵央。怆恨切中怀，不觉泪沾裳。愿子长努力，言笑莫相忘。"苏武别李陵。见《初学记》卷十八，然疑是后人拟作武归后拜典属国；宣帝即位，赐爵关内侯，神爵二年（前60年）卒，年八十余。陵则在匈奴二十余年，卒，有集二卷。诗以外，后世又颇传其书问，在《文选》及《艺文类聚》中。

儒家的正统地位之确立

张荫麟

儒家在汉朝成立之初，本已开始崭露头角。高帝的"从龙之彦"，固然多数像他自己一般是市井的无赖，但其中也颇有些知识分子。单讲儒者，就有曾著《新语》十一篇，时常强聒给高帝讲说《诗》《书》的陆贾；有曾为秦博士，率领弟子百余人降汉的叔孙通；而高帝的少弟刘交（被封为楚王），乃是荀卿的再传弟子，《诗》学的名家。高帝即位后，叔孙通奉命和他的弟子，并招鲁国儒生三十多人，共同制作朝仪。先时，群臣都不懂什么君臣的礼节，他们在殿上会饮，往往争论功劳；醉了，就大叫起来，拔剑砍柱。朝仪既定，适值新年，长乐宫也正落成，群臣都到那边朝贺。天刚亮，他们按着等级，一班班的被谒者引进殿门，那时朝廷中早已排列了车骑，陈设了兵器，升了旗帜。殿上传一声"趋"，殿下的郎中们数百人就夹侍在阶陛的两旁；功臣、列侯、诸将军、军吏都向东站立；文官丞相以下都向西站立。于是皇帝坐了辇车出房，百官传呼警卫；从诸侯王以下，直到六百石的吏员依了次序奉贺，他们没一个不肃敬震恐的。到行礼完毕，又在殿上置酒，他们都低着头饮酒，没有一个敢喧哗失礼的。斟酒到第九次，谒者高唱"罢酒"，他们都肃静地退出。高帝叹道："我到今天才知道皇帝的尊贵呢！"于是拜叔孙通为太常（掌宗庙礼仪，诸博士即在其属下，故亦名太常博士），赐金五百斤。他的助手各有酬庸，不在话下。高帝本来轻蔑儒者，初起兵时，有人戴了儒冠来见，总要把它解下来，撒一泡尿在里边。但经过这回教训，他对于儒者不能不另眼相看了。后来他行经鲁国境，竟以太牢祀孔子。

高帝死后，儒家在朝中一点势力的萌芽，虽然给道家压倒，但在文景两朝，儒家做博士的也颇不少；儒家典籍置博士可考者有《诗》《春秋》《论语》《孟子》《尔雅》等。而诸侯王中如楚元王交、河间献王德皆提倡儒术，和朝廷之尊崇黄老，相映成趣。元王好《诗》，令诸子皆读《诗》；并拜旧同学申公等三位名儒为中大丈。献王兴修礼乐，征集儒籍，立《毛氏诗》《左氏春秋》博士；言行谨守儒规。山东的儒者多跟随着他。

武帝为太子时的少傅就是申公的弟子王臧，武帝受儒家的薰陶是有素的。他初即位时，辅政的丞相窦婴（窦太皇太后的侄子）和太尉田蚡（武帝的母舅），皆好儒术；他们乃推荐王臧为郎中令——掌宿宫殿门户的近臣，又推荐了王臧的同学赵绾为御史大夫。在这班儒家信徒的怂恿之下，武帝于即位的次年（建元元年）诏丞相、御史大夫、列侯、诸侯王相等荐举"贤良方正直言极谏之士"来朝廷应试。这次征举的意思无疑是要网罗儒家的人才。颍川大儒董仲舒在这次廷试中上了著名的"天人三策"。在策尾，他总结道：

《春秋》大一统者，天地之常经，古今之通谊也。今师异道，人异论，百家殊方，指意不同，是以上无以持一统；法制数变，下不知所守。臣愚以为诸不在六艺之科、孔子之术者，皆绝其道，勿使并进。邪辟之说灭息，然后统纪可一，而法度可明，民知所从矣。

同时丞相卫绾也奏道：

所举贤良或治申、商、韩非、苏秦、张仪之言，乱国政，请皆罢。

这奏给武帝批准了。卫绾不敢指斥黄老，因为窦太皇太后的势力仍在，但仲舒所谓"诸不在六艺之科、孔子之术者"，则把黄老也包括在内了。当文景时代，太常博士有七十多人，治五经及"诸子百家"的均有。经董、卫的建议，武帝后来把不是治儒家五经的博士，一概罢黜了，这是建元五年（前136年）的事。

武帝又听王臧赵绾的话，把申公用"安车蒲轮"招请了来，准备做一番制礼作乐的大事业和举行一些当时儒者所鼓吹的盛大的宗教仪式。

儒家的张皇生事已够使窦老太太生气的了。更兼田蚡等，把窦氏宗室中无行的人，除了贵族的名籍，又勒令住在长安的列侯各归本国——住在长安的列侯大部分是外戚，且娶公主，不是窦老太太的女婿，便是她的孙婿，都向她诉怨。建元二年（前133年），赵绾又请武帝此后不要向窦太皇太后奏事。她忍无可忍，便找寻了赵绾、王臧的一些过失，迫得武帝把他们下狱，结果他们自杀。同时窦婴、田蚡也被免职，申公也被送回老家去了。但过了四年，窦老太太寿终内寝，田蚡起为丞相。儒家终底抬头而且从此稳坐了我国思想史中正统的宝座。

儒家之成为正统也是事有必至的。要巩固大帝国的统治权非统一思想不可，董仲舒已说得非常透彻。但拿什么做统一的标准呢？先秦的显学不外儒、墨、道、法。墨家太质朴，太刻苦了，和当时以养尊处优为天赋权利的统治阶级根本不协。法家原是秦自孝公以来国策的基础，秦始皇更把他的方术推行到"毫发无遗憾"。正唯如此，秦朝昙花般的寿命和秦民刻骨的怨苦，使法家此后永负恶名。贾谊在《过秦论》里，"繁刑严诛，吏治刻深"为秦的一大罪状。这充分代表了汉初的舆论。墨、法既然都没有被抬举的可能，剩下的只有儒、道了。道家虽曾煊赫一时，但那只是大骚乱后的反动。它在大众（尤其是从下层社会起来的统治阶级）的意识里是没有基础的，儒家却有之。大部分传统信仰，像尊天敬鬼的宗教和孝弟忠节的道德，虽经春秋战国的变局，并没有根本动摇，仍为大众的良心所倚托。道家对于这些信仰，非要推翻，便存轻视；但儒家对之，非积极拥护，便消极包容。和大众的意识相冰炭的思想系统是断难久据要津的。况且道家放任无为的政策，对于大帝国组织的巩固是无益而有损的。这种政策经文帝一朝的实验，流弊已不可掩。无论如何，在外族窥边，豪强乱法，而国力既充，百废待举的局面之下，"清静无为"的教训自然失却号召力。代道家而兴的自非儒家莫属。

改制与革命

张荫麟

　　武帝死后，经昭帝和宣帝两朝，和平而繁荣的两朝，凡四十四年，而至元帝。

　　当元帝做太子时，他的爱妃夭死，临死时，自言死于非命，由姜婢诅咒所致。太子悲痛到极，许久不去接近宫里任何女人，长日精神恍惚的。宣帝很替他担心，叫皇后觅些女子，可以开解他的。皇后选了五人，等他来朝时，给他瞧见，并嘱近身的太监暗中探听太子的意思。太子本来没有把这五人持在眼里，怕拂母后意，勉强答道：内中有一人可以，却没明说是谁。那太监见五人中独有一人穿着捆大红边的长褂，并且坐得挨近太子，认为就是她，照禀皇后，皇后便命人把她送到太子宫里。她叫做王政君，当年她就生了嫡皇孙，即后来的成帝。

　　元帝即位，王政君成了皇后，嫡皇孙成了太子。元帝晚年，太子耽于宴乐，很使他失望。而皇后又已失宠。他常想把太子忘掉，而另立他新近所恋一个妃嫔的儿子。当他最后卧病时，这妃嫔母子常在他跟前，皇后和太子难得和他见面；他屡次查问从前景帝易置太子的故事。是时皇后、太子和太子的长舅王凤，日夜忧惧，却束手无策，幸亏因一位大臣涕泣力谏，元帝竟息了心。

　　成帝之世，王凤四兄弟相继以"大司马"的资格（大司马乃是当时最高的军政长官）辅政。据王凤的同僚刘向在一封奏章里的观察：

　　王氏一门，乘朱轮华毂者二十三人。青紫貂蝉，充盈幄内，鱼鳞左右。大将军（王凤）秉事用权，五侯（凤诸弟）骄奢僭盛，并作威福，击断自恣。……尚书九卿，刺史郡守，皆出其门。笼执枢机，朋党比周，称誉者登进忏恨者诛伤。游谈者助之说，执政者为之言，排摈宗室，孤弱公族，其有智能者，尤非毁而不进。……兄弟据重宗族盘互。历上古至秦汉，外戚僭贵，未有如王氏者也。

王凤诸弟继任时，虽然不能像他那样专权独断，但王家的势焰，并没有稍减。

王太后的兄弟共八人，惟独弟曼早死，没有封侯，太后很怜念他，他的寡妇住在宫里，抚育着幼子王莽。王氏众侯的公子，个个骄奢淫逸，只知讲究车马声伎。惟独王莽谦恭俭朴，勤学博览，交结贤俊，穿着得同儒生一般。他对寡母，对诸伯叔，对寡嫂孤侄，无不处处尽道，为人所不能为。王凤病，他在跟前侍候，亲自尝药，蓬头垢面，衣不解带，一连好几个月。王凤临死，特别把他托付给太后和成帝，其他诸伯叔也无不爱重他。他不久便被升擢到侍中（宿卫近臣）并封新都侯。他爵位愈尊，待人愈敬谨。散赏财车马衣裘，以赠送宾客，赡养名士，又广交名公巨卿。于是在朝的推荐他，在野的颂赞他，他隐然为一时人望所寄了。

成帝绥和元年（前8年）王莽的叔父大司马王根因病辞职，荐莽自代。这时莽才三十八岁。他虽位极人臣，自奉仍如寒素。有一回，他的母亲病，公卿列侯的夫人来问候，他的夫人出迎，衣不拖地（是时贵妇的衣服是拖地的）。用粗布做"蔽膝"，来宾只当她是婢仆，问知是大司马夫人，无不吃惊。他把受赏赐所得的赀财完全散给寒士。又延聘贤良，以充属吏。他的声誉随爵位而起。

次年三年，成帝死，绝后，以侄定陶王嗣位，是为哀帝。王政君虽然升级为太皇太后，王氏的权势却暂时为哀帝的祖母家傅氏和母家丁氏所压倒。是年七月，王莽称病去职。

王莽罢政后不久，被遣归"国"（即本封的新都，在今河南）闭门韬晦了三年。吏民上书替他讼冤的有一百多次。后来应举到朝廷考试的士人又在试策里大大颂赞王莽的功德。哀帝于是召他还京，陪侍太皇太后。他还京年余，而哀帝死。哀帝又是绝后，他的母后及祖母又皆已前死，大权又回到太皇太后手，这时她七十二岁了。王莽于哀帝死后不几日，以全朝几乎一致的推举，和太皇太后的诏令，复大司马职。是年九月，他才选了一个年方九岁的中山王做继任的皇帝，这时朝中已没有和王莽不协，或敢和王莽立异的人了。次年，王莽既进号太傅安汉公，位诸侯王上，太皇太后又从群臣的奏请，下诏道：

> 自今以来，惟封爵乃以闻。他事安汉公四辅平决。州牧（成帝末王莽为大司马时，罢刺史于每州设长官，称州牧）二千石，及茂材吏初除奏事者，辄引入至近署，对安汉公考故官，问新职，以知其称否。

平帝虽名为天子，可连自己的母亲卫后也不得见面。她被禁锢在中山，因谋入长安，全家被诛灭，不久平帝亦郁郁而死。他一共做了五年傀儡。在这五年间，王莽行了不少的惠政和善政，举其要者如下。他大封宗室和功臣的后裔，前后不下二百人。他令官吏自"比二千石"以上，年老退休的，终身食原俸三分之一。值凶年，他献田三十顷，钱百万，以与贫民，同僚仿行的二百三十人。他在长安城中起了五条街，房屋二百所，给贫民居住。他立法，妇女非身自犯法，不受株连；男子八十以上七岁以下，非家犯大逆不道，被诏名捕，不得拘系。他赐天下鳏寡孤独及高年人以布帛。他在郡（王国同）、县（侯国同）、乡、聚（较乡为小）皆设公立学校；在郡的称"学"，在县的称"校"，每所置经师一人；在乡的称"庠"，在聚的称"序"，每所置《孝经》师一人。（《孝经》是战国末出现的一部劝孝的书，托为孔子和弟子对话的记录）他扩充太学，增加博士人数至每经五人；于《五经》之外又添立《乐经》；学生增加至万余人，又给太学建筑宏伟的校舍，其中学生宿舍就有万多间。他征求全国通知逸经、古记、天文、历算、乐律、文字训诂、医药、方技和以《五经》《论语》《孝经》《尔雅》（秦汉间出现的讲训诂的书）教授的人，由地方官以优礼遣送到京；前后应征的凡数千人，皆令在殿庭上记述所学。他又曾奏上"吏民养生，送终，嫁娶，田宅，奴婢之品"；所谓"品"就是分等级的限制。董仲舒、师丹的建议他又打算实行。可惜这方案提出不久，适值卫氏之狱，又被搁起，后来不知何故，竟没有重提；其详细节目不得而考了。

讴歌和拥戴王莽的人自然不会缺少。当平帝选后，王莽拒绝把女儿参加修选时，就每日有千余人，包括平民、学生和官吏，守阙上书，"愿得公女为天下母"，结果他的女儿不待候选便直接做了皇后。当皇后正位后，群臣请求给他"大赏"时，就有八千多人上书附和。当他拒绝接受赏田时，就先后有吏民四十八万七千五百七十二人，上书朝廷，声言对他"亟宜加赏"。

在这时期，王莽处处以周公为榜样，朝野也以周公看待他。传说周公辅政时，有南方远夷越裳氏来献白雉，为周公功德及远的表征；是时也有益州塞外（今安南境）蛮夷，自称越裳氏，来献白雉和黑雉，其后四夷声言因慕义而来朝贡的络绎不断。周公"托号于周"，所以朝廷的公论要给王莽以安汉公的称号。周公位居总领百僚的太宰，所以朝廷的公论要为他特设"宰衡"一职，位在诸侯王之上（宰衡是兼采太宰和陈衡之号，商汤大臣伊尹，号阿衡，曾辅汤孙太甲）。周公的七个儿子都封为诸侯，所以朝廷的公论要把他的两个儿子（他原有四子，一因杀奴，为他迫令自杀；一因助卫氏，伏诛；后来又一因谋杀他，为他迫令自杀）都封侯。最后，传说周公当成王幼小时，曾暂时替代他做天子，谓之"居摄"，于是就有一位侯爵的宗室上书，说"今帝富于春秋，宜令安汉公行天子事，如周公"。这件想象的史事正要开始重演时，平帝病死，又是绝后。是月就有人奏称，武功县长淘井，得白石，上有丹漆写的文字："告安汉公莽为皇帝。"王莽却经间卜和看相之后，选了一个最吉的两岁的宗室子婴，做平帝的后嗣，同时他受同僚的推戴和太皇太后勉强下的诏令，实行"居摄"，他令臣民称他为"摄皇帝"，他祭祀及朝见太皇太后时，自称"假皇帝"（假有代理之意，非言伪）。

在王莽"居摄"的头两年间，安众侯刘崇及东郡太守翟义先后起兵讨伐他，皆败死。第三年（公元8年），宣示天意要王莽做皇帝的"符命"接叠而起，是年十一月，王莽奏上太皇太后，请（许莽）：

共事神祇宗庙，奏言太皇太后，孝平皇后，皆（仍）称假皇帝，其号令天下，天下奏言事，毋言摄，以居摄三年为初始元年，漏刻以百二十为度，用应天命。臣莽夙夜养育，隆就孺子，令与周之成王比德；宣明太皇太后威德于万方，期于富而教之。

孺子加元服，"复子明辟"（谓待子婴长大后，还他帝位），如周公故事。

次月，某日黄昏时，有梓潼人哀章，穿着黄衣，拿了一个铜盒，送到汉高祖庙。盒里装着两卷东西：一卷题为《天帝行玺金匮图》，一卷题为《赤帝行玺刘邦传子黄帝金策书》。策书的大意是说王莽应为真天子，太皇太后应从天命。守庙的人奏闻王莽。次日一早王莽便到高庙拜受这铜盒，即所谓"金匮"，然后谒见太皇太后，然后还坐殿廷，下书道：

予以不德，托于皇初祖考黄帝之后，皇始祖考虞帝之苗裔，而太皇太后之末属。皇天上帝隆显大佑，成命统序，符契图文，金匮策书，神明诏告，属予以天下兆民。赤帝汉氏高皇帝之灵，承天命传国。金策之书，予甚祗畏，敢不钦受？以戊辰直"定"（定是建除等十二日次之一），御王冠，即真天子位。定有天下之号曰"新"。其改正朔，易服色，变牺牲，殊徽帜，异器制。以十二月朔癸酉为始建国元年正月之朔。

王莽即位后，除了"改正朔，易服色……"等外，还要改变全国的经济机构。他自从少年得志以来，可谓从心所欲，无不成为事实。现在他要依照先圣的启示，理性的唤召，为大众的福利和社会的正义，去推行一种新经济的制度，还会遇到不可克服的阻碍吗？孟子所提倡而认为曾经存在过的"井田"制度，时常闪烁于西汉通儒的心中。不过董仲舒和师丹都认为"井田"制"难猝行"，不得已而思其次，提出"限民名田"的办法。王莽在胜利和乐观、信古和自信之余，便完全看不见董仲舒和师丹所看见的困难了。他不但要实行"井田"制度，并且要同时改革奴隶的制度，始建国元年（公元9年）王莽下诏道：

古者试设庐井八家，一夫一妇田百亩，什一而税，则国给民富而颂声作。秦为无道，……坏圣制，废井田，是以兼并起，贪鄙生，强者规田以千数，弱者曾无立锥之居。又置奴婢之市面上，与牛马同栏，制于民臣，专断其命（谓吏民得擅杀奴婢）。奸虐之人，因缘为利，至略卖人妻子。逆天心，悖人伦，谬于"天地之性人为贵"（语出《孝经》）之义。……汉氏减轻田租，三十而税一，常有更赋，罢癃咸出。而豪民侵陵，分田劫假。厥名三十税一，实什税五也。父子夫妇，终年耕耘，所得不足以自存。故富者犬马余菽粟，骄而为邪；贫者不厌糟糠，穷而为奸。俱陷于辜，刑用不措。……今更名天下田曰王田，奴婢曰私属，皆不得买卖。其男口不盈八而田过一井者，分余田予九族邻里乡党。故无田，今当受田者如制度。致有非井田圣制，无法惑众者，投诸四裔，以御魑魅，如皇始祖考虞帝故事。

这道诏书亦宜与董仲舒请限民名田及废除奴婢的奏章对读。这道诏书所提出的改革，分析如下：

（一）田地国有，私人不得买卖（非耕种的土地，似不在此限）。

（二）男丁八口以下之家占田不得过一井，即九百亩。关于男丁八口以上之家无明文，似当以"八丁一井"的标准类推，有爵位食赏田的当不在此限。

（三）占田过限的人，分余田与宗族乡邻。

（四）无田的人，政府与田；所谓"如制度"，似是依"一夫一妇田百亩"的办法。有田不足此数的亦当由政府补足。

（五）现有的奴婢，不得买卖（但没有解放）。买卖自由人为奴婢，虽没有提及，当亦在禁止之列。现有的奴婢的子孙是否仍听其承袭为奴婢，亦没有明文。若是，则是王莽要用渐进的方法废奴；若否，则他并不是要完全废奴。

这道诏令实际上曾被施行到什么程度，不可确考，据说"坐买卖田宅奴婢，……自诸侯卿大夫至于庶民，抵罪者不可胜数"。可惜这几句话太笼统了。这道诏令的推行所必当碰到的困难和阻碍是怎样，历史上亦没有记载。但是到了始建国四年（公元12年），有一位中郎将区博进谏道：

井田虽圣王法，其废久矣。……今欲违民心，追复千载绝迹，虽尧舜复起，而无百年之渐，弗能行也。天下初定，万民新附，诚未可施行。

王莽听了他的话，便下诏：

诸名，食王田，皆得卖之，勿拘以法，犯私买卖，庶人者且一切勿治。

这里只涉及上列的第一项及第五项的一部分。其余各节不知是否亦连带撤销。但我们要注意，他的解禁并不否认始建国元年的诏令在四年间所已造成的事实。

除了关于土地和奴婢的新法外，王莽在民生及财政上还有六种重要的兴革：

（一）国营专利事业的推广。武帝时国家已实行盐铁和酒的专卖，其后酒的专卖废于昭帝时；盐铁的专卖，宣帝时废而旋复。王莽除恢复酒的专卖外，更推广国家独占的范围及于铜冶和名山大泽的资源的开采，同时厉禁人民私自铸钱。

关于这一项立法的用意，王莽曾有诏说道：

夫盐，食肴之将（将帅）；酒，百药之长，嘉会之好；铁，田农之本；名山大泽，饶衍之藏，五均赊贷，百姓所取平，仰以给赡；钱布铜冶，通行有无，备民用也；——此六者非编户齐民所能家作，必仰于市，虽贵数倍，不得不买，豪民富贾，即要（要挟）贫弱。先圣知其然也，故斡（谓由国家经营）之。

（二）国家放款的创始。人民因祭祀或丧事所需，得向政府借款，不取利息；还款期限，祭祀十日，丧事三月。人民因经营生业，得向政府借款，每年纳息不过纯净赢利的十分之一。

（三）国营"平价"贸易的创始。五谷布帛丝绵等类日常需用之物，遇滞销时，由政府照本收买。政府在各地算出这类货物每季的平均价格（各地不必同）。若货物的市价超过平均价，则政府照平均价出卖，若低过平均价，则听人民自相买卖。这制度虽然与武帝所行的平准法有点相似，但用意则极不相同，后者目的在政府赢利，前者则在维持一定的物价水准，便利消费者而防止商人的囤积居奇。

（四）荒弃土地税的创始。不耕的田和城郭中不种植的空地皆有税。

（五）处理无业游民的新法。无业的人每丁每年须缴纳布帛一匹，不能缴纳的由县官征服劳役，并供给其衣食。

（六）所得税的创始。对一切工商业（包括渔猎牧畜、巫医卜祝、旅店经营以至妇女之养蚕、纺织和缝补）取纯利十一分之一，叫做"贡"，政府收入的一贡即为放款与人民的本钱。贡税与现代所得税的异点在前者没有累进的判别亦没有免征的界限。

以上的制度，除铜冶的专利公布于始建国元年外，其余皆在始建国二年以后陆续公布，其被实际施行的程度和推行时所遇的困难和阻碍，历史上亦均无记载。铜冶的专利弛于始建国五年，山泽的专利弛于地皇三年（公元22年），次年王莽便败死。

王莽对于立法的效力有很深的信仰，他认为"制定天下自平"。除上述一切关于民生和财政的新法外，他对于中央和地方的官名官制，行政区域的划分，以及礼乐刑法无不有一番改革。他自即真以来，日夜和公卿大臣们引经据典地商讨理想的制度，议论连年不休。他沿着做大司马时的习惯，加以疑忌臣下，务要集权揽事，臣下只有唯诺敷衍，以求免咎。他虽然忙到每每通宵不眠，经常的行政事务；如官吏的遴选、讼狱的判决等却没有受到充分的理会。有些县甚至几年没有县长，缺职一直被兼代着。地方官吏之多不得人是无足怪的。更兼他派往各地的镇守将军，"绣衣执法"，以及络绎于道的种种巡察督劝的使者又多是贪残之辈，与地方官吏相缘为奸。在这样的吏治情形之下，即使利民的良法，也很容易变成病民。何况像贡税和荒地税本属苛细。国家专利的事业禁民私营。像铸钱和铜冶，犯者邻里连坐，这又给奸吏以虐民的机会。

在王莽的无数改革中有一件本身甚微而影响甚大的，即王爵的废除，因此从前受汉朝册封为王的四夷的君长都要降号为侯，并且更换玺印。为着这事，朝鲜的高句丽，西南夷句町先后背叛。王莽对他们纯采高压政策。他派十二将领甲卒三十万，十道并出，去伐匈奴。因为兵士和军用的征发的烦扰，内郡人民致有流亡为盗贼的，并州平州尤甚。出征的车队屯集在北边，始终没有出击的机会。边地粮食不给，加以天灾，起大饥荒，人民相食，或流入内郡为奴婢。边地的屯军，生活困苦，又荼毒地方，五原代郡，受祸尤甚；其人民多流为盗贼，数千人为一夥，转入旁郡，经一年多，才被平定。北边郡县却大半空虚了。为伐匈奴，强征高句丽的兵，结果高句丽亦叛，寇东北边。征句町的大军，十分之六七死于瘟疫，而到底没有得到决定的胜利。为给军用，赋敛益州，人民财物至于十收四五。益州因而虚耗。以上都是王莽即真以来八年间的事。

从新朝的第九年（是年莽六十二岁）至第十四年（公元17年至22年）间，国内连年发生大规模的天灾；始而枯旱，继以飞蝗。受灾最重的地方是青徐二州（今山东的东南部和江苏的北部）和荆州（今河南的南部和湖北的北部）。灾害的程度，除了表现于四方蜂起的饥民暴动外，还有二事可征：其一，山东饥民流入关中求食的就有数十万人；其二，王莽分遣使者往各地，教人民煮草木为"酪"，以代粮食，这种"酪"却被证明是无效的替代品。

暴动的饥民，起初只游掠求食，常盼年岁转好，得归故里；不敢攻占城邑，无文告旗帜，他们的魁帅亦没有尊号，他们有时俘获大吏也不敢杀害。因将吏剿抚无方，他们渐渐围聚，并和社会中本来不饥的枭悍分子结合，遂成为许多大股的叛党。其中最著者为萌芽于琅邪而蔓延于青徐的"赤眉"（叛徒自赤其眉，以别于官军，故名）和最初窟穴于绿林山（在今河南）而以荆州为活动范围的绿林贼。二者皆兴起于新朝的第九年。绿林贼后来分裂为下江兵和新市兵。

第十三年（即地皇二年，公元21年），王莽遣太师羲仲景尚、更始将军王党将兵击青徐。同时又遣将击句町，并令天下转输谷帛至北边的西河、五原、朔方和渔阳诸郡，每郡以百万数，预备大举伐匈奴。是年曾以剿贼立大功，领青徐二州牧事的田况，上平贼策道：

> 盗贼始发，其原甚微，部吏伍人所能擒也。咎在长吏不为意，县欺其郡，郡欺朝廷，实百言十，实千言百。朝廷忽略，不辄督责，遂致延蔓连州。乃遣将率（率乃新朝将帅之称）多发使者，传相监趣（促）。郡县力事上官，应塞诘对。供酒食，具资用，以救断斩。不给（暇）复忧盗贼，治官事。将率又不能躬率吏士，战则为贼所破，吏气浸伤，徒费百姓。前幸蒙赦令，贼欲解散，或反遮击，恐入山谷转相告语。故郡县降贼，皆更惊骇，恐见诈灭。因饥馑易动，旬日之间，更十余万人。此盗贼所以多之故也。今洛阳以东，米石二千。窃见诏书欲遣太师，更始将军（指羲仲景尚与王党）。二人爪牙重臣，多从人众，道上空竭；少则无以威视远方。宜急选牧尹以下，明其赏罚。收合离乡、小国、无城郭者，徙其老弱，置大城中，积藏谷食，并力固守。贼来攻城则不能下，所过无食，势不得群聚。如此招之必降，击之则灭。今空复多出将卒，郡县苦之，反甚于贼。宜尽征还乘传传诸使者，以休息郡县，委任臣况以二州盗贼，必平定之。

王莽不听，反免田况职，召还京师。

第十四年（公元22年）二月，羲仲景尚战死。四月，莽继派太师王匡，和更始将军廉丹，将锐士十余万，往征青徐。大军所过百姓唱道：

> 宁逢赤眉，
>
> 不逢太师。
>
> 太师尚可；
>
> 更始杀我！

十月，廉丹战死，全国震动。十一月，下江新市兵与平林、春陵兵联合。平林、春陵兵皆以其兴起之地名，先后皆于是年兴起。春陵兵的领袖乃汉朝皇室的支裔，刘縯和刘秀两兄弟。

第十五年（公元23年）二月，下江、新市等联军拥立刘玄为皇帝，改元更始。刘玄亦汉朝皇室的支裔，他即位之日，对群臣羞愧流汗，举手不能言语。是时联军攻宛城未下，他驻跸宛城下。三月王莽诏发郡国兵四十余万，号百万，会于洛阳，以司空王邑司徒王寻为将。五月，二王率其兵十余万由洛阳向宛进发，路过昆阳，时昆阳已降于联军，二王首要把它收复。部将严尤献议道："今僭与的人在宛城下，宛城破，其他城邑自会望风降服，不用费力。"王邑道："百万大军，所过当灭，如今先屠此城，喋血而进，前歌后舞，岂不快哉！"于是纵兵围城数十重，城中请降，王邑不许。严尤又献计道：兵法上说，"归理由勿遏；围城为之阙"，可依此而行，使城中贼得路逃出，好惊怖宛下。王邑不听。先是当城尚未合围时，刘秀漏夜从城中逃出，请救兵。六月，刘引救兵到，自将步骑千余为前锋。二王亦派兵迎击，却连战皆败。刘秀乃率敢死队三千人从城西水上冲官军的中坚。二王根本轻视他，自将万余人出阵，令其他营伍各守本部，不得擅动。二王战不利，大军又不敢擅来救援。二王阵乱，刘秀乘势猛攻，杀王寻。城中兵亦鼓噪而出，内外夹击，震呼动天地，官军大溃，互相践踏，伏尸百余里。是日风雷大作，雨下如注，近城的河川盛滋横溢，官兵滋死以万计。得脱的纷纷奔还本乡。王邑只领着残余的"长安勇敢"数千，遁归洛阳。消息所播，四方豪杰，风起云涌地举兵响应，旬月之间，遍于国中，他们大都杀掉州牧郡守，自称将军，用更始的年号，等候着新主的诏命。九月，响应更始的"革命"军入长安，城中市民亦起暴动相应，王莽被杀，手刃他的是一个商人。他的尸体被碎裂，他的首级被传送到宛。

做过王莽的"典乐大夫"的桓谭在所著《新论》里曾以汉高帝与王莽比较，指出王莽失败的原因，说道：

维王翁（即莽）之过绝世人有三焉：其智足以饰非夺是，辨能穷诘说士，威则震惧群下，又数阴中不快已者。故群臣莫能抗答其论，莫敢干犯匡谏。卒以致亡败。其不知大体之祸也。夫（知）帝王之大体者，则高帝是已。高帝曰：张良、萧何、韩信，此三子者，皆人杰也；吾能用之，故得天下，此其知大体之效也。王翁始秉国政，自以通明贤呈，而谓群下才智莫能出其上，是故举措兴事，辄欲自信任，不肯与诸明习者通，……稀获其功效焉。故卒遇破亡。此不知大体者也。高帝怀大智略，能自揆度群臣。制事定法，常谓曰：庳而勿高也，度吾所能行。为之宪度内疏政合于时。故民臣乐悦，为世所思。此知大体者也。王翁嘉慕前圣之治，……欲事事效古而不知……已之不能行其事。释近趋远，所尚非务。……此不知大体者也。高祖欲攻魏，乃使人窥视其国相，及诸将卒左右用事者。乃曰：此皆不如吾萧何、曹参、韩信、樊哙等，亦易与耳。遂往击破之，此知大体者也。王翁前欲北伐匈奴，及后东击青徐众郡赤眉之徒，皆不择良将，但以世姓及信谨文吏，或遣亲属子孙素所爱好，或无权智将帅之用。猥使据军持众，当赴强敌是以军合则损，士众散走。……（此）不知大体者也。

新朝倒塌后，革命势力的分化和冲突，乘时割据者的起仆，和一切大规模和小规模的屠杀、破坏，这里都不暇陈述。总之，分裂和内战，继续了十四年，然后全中国统一于刘秀之手。

刘秀成就帝业的经过，大致如下。他起初年追随其兄刘缜之后。昆阳之战后不久，刘缜为更始所杀。时秀统兵在外。闻讯立即驰往宛城，向更始谢罪，沿途有人吊唁，他只自引咎，不交一句私语，他没有为刘缜服丧，饮食言笑，一如平常。更始于是拜他为破虏大将军，封武信侯。是年，更始入驻洛阳，即派他"行大司马事"，去安抚黄河以北的州郡。当他渡河时，除了手持的麾节外，几乎什么实力也没有。他收纳了归服的州郡，利用他们的兵力，去平定拒命的州郡。在两年之间，他不独成黄河以北的主人，并且把势力伸到以南，在这期间，更始定都于长安，封他为萧王；他的势力一天天膨胀；更始开始怀疑他，召他还京了；他开始抗拒更始的命令了，他开始向更始旗下的将帅进攻了。最后在更始三年（公元25年）六月，当赤眉迫近长安，更始危在旦夕的时候，他即皇帝位于鄗南，改元建武，仍以汉为国号（史家称刘秀以后的汉朝为后汉或东汉，而别称刘秀以前的汉朝为西汉）。先是，有一位儒生从关中带交他一卷"天书"，上面写着：

刘秀发兵捕不道，

四夷云集龙斗野；

四七之际火为主。

是年，赤眉入长安，更始降。接着，刘秀定都于洛阳。十二月，更始为赤眉所杀。赤眉到了建武三年（公元27年）春完全为刘秀所平定。至是，前汉疆域未归他统治的，只相当于今甘肃、四川的全部和河北、山东、江苏的各一部分而已。这些版图缺角的补足，是他以后十年间从容绰裕的事业。

刘秀本是一个没有多大梦想的人。他少年虽曾游学京师，稍习经典，但他公开的愿望只是：

仕宦当作执金吾，

娶妻当娶阴丽华。

执金吾仿佛京城的警察厅长，是朝中的三四等的官吏。阴丽华是南阳富家女，著名的美人，在刘秀起兵的次年，便成了他的妻室。他的起兵并不是抱着什么政治理想。做了皇帝以后，心目中最大的政治问题似乎只是怎样巩固自己和子孙的权位而已。他在制度上的少数变革都是朝着这方向的。第一是中央官制的变革。在西汉初期，中央最高的官吏是辅佐君主总理庶政的丞相、掌军政的太尉、掌监察的御史大夫，共为三公。武帝废太尉设大司马，例由最高的统兵官员"大将军"兼之。成帝把御史大夫改名为大司空，哀帝又以把丞相改名为大司徒。在西汉末期，专政的外戚例居大司马大将军之位，而大司徒遂形同虚设了。刘秀把大司徒大司空的大字去掉，反大司马复称太尉，不让大将军兼领。同时他"惩数世之失权，忿强臣之窃命，矫枉过直，政不任下，虽置三公，备员而已"（东汉人仲长统语）。他把三公的主要职事移到本来替皇帝掌管文书出纳的尚书台。在官职的等级上，尚书台的地位是很低的。它的长官尚书令禄只千石，而三公禄各万石。他以为如此则有位的无权，有权的无位，可以杜绝臣下作威作福了。第二是地方官制的变革。西汉末年，把刺史改称为州牧，把他的秩禄从六百石增到二千石，但他的职权并没有改变。州牧没有一定的治所，每年周行所属郡国，年终亲赴京师陈奏。他若有所参劾，奏上之后，皇帝把案情发下三公，由三公派员去按验，然后决定黜罚。刘秀定制，州牧复称刺史，有固定治所，年终遣吏入奏，不用亲赴京师，他的参劾，不再经三公按验，而直接听候皇帝定夺。这一来三公的权减削而刺史的权提高了。第三是兵制的变革。刘秀在建武七年（公元31年）三月下了一道重要的诏令道：

今国有众军并多精勇。且罢轻车、骑士、材官、楼船。

这道诏令的意义，东汉末名儒应劭（曾任泰山太守）解释道：

（西汉）高祖命天下郡国选能引关蹶张、材力武猛者，以为轻车、骑士、材官、楼船。常以立秋后，讲肄课，试，各有员数。平地用（轻）车、骑（士），山阻用材官，水泉用楼船。……今悉罢之。

这道诏令使得此后东汉的人民虽有服兵役的义务，却没有受军事训练的机会了。应劭又论及这变革的影响道：

自郡国罢材官、骑士之后，官无警备，实启寇心。一主有难，三面救之，发兴雷震。……黔首嚚然。不及讲其射御……一旦驱之以即强敌，犹鸠鹊捕鹰鹯，豚羊戈豺虎。是以每战常负。……尔乃远征三边，殊俗之兵，非我族类，恣骜纵横，多僵良善，以为己功，财货粪土。哀夫！民氓迁流之咎，见出在兹。"不教民战，是为弃之。"亦其祸败，岂虚也哉！

末段是说因为郡国兵不中用，边疆有事，每倚靠雇佣的外籍兵即所谓胡兵；而胡兵凶暴，蹂躏边民，又需索犒赏，费用浩繁。应劭还没有说到他所及见的一事：后来推翻汉朝的董卓，就是胡兵的领袖，凭藉胡兵而起的。

郡国材官、骑士等之罢，刘秀在诏书里明说的理由是中央军队已够强众，用不着他们。这显然不是真正的理由。在征兵制度之下，为国家的安全计，精强的兵士是岂会嫌多的？刘秀的变革无非以强干弱枝，预防反侧罢了。郡国练兵之可以为叛乱的资藉，他是亲自体验到的。他和刘縯当初起兵，本想借着立秋后本郡"都试"——即壮丁齐集受训的机会，以便号召，但因计谋泄露而提早发难。当他作上说的诏令时，这件故事岂能不在他心头？

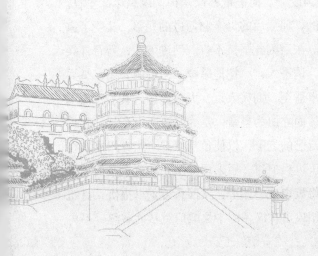

第三章

魏晋南北朝

后汉的分裂和三国

吕思勉

189年，灵帝崩。灵帝皇后何氏，生子辩。美人王氏，生子协。灵帝属意于协，未及定而崩，属协于宦者蹇硕。这蹇硕，大约是有些武略的。当黄巾贼起时，汉朝在京城里练兵，共设立八个校尉，蹇硕便是上军校尉，所以灵帝把废嫡立庶的事情付托他。然而这本是不合法的事，皇帝自己办起来，还不免遭人反对，何况在其死后。这自然不能用法律手段解决。蹇硕乃想伏兵把何皇后的哥哥大将军何进杀掉，然后举事。事机不密，被何进知道了，就拥兵不朝。蹇硕无可如何，而辩乃得即位，是为废帝。何进把蹇硕杀掉，因想尽诛宦官。而何氏家本寒微，向来是尊敬宦官的。何太后的母亲和何进的兄弟，又受了宦官的贿赂，替他在太后面前说好话。太后因此坚持不肯。何进无奈，乃召外兵进京，欲以胁迫太后。宦官见事急，诱进入宫，把他杀掉。何进的官属，举兵尽诛宦官。京城大乱，而凉州将董卓适至，拥兵入京，大权遂尽入其手。董卓只是个强盗的材料。他把废帝废掉，而立协为皇帝，是为献帝。山东州郡起兵反对他，他乃移献帝于长安，接近自己的老家，以便负隅抵抗。东方州郡实在是人各有心的，都各占地盘，无意于进兵追讨。后来司徒王允和董卓亲信的将官吕布相结，把董卓杀掉。董卓的将校李傕、郭汜，又回兵替董卓报仇。吕布出奔，王允被杀。李傕、郭汜又互相攻击，汉朝的中央政府就从此解纽，不再能号令全国了。

各地方割据的：幽州有公孙瓒。冀州有袁绍。兖州有曹操。徐州始而是陶谦，后来成为刘备和吕布争夺之场。扬州（今寿县一带），为袁术所据，江东则入于孙策。荆州有刘表。益州有刘焉。这是较大而在中原之地的，其较小较偏僻的，则汉中有张鲁，凉州有马腾、韩遂，辽东有公孙度。当时政治的重心，是在山东的（古书所谓山东，系指华山以东，今之河南、山东，都包括在内）。袁绍击灭了公孙瓒，又占据了并州，地盘最大，而曹操最有雄才大略。献帝因不堪李傕、郭汜的压迫，逃归洛阳，贫弱不能自立，召曹操入卫，操移献帝于许昌，遂成挟天子以令诸侯之势。刘备为吕布所破，逃归曹操，曹操和他合力击杀了吕布。袁术因荒淫无度，不能自立，想走归袁绍，曹操又使刘备邀击，术退走，旋死。刘备叛操，操又击破之。河南略定。200年，袁绍举大兵南下，与操相持于官渡（城名，在今河南中牟县北），为操所败。绍气愤死。205年，绍二子并为操所灭。于是北方无与操抗者。208年，操南征荆州。刘表适死，其幼子琮，以襄阳降（今湖北襄阳县，当时荆州治此）。刘备时在荆州，走江陵。操追败之。备奔刘表的长子琦于江夏（汉郡，后汉时，郡治在今湖北黄冈县境），和孙权合力，败操于赤壁（山名，在今湖北嘉鱼县）。于是刘备屯兵荆州，而孙权亦觊觎其地。后备乘刘焉的儿子刘璋暗弱，夺取益州。孙权想攻荆州，刘备同他讲和，把荆州之地平分了。时马腾的儿子马超和韩遂反叛，曹操击破之，又降伏了张鲁。刘备北取汉中。曹操自争之，不能克，只得退回。天下渐成三分之势。刘备初见诸葛亮时，诸葛亮替他计划，就是据有荆、益两州，天下有变，命将将荆州之兵以向宛、洛，而自率益州之众以出秦川的。这时的形势，颇合乎这个条件。备乃命关羽自荆州北伐，取襄阳，北方颇为震动，而孙权遣兵袭取江陵，羽还救，为权所杀。刘备愤怒，自将大兵攻权，又大败于猇亭（在今湖北宜都县西）。于是荆州全入于吴。备旋以惭愤而死，此事在223年。先是220年，曹操死，子丕篡汉自立，是为魏文帝。其明年，刘备称帝于蜀，是为蜀汉昭烈帝。孙权是到229年才称帝的，是为吴大帝。天下正式成为三分之局。蜀的地方最小，只有今四川一省，其云南、贵州，全是未开发之地。吴虽自江陵而下，全据长江以南，然其时江南的开化，亦远在北方之后。所以三国以魏为最强，吴、蜀二国，常合力以与之抗。

三国的分裂，可以说是两种心理造成的。其一是封建的余习。人心是不能骤变的。在封建时代，本有各忠其君的心理，秦、汉以后，虽然统一了，然此等见解，还未能全行破除。试看汉代的士大夫，仕于州郡的，都奉其长官为君，称其机关为本朝，有事为之尽忠，死则为之持服，便可知道。又其一则为南方风气的强悍。赤壁战时，孙权实在没有联合刘备抵抗曹操的必要。所以当时文人持重而顾大局的，如张昭等，都主张迎降。只有周瑜和鲁肃主张抵抗，和孙权的意见相合。《三国志》载周瑜的话，说曹操名为汉相，实系汉贼，这是劫持众人的门面话，甚或竟是事后附会之谈。东吴的君臣，自始至终，所作所为，何曾有一件事有汉朝在心目之中？说这话要想欺谁？在当时东吴朝廷的空气中，这话何能发生效力？孙权一生最赏识的是周瑜，次之则是鲁肃。孙权当称帝时，说鲁子敬早有此议，鲁肃如此，周瑜可知。为什么要拥戴孙权做皇帝？这个绝无理由，不过是一种倔强之气，不甘为人下，孙权的自始便要想做皇帝，则更不过是一种不知分量的野心而已。赤壁之战，是天下三分的关键，其事在208年，至280年晋灭吴，天下才见统一，因这一种蛮悍的心理，使战祸延长了72年。

刘备的嗣子愚弱，所以托孤于诸葛亮。诸葛亮是有志于恢复中原的，而且蜀之国势，非以攻为守，亦无以自立；所以自先主死后，诸葛亮即与吴弃衅言和，连年出兵伐魏。吴则除诸葛恪辅政之时外，多系疆场小战。曹操自赤壁败后，即改从今安徽方面经略东南。三国时，吴、魏用兵，亦都在这一带，彼此均无大成功。魏文帝本来无甚才略。死后，儿子明帝继立，荒淫奢侈，朝政更坏。其时司马懿屡次带兵在关中和诸葛亮相持，又平定了辽东。明帝死后，子齐王芳年幼，司马懿和曹爽同受遗诏辅政。其初大权为曹爽所专。司马懿托病不出，而暗中运用诡谋，到底把曹爽推翻，大权遂尽入其手。司马懿死后，他的儿子司马师、司马昭相继把持朝局。扬州方面，三次起兵反对司马氏，都无成。蜀自诸葛亮死后，蒋琬、费祎继之，不复能出兵北伐。费祎死后，姜维继之，频年出兵北伐而无功，民力颇为疲敝。后主又信任宦官，政局渐坏。司马昭乘此机会，于263年发兵灭蜀。司马昭死后，他的儿子司马炎继之，于265年篡魏，是为晋武帝。至280年而灭吴统一中国。

晋初的形势

吕思勉

吴、蜀灭亡，天下复归于统一了，然而乱源正潜伏着。这乱源是什么呢？

自后汉以来，政治的纲纪久经废弛。政治上的纲纪若要挽回，最紧要的是以严明之法行督责之术。魏武帝和诸葛亮都是以此而收暂时的效果的。然而一两个严明的政治家，挽不回社会上江河日下的风气，到魏、晋之世，纲纪又复颓败了。试看清谈之风，起于正始（魏齐王芳年号，自240年至248年），至晋初而更甚，直绵延至南朝之末可知。所谓清谈，所谈的就是玄学。谈玄本不是坏事，以思想论，玄学要比汉代的儒学高明得多。不过学问是学问，事实是事实。因学问而忽视现实问题，在常人尚且不可，何况当时因谈玄而蔑视现实的，有许多是国家的官吏，所抛弃的是政治上的职务。

汉朝人讲道家之学的所崇奉的是黄、老，所讲的是清静不扰，使人民得以各安其生的法术。魏、晋以后的人所崇奉的是老、庄，其宗旨为委心任运。狡黠地讲求趋避之术，养成不负责任之风。懦弱的则逃避现实，以求解除痛苦。颓废的则索性蔑视精神，专求物质上的快乐。到底人是现实主义的多，物质容易使人沉溺，于是奢侈之风大盛。当曹爽执政时，曾引用一班名士。虽因政争失败，未能有所作为，然从零碎的材料来看，他们是有一种改革的计划，而其计划且颇为远大的（如夏侯玄有废郡之议，他指出郡已经是供镇压之用，而不是治民事的，从来讲官制的人，没有这么彻底注重民治的）。曹爽等的失败，我们固然很难知其原因所在，然而奢侈无疑总是其原因之一。代曹爽而起的是司马氏，司马氏是武人，武人是不知义理、亦不知有法度的，一奢侈就可以毫无规范。何曾、石崇等人正是这一个时代的代表。

封建时代用人本来是看重等级的。东周以后，世变日亟，游士渐起而夺贵族之席。秦国在七国中是最能任用游士的，读李斯《谏逐客书》可见。秦始皇灭六国后，仍保持这个政治习惯，所以李斯能做到宰相，得始皇的信任。汉高起自徒步，一时将相大臣，亦多刀笔吏或家贫无行者流，就更不必说了。汉武帝听了董仲舒的话，改革选法，博士、博士弟子、郡国上计之吏和州郡所察举的秀才、孝廉，都从广大的地方和各种不同的阶层中来。其他擢用上书言事的人，以及朝廷和各机关的征辟，亦都是以人才为主的。虽或不免采取虚誉，及引用善于奔走运动的人，究与一阶级中人世据高位者不同。魏、晋以降，门阀制度渐次形成，影响及于选举，高位多为贵族所盘踞，起自中下阶层中较有活气的人，参与政治的机会较少，政治自然不免腐败。如上章所述，三国时代，南方士大夫的风气，还是颇为剽悍的。自东晋之初，追溯后汉之末，不过百余年，周瑜、鲁肃、吕蒙、陆逊等人物，未必无有（晋初的周处，即系南人，还很有武烈之风）。倘使元帝东渡以后，晋朝能多引用这一班人，则除为国家戡乱以外，更加以民族的敌忾心，必有功效可见。然而大权始终为自北南迁的贵族所把持，使宋武帝一类的人物，直到晋末，才得出现于政治舞台之上，这也是一笔很大的损失。

两汉时儒学盛行。儒学是封建时代的产物，颇笃于君臣之义的。两汉时，此项运动，亦颇收到相当的效果。汉末政治腐败，有兵权的将帅，始终不敢背叛朝廷（说本《后汉书·儒林传论》）。以魏武帝的功盖天下，亦始终只敢做周文王（参看《三国志·魏武帝纪》建安十五年注引是年十二月己亥令，这句句都是真话），就是为此。司马氏的成功是狡黠而不知义理的军阀得势（《晋书·宣帝纪》说："明帝时，王导侍坐，帝问前世所以得天下，导乃陈帝创业之始，及文帝末高贵乡公事。明帝以面覆床曰：'若如公言，晋祚复安得长远？'"司马氏之说可见），自此风气急变。宋、齐、梁、陈之君亦多是如此。加以运祚短促，自不足以致人忠诚之心。门阀用人之习既成，贵游子弟，出身便做好官，富贵吾所自有，朝代变换，这班人却并不更动，遂至"忠君之念已亡，保家之念弥切"（说本《南史·褚渊传论》）。中国人自视其国为天下，国家观念，本不甚发达；五胡乱华，虽然稍稍激起民族主义，尚未能发扬光大；政治上的纲纪，还要靠忠君之义维持，而其颓败又如此，政治自更奄奄无生气了。

秦、汉时虽有所谓都尉，调兵和统率之权，是属于太守的。其时所行的是民兵之制，平时并无军队屯聚；一郡的地方太小，亦不足以背叛中央；所以柳宗元说"有叛国而无叛郡"（见其所著《封建论》）。自刺史变为州牧而地盘始大；即仍称刺史的，其实权亦与州牧无异；郡守亦有执掌兵权的；遂成尾大不掉之势。晋武帝深知其弊，平吴之后，就下令去刺史的兵权，回复其监察之职。然沿袭既久，人心一时难以骤变。平吴之后，不久内乱即起，中央政府，顾不到各地方，仍藉各州郡自行镇压，外重之势遂成，迄南朝不能尽革。

自秦、汉统一之后，国内的兵争既息，用不到人人当兵。若说外征，则因路途窎远，费时失业，人民在经济上的损失太大，于是多用谪发及谪戍。至后汉光武时，省郡国都尉，而民兵之制遂废。国家的强弱，固不尽系乎兵，然若多数人民都受过相当军事的训练，到缓急之际，所表现出来的抵抗力，是不可轻侮的。后汉以来，此条件业经丧失，反因贪一时便利之故，多用降伏的异族为兵，兵权倒持在异族手里，遂成为五胡扰乱的直接原因。

晋初五胡的形势，是如此的：（1）匈奴。散布在并州即今山西省境内。（2）羯。史籍上说是匈奴的别种，以居于上党武乡的羯室而得名的（在今山西辽县）。按古书上的种字，不是现在所谓种族之义。古书所谓种或种姓，其意义，与姓氏或氏族相当。羯人有火葬之俗，与氐、羌同，疑系氐、羌与匈奴的混种，其成分且以氐、羌为多。羯室正以羯人居此得名，并非匈奴的一支，因居羯室之地而称羯。（3）鲜卑。《后汉书》说东胡为匈奴所破，余众分保乌丸、鲜卑两山，因以为名。事实上，怕亦是山以部族名的。此二山（当在今蒙古东部苏克苏鲁、索岳尔济一带）。乌桓在南，鲜卑在北。汉朝招致乌桓，居于上谷、渔阳、右北平、辽西、辽东塞上，以捍御匈奴。后汉时，北匈奴败亡，鲜卑徙居其地。其酋长檀石槐，曾一时控制今蒙古之地，东接夫余（与高句丽同属貉族。其都城，即今吉林的长春县），西至西域。所以乌丸和中国，较为接近，而鲜卑则据地较广。曹操和袁绍相争时，乌丸多附袁绍。袁氏既灭，曹操袭破之于柳城（汉县，今热河凌源县）。乌桓自此式微，而鲜卑则东起辽东，西至今甘肃境内，部族历历散布，成为五胡中人数最多、分布最广的一族。（4）氐。氐人本来是居于武都的（即白马氐之地，今甘肃成县），魏武帝怕被蜀人所利用，把他迁徙到关中。（五）羌。即后汉时叛乱之余。氐、羌都在泾、渭两水流域。当时的五胡大部分是居于塞内的，间或有在塞外的，亦和边塞很为接近。其人亦多散处民间，从事耕织，然犷悍之气未消，而其部族首领，又有野心勃勃，想乘时恢复故业的。一旦啸聚起来，"掩不备之人，收散野之积"（江统《徙戎论》语），其情势，自又非从塞外侵入之比。所以郭钦、江统等要想乘天下初定，用兵力将他们迁回故地。这虽不是民族问题根本解决之方，亦不失为政治上一时措置之策，而晋武帝因循不能用。

五胡之乱

吕思勉

　　五胡之乱，已经蓄势等待着了，而又有一个八王之乱（八王，谓汝南王亮、楚王玮、赵王伦、齐王冏、长沙王乂、成都王颖、河间王颙、东海王越），做它的导火线。封建亲戚以为屏藩之梦此时尚未能醒。我们试看：魏武帝于建安十五年（210年）十二月己亥下令，说从前朝廷恩封我的几个儿子，我辞而不受，现在想起来，却又要受了，因为执掌政权年久，怕要谋害我的人多，想借此自全之故，就可见得这时候人的思想。魏虽亦有分封之制，但文帝当未做魏世子时，曾和他的兄弟争立，所以猜忌宗室诸王特甚，名为分藩，实同囚禁，绝不能牵掣晋朝的篡弑。晋人有鉴于此，所以得国之后，就大封同姓，体制颇为崇隆，而且各国都有卫兵。晋武帝是文帝的儿子，景帝之后，自然不甘退让。在武帝时，齐王攸颇有觊觎储位之意，似乎也有党附于他的人。然未能有成，惠帝卒立。惠帝是很昏愚的，其初太后父杨骏执政。皇后贾氏和楚王玮合谋，把他杀掉，而用汝南王亮，又把他杀掉，后又杀楚王，旋弑杨太后。太子遹非后所生，后亦把他废杀。赵王伦时总宿卫，因人心不服，弑后，遂废惠帝而自立。时齐王冏镇许昌，成都王颖镇邺（今河南临漳县），河间王颙镇关中，连兵攻杀伦。惠帝复位，齐王入洛专政。河间王颙和长沙王乂合谋攻杀之，又和成都王颖合谋，攻杀乂。东海王越合幽、并两州的兵，把河间、成都两王打败，遂弑惠帝而立怀帝。此等扰乱之事，在291年至306年的16年间。

　　匈奴单于，自后汉之末失位，入居中国。单于死后，中国分其部众为五，各立酋帅。其中左部最强，中国将其酋帅羁留在邺，以资驾驭，至晋初仍未释放。东海王之兵既起，刘渊说成都王回去合五部之众，来帮他的忙，成都王才释放了他。刘渊至并州，遂自立，是为十六国中的前赵。此时中原之地，盗贼蜂起，刘渊如能力征经营，很可以有所成就。然刘渊是个无甚才略的人，自立之后，遂安居不出。羯人石勒，才略却比较优长。东方群盗，尽为所并。名虽服从前赵，实则形同独立。东海王既定京师，出兵征讨，死于军中，其兵为石勒所追败。晋朝遂成坐困之势。310年，刘渊的族子刘曜攻破洛阳，怀帝被虏。明年，被弑。愍帝立于长安。316年，又被虏。明年，被弑。元帝时督扬州，从下邳迁徙到建业（下邳，今江苏邳县；建业，今南京。东晋后避愍帝讳，改曰建康），自立，是为东晋元帝。此时，在北方，只有幽州刺史王浚、并州刺史刘琨，崎岖和戎狄相持。南方则豫州刺史祖逖，从淮北经略今之豫东，颇有成绩。然王浚本是个狂妄的人，刘琨则窘困太甚，终于不能支持，为石勒所破灭。祖逖因中央和荆州互相猜忌，知道功不能成，愤慨而死。就无能抗拒石勒的人。328年，勒灭前赵。除割据凉州的前凉，辽东、西的前燕外，北方几尽入其手。

南方的情势，是荆州强于扬州。元帝即位之后，要想统一上流的事权，乃派王敦去都督荆州。王敦颇有才能，能把荆州的实权收归掌握，却又和中央互相猜忌。322年，终于决裂。王敦的兵入据京城。元帝忧愤而死。子明帝立，颇有才略。乘王敦病死，把其余党讨平。然明帝在位仅3年。明帝崩，子成帝立，年幼，太后庾氏临朝，后兄庾亮执政，和历阳内史苏峻不协（今安徽和县）。苏峻举兵造反。亮奔温峤于寻阳（今江西九江县）。温峤是很公忠体国的，邀约荆州刺史陶侃，把苏峻打平。陶侃时已年老，故无跋扈之心。侃死后，庾亮出镇荆州。庾亮死后，其弟庾翼、庾冰继之。此时内外的大权，都在庾氏手里，所以成帝、康帝之世，相安无事。344年，康帝崩，子穆帝立。明年，庾翼死，表请以其子继任，宰相何充不听，而用了桓温。于是上下流之间，又成对立之势了。

石勒死于333年。明年，勒从子虎杀勒子而自立。石虎是个淫暴无人理的，然兵力尚强。庾翼于342年出兵北伐，未能有功。349年，石虎死，诸子争立。汉人冉闵为虎养子，性颇勇悍，把石虎诸子尽行诛灭。闵下令道："与官同心者住，不同心者各任所之。"于是"赵人百里内悉入城"，而"胡、羯去者填门"。

闵知胡之不为己用，遂下令大诛胡、羯。单是一个邺中，死者就有20多万。四方亦都承令执行。胡、羯经此打击，就不能再振了。先是鲜卑慕容廆，兴于辽西，兼并辽东。至其子皝，迁都龙城（今热河朝阳县）。慕容氏是远较前、后赵为文明的。地盘既广，兵力亦强。石虎死的前一年，慕容皝死，子儁立。乘北方丧乱，侵入中原。冉闵与战，为其所杀。于是河北之地，尽入于慕容氏。羌酋姚弋仲，氐酋苻洪，其初为后赵所压服的，至此亦乘机自立。苻洪死，子苻健入关。姚弋仲死，其子姚襄降晋，想借晋力以自图发展。晋朝因和桓温互相猜忌，引用了名士殷浩做宰相，想从下流去经略中原。殷浩亦不是没有才能的人，但扬州势成积弱，殷浩出而任事，又没有一个相当的时间以资准备，自然只得就固有的力量加以利用。于是即用姚襄为前锋，反为其所邀击，大败，军资丧失甚众。此事在354年。先是桓温已灭前蜀，至此，遂迫胁朝廷，废掉殷浩，他却出兵北伐，击破了姚襄，恢复洛阳。然亦未能再进。慕容儁死后，子慕容暐继之，虽年幼无知，然有慕容恪辅政，慕容垂带兵，仍有相当的力量。姚襄败后入关，为秦人所杀，弟苌以众降秦。秦苻健死后，子生无道，为苻坚所弑，自立。能任用王猛以修国政，其势尤张。此时的北方，已较难图，所以当后赵、冉闵纷纭争夺之时，晋朝实在坐失了一个恢复中原的机会。此时燕人频年出兵，以经略河南，洛阳又为所陷。369年，桓温出兵伐燕，大败于枋头（城名，今河南浚县）。桓温之意，本来要立些功业，再图篡夺的。至此，自顾北伐已无成功之望，乃于371年入朝，行废立之事（康帝崩，子穆帝立。崩，成帝子哀帝立。崩，弟海西公立。至是为桓温所废，而立元帝子简文帝）。温以禅让之意，讽示朝臣。谢安、王坦之当国，持之以静。373年，桓温死。他的兄弟桓冲，是个没有野心的人，把荆州让出，政局乃获暂安。

东晋时的五胡十六国，实在并不成其为一个国家，所以其根基并不稳固。看似声势雄张，只是没有遇见强敌，一战而败，遂可以至于覆亡。枋头战后，慕容垂因被猜忌出奔。前秦乘机举兵。其明年，前燕竟为所灭。前秦又灭掉前凉，又有统一北方之势。然其根基亦并不是稳固的。此时北方的汉族，因为没有政府的领导，虽有强宗巨室和较有才力的人，能保据一隅，或者潜伏山泽，终产生不出一个强大的政权来，少数的五胡，遂得横行无忌。然他们亦是人各有心，而且野蛮成习，颇难于统驭的。五胡中苟有英明的酋长出来，亦只得希望汉族拥戴他，和他一心，要联合许多异族以制汉族，根本上是没有这回事的。若要专恃本族，而把汉族以外的异族铲除，一则因限于实力；二则汉族此时，并不肯替此等异族出死力，而此等异族，性本蛮悍，加以志在掠夺，用之为兵，似乎颇为适宜，所以习惯上都是靠他们做主力的军队，尽数剪除，未免削弱兵力，所以其势又办不到。苻坚的政策，是把氐人散布四方，行驻防政策，而将其余被征服的异族置之肘腋之下，以便监制。倘使他的威力，能够始终维持，原亦未为非计。然若一朝失足，则氐人散处四方，不能聚集，无复基本队伍，就糟了。所以当时，苻坚要想伐晋以图混一，他手下的稳健派，如王猛，如其兄弟苻融等，都是反对的。而苻坚志得意满，违众举兵，遂以383年大败于淝水。北方异族，乘机纷纷而起。而慕容垂据河北为后燕，姚苌据关中为后秦。苻坚于385年为姚苌所杀。子丕，族子登，相继自立，至394年，卒为姚苌之子姚兴所灭。此时侵入中原的五胡，已成强弩之末。因为频年攻战，死亡甚多，人口减少，而汉族的同化作用，仍在逐渐进行，战斗力也日益衰弱。其仍居塞外的，却比较气完力厚。此等情势，自4世纪末，夏及拓跋魏之兴，至6世纪前半尔朱氏、宇文氏等侵入中原，迄未曾变。自遭冉闵的大屠戮后，胡、羯之势，业已不能复振。只有匈奴铁弗氏，根据地在新兴（今山西忻县），还是一个比较完整的部落。拓跋氏自托于黄帝之后，说其初建国北荒，后来南迁大泽，因其地"昏冥沮洳"，乃再南迁至匈奴故地。自托于黄帝之后，自不足信，其起源发迹之地，该不是骗人的。他大约自西伯利亚迁徙到外蒙古，又逐渐迁徙到内蒙古的。晋初，其根据地在上谷之北（今滦河上源之西）。刘琨藉其兵力以御匈奴，畀以雁门关以北之地。拓跋氏就据有平城，东至今察哈尔的西部。这时候，自辽东至今热河东部，都是慕容氏的势力范围。其西为宇文氏，再西就是拓跋氏。慕容氏盛时，宇文氏受其压迫，未能自强，拓跋氏却不然。拓跋氏和匈奴铁弗氏是世仇。苻坚时，拓跋氏内乱，铁弗的酋长刘卫辰引秦兵把他打破。苻坚即使刘卫辰和其族人刘库仁分管其部落。刘库仁是拓跋氏的女婿，反保护其遗裔拓跋珪。其时塞外，从阴山至贺兰山，零星部落极多，拓跋珪年长后，逐渐加以征服，势力复张。刘卫辰为其所灭。其子勃勃奔后秦。姚兴使其守御北边，勃勃遂叛后秦自立。后秦屡为所败，国势益衰。395年，慕容垂之子宝伐后魏，大败于参合陂（今山西阳高县）。明年，慕容垂自将伐魏。魏人退出平城，以避其锋。慕容垂入平城，而实无所得。还至参合陂，见前此战败时的尸骸，堆积如山，军中哭声振天，惭愤而死。慕容宝继立。拓跋珪大举来攻，势如排山倒海。慕容宝弃其都城中山，逃到龙城，被弑。少子盛定乱自立，旋亦被弑。弟熙立，因淫虐，为其将冯跋所篡，是为北燕。其宗族慕容德南走广固（今山东益都县西），自立，是为南燕。拓跋珪服寒食散，散发不能治事，不复出兵。北方形势，又暂告安静。

南方当这时候，却产生出一种新势力来。晋朝从东渡以后，长江上流的形势，迄较下流为强，以致内外相持，坐视北方的丧乱而不能乘。当淝水战前六年，谢玄镇广陵（今江苏江都县），才创立一支北府兵，精锐无匹，而刘牢之为这一支军队的领袖。淝水之战，就是倚以制胜的。下流的形势，至此实已较上流为强。东晋孝武帝是一个昏聩糊涂的人。始而信任琅邪王道子，后来又猜忌他，使王恭镇京口（今江苏镇江），殷仲堪镇江陵以防之。慕容垂死的一年，孝武帝也死了，子安帝立。398年，王恭、殷仲堪同时举兵。道子嗜酒昏愚，而其世子元显，年少有些才气。使人勾结刘牢之倒戈，王恭被杀。而上流之兵已逼，牢之不肯再战。殷仲堪并不会用兵，军事都是委任南郡相杨佺期的（南郡，治江陵）。而桓温的小儿子桓玄在荆州，仍有势力，此时亦在军中。晋朝乃以杨佺期刺雍州，桓玄刺江州，各给了一个地盘，上流之兵才退。后来殷仲堪和杨佺期，都给桓玄所并。402年，元显乘荆州饥馑，举兵伐玄，刘牢之又倒戈，桓玄入京城，元显和道子都被杀。桓玄是个狂妄的人。得志之后，夺掉了刘牢之的兵权，牢之谋反抗，而手下的人不满他的屡次倒戈，不肯服从，牢之自缢而死。桓玄以为天下无事了，就废安帝自立。然刘牢之虽死，北府兵中人物尚多。404年，刘裕等起兵讨玄，玄遂败死。安帝复位。刘裕入居中央，掌握政权，一时的功臣，都分布州郡，南方的形势一变。

409年，刘裕出兵灭南燕。想要停镇下邳，经营河、洛，而后方又有变故。先是399年，孙恩起兵会稽（今浙江绍兴），剽掠沿海。后为刘牢之及刘裕所破，入海岛而死。其党卢循袭据广州。桓玄不能讨，用为刺史。卢循又以其妹夫徐道覆为始兴相（今广东曲江县）。刘裕北伐时，卢循、徐道覆乘机北出，沿江而下，直逼京城。此时情势确甚危急。刘裕速回兵，以疲敝之众，守住京城。卢循、徐道覆不能克，退回上流，为裕所袭败。裕又遣兵从海道袭据广州，把他们打平。刘裕于是剪除异己。至417年，复大举以灭后秦。此时后魏正值中衰；凉州一隅，自前秦亡后，复四分五裂，然其中并无强大之国（氐酋吕光，为苻坚将，定西域。苻坚败后，据姑臧自立，是为后凉。后匈奴酋沮渠蒙逊据张掖叛之，为北凉。汉族李暠据敦煌，为西凉。鲜卑秃发乌孤据乐都为南凉。后凉之地遂分裂。又有鲜卑乞伏国仁，据陇右，为西秦。后凉为后秦所灭。西凉为北凉所灭。南凉为西秦所灭。西秦为夏所灭。北凉为后魏所灭。姑臧，今甘肃武威县。张掖，敦煌，今县皆同名。乐都，今碾伯县。西秦初居勇士川，在今甘肃金县后徙苑川，在今甘肃靖远县）；夏虽有剽悍之气，究系偏隅小国；倘使刘裕能在关中驻扎几年，扩清扫荡之效，是可以预期的，则当南北朝分立之初，海内即可有统一之望，以后170年的分裂之祸，可以免除了。然旧时的英雄，大抵未尝学问，个人权势意气之争，重于为国为民之念。以致同时并起，资望相等的人物，往往不能兼容，而要互相剪灭，这个实在使人才受到一个很大的损失。刘裕亦是如此，到灭秦时，同起义兵诸人，都已被剪除尽了。手下虽有几个勇将，资格都是相等的，谁亦不能统率谁。而刘裕后方的机要事务，全是交给一个心腹刘穆之的，这时候，刘穆之忽然死了，刘裕放心不下，只得弃关中而归，留一个小儿子义真，以镇守长安。诸将心力不齐，长安遂为夏所陷。刘裕登城北望，流涕而已。内部的矛盾，影响到对外，真可谓深刻极了。420年，刘裕篡晋，是为宋武帝。三年而崩。子少帝立，为宰相徐羡之等所废，迎立其弟文帝。文帝亦是个中主，然无武略，而功臣宿将，亦垂垂向尽。自北府兵创立至此，不足50年，南方新兴的一种中心势力，复见衰颓。北魏拓跋珪自立，是为道武帝。道武帝末年，势颇不振。子明元帝，亦仅谨守河北。明元帝死，子太武帝立，复强。431年，灭夏。436年，灭燕。凉州之地，亦皆为其所吞并。天下遂分为南北朝。

南北朝的始末

吕思勉

南北朝的对立，起于420年宋之代晋，终于589年隋之灭陈，共170年。其间南北的强弱，以宋文帝的北伐失败及侯景的乱梁为两个重要关键。南朝的治世，只有宋文帝和梁武帝在位时，历时较久。北方的文野，以孝文的南迁为界限，其治乱则以尔朱氏的侵入为关键。自尔朱氏、宇文氏等相继失败后，五胡之族，都力尽而衰，中国就复见盛运了。

宋文帝即位后，把参与废立之谋的徐羡之、傅亮、谢晦等都诛灭。初与其谋而后来反正的檀道济，后亦被杀。于是武帝手里的谋臣勇将，几于靡有孑遗了。历代开国之主，能够戡定大乱、抵御外患的，大抵在政治上、军事上，都有卓绝的天才，此即所谓文武兼资。而其所值的时局，难易各有不同。倘使大难能够及身戡定，则继世者但得守成之主，即可以蒙业而安。如其不然，则非更有文武兼资的人物不可。此等人固不易多得，然人之才力，相去不远，亦不能谓并时必无其人；尤其做一番大事业的人，必有与之相辅之士。倘使政治上无家天下的习惯，开国之主，正可就其中择贤而授，此即儒家禅让的理想，国事实受其益了。无如在政治上，为国为民之义，未能彻底明了，而自封建时代相沿下来的自私其子孙，以及徒效忠于豢养自己的主人的观念，未能打破，而君主时代所谓继承之法，遂因之而立。而权力和意气，都是人所不能不争的，尤其以英雄为甚。同干一番事业的人，遂至不能互相辅助，反要互相残杀，其成功的一个人，传之于其子孙，则都是生长于富贵之中的，好者仅得中主，坏的并不免荒淫昏暴，或者懦弱无用。前人的功业，遂至付诸流水，而国与民亦受其弊。这亦不能不说是文化上的一个病态了。宋初虽失关中，然现在的河南、山东，还是中国之地。宋武帝死后，魏人乘丧南伐，取青、兖、司、豫四州（时青州治广固，兖州治滑台，司州治虎牢，豫州治睢阳。滑台，今河南滑县。虎牢，今河南汜水县。睢阳，今河南商丘县）。此时的魏人，还是游牧民族性质，其文化殊不足观，然其新兴的剽悍之气，却亦未可轻视，而文帝失之于轻敌。430年，遣将北伐，魏人敛兵河北以避之，宋朝得了虎牢、滑台而不能继续进取，兵力并不足坚守。至冬，魏人大举南下，所得之地复失。文帝经营累年，至450年，又大举北伐。然兵皆白丁，将非材勇，甫进即退。魏太武帝反乘机南伐，至于瓜步（镇名，今江苏六合县），所过之处，赤地无余，至于燕归巢于林木，元嘉之世，本来称为南朝富庶的时代的，经此一役，就元气大伤了，而北强南弱之势，亦于是乎形成。

453年，宋文帝为其子劭所弑。劭弟孝武帝，定乱自立。死后，子前废帝无道，为孝武弟明帝所废。孝武帝和明帝都很猜忌，专以屠戮宗室为务。明帝死后，大权遂为萧道成所窃。荆州的沈攸之和宰相袁粲，先后谋诛之，都不克。明帝子后废帝及顺帝，都为其所废。479年，道成遂篡宋自立，是为齐高帝。在位4年。子武帝，在位11年。高、武两帝，都很节俭，政治较称清明。武帝太子早卒，立大孙郁林王，为武帝兄子明帝所废。明帝大杀高、武两帝子孙。明帝死后，子东昏侯立。时梁武帝萧衍刺雍州，其兄萧懿刺豫州。梁武帝兄弟本与齐明帝同党。其时江州刺史陈显达造反，东昏侯使宿将崔慧景讨平之。慧景还兵攻帝，势甚危急，萧懿发兵入援，把他打平。东昏侯反把萧懿杀掉，又想削掉萧衍。东昏侯之弟宝融，时镇荆州，东昏侯使就其长史萧颖胄图之。颖胄奉宝融举兵，以梁武帝为前锋。兵至京城，东昏侯为其下所弑。宝融立，是为和帝。旋传位于梁。此事在502年。

梁武帝在位48年，其早年政治颇清明。自宋明帝时和北魏交兵，尽失淮北之地。齐明帝时又失沔北。东昏侯时，因豫州刺史裴叔业降魏，并失淮南（时豫州治寿阳，今安徽寿县）。梁武帝时，大破魏兵于钟离（在今安徽凤阳县），恢复了豫州之地。对外的形势，也总算稳定。然梁武性好佛法，晚年刑政殊废弛。又因太子统早卒，不立嫡孙而立次子简文帝为太子，心不自安，使统诸子出刺大郡，又使自己的儿子出刺诸郡，以与之相参。彼此乖离，已经酝酿着一个不安的形势。而北方侯景之乱，又适于此时发作。

北魏太武帝，虽因割据诸国的不振，南朝的无力恢复，侥幸占据了北方，然其根本之地，实在平城，其视中国，不过一片可以榨取利益之地而已。他还不能自视为和中国一体，所以也不再图南侵。因为其所有的，业已不易消化了。反之，平城附近，为其立国根本之地，却不可不严加维护。所以魏太武帝要出兵征伐柔然、高车，且于北边设立六镇（武川，今绥远武川县。抚冥，在武川东。怀朔，在今绥远五原县。怀荒，在今大同东北察哈尔境内。柔玄，在今察哈尔兴和县。御夷，在今察哈尔沽源县），盛简亲贤，配以高门子弟，以厚其兵力。孝文帝是后魏一个杰出人物。他仰慕中国的文化，一意要改革旧俗。但在平城，终觉得环境不甚适宜。乃于493年，迁都洛阳。断北语，改姓氏，禁胡服，奖励鲜卑人和汉人通婚，自此以后，鲜卑人就渐和汉人同化了。然其根本上的毛病，即以征服民族自居，视榨取被征服民族以供享用为当然之事，因而日入于骄奢淫逸，这是不能因文明程度的增进而改变的，而且因为环境的不同，其流于骄奢淫逸更易。论者因见历来的游牧民族同化于汉族之后，即要流于骄奢淫逸，以至失其战斗之力，以为这是中国的文明害了他，模仿了中国的文明，同时亦传染了中国的文明病。其实他们骄奢淫逸的物质条件，是中国人供给他的，骄奢淫逸的意志，却是他们所自有；而这种意志，又是与其侵略事业，同时并存的，因为他们的侵略，就是他们的生产事业。如此，所以像金世宗等，要禁止他的本族人华化，根本是不可能的。因为不华化，就是要一切生活都照旧，那等于只生产而不消费，经济学上最后的目的安在呢？所以以骄奢淫逸而灭亡，殆为野蛮的侵略民族必然的命运。后魏当日，便是如此。孝文帝传子宣武帝至孝明帝。年幼，太后胡氏临朝。荒淫纵恣，把野蛮民族的病态，悉数现出。中原之民，苦于横征暴敛，群起叛乱。而六镇将士，因南迁以后，待遇不如旧时，魏朝又怕兵力衰颓，禁其浮游在外，亦激而生变。有一个部落酋长唤做尔朱荣，起而加以镇定。尔朱氏是不曾侵入中原的部族，还保持着犷悍之风。胡太后初为其亲信元义等所囚，后和明帝合谋，把他们诛灭。又和明帝不协。明帝召尔朱荣入清君侧，已而又止之。胡太后惧，弑明帝。尔朱荣举兵入洛，杀胡太后而立孝庄帝。其部众既劲健，而其用兵亦颇有天才。中原的叛乱，都给他镇定了。然其人起于塞外，缺乏政治手腕，以为只要靠兵力屠杀，就可以把人压服。当其入洛之日，就想做皇帝，乃纵兵士围杀朝士

2000余人。居民惊惧，逃入山中，洛阳只剩得一座空城。尔朱荣无可如何，只得退居晋阳，遥执朝权。然其篡谋仍不息。孝庄帝无拳无勇，乃利用宣传为防御的工具。当尔朱荣篡谋急时，孝庄帝就散布他要进京的消息，百姓就逃走一空，尔朱荣只得自止。到后来，看看终非此等手段所能有济了。530年，乃索性召他入朝。孝庄帝自藏兵器于衣内，把他刺死。其侄儿尔朱兆，举兵弑帝，别立一君。此时尔朱氏的宗族，分居重镇，其势力如日中天。然尔朱兆是个鲁莽之夫，其宗族中人，亦与之不协。532年，其将高欢起兵和尔朱氏相抗。两军相遇于韩陵（山名，在今河南安阳县），论兵力，尔朱氏是远过于高欢，然因其暴虐过甚，高欢手下的人都齐心死战，而尔朱氏却心力不齐，遂至大败。晋阳失陷，尔朱兆逃至秀容川（在今山西朔县），为高欢所掩杀。其余尔朱氏诸人亦都被扑灭。高欢入洛，废尔朱氏所立，而别立孝武帝。高欢身居晋阳，继承了尔朱荣的地位。孝武帝用贺拔岳为关中大行台，图与高欢相抗。高欢使其党秦州刺史侯莫陈悦杀岳（秦州，今甘肃天水县）。夏州刺史宇文泰攻杀悦（夏州，今陕西横山县），孝武帝即以泰继岳之任。534年，孝武帝举兵讨欢，高欢亦自晋阳南下，夹河而军，孝武帝不敢战，奔关中，为宇文泰所弑。于是高欢、宇文泰，各立一君，魏遂分为东西。至550年，而东魏为高欢子洋所篡，是为北齐文宣帝。557年，西魏为宇文泰之子觉所篡，是为北周孝闵帝。

当东西魏分裂后，高欢、宇文泰曾剧战十余年，彼此都不能逞志，而其患顾中于梁。这时候，北方承剧战之后，兵力颇强，而南方武备久废弛，欲谋恢复，实非其时，而梁武帝年老昏耄，却想乘机侥幸，其祸就不可免了。高欢547年死。其将侯景，是专管河南的，虽然野蛮粗鲁，在是时北方诸将中，已经算是狡黠的了。高欢死后，其子高澄，嗣为魏相。侯景不服，遂举其所管之地来降。梁武帝使子渊明往援，为魏所败，渊明被擒。侯景逃入梁境，袭据寿阳。梁朝不能制。旋又中魏人反间之计，想牺牲侯景，与魏言和。侯景遂反，进陷台城（南朝之宫城），梁武帝忧愤而崩。时为549年。子简文帝立。551年，为侯景所弑。武帝子湘东王绎即位于江陵，是为元帝。时陈武帝陈霸先自岭南起兵勤王。元帝使其与王僧辩分道东下，把侯景诛灭。先是元帝与诸王互相攻击。郢州的邵陵王纶（郢州，今湖北武昌县。纶，武帝子），湘州的河东王誉（誉詧皆昭明太子统之子），皆为所并。襄阳的岳阳王詧则因求救于西魏而得免。至元帝即位后，武陵王纪亦称帝于成都（纪，武帝子），举兵东下。元帝亦求救于西魏，西魏袭陷成都。武陵王前后受敌，遂败死。而元帝又与西魏失和。554年，西魏陷江陵，元帝被害。魏人徙岳阳王詧于江陵，使之称帝，而对魏则称臣，是为西梁。王僧辩、陈霸先立元帝之子方智于建康，是为敬帝。而北齐又送渊明回国。王僧辩战败，遂迎立之。陈霸先讨杀僧辩，奉敬帝复位。557年，遂禅位于陈。这时候，梁朝骨肉相残，各引异族为助，南朝几至不国。幸得陈武帝智勇足备，卓然不屈，才得替汉族保存了江南之地。

陈武帝即位后3年而崩。无子，传兄子文帝。文帝死后，弟宣帝，废其子废帝而代之。文、宣两帝，亦可称中主，但南方当丧乱之余，内部又多反侧，所以不能自振。北方则北齐文宣、武成两帝，均极荒淫。武成帝之子纬，尤为奢纵。而北周武帝，颇能励精图治。至577年，齐遂为周所灭。明年，武帝死，子宣帝立，又荒淫。传位于子静帝，大权遂入后父杨坚之手。581年，坚废静帝自立，是为隋文帝。高齐虽自称是汉族，然其性质实在是胡化了的。隋文帝则勤政恤民，俭于自奉，的确是代表了汉族的文化。自西晋覆亡以来，北方至此才复建立汉人统一的政权。此时南方的陈后主，亦极荒淫。589年，为隋所灭。西梁则前两年已被灭。天下复见统一。

两晋、南北朝之世，是向来被看作黑暗时代的，其实亦不尽然。这一时代，只政治上稍形黑暗，社会的文化，还是依然如故。而且正因时局的动荡，而文化乃得为更大的发展。其中关系最大的，便是黄河流域文明程度最高的地方的民族，分向各方面迁移。《汉书·地理志》叙述楚地的生活情形，还说江南之俗，火耕水耨，果蓏蠃蛤，饮食还足，是故呰窳媮生而无积聚，而《宋书·孔季恭传》叙述荆、扬两州的富力，却是"膏腴上地，亩直一金，鄠、杜之间不能比"（鄠，今陕西鄠县，杜，在今陕西长安县南，汉时农业盛地价高之处）；又说："鱼、盐、杞、梓之利，充仞八方，丝棉，布帛之饶，覆衣天下。"成为全国富力的中心了。三国之世，南方的风气，还是很剽悍的。而自东晋以来，此种风气，亦潜移默化。谈玄学佛，成为全国文化的重心。这是最彰明较著的。其他东北至辽东，西南至交阯，莫不有中原民族的足迹，其有裨于增进当地的文化，亦绝非浅鲜，不过不如长江流域的显著罢了。还有一层，陶潜的《桃花源诗》，大家当他是预言，其实这怕是实事。自东汉之末，至于南北朝之世，北方有所谓山胡，南方有所谓山越。听了胡、越之名，似乎是异族蛰居山地的，其实不然。试看他们一旦出山，便可和齐民杂居，服兵役，输赋税，绝无隔阂，便可知其实非异族，而系汉族避乱入山的。此等避乱入山的异族，为数既众，历时又久，山地为所开辟，异族为所同化的，不知凡几，真是拓殖史上的无名英雄了。以五胡论：固然有荒淫暴虐如石虎、齐文宣、武成之流的，实亦以能服从汉族文化的居其多数。石勒在兵戈之际，已颇能引用士人，改良政治。苻坚更不必说。慕容氏兴于边徼，亦是能慕效中国的文明的。至北魏孝文帝，则已举其族而自化于汉族。北周用卢辩、苏绰，创立法制，且有为隋、唐所沿袭的。这时的异族，除血统之外，几乎已经说不出其和汉族的异点了。一到隋、唐时代，而所谓五胡，便已泯然无迹，良非偶然。

南北朝隋唐间塞外的形势

吕思勉

葱岭以东，西伯利亚以南，后印度半岛以东北，在历史上实自成其为一个区域。这一个区域中，以中国的产业和文化最为发达，自然成为史事的重心。自秦、汉至南北朝，我们可以把他看做一个段落，隋、唐以后，却又是一个新段落了。这一个新段落中，初期的形势，乃是从五胡侵入中原以后逐渐酝酿而成的，在隋、唐兴起以前，实有加以一番检讨的必要。

漠南北之地，对于中国是一个最大的威胁。继匈奴而居其地的为鲜卑。自五胡乱华以来，鲜卑纷纷侵入中国。依旧保持完整的只有一个拓跋氏，然亦不过在平城附近。自此以东，则有宇文氏的遗落奚、契丹，此时部落尚小。其余的地方都空虚了。铁勒乃乘机入据。铁勒，异译亦作敕勒，即汉时的丁令。其根据地，东起贝加尔湖，西沿西域之北，直抵里海。鲜卑侵入中原后，铁勒踵之而入漠北。后魏道武帝之兴，自阴山以西，漠南零星的部落，几于尽被吞并。只有一个柔然不服，为魏太武帝所破，逃至漠北，臣服铁勒，藉其众以抗魏。魏太武帝又出兵把他打破。将降伏的铁勒迁徙到漠南。这一支，历史上特称为高车，其余则仍称铁勒。南北朝末年，柔然又强了。东西魏和周、齐都竭力敷衍他。后来阿尔泰山附近的突厥强盛。552年，柔然为其所破。突厥遂征服漠南北，继承了柔然的地位，依旧受着周齐的敷衍。

西域对中国，是无甚政治关系的，因为他不能侵略中国，而中国当丧乱之时，亦无暇经营域外之故。两晋、南北朝之世，只有苻坚，曾遣吕光去征伐过一次西域，其余都在平和的状态中。但彼此交通仍不绝。河西一带，商业亦盛，这只要看这一带兼用西域的金银钱可知。西域在这时期，脱离了中国和匈奴的干涉，所以所谓三十六国者，得以互相吞并。到隋、唐时，只剩得高昌、焉耆、龟兹、于阗等几个大国。

东北的文明，大略以辽东、西和汉平朝鲜后所设立的四郡为界线。自此以南，为饱受中国文明的貉族。自此以北，则为未开化的满族，汉时称为挹娄，南北朝、隋、唐时称为勿吉，亦作靺鞨。（貉族的势力，在前汉时，曾发展到今吉林省的长春附近，建立一个夫余国）后汉时，屡通朝贡。晋初，为鲜卑慕容氏所破。自此渐归澌灭，而辽东、西以北，乃全入鲜卑和靺鞨之手。貉族则转向朝鲜半岛发展。其中一个部落，叫做高句丽的，自中国对东北实力渐衰，遂形成一个独立国。慕容氏侵入中原后，高句丽尽并辽东之地，侵略且及于辽西。其支族又于其南建立一个百济国。半岛南部的三韩，自秦时即有汉人杂居，谓之秦韩。后亦自立为国，谓之新罗。高句丽最强大。其初新罗、百济，尝联合以御之。后百济转附高句丽，新罗势孤，乃不得不乞援于中国，为隋、唐时中国和高句丽、百济构衅的一个原因。

南方海路的交通，益形发达。前后印度及南洋群岛，入贡于中国的很多。中国是时方热心于佛学，高僧往印度求法，和彼土高僧来中国的亦不少。高句丽、百济亦自海道通南朝。日本当后汉时，其大酋始自通于中国。至东晋以后，亦时向南朝通贡，传受了许多文明。侯景乱后，百济贡使到建康来，见城阙荒毁，至于号恸涕泣，可见东北诸国，对我感情的深厚了。据阿拉伯人所著的古旅行记，说公元1世纪后半，西亚的海船，才达到交阯。公元1世纪后半，为后汉光武帝至和帝之时。其后桓帝延熹九年，当166年，而大秦王安敦（Marcus Aurelius Antoninus 生于121年，即后汉安帝建光六年，没于180年，即后汉灵帝光和二年）。遣使自日南徼外通中国，可见这记载的不诬。他又说：公元3世纪中叶，中国商船开始西向，从广州到槟榔屿，4世纪至锡兰，5世纪至亚丁，终至在波斯及美索不达米亚独占商权。到7世纪之末，阿拉伯人才与之代兴。3世纪中叶，当三国之末，7世纪之末，则当唐武后时。这450年之中，可以说是中国人握有东西洋航权的时代了。至于偶尔的交通所及，则还不止此。据《梁书·诸夷传》：倭东北7000余里有文身国，文身国东5000余里有大汉国，大汉国东2万余里有扶桑国。这扶桑国或说他是现在的库页岛，或说他是美洲的墨西哥，以道里方向核之，似乎后说为近。据《梁书》所载499年，其国有沙门慧深来至荆州，又晋时法显著《佛国记》，载其到印度求法之后，自锡兰东归，行三日而遇大风，十三日到一岛，又90余日而到耶婆提，自耶婆提东北行，1月余，遇黑风暴雨，凡70余日，折西北行，12日而抵长广郡（今山东即墨县）。章炳麟作《法显发见西半球说》，说他90余日的东行，实陷入太平洋中。耶婆提当在南美。自此向东，又被黑风吹入大西洋中，超过了中国海岸，折向西北，才得归来。衡以里程及时日，说亦可信。法显的东归，在公元416年，比哥伦布的发现美洲要早1077年了。此等偶然的飘播，和史事是没有多大关系的，除非将来再有发现，知道美洲的开化，中国文化确占其中重要的成分。此时代的关系：在精神方面，自以印度的佛教为最大。在物质方面，则西南洋一带，香药、宝货和棉布等，输入中国的亦颇多。

第四章

隋唐五代

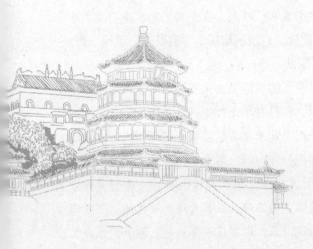

隋朝和唐朝的盛世

吕思勉

北朝的君主，有荒淫暴虐的，也有能励精图治的，前一种代表了胡风，后一种代表了汉化。隋文帝是十足的后一种的典型。他勤于政事，又能躬行节俭。在位时，把北朝的苛捐杂税都除掉，而府库充实，仓储到处丰盈，国计的宽余，实为历代所未有。突厥狃于南北朝末年的积习，求索无厌。中国不能满其欲，则拥护高齐的遗族和中国为难。文帝决然定计征伐，大破其兵。又离间其西方的达头可汗和其大可汗沙钵略构衅，突厥由是分为东西。文帝又以宗女妻其东方的突利可汗。其大可汗都蓝怒，攻突利。突利逃奔中国，中国处之夏、胜二州之间（夏州，在今陕西横山县北。胜州，在今绥远鄂尔多斯左翼后旗黄河西岸）。赐号为启民可汗。都蓝死，启民困隋援，尽有其众，臣服于隋。从南北朝末期以来畏服北狄的心理，至此一变。

隋文帝时代，中国政局，确是好转了的。但是文化不能一时急转，所以还不能没有一些曲折。隋文帝的太子勇，是具有胡化性质的。其次子炀帝，却又具有南朝君主荒淫猜忌的性质。太子因失欢于文帝后独孤氏被废。炀帝立，以洛阳为东都。开通济渠，使其连接邗沟及江南河。帝乘龙舟，往来于洛阳、江都之间。又使裴矩招致西域诸胡，所过之地，都要大营供帐。又诱西突厥献地，设立西海、河源、鄯善、且末四郡（西海郡，当系青海附近之地。河源郡该在其西南。鄯善、且末，皆汉时西域国名，郡当设于其故地。鄯善国在今罗布泊之南。且末国在车尔成河上）。谪罪人以实之。又于611年、613年、614年，三次发兵伐高句丽，天下骚动，乱者四起。炀帝见中原已乱，无心北归，滞留江都，618年，为其下所弑。其时北方的群雄，以河北的窦建德、河南的李密为最大。而唐高祖李渊，以太原留守，于617年起兵，西据关中，又平定河西、陇右，形势最为完固。炀帝死后，其将王世充拥众北归，据洛阳。李密为其所败，降唐。又出关谋叛，为唐将所击斩。唐兵围洛阳，窦建德来救，唐兵大败擒之，世充亦降。南方割据的，以江陵的萧铣为最大，亦为唐所灭。江、淮之间，有陈稜、李子通、沈法兴、杜伏威等，纷纷而起，后皆并于杜伏威，伏威降唐。北边群雄依附突厥的，亦次第破灭。隋亡后约10年，而天下复定。

唐朝自称为西凉李暠之后，近人亦有疑其为胡族的，信否可不必论，民族的特征，乃文化而非血统。唐朝除太宗太子承乾具有胡化的性质，因和此时的文化不相容而被废外，其余指不出一些胡化的性质来，其当认为汉民族无疑了。唐朝开国之君虽为高祖，然其事业，实在大部分是太宗做的。天下既定之后，其哥哥太子建成和兄弟齐王元吉，要想谋害他，为太宗所杀。高祖传位于太宗，遂开出627年至649年的23年间的"贞观之治"。历史上记载他的治绩，至于行千里者不赍粮，断死刑岁仅39人，这固然是粉饰之谈，然其时天下有丰乐之实，则必不诬的了。隋、唐时的制度，如官制、选举、赋税、兵、刑等，亦都能将前代的制度加以整理。

对外的情势，此时亦开一新纪元。突厥因隋末之乱，复强盛，控弦之士至百万。北边崛起的群雄，都尊奉他，唐高祖初起时亦然，突厥益骄。天下既定，赠遗不能满其欲，就连年入寇，甚至一年三四入，北边几千里，无处不被其患。太宗因其饥馑和属部的离叛，于630年，发兵袭击，擒其颉利可汗。突厥的强盛，本来是靠铁勒归附的。此时铁勒诸部，以薛延陀、回纥为最强。突厥既亡，薛延陀继居其地。644年，太宗又乘其内乱加以剪灭。回纥徙居其地，事中国颇谨。在西域，则太宗曾用兵于高昌及焉耆、龟兹，以龟兹、于阗、焉耆、疏勒之地为四镇。在西南，则绥服了今青海地方的吐谷浑。西藏之地，隋时始有女国和中国往来。唐时有一个部落，其先该是从印度迁徙到雅鲁藏布江流域的，是为吐蕃。其英主弃宗弄赞，太宗时始和中国交通，尚宗女文成公主，开西藏佛化的先声。太宗又通使于印度。适直其内乱，使者王玄策调吐蕃和泥婆罗的兵，把他打败。而南方海路交通，所至亦甚广。只有高句丽，太宗自将大兵去伐他，仍未能有功。此乃因自晋以来，东北过于空虚，劳师远攻不易之故。直至663年、668年，高宗才乘其内乱，把百济和高句丽先后灭掉。突厥西方的疆域，本来是很广的。其最西的可萨部，已和东罗马相接了。高宗亦因其内乱，把他戡定。分置两个都督府。其所辖的羁縻府、州，西至波斯。唐朝对外的声威，至此可谓达于最高峰了。因国威之遐畅，而我国的文化，和别国的文化，就起了交流互织的作用。东北一隅，自高句丽、百济平后，新罗即大注意于增进文化。日本亦屡遣通唐使，带了许多僧侣和留学生来。朝鲜半岛南部和日本的举国华文化，实在此时。其余波且及于满族。公元7世纪末年，遂有渤海国的建立，一切制度，都以中国为模范。南方虽是佛化盛行之地，然安南在此时，仍为中国的郡县，替中国在南方留了一个文化的据点。西方则大食帝国勃兴于此时。其疆域东至葱岭。大食在文化上实在是继承希腊，而为欧洲近世的再兴导其先路的。中国和大食，政治上无甚接触，而在文化上则彼此颇有关系。回教的经典和历数等知识，都早经输入中国。就是末尼教和基督教，也是受了回教的压迫，才传播到东方来的。而称为欧洲近世文明之源的印刷术、罗盘针、火药，亦都经中国人直接传入回教国，再经回教国人之手，传入欧洲。

唐朝的职官与选举制度

缪凤林

自余与后世关系较巨者，曰职官制与选举制。自魏晋以来，以尚书令、中书令、侍中诸职分理国家政务。后周建六官之职，隋文践极，复废周官，还依汉魏。炀帝大业中，行新令，遂以尚书、门下、内史三省为中央政府最高机关。唐亦因之（惟改内史省复为中书省），然其设官之意义有与魏晋迥不相侔者，魏晋之世，尚书令等不过帝皇之私属，唐则侍中中书令暨尚书左右仆射等，皆是"真宰相"。"其余以他官参掌者，但加同中书门下三品，及平章事，知政事，参知机务，参与政事，及平章军国重事之名者，并为宰相。"与汉之丞相及行丞相事者同其职权是也，考唐制，"中书省（其长为中书令，下有侍郎舍人等），以献纳制册，敷扬宣劳"，取旨议决机关也。"门下省（其长为侍中，下有侍郎，给事中等），以侍从献替，规驳非宜"，审覆监督机关也。"尚书者（其长初为尚书令，后为左右二仆射，下设左右丞），以统会众务，举持绳目"，奉行执行机关也。（此外尚有秘书省以监录图书，殿中省以供修膳服，内侍省以承旨牵引，御史台以肃清庶僚，九寺五监以分理群司，六军十六卫以严其禁御，及东宫诸府以俾乂储宫，牧守督护以分临畿服，详见《通典》卷十九至三十四，《职官典》一至十六）凡军国大事，中书舍人各书所见（谓之五花判事），中书侍郎中书令省审之。敕旨既下，皆先经门下省，由给事中侍郎侍中等审署，事或不便与旨有违失，并得驳正封还。而尚书省奉行政令，分立吏、户、礼、兵、刑、工六部（六部本于隋，迄清末始改，部有尚书、侍郎、郎中、员外郎等，亦沿用至清季），举天下之事毕隶焉。

观开元中所修《六典》，设官分职，备极详密，弘纲巨旨，粲然明备，实足与周官颉颃。就其总者言之，如官司之奏报，文牍之施行，皆有定式，吾人今日尚远逊其完密焉。然自太宗时"大省内官，凡文武定员六百四十有二而已"。高宗武后世，仕进之门日广，擢拜多不以次，人皆弃农、桑、工、商而身趋之。《通典》所载"内外文武官员凡万八千八百五（内二、六二〇，外一六、一八五）"，诸色胥吏，"总三十四万九千八百六十三（内三五、一七七，外三一四、六八六）。都计三十六万八千六百六十八人。""当开元天宝之中，四方无虞，百姓全实，大凡编户九百余万，吏员虽众，经用虽繁，人有力余，帑藏丰溢，纵或枉费，不足为忧。"安史乱后，黎庶凋瘵，出租赋者锐减，而食租赋者额则依旧，俸复倍增。且方镇外叛，宦官内横，朝廷百司，多不能举其职。冗官厚禄，遂为大病。朝廷以府库无蓄积，不足以供赏贵，复专以官爵赏功，名器亦由是而日滥焉。隋鉴九品中正制之弊，改荐举为考试，文帝始建秀才科，炀帝更建进士科，以策问及诗赋取士，至唐而科举之制益备。"大要有三：由学馆者曰生徒，由州县者曰乡贡，皆升于有司而进退之。其科之目，有秀才、有明经、有进士、有俊士、有明法、有明字、有明算、有一史、有三史、有开元礼、有道举、有童子。而明经之别，有五经、有三经、有二经、有学究一经、有三礼、有三传、有史科，此岁举之常选也。其天子自诏者，曰制举。所以待非常之才焉。"著于令者大略如此，而有司选士之法，则因时损益不同。初以秀才科为最高，"贞观中，有举而不第者，坐其州长，由是废绝，自是士族所趋向唯明经、进士二科而已"（明经先试帖文，以所习经掩其两端，中间开唯一行，裁纸为帖）。后试经义及对策。进士则试帖文对策外，兼试诗赋，故难易迥殊（因帖经仅资记诵，对策多可抄袭，诗赋则非可强为）。其进士大抵得第者百一二，明经倍之，得第者十一二。

开元以后，四海晏清，士耻不以文章达，故进士为尤贵，终唐之世，"得人亦最为盛，岁贡常不减八九百人。缙绅虽位极人臣，而不由进士者终不为美"。九品中正之弊致成贵族政治，矫之以科举，而后贡选考试机会均等，不特泯贵族平民之阶级，庶民之优秀者，亦得与贵族均享政权。是即《礼运》所谓"选贤与能，天下为公"也。然自科举侧重文辞，"进士以声韵为学，多昧古今，明经以帖诵为功，罕穷旨趣"。故当开元盛世，杜佑已有"选贤授任，多在艺文，才与职乖，法因事弊，隳循名责实之义，阙考言询事之道。崇侈之所至，美价之所归，不无轻薄之曹，浮笔之伍，习程典，亲簿领，谓之浅俗，务根本，去枝叶，目以迂阔。风流相尚，奔竞相趋，职事委于郡胥，货贿行于公府"之叹。尚浮华而不务实际，遂为唐以下士子之通病矣。又自魏晋以来，多沿汉制设立国学，而唐制最备。自"国子""太学""四门"外，复有"律学""书学""算学"，其学生以阶级定之，皆隶于国子监。（其地方亦各有学校，设博士助教等教之）当太宗世，学风最盛，增筑学舍至千二百区，学生多至八千余人。为汉后未有之盛事。高宗龙朔中，东都亦置国子监。于时场籍率先两监而后乡贡，诸以文儒亨达，鲜不由两监者。天宝中，且尝令举人专由国学及郡县学。（越二载，又复乡贡）盖唐制学校亦科举之一法，固与汉以国学为讲学地者异也。然自天宝后，学校遂衰，生徒流散，不逮盛时什一。且或"堕窳败业而利口舌"，或"崇饰恶言而肆斗讼"，或"凌傲长上而诟骂有司"，学风之坏，亦颇为时人所讥焉。

府兵制的起源及其评价

岑仲勋

一、起源

府兵这名词，在旧日史学界中，是常挂齿颊的，是得人羡慕的；而其制度怎样，大致来说，却是暧昧的。这种现象，我国历史上的重要问题，屡屡会碰着，府兵问题尤其突出。"府"字古人多作"财物所聚"和"官吏所居"解，像西汉的材官、羽林或南军、北军，三国的部曲等以前的兵制，没有以"府"为名的。府兵的起源一般人上推至西魏，然而我们要问，这种制度是不是西魏自创的呢？当西魏大统初年（535—542年），宇文泰正在竭力抵抗东魏高欢的进攻，连年战争不息，要说在风雨飘摇之际，从容地来创立一种新兵制，似为时势所不许。直至近年，陈寅恪才揭出它是鲜卑兵制；宇文泰于522年（北魏正光三年）顷，已做了军官，北魏兵制应该是他所素知的，说府兵的组织方法由鲜卑族传下，是有相当的理由的。

代表鲜卑族的拓跋王朝，入主中国仅150年（386—533年），我们既然说府兵是鲜卑兵制，《魏书》里面总应该有多少事实可资证明。《魏书》卷五八《杨椿传》说："自太祖（即道武帝）平中山（397年），多置军府，以相威振，凡有八军，军各配兵五千，食禄主帅，军各46人。自中原稍定，八军之兵，渐割南戍，一军兵才千人。"可见拓跋朝初期早有"军府"的名称。又《北齐书》卷二三记正光四年（523年）魏兰根跟随李崇往讨蠕蠕（又作"茹茹"），曾对崇说："缘边诸镇，控摄长远，昔时初置，地广人稀，或征发中原强宗子弟，或国之肺腑，寄以爪牙。中年以来，有司乖实，号曰府户，役同厮养，官婚班齿，致失清流，而本宗旧类，各各荣显，顾瞻彼此，理当愤怨。更张琴瑟，今也其时……宜改镇立州，分置郡县，凡是府户，悉免为民，入仕次叙，一准其旧，文武兼用，威恩并施，此计若行，国家庶无北顾之虑矣。"

"府兵"的名称，应由"府户"所引生。又正光五年（524年）八月北魏孝明帝解放军人为民的诏书说："世祖太武皇帝（424—451年）……躬率六师，扫清遑秽，诸州镇城人本充牙爪，服勤征旅。……逮显祖献文皇帝（466—470年）自北被南，淮海思乂，便差割疆族，分卫方镇。高祖孝文皇帝（471—499年）……选良家酋帅，增戍朔垂。……先帝（宣武帝，500—515年）以其诚效既亮，方加酬锡，会宛、郢驰烽，……兵连积岁，兹恩仍寝，用迄于今，怨叛之兴，颇由于此。朕（孝明帝）……追述前恩，敷诸后施，诸州镇军贯之非犯配者悉免为民，镇改为州，依旧立称。此等世习干戈，率多劲勇，……"可见至北魏末叶，已军为军籍，民为民籍，并不像后人所说的"兵民合一"或"兵农合一"。不然的话，魏兰根又何须请求"凡是府户，悉免为民"，事情是明白不过的。原来"兵农合一"的含义，就是说，当兵的一离开队伍，便马上回去种田，若遇征召，即放下农具来作战；游牧部落只是"兵牧合一"，并不是"兵农合一"，农业技术比畜牧复杂得多，鲜卑人刚开始汉化，种植事物是不大懂的。他们受了分田，其中总有些给人佃耕而过着等于汉族地主的生活。倘若不然，出征的人的家里没有劳动力，他们又怎样耕作呢？正始元年（504年）九月诏，"缘淮南北所在镇戍，皆令及秋播麦，春种粟稻，随其土宜，水陆兼用，必使地无遗利，兵无余力"，或拿来作为北魏兵农合一的凭证。我们试看《魏书》卷七九《范绍传》，说魏人克复义阳那一年（按即正始元年）的冬天，朝廷准备南伐，"发河北数州田兵二万五千人，通缘淮戍兵合五万余人，广开屯田"，派范绍为西道六州屯田大使，便知道那些是屯兵（田兵），故要他们秋种麦，春种粟稻，并不是一般的兵都这样。再观皇始时代的镇兵"不废仕宦"（引见下文），更哪能说是"兵农合一"？

正光五年的诏书虽然颁下，却未实行，因为各镇起义的火焰已普遍地燃烧起来了。同时，广阳王渊（唐人讳"渊"，改作"深"）也上表说："昔皇始（396—397年）以移防为重，盛简亲贤，拥麾作镇，配以高门子弟，以死防遏，不但不废仕宦，至乃偏得复除，当时人物，忻慕为之。及太和在历，仆射李冲当官任事，凉州土人，悉免斯役，丰沛旧门，仍防边戍，自非得罪当世，莫肯与之为伍，征镇驱使，但为虞候、白直，一生推迁，不过军主。然其往世房分留居京者得上品通官，在镇者便为清途所隔，……多复逃胡乡。"拿元渊这个表章，与前引魏兰根之言以及同时的绍书相比读，对于酿成镇兵愤怨的经过，越为明白。

再综合前四段引文，加以分析，我们可约略晓得，北魏这些兵初时都从世族（"强宗"）或重臣（"国之肺腑"）的子弟（"高门子弟"）挑选而来，换句话说，并不是普遍征兵。当选之后，遇着机会，仍可以照旧（"入仕次叙，一准其旧"）充任官吏（"不废仕宦"），无分文武（"文武兼用"），还可免除赋役（"偏得复除"）。不过这些军人的子孙，却要继承着父兄担负服兵役的义务（"世习干戈"），由此可见，北魏是采用世兵制的。兵役虽是世袭，但其身份与不当兵的平民并无区别，即是军和民享受平等待遇，所以世家子弟都乐于当兵。到了中叶（太和以后），因为受汉族重文轻武的思想影响（李冲任事），当兵的渐被官吏蔑视，待遇不复平等，把他们的户口拆分出来，特号为"府户"，致有军籍、民籍之别；因之，当兵的就跟奴隶一样（"役同厮养"），无复有进身仕途的希望（"不过军主"），身份降低了（"莫肯与之为伍"），"清流"不肯与他拉朋友、聊婚姻了（"官婚班齿，致失清流"）。反观旧日不当兵的同族又怎样呢？他们依然可以做官（"往世房分留居京者得上品通官"），没有丢失他们的身份，在相形见绌之下，不禁又怨又愤，越积越深，卒酿成北魏末年一场很剧烈的阶级战争，即北边六镇之乱，拓跋氏便跟着亡国。

北魏在边防要地置镇，镇之下地位较次的叫做"戍"。北方各族兵卫制度，大概酋长身旁虽设置常川保卫军，但取轮班的办法，不上班的驻在各人的牧地，他们有着马匹，平时又习于骑术，即遇意外征调，数百里之外也很容易集中起来。其后往汉族土著地方迁移，环境便大大变易，田畴交错，不容许戎马任意驰骋，集中就发生许多困难，北边要防御蠕蠕部落等来侵，南边又要防南朝的武装入境，南北的沿边不能不设固定的镇戍以资防御了。杨椿所称"渐割南戍"，系指献文时分出北方一部分边兵往南方戍守（"差割疆族，分衞方镇"），以致兵力单薄，失去镇压的力量。魏兰根亲眼见到阶级斗争势将爆发，为思患预防之计，要扫除军民的隔阂；果然同年之内，沃野镇人便竖起义旗，一发而不可复止。

由此知，"镇"是军队驻扎的地点，"府"是军队征发的来源，两者是不能混同的。

有人见北魏史里自道武帝至末世，常有禁兵（亦称禁旅）、义兵（亦称义军、义众）等名称，以为世兵之外，还有别种兵制。我们须知西魏府兵一面担任禁卫，另一面又担任作战，其制度应上承北魏。北魏从太和时由代迁到洛阳的兵士都充当羽林虎贲；又孝明帝初任城王澄奏，"羽林虎贲，边方有事，暂可赴战"，可以推知禁兵也是应用世兵制的。其次，"世兵"这个名词是表示着他们怎样组织，"禁兵"是表示着他们接受什么任务，两者的范畴不同，我们哪能说禁兵不是世兵制度呢？另一方面更要注意到我们只承认府兵的初制起源于鲜卑，"府兵"的名称在北魏时代还没有成立。至于义兵与农民起义军的"义师"同属于临时集结的，所不同的前者是拥护封建统治的组织，后者是反抗封建统治的组织，所以并不是经常的兵制。

二、评价

（一）府兵制的性质

要确定府兵这一制度不适合于我国封建社会，必先明了它的性质，以前研究者因没有通过深入分析，致发生多少误会：

第一，府兵不是普遍征兵制而是略加变通的世兵制，认府兵为普遍征兵制，据我所见，较早者有罗识武。其后则何兹全说："直到隋代统一南北，才又为普遍的征兵所代替。按唐的府兵由隋朝传下，那么，他是认唐府兵为普遍征兵了。但果如其说，各道的折冲府数断不会相差太远，为什么关内的竟至五六十倍于岭南、江南呢？另一方面，何氏又说"永嘉以后（312年以后）的北方诸王朝及北魏、周、齐亦有世兵制"，然而隋制无疑承袭北周，应不能同时为普遍征兵又为世兵的；何况北魏中期已把当兵的别开为府户，西魏最初所拣，限于"六户中等以上"，甚至唐代，也有卫士拣充"取六品以下子孙及白丁无职役者"，"元从军老及缺，必取其家子弟乡亲代之"等限制，尤其有"军府州"和"非军府州"的区别，有点像清代的八旗，普遍征兵何须要这样规定呢？

有人既误会"六户中等以上"为六等以上户，因而联系到龙朔三年"卫士八等以下"的制定，认为"此制与其初期仅籍六等以上豪户者不同，即此制已推广普及于设置军府地域内全部人民之确证也"。"八等"下中指户籍等第，"六户中等以上"指六镇户第六等（中下）以上，府兵之家，既不免征徭，自然有九等之别，怎样见得府兵制普及于军府地域内之全部人民，如果说从前只限于"中下"以上，为什么这时却有"下中"以下的户出现？那又须知户等非固定不变的，从前家道殷实，隔了些时变而家道中落，是很平常的事；由此又可证实府兵是世兵制，故有由中下户堕落到下中户的现象。王夫之说："唐之府兵，世著于伍，垂及百年违其材质，强使即戎。"他的观察是正确的。

第二，府兵不是"兵农合一"或"兵民合一"。自《邺侯家传》有"郡守农隙教试阅"的话，《新唐书·兵志》更坐实其"居无事时耕于野"，遂造成兵农合一的长期误解。不错，漠北各族本来是兵牧合一的，无事则返回牧地，照料牛羊，有事则千里之间，瞬息可以集中作战，但人居中原后由牧而农，情形可就不同了。西魏下番之后"教旗习战"，哪能分身兼顾农务呢？北周以"侍官"为称，略似清代的侍卫，唐代的授勋很滥，更可多得一分勋田，他们回到乡间去恐怕总以绅士自居，故能够雇人代替，虽然分有田，未必都个人自耕。唐制又名言拣自六品以下子孙，更属于士族阶级了。太宗时简点使封德彝等想把中男十八岁以上的简点入军，魏徵说，若中男以上尽点入军，"租赋杂徭将何取给？"陈寅恪以为从租赋一句话来推测，"则当日人民未充卫士时亦须担负租赋杂徭之义务，是一人之身兼充兵务农之二业也，岂非唐代府兵制兵农合一之明证乎？"按唐代无论士农工商都可受田，既享受田的权利，自然应尽纳租赋的义务，点府兵之家不见得定是农家，尤其纳租赋之家更不尽是农家，拿未充府兵时须纳租赋的条件来断定兵农合一，恐说不过去吧。

北齐令男子"率以十八受田输租调，二十充兵，六十免力役，六十六退田免租调"。陈傅良指此为府兵法之始基。按"兵"字那时可作"民丁"解，"力役"又与"军人"异，这条命令属于地方上田赋性质，而北齐的军人户口，归军将管辖，地方官无权过问的至十州之多，他们都是免去租赋的，则上项命令怎见得与府兵相关呢？

或又说"兵民合一"，同样脱离事实。唐律"诸征人冒名相代者徒二年……若部内有冒名相代者里正笞五十，一人加一等"。按不是卫士而临时募充的叫做"征人";又"其在军冒名者队正同里正",所谓"在军冒名",指卫士以上。换句话说,民(征人)有罪罚在里正,府兵(卫士)有罪罚在队正,显是军、民分治之确证,哪能认为兵民合一?还有卫士的名簿,只由本折冲府掌握,不归州县地方管理,更显而易见,兵民是分治的了。

唯其是这样,唐代各道军府数目之多少悬殊,同一道内的军府分布之疏密互异,才能得到合理的解答。

第三,府兵兼负宿卫和出征两项任务。谷霁光说:"当日(隋、唐)军备中——至少府兵一项——最重宿卫一点。"试看隋、唐府兵分隶于十二卫将军,再上溯西魏的初制,"十五日上则门栏陛戟,警昼巡夜",可见府兵之职务,自始至终,没有大改变。

第四,府兵最突出的缺点是自备物资。像朱礼所说:"皆自食其力,不赋于民。……田制既坏,府兵亦废,而唐常有养兵之困。"系只看见小利的一面而没见到大害那一面。北族战争时准其军队掠夺,俘虏又得配给,自备不是难事。我国很早就有队伍严肃、秋毫无犯的认识,如果要军人们出资备战,岂不是一个大大的矛盾吗?

由于以上分析,便明白府兵制是游牧社会的落后组织,我们早进入封建社会,拓跋族及其继承者却把那种制度再施行于中国,拉向后走,维持了二三百年已嫌太久,如何再能继续下去呢?王夫之以为"府兵者犹之乎无兵也",确一语破的。朱礼曾说:"凡天下之物,极于成者必坏,而萌于始者必极于成而后已,犹言人之生也,稚而壮,壮而衰,衰而老,老而亡,此其常也。府兵当壮而镇兵尚稚,府兵已亡而镇兵方壮,其成其坏,自不相侔,而相为消长者亦其势之必至也。"尚能抉出府兵已达到衰亡的理由。

(二)府兵制的利弊

关于府兵制的利弊,论者大不乏之人,但因对府兵的性质认识不甚清楚,立言往往无当于事实,故属于此一类的论议,这里不拟多辩,只条列其出发点尚不大错者数端:

"论制度的好坏,或制度的利弊,须视当日政情而定。"这是我们论古史所应有的认识,我们不能把历史向前拉的。府兵之利,据一般说:

一、居重驭轻。可是有人既强调这一条,同时又引唐中宗后韦氏临朝称制，召折冲兵万人分屯京城，由韦氏子侄统领，"总兵的仍又利用易于集中的军队，以行其是"。那么，主要还是能不能够连用的人事问题，不在乎居内或居外。

二、将帅无握兵之权，可免私兵之祸。然而募兵、边兵等也可以易帅，这不一定是府兵特有之利。

三、简点丁壮，须验材力。这是一方面的看法。但又有人以为"少壮不齐，难成劲旅"，其实这种利弊，完全靠人事调节，非府兵制本身的特点。

关于它的弊害，又有如下的论据：

一、远近分番之太过纷扰。章氏说："唐以远近分番，皆以一月，恐太纷扰。……又唐在二千里外者亦不免，此法所以坏也。"朱礼的见解略同。这不能不算是制度本身的缺点。

二、府多的地带，虽互助仍难供办。这是府兵制最突出的弊害。

三、引着君主走上黩武的途径。有人举隋炀帝增置军府扫地为兵为例。按炀帝唯大事招募，故至于扫地为兵，君主之酷好战争，无论在任何兵制下都有之，不能专归咎于府兵的。

（三）总结

府兵制是适应于游牧社会的兵制。生长在漠北的落后部族，习于骑术，来去较易，他们本无禁兵、边兵之别，无事时可以屯聚在一起，有事时可以散而之四方。他们的策略是困敌为粮。用不着辎重、饷需的后继，不前进，不力战，就会饿死，战胜就可分享到战利品。燕凤说："军无辎重樵爨之苦，轻行速捷，因敌取资：此南方之所以疲弊，而北方之所以常胜也。"可是在经济高度发展的封建社会里，情况不一样，其有利因素势难继续保持，制度亦必然不能持久施行。此外，它不适合于封建社会的还有如下几点：

一、府兵拣取的原则是先富后贫，富人多娇生惯养，不知作战为何事，即使他们愿意入军，也必演成不能授甲的现象。要靠他们御敌卫国，是多么危险的事！

二、如果取的是贫羸的，没有乡邻互助，妻子无以资生，自不能安心上番，最后只有逃亡。兵疲饷绌而期望战胜，与取自富豪子弟者同样危险。

三、经济越发展则分工越细密，随着潮流影响，相信有府兵名籍的已多转入工、商两途，定期番上，必非所愿。魏徵《十渐疏》说"正兵之辈，上番多别驱使"，贞观十三年已有此弊，则借作僮仆非始自武后，初唐早肇崩溃之基。

四、国家机构未确立，自然无法担负巨额支出——尤其是军费之支出，资斧自备实即氏族社会末期一种变相的赋税。封建社会则不然，国家已建设征收的机构，人民也大致按比例而缴纳赋税，府兵之优免租庸调，无非等于当兵的雇值（固为不当兵的也同样受田）。随着时势而变通，国家固宁愿略增一点支出，取得统筹兼顾之较妥善的途径，使军备达于巩固地位，一方面可减少贫弱逃亡，免至财政紊乱；另一方面又可使富豪安帖，不至发生抵抗。就统治阶级来说，改世兵为雇兵是有利的。

总之，府兵之废除，系随社会经济的发展而必然产生的结果，主要是经济对兵制的影响。虽然兵制改变后也可对经济发生其作用，但如果认为："府兵破坏，整个的社会经济也同时发生动摇，……至少是社会经济崩溃的一个象征。"则恰得其反。府兵崩溃的过程，应包括武后之开元初叶一个时期，正是唐代经济最繁荣上升的时期。我们无须多辩，只拿当年历史来一比，便知道正由于经济繁荣，才促使府兵崩溃，绝非府兵废除象征着经济崩溃了。

论道我国历朝兵制，府兵最为一般人所共知，然而在开元时史册已不甚详，因而后世就发生许多误会。对于它的起源，或以为本自鲜卑而未提佐证，或以为同于南朝而理由不充。试求其实，无疑是游牧社会的落后兵制，它与均田相依为命，没有授田，不可能强迫军士自备资斧和武器。时至隋唐，国内经济日益发展，兼并之风，不可复抑，均田制崩溃，府兵制也自然而然地跟着崩溃。

中唐的人不晓得这个道理，好像空想唐虞三代一样，只觉得府兵废除后仅三十年便发生安禄山之乱，就把前者看作是后者之因，众口一词，几成定论。其实安禄山是在李唐军政不修的情况下发动变乱的，府兵即使尚存，也无能为力。

府兵制是略为变通的世兵制，不是兵民合一，也不是兵农合一。它兼负禁卫和征行两种职务，有点跟东西周和后来契丹、蒙古的军制相像。拓跋氏把它和均田制一起带入中原，仗着统治的势力，才推行了许久，实际上它与我国的封建社会是并不适应的。

唐朝的中衰

吕思勉

　　唐朝对外的威力，以高宗时为极盛，然其衰机亦肇于是时。高宗的性质是失之于柔懦的。他即位之初，还能遵守太宗的成规，所以永徽之政，史称其比美贞观。655年，高宗惑于才人武氏，废皇后王氏而立之。武后本有政治上的才能，高宗又因风眩之故，委任于她，政权遂渐入其手。高句丽、百济及西突厥虽于此时平定，而吐蕃渐强。吐谷浑为其所破，西域四镇亦被其攻陷，唐朝的外患，于是开始。683年，高宗崩，子中宗立。明年，即为武后所废，徙之房州（今湖北竹山县）。立其弟豫王旦（即后来的睿宗）。690年，又废之，改国号为周，自称则天皇帝。后以宰相狄仁杰之言，召回中宗，立为太子。705年，宰相张柬之等乘武后卧病，结宿卫将，奉中宗复位。自武后废中宗执掌政权至此，凡22年，若并其为皇后时计之，则达55年之久。武后虽有才能，可是宅心不正。她是一种只计维持自己的权势地位而不顾大局的政治家。当其握有政权之时，滥用禄位，以收买人心；又任用酷吏，严刑峻法，以威吓异己的人，而防其反动；骄奢淫逸的事情，更不知凡几；以致政治大乱。突厥余众复强。其默啜可汗公然雄据漠南北，和中国对抗。甚至大举入河北，残数十州县。契丹酋长李尽忠亦一度入犯河北，中国不能讨，幸其为默啜所袭杀，乱乃定。因契丹的反叛，居于营州的靺鞨，（营州，为热河朝阳县，为唐时管理东北异族的机关）就逃到东北，建立了一个渤海国。此为满族开化之始，中国对东北的声威，却因此失坠了。设在今朝鲜平壤地方的安东都护府，后亦因此不能维持，而移于辽东。高句丽、百济旧地，遂全入新罗之手。西南方面，西域四镇，虽经恢复，青海方面对吐蕃的战事，却屡次失利。中宗是个昏庸之主，他在房州，虽备尝艰苦，复位之后，却毫无觉悟，并不能铲除武后时的恶势力。皇后韦氏专权，和武后的侄儿子武三思私通，武氏因此复盛。张柬之等反遭贬谪而死。韦后的女儿安乐公主，中宗的婕妤上官婉儿，亦都干乱政治。政界情形的混浊，更甚于武后之时。710年，中宗为韦后所弑。相王旦之子临淄王隆基定乱而立相王，是为睿宗。立隆基为太子。武后的女儿太平公主仍干政，惮太子英明，要想摇动他。幸而未能有成，太平公主被谪，睿宗亦传位于太子，是为玄宗。玄宗用姚崇为相，廓清从武后以来的积弊。又用宋璟及张九龄，亦都称为能持正。自713年至741年，史家称为开元之治。末年，突厥复衰乱，744年，乘机灭之；连年和吐蕃苦战，把中宗时所失的河西九曲之地亦收复；国威似乎复振。然自武后以来，荒淫奢侈之习，渐染已深。玄宗初年，虽能在政治上略加整顿，实亦堕入其中而不能自拔。中岁以后，遂渐即怠荒。宠爱杨贵妃，把政事都交给一个奸佞的李林甫。李林甫死后，又用一个善于夤缘的杨国忠。天宝之乱，就无可遏止了。一个团体，积弊深的，往往无可挽回，这大约是历时已久的皇室必要被推翻的一个原因罢？

唐朝的盛衰，以安史之乱为关键。安史之乱，皇室的腐败只是一个诱因，其根源是别有所在的。（1）唐朝的武功从表面看，虽和汉朝相等，其声威所至，或且超过汉朝，但此乃世运进步使然，以经营域外的实力论，唐朝实非汉朝之比。汉武帝时，攻击匈奴，前后凡数十次；以至征伐大宛，救护乌孙，都是仗自己的实力去摧破强敌。唐朝的征服突厥、薛延陀等则多因利乘便，且对外多用蕃兵。玄宗时，府兵制度业已废坏，而吐蕃、突厥都强，契丹势亦渐盛。欲图控制，守御，都不得不加重边兵，所谓藩镇，遂兴起于此时，天下势成偏重。（2）胡字本是匈奴的专称，后渐移于一切北族。再后，又因文化的异同易泯，种族的外观难改，遂移为西域白种人的专称。（详见拙著《胡考》，在《燕石札记》中，商务印书馆本）西域人的文明程度，远较北族为高。他们和中国，没有直接的政治关系，所以不受注意。然虽无直接的政治关系，间接的政治关系却是有的，而且其作用颇大。从来北族的盛衰，往往和西胡有关涉。冉闵大诛胡、羯时，史称高鼻多须，颇有滥死，可见此时之胡，已非尽匈奴人。拓跋魏占据北方后，有一个盖吴，起而与之相抗，一时声势很盛，盖吴实在是个胡人。（事在公元446年，即宋文帝元嘉二十三年，魏太武

121

帝太平真君七年。见《魏书·本纪》和《宋书·索虏传》）唐玄宗时，北边有康待宾、康愿子相继造反，牵动颇广（事在721年、722年，即玄宗开元九年、十年）。康亦是西域姓。突厥颉利的衰亡，史称其信任诸胡，疏远宗族，后来回纥的灭亡亦然，可见他们的沉溺于物质的享受，以致渐失其武健之风，还不尽由于中国的渐染。从反面看，就知道他们的进于盛强，如物质文明的进步，政治、军事组织的改良等，亦必有受教于西胡的了。唐朝对待被征服的异族，亦和汉朝不同。汉朝多使之入居塞内，唐朝则仍留之于塞外，而设立都护府或都督府去管理他。所以唐朝所征服的异族虽多，未曾引起像五胡乱华一般的杂居内地的异族之患。然环伺塞外的异族既多，当其种类昌炽，而中国政治力量减退时，就不免有被其侵入的危险了。唐末的沙陀，五代时的契丹，其侵入中国，实在都是这一种性质，而安史之乱，就是一个先期的警告。安禄山，《唐书》说他是营州柳城胡。他本姓康，随母嫁虏将安延偃，因冒姓安。安，康都是西域姓。史思明，《唐书》虽说他是突厥种，然其状貌，"鸢肩伛背，廒目侧鼻"，怕亦是一个混血儿。安禄山和史思明都能通六蕃译，为互市郎，可见其兼具西胡和北族两种性质。任用蕃将，本是唐朝的习惯，安禄山遂以一身而兼做范阳、平卢两镇的节度使。（平卢军，治营州。范阳军，治幽州，今北平）此时安禄山的主要任务，为镇压奚、契丹，他就收用其壮士，名之曰曳落河。其军队在当时藩镇之中，大约最为剽悍。目睹玄宗晚年政治腐败，内地守备空虚，遂起觊觎之念。并又求为河东节度使。755年，自范阳举兵反。不一月而河北失陷，河南继之，潼关亦不守，玄宗逃向成都。于路留太子讨贼，太子西北走向灵武（灵州，治今宁夏灵州）。即位，是为肃宗。安禄山虽有强兵，却无政治方略，诸将亦都有勇无谋，既得长安之后，不能再行进取。朔方节度使郭子仪（朔方军，治灵州）。乃得先平河东，就借回纥的兵力，收复两京（长安，洛阳）。安禄山为其子庆绪所杀。九节度之师围庆绪于邺。因号令不一，久而无功。史思明既降复叛，自范阳来救，九节度之师大溃。思明杀庆绪，复陷东京。李光弼与之相持。思明又为其子朝义所杀。唐朝乃得再借回纥之力，将其打平。此事在762年。其时肃宗已死，是代宗的元年了。安史之乱首尾不过8年，然唐对外的威力自此大衰，内治亦陷于紊乱，唐朝就日入于衰运了。

唐朝的衰亡和沙陀的侵入

吕思勉

　　自从755年安史之乱起，直到907年朱全忠篡位为止，唐朝一共还有了152年的天下。在这一个时期中，表面上还维持着统一，对外的威风亦未至于全然失坠，然而自大体言之，则终于日入于衰乱而不能够复振了。

　　因安史之乱而直接引起的，是藩镇的跋扈。唐朝此时兵力不足，平定安史，颇借回纥的助力。铁勒仆骨部人仆固怀恩，于引用回纥颇有功劳，亦有相当的战功。军事是要威克厥爱的，一个战将，没有人能够使之畏服，便不免要流于骄横，何况他还是一个蕃将呢？他要养寇自重，于是昭义、成德、天雄、卢龙诸镇，（昭义军，治相州，今河南安阳县。成德军，治恒州，今河北正定县。天雄军，治魏州，今河北大名县。卢龙军，即范阳军）均为安史遗孽所据，名义上虽投降朝廷，实则不奉朝廷的命令。唐朝自己所设的节度使，也有想学他们的样子，而且有和他们互相结托的。次之则为外患的复兴。自玄宗再灭突厥后，回纥占据其地。因有助平安史之功，骄横不堪。而吐蕃亦乘中国守备空虚，尽陷河西、陇右，患遂中于京畿。又云南的南诏（诏为蛮语王之称，当时，今云南、西康境有六诏：曰蒙嶲诏，在今西康西昌县。曰越析诏亦称磨些诏，在今云南丽江县。曰浪穹诏，在今云南洱源县。曰邆嶲诏，在今云南邓川县。曰施浪诏，在洱源县之东。曰蒙舍诏，在今云南蒙化县。地居最南，亦称南诏。余五诏皆为所并）。天宝时，杨国忠与之构兵，南诏遂投降吐蕃，共为边患，患又中于西川。

　　779年，代宗崩，子德宗立，颇思振作。此时昭义已为天雄所并，卢龙亦因易帅恭顺朝廷，德宗遂因成德的不肯受代，发兵攻讨。成德和天雄、平卢连兵拒命。山南东道（治襄州，今湖北襄阳县），亦叛与相应，德宗命淮西军讨平之（淮西军，治蔡州，今河南汝南县。）攻三镇未克，而淮西、卢龙复叛，再发泾原兵东讨（泾原军，治泾州，今甘肃泾川县）。过京师，因赏赐菲薄作乱。德宗出奔奉天。（唐县，今山西武功县）。乱军奉朱泚为主，大举进攻。幸得浑瑊力战，河中李怀光入援（河中军，治蒲州，今山西永济县）。），奉天才未被攻破。而李怀光因和宰相卢杞不合，又反。德宗再逃到梁州。（今陕西南郑县）。听了陆贽的话，赦诸镇的罪，专讨朱泚，才得将京城收复。旋又打平了河中。然其余的事，就只好置诸不问了。德宗因屡遭叛变，不敢相信臣下。回京之后，使宦官带领神策军。这时候，神策军饷糈优厚，诸将多自愿隶属，兵数骤增至15万，宦官就从此握权。805年，德宗崩，子顺宗立。顺宗在东宫时，即深知宦官之弊。即位后，用东宫旧臣王叔文等，想要除去宦官。然顺宗在位仅8个月，即传位于子宪宗，王叔文等都遭斥逐，其系为宦官所逼，不言而喻了。宪宗任用裴度，削平了淮西，河北三镇亦惧而听命，实为中央挽回威信的一个良机。然宪宗死后，穆宗即位，宰相以为河北已无问题，对善后事宜，失于措置，河北三镇，遂至复叛，终唐之世，不能削平了。穆宗崩，敬宗立，为宦官刘克明所弑。宦官王守澄讨贼而立文宗。文宗初用宋申锡为宰相，与之谋诛宦官，不克。后又不次擢用李训、郑注，把王守澄毒死。郑注出镇凤翔（凤翔军，治凤翔府，今陕西凤翔县），想选精兵进京送王守澄葬，因此把宦官尽数杀掉。不知何故，李训在京城里，又诈称某处有甘露降，想派宦官往看，因而杀掉他们。事机不密，反为宦官所杀。郑注在凤翔，亦被监军杀掉。文宗自此受制于宦官，几同傀儡。相传这时候，有一个翰林学士，叫崔慎由，曾缘夜被召入宫。有一班宦官，以仇士良为首，诈传皇太后的意旨，要他拟废掉文宗的诏书。崔慎由誓死不肯。宦官默然良久，乃开了后门，把崔慎由引到一个小殿里。文宗正在殿上，宦官就当面数说他。文宗低头不敢开口。宦官道："不是为了学士，你就不能再坐这宝位了。"于是放崔慎由出宫，叮嘱他不许泄露，泄露了是要祸及宗族的。崔慎由虽然不敢泄露，却把这件事情密记下来，临死时交给他的儿子。他的儿子便是唐末的宰相崔胤。文宗死后，弟武宗靠着仇士良之力，杀太子而自立。武宗能任用李德裕，政治尚称清明。宣宗立，尤能勤于政事，人称之为小太宗。然于宦官，亦都无可如何。宣宗死后，子懿宗立。

886年，徐、泗卒戍桂州者作乱（徐州，今江苏铜山县。泗州，今安徽泗县。桂州，今广西桂林县），用沙陀兵讨平之，沙陀人据中原之祸，遂于是乎开始。

唐朝中叶后的外患，最严重的是回纥、吐蕃，次之则南诏。南诏的归服吐蕃，本出于不得已，吐蕃待之亦甚酷。9世纪初，韦皋为西川节度使，乃与之言和，共击吐蕃，西南的边患，才算解除。（西川军，治成都，今四川成都县。后来南诏仍有犯西川之事，并曾侵犯安南，但其性质，不如和吐蕃结合时严重）840年，回纥为黠戛斯所破，遽尔崩溃。吐蕃旋亦内乱。849年，中国遂克复河、湟。河西之地亦来归。三垂的外患，都算靠天幸解除了。然自身的纲纪不振，沙陀突厥遂至能以一个残破的部落而横行中国。

沙陀是西突厥的别部，名为处月（朱邪，即处月之异译）。西突厥亡后，依北庭都护府以居（今新疆迪化县）。其地有大碛名沙陀，故称为沙陀突厥。河西、陇右既陷，安西、北庭（安西都护府，治龟兹）朝贡路绝，假道回纥，才得通到长安。回纥因此需索无厌。沙陀苦之，密引吐蕃陷北庭。久之，吐蕃又疑其暗通回纥，想把他迁到河外。沙陀乃又投奔中国。吐蕃追之，且战且走。三万部落之众，只剩得两千人到灵州。节度使范希朝以闻，诏处其众于盐州（今宁夏盐池县北）。后来范希朝移镇河东，（治太原府，今山西太原县）沙陀又随往，居于现在山阴县北的黄瓜堆。希朝简其精锐的为沙陀军。沙陀虽号称突厥，其形状，据史籍所载，亦是属于白种人的。既定徐、泗之乱，其酋长朱邪赤心，赐姓名为李国昌，镇守大同，治云州（今山西大同县），就有了一个地盘了。873年，懿宗崩，子僖宗立。年幼，信任宦官田令孜。时山东连年荒歉。875年，王仙芝起兵作乱，黄巢聚众应之。后来仙芝被杀，而黄巢到处流窜。从现在的河南打到湖北，沿江东下，经浙东入福建，到广东。再从湖南、江西、安徽打回河南，攻破潼关。田令孜挟僖宗走西川。黄巢遂入长安。时为880年。当黄巢横行时，藩镇都坐视不肯出兵剿讨。京城失陷之后，各路的援兵又不肯进攻。不得已，就只好再借重沙陀。先是李国昌移镇振武（治单于都护府。今绥远和林格尔县）。其子李克用叛据大同，为幽州兵所败，父子都逃入鞑靼。居阴山。这时候，国昌已死，朝廷乃赦李克用的罪，召他回来。打败黄巢，收复长安。李克用镇守河东，沙陀的根据地更深入腹地了。

黄巢既败，东走攻蔡州。蔡州节度使秦宗权降之。后来黄巢被李克用追击，为其下所杀，而宗权转横。其残虐较黄巢为更甚。河南、山东被其剽掠之处，几于无复人烟。朝廷之上，宦官依然专横。关内一道，亦均为军人所蟠据。其中华州的韩建，邠州的王行瑜（镇国军，治华州，今陕西华县。邠宁军，治邠州，今陕西邠县），凤翔的李茂贞尤为跋扈，动辄违抗命令，胁迫朝廷，遂更授沙陀以干涉的机会。

在此情势之下，汉民族有一个英雄，能够和沙陀抵抗的，那便是朱全忠。全忠本名温，是黄巢的将，巢败后降唐，为宣武节度使（治汴州，今河南开封县）。初年兵力甚弱，而全忠智勇足备，先扑灭了秦宗权，渐并今河南、山东之地，又南取徐州。北服河北三镇。西并河中，取义武，（义武军，治定州，今河北定县）。又取泽、潞（泽州，今山西晋城县。潞州，今山西长子县），及邢、洺、磁诸州（邢州，今河北邢台县。洺州，今河北永年县。磁州，今河北磁县）。河东的形势，就处于其包围之中了。僖宗死于888年，弟昭宗立，颇为英武。然其时的事势，业已不能有为。此时朝廷为关内诸镇所逼，大都靠河东解围。然李克用是个无谋略的人，想不到挟天子以令诸侯。虽然击杀了一个王行瑜，关内的问题还是不能解决。朱全忠其初是不问中央的事务，一味扩充自己的实力。到10世纪初年，全忠的势力已经远超出李克用之上。唐朝的宰相崔胤，乃结合了他，以谋宦官。宦官见事急，挟昭宗走凤翔。全忠围凤翔经年，李茂贞不能抗，只得把皇帝送出，同朱全忠讲和。昭宗回到京城，就把宦官悉行诛灭。唐朝中叶后的痼疾，不是藩镇，实在是宦官。因为唐朝的藩镇，并没有敢公然背叛，或者互相攻击，不过据土自专，更代之际，不听命令而已。而且始终如此的，还不过河北三镇。倘使朝廷能够振作，实在未尝不可削平。而唐朝中叶后的君主，如顺宗、文宗、武宗、宣宗、昭宗等，又都未尝不可与有为。其始终不能有为，则全是因被宦官把持之故。事势至此，已非用兵力铲除，不能有别的路走了。一个集团当其恶贯满盈，走向灭亡之路时，在他自己，亦是无法拔出泥淖的。

宦官既亡，唐朝亦与之同尽。903年，朱全忠迁帝于洛阳，弑之而立其子昭宣帝。至907年，遂废之而自立，是为梁太祖。此时海内割据的：淮南有杨行密，是为吴。两浙有钱镠，是为吴越。湖南有马殷，是为楚。福建有王審知，是为闽。岭南有刘岩，是为南汉。剑南有王建，是为前蜀。遂入于五代十国之世。

五代十国的兴亡和契丹的侵入

吕思勉

凡内争，是无有不引起外患的，沙陀的侵入，就是一个例。但沙陀是整个部族侵入中国的，正和五胡一样。过了几代之后，和汉族同化了。他的命运也就完了。若在中国境外，立有一国，以国家的资格侵入，侵入之后，其本国依然存在的，则其情形自又不同。自840年顷回纥崩溃后，漠南北遂无强部，约历70年而契丹兴。契丹，大约是宇文氏的遗落。其居中国塞外，实已甚久。但当6世纪初，曾遭到北齐的一次袭击，休养生息，到隋时元气才渐复。7世纪末，又因李尽忠的反叛而大遭破坏。其后又和安禄山相斗争，虽然契丹也曾打过一两次胜仗，然其不得安息，总是实在的。唐朝管理东北方最重要的机关是营州都督府，中叶后业已不能维持其威力，但契丹仍时时受到幽州的干涉，所以他要到唐末才能够兴起。契丹之众，是分为八部的。每部有一个大人。八个大人之中，公推一人司旗鼓。到年久了，或者国有疾疫而畜牧衰，则另推一个大人替代。他亦有一个共主，始而是大贺氏，后来是遥辇氏，似乎仅有一个虚名。他各部落间的连结，大概是很薄弱的，要遇到战斗的事情，才能互相结合，这或者也是他兴起较晚的一个原因。内乱是招引外族侵入中国的，又是驱逐本国人流移到外国去的。这种事情，在历史上已经不知有过若干次。大抵（一）外国的文明程度低而人数少，而我们移殖的人数相当多时，可以把他们完全同化。（二）在人数上我们比较少，而文明程度相去悬绝时，移殖的人民，就可在他们的部落中做蛮夷大长。（三）若他们亦有相当的程度，智识技术上，虽然要请教于我，政治和社会的组织，却决不容以客族侵入而握有权柄的，则我们移殖的人民，只能供他们之用，甚至造成了他们的强盛，而我们传授给他的智识技术，适成为其反噬之用。时间是进步的良友。一样的正史四裔传中的部族，名称未变，或者名称虽异而统系可寻，在后一代，总要比前一代进步些。所以在前代，中国人的移殖属于前两型的居多，到近世，就多属于后一种了，这是不可以不憬然的，而契丹就是一个适例。契丹太祖耶律阿保机，据《五代史》说，亦是八部大人之一。当10世纪之初，幽州刘守光暴虐，中国人逃出塞的很多。契丹太祖都把他招致了去，好好地抚慰他们，因而跟他们学得了许多知识，经济上和政治组织上，都有进步了。就以计诱杀八部大人，不再受代。916年，并废遥辇氏而自立。这时候，漠南北绝无强部，他遂得纵横恣意。东北灭渤海，服室韦，西南服党项、吐谷浑，直至河西回鹘。《辽史》中所列，他的属国，有四五十部之多。

梁太祖的私德，是有些缺点的，所以从前的史家，对他的批评，多不大好。然而私德只是私德，社会的情形复杂了，论人的标准，自亦随之而复杂，政治和道德、伦理，岂能并为一谈？就篡弒，也是历代英雄的公罪，岂能偏责一人？老实说：当大局阽危之际，只要能保护国家、抗御外族、拯救人民的，就是有功的政治家。当一个政治家要尽他为国为民的责任，而前代的皇室成为其障碍物时，岂能守小信而忘大义？在唐、五代之际，梁太祖确是能定乱和恤民的，而历来论者，多视为罪大恶极，甚有反偏祖后唐的，那就未免不知民族的大义了。惜乎天不假年，梁太祖篡位后仅6年而遇弒。末帝定乱自立，柔懦无能，而李克用死后，其子存勖袭位，颇有英锐之气。梁、晋战争，梁多不利。河北三镇及义武，复入于晋。923年，两军相持于郓州（今山东东平县）。晋人乘梁重兵都在河外，以奇兵径袭大梁，末帝自杀，梁亡。存勖是时已改国号为唐，于是定都洛阳，是为后唐庄宗。中原之地，遂为沙陀所占据。后唐庄宗，本来是个野蛮人，灭梁之后，自然志得意满。于是纵情声色，宠爱伶人，听信宦官，政治大乱。925年，使宰相郭崇韬傅其子魏王继岌伐前蜀，把前蜀灭掉。而刘皇后听了宦官的话，疑心郭崇韬要不利于魏王，自己下命令给魏王，叫他把郭崇韬杀掉。于是人心惶骇，谣言四起。天雄军据邺都作乱。庄宗派李克用的养子李嗣源去征伐，李嗣源的军队也反了，胁迫李嗣源进了邺城。嗣源用计，得以脱身而出。旋又听了女婿石敬瑭的话，举兵造反。庄宗为伶人所弒。嗣源立，是为明宗。明宗年事较长，经验亦较多，所以较为安静。933年，明宗死，养子从厚立，是为闵帝。时石敬瑭镇河东，明宗养子从珂镇凤翔，闵帝要把他们调动，从珂举兵反。闵帝派出去的兵，都倒戈投降。闵帝出奔被杀。从珂立，是为废帝。又要调动石敬瑭，敬瑭又反。废帝鉴于闵帝的失败，是预备了一个不倒戈的张敬达，然后发动的，就把石敬瑭围困起来。敬瑭乃派人到契丹去求救，许割燕、云十六州之地。（幽州、云州已见前。蓟州，今河北蓟县。瀛州，今河北河间县。莫州，今河北肃宁县。涿州，今河北涿县。檀州，今河北密云县。顺州，今河北顺义县。新州，今察哈尔涿鹿县。妫州，今察哈尔怀来县。儒州，今察哈尔延庆县。武州，今察哈尔宣化县。应州，今山西应县。寰州，今山西马邑县。朔州，今山西朔县。蔚州，今察哈尔蔚县。）他手下的刘知远劝他：只要赂以金帛，就可如愿，不可许割土地，以遗后患。敬瑭不听。此时契丹太祖已死，次子太宗在位，举兵南下，反把张敬达围困起来，废帝不能救。契丹太宗和石敬瑭南下，废帝自焚死。敬瑭定都于大梁，是为晋高祖，称臣割地于契丹。942年，晋高祖死，兄子重贵立，是为出帝。听了侍卫景延广的话，对契丹不复称臣，交涉亦改强硬态度。此时契丹已改国号为辽。辽兵南下，战事亦互有胜负。但石晋国力疲敝，而勾通外敌，觊觎大位之例已开，即不能禁人的不效尤。于是晋将杜重威降辽，辽人入大梁，执出帝而去。时在946年。辽太宗是个粗人，不懂得政治。既入大梁，便派人到各地搜括财帛。又多派他的亲信到各地方去做刺史，汉奸附之以虐民。辽人的行军，本来是不带粮饷的，大军中另有一支军队，随处剽掠以自给，谓之打草谷军，入中国后还是如此。于是反抗者四起。辽太宗无如之何，只得弃汴梁而去，未出中国境而死。太宗本太祖次子，因皇后述律氏的偏爱而立。其兄突欲，（汉名倍），定渤海后封于其地，谓之东丹王。东丹王奔后唐，辽太宗入中国时，为晋人所杀，述律后第三子李胡，较太宗更为粗暴，辽人怕述律后要立他，就军中拥戴了东丹王的儿子，是为世宗。李胡兴兵拒战，败绩。世宗在位仅4年，太宗之子穆宗继立，沉湎于酒，政治大乱，北边的风云，遂暂告宁静。此时侵入中国的，幸而是辽太宗，倘使是辽太祖，怕就没有这么容易退出去了。

契丹虽然退出，中原的政权，却仍落沙陀人之手。刘知远入大梁称帝，是为后汉高祖。未几而死，子隐帝立。950年，为郭威所篡，是为后周太祖。中原的政权，始复归于汉人。后汉高祖之弟旻，自立于太原，称侄于辽，是为北汉，亦称东汉。后周太祖立4年而死，养子世宗立。北汉乘丧来伐，世宗大败之于高平（今山西高平县）。先是吴杨行密之后，为其臣李昪所篡，改国号为唐，是为南唐。并有江西之地，疆域颇广。而后唐庄宗死后，西川节度使孟知祥攻并东川而自立，是为后蜀。李昪之子璟，乘闽、楚之衰，将其吞并，意颇自负；孟知祥之子昶，则是一个昏愚狂妄之人；都想交结契丹，以图中原，世宗要想恢复燕、云，就不得不先膺惩这两国。唐代藩镇之弊，总括起来，是"地擅于将，将擅于兵"八个字。一地方的兵甲、财赋，固为节度使所专，中央不能过问。节度使更代之际，也至少无全权过问，或竟全不能过问。然节度使对于其境内之事，亦未必能全权措置，至少是要顾到其将校的意见，或遵循其军中的习惯的。尤其当更代之际，无论是亲子弟，或是资格相当的人，也必须得到军中的拥戴，否则就有被杀或被逐的危险。节度使如失众心，亦会为其下所杀。又有野心的人，煽动军队，饵以重赏，推翻节度使而代之的。此等军队，真乃所谓骄兵。凡兵骄，则对外必不能作战，而内部则被其把持，一事不可为，甚且纲纪全无，变乱时作。唐中叶以后的藩镇，所以坐视寇盗的纵横而不能出击；明知强邻的见逼，也只得束手坐待其吞并；一遇强敌，其军队即土崩瓦解；其最大的原因，实在于此。这是非加以彻底整顿，不足以有为的。周世宗本就深知其弊，到高平之战，军队又有兵刃未接，而望风解甲的，乃益知其情势的危险。于是将禁军大加裁汰，又令诸州募兵，将精强的送至京师，其军队乃焕然改观，而其政治的清明，亦足以与之相配合，于是国势骤张。先伐败后蜀。又伐南唐，尽取江北之地。959年，遂举兵伐辽。恢复了瀛、莫、易三州，直逼幽州。此时正直契丹中衰之际，倘使周世宗不死，燕、云十六州，是很有恢复的希望的，以后的历史，就全然改观了。惜乎世宗在途中遇疾，只得还军，未几就死了。嗣子幼弱，明年，遂为宋太祖所篡。

宋太祖的才略，亦和周世宗不相上下，或者还要稳健些。他大约知道契丹是大敌，燕、云一时不易取，即使取到了，也非有很重的兵力不能守的，而这时候割据诸国，非弱即乱，取之颇易，所以要先平定了国内，然后厚集其力以对外。从梁亡后，其将高季兴据荆、归、峡三州自立（荆州，今湖北江陵县。归州，今湖北秭归县。峡州，今湖北西陵县），是为南平。而楚虽为唐所灭，朗州亦旋即独立（朗州，今湖南常德县）。962年宋太祖因朗州和衡州相攻击（衡州，今湖南衡山县），遣人来求救，遣兵假道南平前往，把南平和朗州都破掉。衡州先已为朗州所破。965年，遣兵灭后蜀。971年，遣兵灭南汉。975年，遣兵灭南唐。是年，太祖崩，弟太宗立。976年，吴越纳土归降。明年，太宗遂大举灭北汉。于是中国复见统一。自907年朱梁篡唐至此，共计72年。若从880年僖宗奔蜀，唐朝的中央政权实际崩溃算起，则适得100年。

第五章

细说宋史

宋朝的开国和开国规模

张荫麟

一

后周世宗以三十四岁的英年，抱着统一中国的雄心，而即帝位。他即位不到一个月，北汉主刘崇联合契丹入寇，他便要去亲征。做了四朝元老的长乐老冯道极力谏阻。世宗说：从前唐太宗创业，不是常常亲征的吗？我怕什么？冯道却说：唐太宗是不可轻易学的。世宗又说：刘崇乌合之众，王师一加，便好比泰山压卵。冯道却怀疑道：不知道陛下作得泰山么？世宗看他的老面，不便发作，只不理睬，径自决定亲征。周军在高平（即今山西高平）遇到敌人。两军才开始交锋，周军的右翼不战而遁，左翼亦受牵动，眼见全军就要瓦解。世宗亲自骑马赶上前线督战，并且领队冲锋，周军因而复振，反把敌军击溃，杀到僵尸弃甲满填山谷。在凯旋道中，世宗齐集将校，大排筵席来庆祝，那些临阵先逃的将校也行无所事的在座。世宗突然声数他们的罪状，喝令他们跪下受刑。说着，壮士们便动手，把七十多个将校霎时斩讫，然后论功行赏。接着他率军乘胜直取太原，却无功而还。

经这一役，世宗深深感觉到他的军队的不健全。回到汴京后不久，便着手整军。这里我们应当略述后周的军制。像唐末以来一般，这时州郡兵为藩镇所私有，皇室不能调遣。皇室所有的军队即所谓禁军。禁军分为两部：一、殿前军；二、侍卫亲军。两部以上，不置总帅。侍卫亲军虽名为亲，其实比较和皇帝近的却是殿前军。侍卫亲军分马步两军，而殿前军则无这样的分别；大约前者是量多于后者，而后者则质优于前者。世宗一方面改编全部禁军，汰弱留强，一方面则向国内各地召募豪杰，不拘良民或草寇，以充实禁军，他把应募的召集到阙下，亲自试阅，挑选武艺特别出众，身材特别魁伟的，都拨入殿前军。

世宗不独具有军事的天才，也具有政治的头脑。他奖励垦荒，均定田赋；他曾为经济的理由，废除国内大部分的寺院，并迫令大部分的僧道还俗。他以雷霆的威力推行他的政令；虽贤能有功的人也每因小过而被戮。但他并不师心自用。他在即位次年的求言诏中甚至有这样的反省："自临宸极，已过周星。至于刑政取舍之间，国家措置之事，岂能尽是？须有未周。朕犹自知，人岂不察？而在位者未有一人指朕躬之过失，食禄者曾无一言论时政之是非！"他又曾令近臣二十余人，各作《为君难为臣不易论》一篇和《平边策》一篇，供他省览。"平边"是他一生的大愿。可惜他的平边事业只做到南取南唐的淮南江北之地，西取后蜀的秦、凤、阶、成四州，北从契丹收复瀛、莫二州，便赍志而殁，在位还不到六年，遗下二个七岁以下的幼儿和臣下对他威过于恩的感想。

世宗死于显德六年（959年）六月，在临死的一星期内，他把朝内外重要的文武职官，大加更动。更动的经过，这里不必详述；单讲他对禁军的措置。殿前军的最高长官是正副都点检；其次是都指挥使。侍卫亲军的最高长官是正副部指挥使；其次是都虞候。世宗对禁军要职的最后"人事异动"，可用表显示如下：

	职位	原任	更定	附注
殿前军	都点检	张永德	赵匡胤	此剧《旧五代史·周恭帝纪》，《宋史》本传误
	副都点检	慕容延钊	慕容延钊	
	都指挥使	赵匡胤	石守信	
侍卫军	都指挥使	李重进	李重进	
	副都指挥使	未详（或缺员）	韩通	
	都睿候	韩通		

其中最可注意的是张永德的解除兵柄和赵匡胤的超擢。张永德是周太祖的驸马（世宗是周太祖的内侄兼养子），智勇善战，声望久隆，显然世宗不放心他。赵匡胤是洛阳人，与其父弘殷俱出身投军校，在周太祖时，已同隶禁军。高平之役，匡胤始露头角，旋拜殿前都虞候；其后二年，以从征淮南功，始长

殿前都指挥使。他虽然年纪略长于张永德（世宗死时匡胤三十四岁），勋望却远在永德之下。但他至少有以下的几件事，给世宗很深的印象。他从征淮南时，有一次驻兵某城，半夜，他的父亲率兵来到城下，传令开城。他说"父子固然是至亲，但城门的启闭乃是王事"。一直让他父亲等到天亮。从征淮南后，有人告他偷运了几车财宝回来，世宗派人去检查，打开箱笼，尽是书籍，一共有几千卷，此外更无他物。原来他为人沉默寡言，嗜好淡泊，只是爱书，在军中是时常手不释卷的。南唐对后周称臣讲好后，想离间世宗对他的信任，尝派人送他白银三千两，他全数缴呈内府。从殿前都点检的破格超升，可见在这"易君如置棋"的时代，世宗替他身后的七岁幼儿打算，认为在军界中再没有比赵匡胤更忠实可靠的人了。

二

世宗死后半年，在显德七年（960年）的元旦，朝廷忽然接到北边的奏报，说北汉又联合契丹入寇。怎样应付呢？禁军的四巨头中，李重进（侍卫都指挥使，周太祖的外甥）是时已领兵出镇扬州；绰号"韩瞳眼"的韩通（侍卫副都指挥使）虽然对皇室特别忠勤，却是一个毫无智谋的老粗，难以独当一面。宰相范质等不假思索，便决定派赵匡胤和慕容延钊（副都点检）出去御敌。

初二日，慕容延钊领前锋先行。是日都城中突然喧传明天大军出发的时候，就要册立赵点检做天子。但有智识的人多认为这是无根的谣言。先前也有人上书给范质说赵匡胤不稳，要加提防；韩通的儿子，绰号韩橐驼的，也劝乃父及早设法把赵匡胤除掉。但是他做都点检才半年，毫无不臣的痕迹，谁能以小人之心度君子之腹呢？但这一天不知从何而来的关于他的谣言，却布遍了都城，有钱的人家纷纷搬运细软，出城躲避。他们怕什么，稍为年长的人都记得：恰恰十年前，也是北边奏报契丹入寇，也是派兵出征；约莫一个月后，出征的军队掉头回来，统兵的人就做了皇帝（即周太祖），他给部下放了三天假，整个都城几乎被抢掠一空。现在旧戏又要重演了罢？

初三日，赵匡胤领大军出发。城中安然无事，谣言平息。

初四日上午，出发的军队竟回城了！谣言竟成事实了！据说队伍到了陈桥，当天晚上军士忽然哗变，非要赵点检做天子不可，他只得将就。但出乎大家意料的，这回军士却严守秩序，秋毫无犯。在整个变局中，都城里只发生过一次小小的暴行。是日早朝还未散，韩通在内庭闻变，仓皇奔跑回家，打算调兵抵抗，半路给一个军校追逐着，才到家，来不及关门便被杀死；那军校把他全家也屠杀了。都城中已没有赵匡胤的敌人了。一切仪文从略。是日傍晚，赵匡胤即皇帝位。因为他曾领过宋州节度使的职衔，定国号为宋，他便是宋太祖。

在外的后周将帅中，不附宋太祖的，唯有镇守扬州一带的李重进和镇守潞州一带的李筠。四月，李筠结合北汉（占今山西全省除东南隅及雁门关以北）首先发难。李重进闻讯，派人去和他联络，准备响应。那位使人却偷到汴京，把扬州方面的虚实告诉了宋太祖，并受了密旨，回去力劝重进不可轻举。重进听信了他，按兵不动。北汉和后周原是死对头，而李筠口口声声忠于后周，双方貌合神离。他又不肯用谋士的计策：急于乘虚西出怀孟，占领洛阳为根据，以争天下；却困守一隅，坐待挨打；结果，不到三个月，兵败城破，赴火而死。九月，李重进在进退两难的情势下勉强起兵。他求援于南唐，南唐反而把他的请求报告宋朝。他还未发动，亲信已有逃城归宋的。他在狐疑中，不问皂白，把三十多个将校一时杀掉。三个月内，扬州也陷落，他举家自焚而死。

三

宋太祖既统一了后周的领土，进一步便着手统一中国。是时在中国境内割据自主的区域，除宋以外大小有八，兹按其后来归入宋朝的次序，列表如下：

区域	今地	统治者名义	入宋年
荆南	湖北江陵以西及四川峡道	宋荆南节度使	963
湖南	略当湖南省	宋武平节度使	963
蜀	四川省除峡道	称帝	965
南汉	两广全部及湖南一部分	称帝	966
南唐	苏皖的长江以南区、湖北东南部（包武昌）、江西全部及福建西部	称唐主奉宋正朔	975
闽南	福建漳泉一带	唐清源节度使	978
吴越	浙江全部、福建东北部及江苏松区	称吴越王奉宋正朔	978
北汉	山西全省除东南隅及雁门关以北	称帝	979

太祖的统一工作，大致上遵守着"图难于其易"的原则。荆南、湖南皆地狭兵寡，不足以抗拒北朝，过去只因中原多故，或因北朝把它们置作后图，所以暂得苟全。太祖却首先向它们下手。他乘湖南内乱，遣军假道荆南去讨伐，宋军既到了荆南，却先把它灭掉，然后下湖南，既定两湖，便西溯长江，南下阁道，两路取蜀，蜀主孟昶是一纨绔少年，他的溺器也用七宝装成。他的命运，可用他的一个爱妃（花蕊夫人）的一首诗来交代：

君王城上竖降旗，妾在深宫哪得知！

十四万人齐解甲，宁无一个是男儿？

这些解甲的军士中，至少有二万七千被屠，而宋兵入蜀的只有三万。次取南汉。南汉主刘铱比孟昶更糟，是一变态的糊涂虫，成日只在后宫同波斯女之类胡缠，国事委托给宦官；仅有的一二忠臣良将，因随便的几句谗言，便重则族诛，轻则赐死。他最后的办法是把珍宝和妃嫔载入巨舶，准备浮海。这些巨舶却给宦官盗走，他只得素衣白马，叩首乞降。次合吴越夹攻南唐。南唐主李煜是一绝世的艺术天才。在中国文学史中，五代是词的时代，而李煜（即李后主）的词，凄清婉丽，纯粹自然，为五代冠。读者在任何词的选本中都可以碰到他的作品。他不独爱文学，也爱音乐、书画，以及其他一切雅玩；也爱佛理，更爱女人。在一切这些爱好者的沉溺中，军事政治俗务的照顾只是他的余力之余了。他遇着宋太祖，正是秀才遇着兵，其命运无待龟蓍。以下是他在被俘入汴途中所作的词：

帘外雨潺潺，春意阑珊。

罗衾不耐五更寒。

梦里不知身是客，一晌贪欢。

独自莫凭栏！无限江山，别时容易见时难。

流水落花春去也，天上人间！

和李煜的文雅相称，宋军在南唐也最文明，至少在它的都城（今南京）是如此。"曹彬下江南，不妄杀一人"，历史上传为美谈。但江州城（今九江）为李煌坚守不降，后来陷落，全城被屠，横尸三万七千。

南唐亡后次年，太祖便死，寿仅五十，遗下吴越、闽南和北汉的收拾工作给他的继承者，他的胞弟赵匡义，即宋太宗。吴越王钱俶一向以对宋的恭顺和贿赂作他的地位的保障。南唐亡后，他亲自入朝。临归太祖交给他一个黄包袱，嘱咐他，在路上拆看。及拆阅，尽是群臣请扣留他的奏章。他为之感激涕零。太宗即位后，他又来朝，适值闽南的割据者自动把土地献纳，他恐惧，上表，请除去王号和其他种种优礼，同时求归。这回却归不得了！他只得按照闽南的办法，也把土地献纳。最后，宋朝可以用全副精神和全部力量图谋北汉了。北汉地域虽小，却是一个顽敌，因它背后有契丹的支持。自从太祖即位以来，它曾屡次东侵，太祖也曾屡次加讨伐——有二次兵临太原（北汉都城）城下，其中一次太祖并且亲征。但太祖终于把它放过了。太祖是有意暂时放过它的。他有这样的考虑：北汉北接契丹，西接西夏；北汉本身并不怎样可怕，它存在，还可以替宋朝作西北的缓冲；它若亡，宋朝和这两大敌的接触面便大大增加，那是国防上一个难题。但这难题可暂避而不能终免。吴越归地后不到一年，太宗便大举亲征北汉。契丹照例派兵去救。前军到达白马岭（今山西孟县东北）与宋军只隔一涧。主帅主张等后军到齐然后决战，监军却要尽先急击，主帅拗不过他，结果契丹军渡涧未半，为宋军所乘，大溃，监军及五将战死，士卒死伤无算。宋军进围太原城。在统一事业中，这是九仞为山的最后一篑之功了。军士冒犯矢石，奋勇争先地登城，甚至使太宗怕死伤过多，传令缓进。半月，城陷，北汉主出降。太宗下令毁太原城，尽迁其居民于榆次，军士放火烧城，老幼奔赴城门不及，烧死了许多（唐、五代之太原在今太原西南三十里，太宗毁太原城后，移其州治，即今太原省会）。

四

太祖太宗两朝对五代制度的因革损益，兹分三项述之如下：（1）军制与国防；（2）官制与科举；（3）国计与民生。

五代是军阀的世界。在稍大的割据区域内，又分为许多小割据区，即"节度使"的管区。节度使在其管区内尽揽兵、财、刑、政的大权，读者从不久以前四川"防区"的情形，便可以推想五代的情形，太祖一方面把地方兵即所谓厢兵的精锐，尽量选送到京师，以充禁军；又令厢兵此后停止教练。这一来厢兵便有兵之名无兵之实了。厢兵的编制是每一指挥管四五百人；每大州有指挥使十余员，次六七员，又次三四员；每州有一马步军都指挥使，总领本州的厢兵，而直隶于中央的侍卫司，即侍卫亲军的统率处。在另一方面，太祖把节度使的行政和财权，逐渐移归以文臣充任的州县官。这一来"节度使"在宋朝便成为一种荣誉的空衔了。

禁军的组织，大体上仍后周之旧，惟殿前正副都点检二职经太祖废除；殿前和侍卫的正副都指挥使在太宗时亦缺而不置，后沿为例，因此侍卫军的马步两军无所统属而与殿前军鼎立，宋人合称为"三衙"。禁军的数目太祖时约有二十万，太宗时增至三十六万。禁军约有一半驻屯京城及其附近，其余一半则分成边境和内地的若干重镇。其一半在内而集中，另一半在外而分散；这样，内力永远可以制外，而尾大不掉的局面便无法造成了。太祖又创"更戍法"：外戍各地的禁军，每一或二年更调一次，这一来，禁军可以常常练习行军的劳苦而免怠惰；同时镇守各地的统帅不随戍兵而更动。因此"兵无常帅，帅无常师"，军队便无法成为将官的私有了。

厢军和禁军都是雇佣的军队。为防止兵士逃走，他们脸上都刺着字。此制创自后梁，通行于五代，而宋朝因之。兵士大多数是有家室的。厢兵的饷给较薄，不够他们养家，故多营他业。禁兵的饷给较优，大抵勉强可够养家。据后来仁宗庆历间一位财政大臣（张方平）的报告，禁军的饷给："通人员长行（长行大约是夫役之类），用中等例禁军分等级，各等级的饷类不同：每人约料钱（每月）五百，月粮两石五斗，春冬衣䌷绢六匹，绵十二两，随衣钱三千。……准例（实发）六折。"另外每三年南郊，大赏一次，禁兵均每人可得十五千左右。除厢、禁军外，在河北、河东（今山西）及陕西等边地，又有由农家壮丁组成的民兵；平时农隙受军事训练，有事时以助守御，而不支官饷。

这里我们应当涉及一个和军制有关的问题，即首都位置的问题。宋都汴梁在一大平原中间，四边全无险阻可资屏蔽，这是战略上很不利的地形。太祖曾打算西迁洛阳，后来的谋臣也每以这首都的地位为虑。为什么迁都之议始终没有实行，一直到了金人第一次兵临汴梁城下之后，宋帝仍死守这地方等金人第二次到来，而束手就缚呢？我们若从宋朝军制的根本原则，从主要外敌的所在，从经济地理的形势各方面着想，便知道宋都有不能离开汴梁的理由。第一，在重内轻外的原则下，禁军的一半以上和禁军家属的大部分集中在京畿，因此军粮的供应和储蓄为一大问题。随着禁军数量的增加，后来中央政府所需要于外给的漕粮，每年增至六七百万石，而京畿的民食犹不在内。在这样情形下，并在当时运输能力的限制下，政治重心非和现成的经济重心合一不可。自从唐末以来，一方面因为政治势力由西而东移，一方面因为关中迭经大乱的摧毁和水利交通的失理，汉唐盛时关中盆地的经济繁荣和人口密度也移于"华北平原"。汴梁正是这大平原的交通枢纽，经唐五代以来的经营，连渠四达，又有大运河以通长江；宋朝统一后交通上的人为限制扫除，它便随着成为全国的经济中心了。第二，宋朝的主要外敌是在东北，它的边防重地是中山（今河北定县）、河间、太原三镇，而在重内轻外的原则下，平时兵力只能集中在京畿，而不能集在其他任何地点。因此都城非建筑在接近边防重镇且便于策应边防重镇的地点不可。汴梁正适合这条件。

五

中央政府的组织，大体上沿袭后周。唐代三省和御史台的躯壳仍然保存，但三省的大部分重要职权，或实际上废除，如门下省的封驳（封谓封还诏书，暂不行下；驳谓驳正台议），或移到以下几个另外添设的机关：（1）枢密院（创始于后唐）掌军政，与宰相（即"同中书门下平章事"）所主的政事堂对立，并在禁中，合称二府。院的长官（或称枢密使，或知枢密院事，或签书枢密院事）的地位也与宰相抗衡。（2）三司使司（创始于后唐）掌财政，三司使下辖盐铁、度支和户部三使，宋初以参加政事（即副宰相，太祖时创置）或宰相兼领，后置专使。（3）审官院（不知创于何时，后分为审官东院与流内铨）掌中下级文官的铨选，其上级文官的铨选则归中书省。（4）三班院（不知创于何时，后分为审官西院与三班院）掌中下级武官的铨选，其上级武官的铨选则归枢密院。（5）审刑院（创始于太宗时）主复核刑部奏上的重案。枢密院分宰相及兵部之权，三司便分户部之权，审官院分吏部之权，三班院再分兵部之权，审刑院分刑部之权。

地方行政的区域有三级，自下而上是：（1）县；（2）府，州，军，监，通称为郡；（3）路。在郡的四类中，府是经济上或军事上最重要的区域，其数目最少，其面积却最大；通常州所管辖的县数较府为少；军次之，至多只三县，少则一县；监则尽皆只占一县；设监的地方必定是矿冶工业或国家铸钱工厂等所在的地方，监的长官兼管这些工业的苛税和工厂的事务。宋初在郡县制度上有两项重要的变革。一是郡设通判（大郡二员，小郡一员，不满万户的郡不设），以为郡长官的副贰；郡长官的命令需要他副署方能生效；同时他可以向皇帝上奏，报告本郡官吏的良劣和职事的修废。因为通判的权柄这样大，郡的长官就很不好做。

宋人有一传为话柄的故事如下：有一杭州人，极好食蟹；他做京朝官做腻了，请求外放州官（宋朝京官得请求外放并且指明所要的郡县），有人问他要哪一州。他说我要有蟹食而没有通判的任何一州。二是尉县（县尉制始于汉朝）的恢复。在五代，每县盗贼的缉捕和有关的案件，由驻镇军校管理，县政府无从过问，宋初把这职归还县政府，复设县尉以司之。路的划分在宋代几经更改，这里不必详述。太宗完成统一后将全国分为十路，其后陆续于各路设一转运使，除总领本路财赋外，并得考核官吏，纠察刑狱，兴利除弊；实于一路之事无所不管。后来到真宗太宗子时，觉得转运使的权太大，不放心，又于每路设一提点刑狱司，将转运使纠察刑狱之权移付之。宋人称转运使司为漕司，提点刑狱司为监司。

宋在变法以前的科举制度，大体上沿袭唐朝进士科独尊以后的规模。但有以下的更革：（1）唐朝每年一举进士，每举以一二十人为常，至多不过三四十人；宋朝每四年一举进士，在太宗时每举常一二百人，后来有多至五六百人的。（2）唐朝进士考试不弥封，不糊名，考官亦不专凭试卷去取，而可以参考举子平日的声誉。因此举子在考试之前，照例把自己的诗赋或其他著作向权要投献，望他们赏识，延誉，以至推荐。宋朝自真宗（一说太宗）时，定糊名制以后，试官于举子只能凭试卷去取了。（3）唐朝进士经礼部录取后，即算及第。宋朝则礼部录取后，还要到殿庭覆，由皇帝亲自出题，这叫做"殿试"。及第与否与及第的等次，是在殿试决定的（仁宗某年以后，殿试只定等次，不关去取）。（4）唐朝进士及第后，如想出仕，还要经吏部再定期考选。"吏部之选，十不及一"，因此许多及第的进士等到头白也得不到一官。宋朝的进士，一经及第，即行授职，名次高的可以得到通判、知县或其他同等级官职。（5）宋朝特定宗室不得参与科试。

从上面所述科举制度的更革，已可以看出宋朝对士大夫的特别优待。但宋朝士大夫所受的优待还不止此。像"官户"免役免税及中上级官吏"任子"（子孙不经"选举"，特准官仕）的特权，固然沿自前代（汉代），但宋朝官吏"任子"的权利特别大。台省官六品以上，他官五品以上，每三年南郊大礼时，都有一次"任子"的机会，每次品级最低的荫子或孙一人；品级最高的可荫六人，不拘宗人、外戚、门客，以至"医人"（家庭医生）。此处大臣致仕时有"致仕恩泽"可荫若干人，死后有"遗表恩泽"可荫若干人。因为科举名额之多，仕途限制之宽和恩荫之广，宋朝的闲职冗官特别多，且日增无已，到后来官俸的供给竟成为财政上的大问题了。更有一由小可以见大的优待士大夫的制度，太祖于每州创立一"公使馆"专以款待旅行中的士大夫。据一个曾受其惠的人的记录："公使库……遇过客（自然不是寻常的过客）必馆置供馈……使人无旅寓之叹。此盖古人传食诸侯之义。下至吏卒（随从）批支口食之类，以济其乏食。承平时士大夫造朝，不赍粮，节用者犹有余以还家。归途礼数如前，但少损。"太祖还有一个远更重大的优待士大夫的立法。他在太庙藏一传诸子孙的密约："誓不杀大臣及言事官。"规定以后每一皇帝于即位之前，在严重的仪式下，独自开阅这誓约。这誓约对宋代政治的影响，读者以后将会看到。

六

宋初财政收入的详细节目，太过烦琐，这里不能尽述，举其重要的如下："两税"（分夏秋两季征纳的田赋和资产税）沿唐旧制，而大致仍五代加重的额数，约为唐代的六倍。其中田赋一项，通常每亩产谷十五石而抽一斗（依当时度量），但因为逃税的结果（上官册的田只占实垦田实额约十分之三），大多数豪强或显达田主实纳的田赋远较上设的比率为轻。政府专卖的物品，除沿自唐季的盐、茶、酒，沿自五代的矾外，又有自外海输入的香料。此外，苛税之沿自五代的有：通过税（即近代的厘金），每关抽货价的百分之二（现款亦照抽）；又有身丁钱，即人头税。此税只行于江淮以南，迄于闽广（四川除外），因为五代以来本是如此。这种税的负担，加上别的原因，使得这区域的贫民无法维持他们所不能不继续孳生的人口，因而盛行杀婴的习俗。宋朝大文豪苏东坡于这习俗有一段很深刻的描写。他写给一位鄂州知州的一封信道：

> 昨……王殿直天麟见过……言鄂岳间田野小人，例只养二男一女。过此，辄死之。尤讳养女。……辄以冷水浸杀之。其父母亦不忍，率常闭目背面，以手按之盆中，咿嘤良久及死。……天麟每闻其侧近有此，辄驰救之，量与衣服饮食，全活者非一。……鄂人有秦光亨者，今已及第，为安州司法。方其在母也，其舅陈遵梦一小儿挽其衣，若有所诉。比两夕辄见之，其状甚急。遵独念其姊有娠将产，而意不乐多子。岂其应是乎？驰往省之，则儿已在水盆中矣。救之得免。

这是宋朝的黄金时代的一斑。

人民除赋税的负担外，还有差役的负担。差役有四种：一是押运官物，二是督征赋税，三是逐捕盗贼，四是在州县衙门供使唤或管杂务。民户分九等，上四等服役，下五等免役。押运（即所谓衙前）和督赋（即所谓里正），最是苦差，当者要负赔偿损失的责任，每至倾家荡产，并且坐牢。宋朝名将韩琦当知并州时，在一封论及役法的奏疏里有这样的描写：

> 州县生民之苦，无重于里正衙前。自兵兴以来，残剥尤甚，至有嫡母改嫁，亲族分居。或弃田与人，以免上等。或非命求死，以就单丁。规图百端，苟脱沟壑之患。

这是宋朝的黄金时代的又一斑。

在五代，一方面军阀横行，一方面豪强的兼并也变本加厉。军阀是给太祖兄弟以和平的手段解决了，但豪强的兼并并不妨碍他们的政权，所以他们也熟视无睹。宋初豪强兼并的程度有下列几事为证：

（1）在太宗淳化四年至至道元年（993—995 年）间，四川成都附近发生一次贫民（也许大部分是农民）的大暴动。他们的领袖李顺的口号，据宋朝国史的记载，是"吾恨贫富不均，吾为汝均之！"他们把官吏杀掉，拿来示众。他们把富人的财产，除了足供养家的一部分外，尽数充公，拿来赈济贫困。他们竟"号令严明，所到一无所犯"。但他们终于一败涂地。

（2）同时在四川盛行着一种沿自五代的"旁户"制度。旁户是隶属于豪家的贫户，豪家所领的旁户，每有数千之多。他们向领主纳租外，并供领主役使，如奴隶一般。当李顺乱起时，有些豪家反率领旁户去响应他。后来事定，太宗想把旁户制度废除，终因怕引起更大的扰乱而止。

　　（3）同时在江淮以南迄于闽广（即身丁钱制施行的区域），又有一沿自五代的特殊法律：佃户非得田主的许可并给予凭证，不许迁移。这一来，佃户便成了附着于田土的农奴，如欧洲中古时代的情形。这特殊的法律到太宗的孙子仁宗时始行废除。仁宗之所以为"仁"，于此可见。

北宋的积弱

吕思勉

　　五代末年，偏方割据诸国，多微弱不振。契丹则是新兴之国，气完力厚的，颇不容易对付，所以宋太祖要厚集其力以对付他。契丹的立国，是合部族、州县、属国三部分而成的。属国仅有事时量借兵粮，州县亦仅有益于财赋（辽朝的汉兵，名为五京乡丁，只守卫地方，不出戍）。只有部族，是契丹立国的根本，这才可以真正算是契丹的国民。他们都在指定的地方，从事于畜牧。举族皆兵，一闻令下，立刻聚集，而且一切战具，都系自备。马既多，而其行军又不带粮饷，到处剽掠自资（此即所谓"打草谷"）。所以其兵多而行动极速。周世宗时，正是契丹中衰之会，此时却又兴盛了。（辽惟穆宗最昏乱。969年，被弑，景宗立，即复安。983年，景宗死，圣宗立。年幼，太后萧氏同听政。圣宗至1030年乃死，子兴宗立。1054年死。圣宗时为辽全盛之世。兴宗时尚可蒙业而安，兴宗死，子道宗立，乃衰。）宋朝若要以力服契丹，非有几十万大兵，能够连年出征，攻下了城能够守，对于契丹地方，还要能加以破坏扰乱不可。这不是容易的事，所以宋太祖不肯轻举。而太宗失之轻敌，灭北汉后，不顾兵力的疲敝，立刻进攻。于是有高梁河之败（在北平西）。至985年，太宗又命将分道北伐，亦不利。而契丹反频岁南侵。自燕、云割弃后，山西方面，还有雁门关可守，河北方面，徒恃塘泺以限戎马，是可以御小敌，而不足以御大军的。契丹大举深入，便可直达汴梁对岸的大名，宋朝受威胁殊甚。1004年，辽圣宗奉其母入寇，至澶州（今河北濮阳县）。真宗听了宰相寇准的话，御驾亲征，才算把契丹吓退。然毕竟以岁币成和（银十万两，绢二十万匹）。宋朝开国未几，国势业已陷于不振了。

假使言和之后，宋朝能够秣马厉兵，以伺其隙，契丹是个浅演之国，他的强盛必不能持久，亦未必无隙可乘。宋朝却怕契丹启衅，伪造天书，要想愚弄敌人。（宋朝伪造天书之真意在此，见《宋史·真宗本纪论》）敌人未必被愚弄，工于献媚和趁风打劫、经手侵渔的官僚，却因此活跃了。斋醮、宫观，因此大兴，财政反陷于竭蹶。而西夏之乱又起。唐朝的政策，虽和汉朝不同，不肯招致异族，入居塞内，然被征服的民族多了，乘机侵入，总是不免的。尤其西北一带，自一度沦陷后，尤为控制之力所不及。党项酋长拓跋氏，（拓跋是鲜卑的民族，党项却系羌族，大约是鲜卑人入于羌部族而为其酋长的）于唐太宗时归化。其后裔拓跋思敬以平黄巢有功，赐姓李氏。做了定难节度使，据有夏、银、绥、宥、静五州（夏州，今陕西怀远县。银州，今陕西米脂县。绥州，今陕西绥德县。宥州，今鄂尔多斯右翼后旗。静州，在米脂县西）。传八世至继捧，于宋太宗的时候来降，而其弟继迁叛去。袭据银州和灵州，降于辽，宋朝未能平定。继迁传子德明，30年未曾窥边，却征服了河西，拓地愈广。1022年，真宗崩，仁宗立。1034年，德明之子元昊反，兵锋颇锐。宋朝屯大兵数十万于陕西，还不能戢其侵寇。到1044年，才以岁赐成和（银、绢、茶、彩，共二十五万五千）。此时辽圣宗已死，兴宗在位，年少气盛，先两年，遣使来求关南之地（瓦桥关，在雄县。周世宗复瀛、莫后，与辽以此为界）。宋朝亦增加了岁币（增银十万两，绢十万匹）。然后和议得以维持。给付岁币的名义，《宋史》说是纳字，《辽史》却说是贡字，未知谁真谁假。然即使用纳字，亦已经不甚光荣了。仁宗在位岁久，政颇宽仁，然亦极因循腐败。兵多而不能战，财用竭蹶而不易支持，已成不能振作之势。1063年，仁宗崩，英宗立，在位仅4年。神宗继之，乃有用王安石变法之事。

王安石的变法，旧史痛加诋毁，近来的史家，又有曲为辩护的，其实都未免有偏。王安石所行的政事，都是不错的。但行政有一要义，即所行之事，必须要达到目的，因此所引起的弊窦，必须减至极少。若弊窦在所不免，而目的仍不能达，就不免徒滋纷扰了。安石所行的政事，不能说他全无功效，然因此而引起的弊端极大，则亦不容为讳。他所行的政事，免役最是利余于弊的，青苗就未必能然。方田均税，在他手里推行得有限，后人踵而行之，则全是徒有其名。学校、贡举则并未能收作育人才之效。宋朝当日，相须最急的是富国强兵。王安石改革的规模颇大，旧日史家的议论，则说他是专注意于富强的（尤其说王安石偏于理财。此因关于改革社会的行政，不为从前的政治家所了解之故）。他改革的规模，固不止此，于此确亦有相当的注意。其结果：裁汰冗兵，确是收到很大的效果的，所置的将兵，则未必精强，保甲尤有名无实，而且所引起的骚扰极大。安石为相仅7年，然终神宗之世，守其法未变。1085年，神宗崩，子哲宗立。神宗之母高氏临朝。起用旧臣，尽废新法。其死后，哲宗亲政，复行新法，谓之"绍述"。1100年，哲宗崩，徽宗立，太后向氏权同听政。想调和新旧之见，特改元为建中靖国。徽宗亲政后，仍倾向于新法。而其所用的蔡京，则是反复于新旧两党间的巧宦。徽宗性极奢侈，蔡京则搜括了各方面的钱，去供给他浪用。政治情形一落千丈。恢复燕、云和西北，可说是神宗和王安石一个很大的抱负。但因事势的不容许，只得先从事于其易。王安石为相时，曾用王韶征服自唐中叶以后杂居于今甘、青境内的蕃族，开其地为熙河路。这可说是进取西夏的一个预备。然神宗用兵于西夏却不利。哲宗时，继续筑寨，进占其地。夏人力不能支，请辽人居间讲和。宋因对辽有所顾忌，只得许之。徽宗时，宦者童贯，继续用兵西北，则徒招劳费而已。总之，宋朝此时的情势，业已岌岌难支，幸辽、夏亦已就衰，暂得无事，而塞外有一个新兴民族崛起，就要大祸临头了。

金朝的先世，便是古代的所谓肃慎，南北朝、隋、唐时的靺鞨。宋以后则称为女真。（女真两字，似即肃慎的异译。清人自称为满洲，据明人的书，实作满住，乃大酋之称，非部族之名。愚案靺鞨酋长之称为大莫弗瞒咄，瞒咄似即满住，而靺鞨两字，似亦仍系瞒咄的异译。至汉时又称为挹娄，据旧说：系今叶鲁两字的转音。而现在的索伦两字，又系女真的异译，此推测而确，则女真民族之名，自古迄今，实未曾变）其主要的部落，在今松花江流域。在江南的系辽籍，称为熟女真，江北的不系籍，谓之生女真。女真的文明程度，是很低的，到渤海时代，才一度开化。金朝的始祖名唤函普，是从高句丽旧地入居生女真的完颜部，而为其酋长的。部众受其教导，渐次开化。其子孙又以渐征服诸部族，势力渐强。而辽自兴宗后，子道宗立，政治渐乱。道宗死，子天祚帝立，荒于游畋，竟把国事全然置诸不顾。女真本厌辽人的羁轭，天祚帝遣使到女真部族中去求名鹰，骚扰尤甚，遂致激起女真的叛变。金太祖完颜阿骨打于1114年起兵与辽相抗。契丹控制女真的要地黄龙府、咸州、宁江州（黄龙府，今吉林农安县。咸州，今辽宁铁岭县。宁江州，在吉林省城北），次第失陷。天祚帝自将大兵东征，因有内乱西归。旋和金人讲和，又迁延不定。东京先陷，上京及中、西两京继之。（上京临潢府，在今热河开鲁县南。中京大定府，在今热河建昌县。东京辽阳府，今辽宁辽阳县。南京析津府，即幽州。西京大同府，即云州）南京别立一君，意图自保，而宋人约金攻辽之事又起。先是童贯当权，闻金人攻辽屡胜，意图徼幸。遣使于金，求其破辽之后，将石晋所割之地，还给中国。金人约以彼此夹攻，得即有之。而童贯进兵屡败，乃又求助于金。金太祖自居庸关入，把南京攻下。太祖旋死，弟太宗立。天祚帝辗转漠南，至1125年为金人所获，辽亡。

宋朝本约金夹攻的，此时南京之下，仍借金人之力，自无坐享其成之理，乃输燕京代税钱100万缗，并许给岁币。金人遂以石晋所割之地来归。女真本系小部族，此时吞并全辽，已觉消化不下，焉有余力经营中国的土地？这是其肯将石晋所割之地还给中国的理由。但女真此时，虽不以地狭为忧，却不免以土满为患。文明国民，生产能力高强的，自然尤为其所欢迎。于是军行所至，颇以掳掠人口为务。而汉奸亦已有献媚异族，进不可割地之议的。于是燕京的归还，仅系一个空城，尽掳其人民以去。而营、平、滦三州（平州，今河北卢龙县。滦州，今河北滦县），本非石晋所割让，宋朝向金要求时，又漏未提及，则不肯归还，且将平州建为南京，命辽降将张觉守之。燕京被掳的人民，流离道路，不胜其苦，过平州时，求张觉做主。张觉就据地来降。这是一件很重大的交涉。宋朝当时，应该抚恤其人民，而对于金朝，则另提出某种条件，以足其欲而平其愤。金朝此时，虽已有汉奸相辅，究未脱野蛮之习，且值草创之际，其交涉是并不十分难办的。如其处置得宜，不但无启衅之忧，营、平、滦三州，也未尝不可乘机收复。而宋朝贸然受之，一无措置。到金人来诘责，则又手忙脚乱，把张觉杀掉，函首以畀之。无益于金朝的责言，而反使降将解体，其手段真可谓拙劣极了。

辽朝灭亡之年，金朝便举兵南下。宗翰自云州至太原，为张孝纯所阻，而宗望自平州直抵汴京。时徽宗已传位于钦宗。初任李纲守御，然救兵来的都不能解围。不得已，许割太原、中山、河间三镇（中山，今河北定县。河间，今河北河间县）；宋主称金主为伯父；并输金500万两，银5000万两，牛、马万头，表缎百万匹讲和。宗望的兵才退去。金朝此时，是不知什么国际的礼法的，宗翰听闻宗望得了赂，也使人来求赂。宋人不许。宗翰怒，攻破威胜军和隆德府（威胜军，今山西沁县。隆德府，今山西长治县）。宋人认为背盟，下诏三镇坚守。契丹遗臣萧仲恭来使，又给以蜡书，使招降契丹降将耶律余睹。于是宗翰、宗望再分道南下，两路都抵汴京。徽、钦两宗，遂于1127年北狩。金朝这时候，是断没有力量，再占据中国的土地的，所希望的，只是有一个傀儡，供其驱使而已。乃立宋臣张邦昌为楚帝，退兵而去。张邦昌自然是要靠金朝的兵力保护，然后能安其位的。金兵既去，只得自行退位。而宋朝是时，太子、后妃、宗室多已被掳，只得请哲宗的废后孟氏出来垂帘。"虽举族有北辕之衅，而敷天同左袒之心。"（孟后立高宗诏语）这时候的民族主义，自然还要联系在忠君思想上，于是孟后下诏，命高宗在归德正位（归德，今河南商丘县）。

北宋的外患与变法

张荫麟

（一）

自从石晋末年（947年），契丹退出汴梁后，它的极盛时代已成过去。白马岭之战使太宗觉得契丹易与。太原攻下之后，它便要一劳永逸地乘胜直取燕云。这十六州的国防要区一天不收回，他的帝国一天不能算是"金瓯无缺"。但是他的部下，上至大将下至兵卒都指望太原攻下之后，可以暂息汗马之劳，同时得到一笔重赏，回家去享享太平福。太宗却不这样想。将士有了资财，哪里还可能卖力去打仗？不如等燕云收复后才给他们一起颁赏也不迟。而将士贪赏求逸的隐衷又怎能向皇帝表示？在迅速的"宸断"之下，太宗便领着充满了失望心情的军队向东北进发。一路所经，易州和琢州的契丹官将先后以城降。不到一月便抵达幽州城之重镇，独有一大将，自告奋勇，请兵赴援，他领兵贪夜兼程，从间道兜到宋军的后方，席卷而北。宋军仓促应战于今北平西直门外的高粱桥一带，立时大败，四散逃窜。幸而契丹主帅受了重伤，不能穷追。败军复集后找寻太宗不得，只当他已死。正议拥戴太祖的儿子继位间，却发现了他，只身乘驴车遁归，大腿上中了两箭。十八年后他就因这伤口的发作而死。

高粱桥之战以后，宋辽边境上的冲突，断断续续地拖了二十几年，彼此都无大进展（京戏中有名的"杨家将"就是在这时代出现的）。太宗于死前三年（994年），正当李顺乱事未平之际，曾两次遣使往契丹议和，都为所拒绝。

真宗咸平六年（1003年），宋殿前都虞侯王继忠孤军力战，为契丹所俘。他本是真宗藩邸的亲信，骁勇著名。契丹摄政太后萧氏，很器重他，授以高官，配以贵女。他既荷新宠，又感旧恩，一心要促成宋辽的和好。萧后和她朝中的领袖们对于边境的拉锯战，也未尝不感厌倦。但怎肯平白休兵？次年，他们率领倾国的军队南下，同时由王继忠出面与宋朝通书约和，真宗用宰相寇准的定策，一面严密布置守御，并亲至澶渊（今河北濮阳县西南）督师，一面遣使赴契丹议和。契丹攻瀛州城不下，而其进迫澶渊的前锋的统帅（即去年擒王继忠者）又中伏弩死，两方久战且议的结果便是所谓"澶渊之盟"。构和的条件载于两方交换的誓书内，兹将宋方的誓书录下：

维景德元年，岁次甲辰，十二月庚辰朔，七日丙戌，大宋皇帝谨致誓书于大契丹皇帝阙下：共遵成信，虔奉欢盟，以风土之宜，助军旅之费。每岁以绢二十万匹，银一十万两，更不差使臣专往北朝，只令三司差人搬送至雄州交割。沿边州军各守疆界；两地人户，不得交侵。或有盗贼逋逃，彼此无令停匿；至于垄亩稼穑，南北勿纵惊骚。所有两朝城池，并可依旧存守，淘濠完葺，一切如常。即不得创筑城隍，开拔河道。誓书之外，各无所求。必务协同，庶存悠久。自此保安黎献，慎守封陲。质于天地神祇，告于宗庙社稷。子孙共守，传之无穷。有渝此盟，不克享国。昭昭天鉴，当共殛之！

据说，宋方的使人临行时，真宗吩咐他道：若不得已，许与契丹的岁币，不妨添到一百万。寇准却把使人召来，对他说：虽有御旨，若许过三十万，我便砍你的头。其后使人定约回来，真宗正在幕内用膳，不及召见，先差太监去探问。使人在幕外，不便扬声，只把三个指头向额上一点。那太监当为三百万禀报，真宗听了道：太多，也罢，姑且了事。

（二）

澶渊之盟后，宋朝边境保持了三十年完全的和平，而有西夏赵元昊之患。西夏原初的地域大略包括今陕北的无定河以西、延水之北和绥远的鄂尔多斯。这区域在唐以来为羌族所散布。唐末，这区域的守将拓跋氏（北魏之后）割据自主，传世至宋。太宗时，西夏叛而复附；附而复叛；澶渊之盟前一年，西夏攻占灵州（今宁夏灵武县西南），盟后二年，又复就抚。是时西夏之于宋边，远不过是癣疥之患。至仁宗明道元年（1032年），赵元昊（赵是太宗时赐姓）继位，而形势大变。元昊从少就是一个异凡的人物，不独精娴武事，并且通蕃（盖指藏族）汉文字，从法律书兵书，以至佛典，无所不读；又能绘画，能出新意创制器物。他劝其父不要臣属中国。其父说："我们三十年来，周身锦绮，都是宋朝所赐，怎好负恩？"他说："穿兽皮，勤力牧畜，是蕃人的天性。大丈夫要为王为霸，锦绮算什么？"在继位之前，他曾领兵西征回鹘，连取了甘州和西凉府（并在今甘肃省河西地）。既继位，模仿宋朝制度，改革政府组织。自创西夏字根，命人演成西夏文字，又命人拿来译《孝经》《尔雅》《论语》等书（西夏文译的佛经和其他西夏文书现在还有留存）。他有蕃汉兵十五六万，仍都兴州（今宁夏省会）；西取回鹘的沙、瓜、肃三州（并在今甘肃河西），东南寇宋。他继位之初已私自改元，第七年（1038年），便正式帝称，定国号为大夏。此后，宋在今陕西黄河近岸，延水流域，以迄甘肃的环县、庆阳、径川、固原一带的边境上，和西夏展开四年的苦战。宋方的主要将帅是安阳人韩琦和苏州人范仲淹。范之参预这次军事，原是由韩的举荐，但初时二人的战略根本不同，韩主张集中兵力，深入进攻，一举击破敌主力，他也知道这是冒险的事，但他以为"大凡用兵，当置胜败于度外"。范却以为"承平岁久，无宿将精兵，一旦兴深入之谋，国之安危，未可知也"，"为今之计，宜严戒边城，使持久可守；实关内（即关中），使无虚可乘；若寇至边城，清野不与大战。关中稍实，（敌）岂敢深入？二三年间，彼自困弱"。他又主张军事与外交并用，亲自作书，劝元昊罢兵称臣，时人都以他为怯。庆历元年（1041年），韩琦巡边至镇戎军（今甘肃固原），派兵数万，深入敌后，窥取羊牧隆城（今宁夏隆德附近）。所遣的统领官贪利轻进，陷入敌人的大包围中，全军尽覆。兵士阵亡的，据当时边庭低折的报告，也有一万零三百人。这是宋与西夏战役中最惨的败仗，中外为之震撼。契丹乘这机会，蠢蠢欲动，次年便向宋朝提出割地的要求。宋朝只得增加岁币银十万两，绢十万匹（加原额三分之二），以为宽免割地的代价。经这一役的教训，韩琦只得接受范仲淹的清野固守政策。从此二人同心协力，作持久计。二人皆名重一时，人心归向，又皆号令严明，爱抚士卒，对近边的羌人部落，也推诚相与，恩威并用；士卒用命，羌人感畏，边境渐安，边民为之歌唱道：

军中有一韩，西贼闻之心胆寒！

军中有一范，西贼闻之惊破胆！

这两位使西贼"心胆寒""惊破胆"的大将可都不是雄赳赳的武夫，而是温雅雍容的儒者。那羌人尊称为"龙图老子"（因为他戴"龙图阁直学士"衔）的范公，并且是一代的作手，他这时在军中的歌咏，为宋人所传诵的，兹录一首如下：

塞上秋来风景异，衡阳雁去无留意。四面边声连角起，千嶂里，长烟落日孤城闭。浊酒一杯家万里，燕然未勒归无计。羌管悠悠霜满地，人不寐，将军白发征夫泪。

宋朝虽守住了西北边境，却谈不到犁庭扫穴。因为采取防堵的战略，需要兵力特别多。自对西夏用兵以来，禁军从四十余万增至八十余万，军队的维持费自然照这比率增加，而战时的非常支出还不算。政府虽把税收入增到无可再增（例如比较真宗景德时，商税酒税皆增四倍余，盐税增一倍余），仍不敷其巨，只得把太祖太宗以来的储蓄，拿来支用。到西夏事定时，"百年之积，惟存空簿"了。朝廷对元昊自始就没有关闭和平的路，只要罢兵称臣，在相当限度内，银绢是不吝惜的。元昊见宋边无隙可乘又适值国内发生严重的天灾，便于庆历三年遣使来讲和。两方所争的只是元昊称呼，来使所持元昊的文书自称"男邦尼定国兀卒上书父大宋皇帝"。兀卒是他自取的名，意思是"我的祖宗"。继后他的文书，竟直用汉译作"吾祖"。但这不过是一种讨价的刁难，次年元昊便答应取消这个怪名，而对国内自称夏国主，对宋称臣。宋朝则答应每年"赐"他绢十万匹，银七万两，茶四万斤。和议成后四年，元昊因为占夺新娶的儿媳妇，为其子所杀，年四十六。

（三）

范仲淹自从读书应举时，便"以天下为己任"。他常说："士当先天下之忧而忧，后天下之乐而乐。"远在仁宗天圣三年（1025年），即元昊僭号之前十三年，当他任大理寺丞（年三十七，登进士第后十年）时，他已看见国家隐伏的危机，上书朝廷，倡言改革。书中最精警的一段道：

圣人之有天下也，文经之，武纬之，此二道者，天下之大柄也……相济而行，不可斯须而去焉。……《道经》曰："祸兮福所倚，福兮祸所伏。"又曰："防之于未萌，治之于未乱。"圣人当福而知祸，在治而防乱。……我国家……自真宗皇帝之初，犹有旧将旧兵，多经战敌，四夷之患，足以御防。今天下休兵余二十载。昔之战者，今已老矣。今之少者，未知战事，人不知战，国不虑危，岂圣人之意哉？而况守在四夷，不可不虑。古来和好，鲜克始终。……今自京至边，并无关险。其或恩信不守，衅端忽作，戎马一纵，信宿千里。若边少名将，则惧而不守，或守而不战，或战而无功，再扣澶渊，岂必寻好？未知果有几将，可代长城？伏望圣慈……与大臣论武于朝，以保天下。先命大臣密举忠义有谋之人，授以方略，委以边任；次命武臣密举壮勇出群之士，任以武事，迁其等差……列于边塞，足备非常。……至于尘埃之间，岂无壮士？宜复唐之武举，则英雄之辈，愿在彀中。此圣人居安虑危之备，备而无用，国家之福也。

除了国防整顿外，仲淹于官吏的选任，人才的储养，直谏之奖励，文风浮薄之救正，君德之修省，皆有所规陈。但他这富于预言性的奏书，竟未曾发生一点实际的影响。

庆历三年（1043年），当元昊使来，西事大定之后，仲淹被召入朝为枢密副使，旋任参知政事。一时朝野倾心属目。他于就职的次月，上了一封"万言书"条陈兴革事宜十项。这十项中除关于民生的两项（厚农桑、减徭役）外，其余大旨不出天圣三年建议的范围，不过比从前更为周详、更为具体罢了。现在把其中比较重要的六项归入四纲领，节述如下：（一）关于国防建设的，恢复唐朝的府兵制："先于畿内并近辅州府召募强壮之人，充京畿卫士，约五万人，以助正兵，足为强盛，三时务农……一时教战。……候京畿近辅召募卫兵已成次第，然后诸道效此渐可施行。"（二）关于民生的。（1）厚农桑："请每岁之秋，降敕下诸路转运司，令辖下州军吏民各言农桑可兴之利，可去之害，或合开河渠，或筑堤堰坡塘之类，并委本州运选官计定工料，每岁于二月间兴役半月而罢，仍具功绩闻奏。"（2）减徭役：省并户口虚少县份，使这些县民繁重的徭役可以减轻（因人民须服役于县衙，县多户少，则役重）。（三）关于科举制度的："请诸路州郡有学校处奏举通经有道之士，专于教授，务在兴行。……重定外郡发解条约，须是履行无恶、艺业及等者方得解荐，更不弥封试卷。……其考较进士：以策论高、词赋次者为优等，策论平、词赋优者为次等。诸科，经旨通者为优等，墨义通者为次等。……进士，诸科，并以优等及第者放选注官，次等及第者守本科选限。"（四）关于用人行政的。（1）明黜陟：

是时成例，"文职三年一迁，武职五年一迁，谓之磨勘。……虽愚暗鄙猥，人莫齿之，而……坐至卿监丞郎者历历皆是"。仲淹请严定考绩之法，使无功不擢，有善必赏。（2）抑侥幸：自真宗以后，恩荫愈滥，"两省至知杂御史以上每遇（三）年南郊并（每年）圣节（皇帝生日）各奏子充京官，少卿监奏一子充试衔……其大两省等官……复更（例外）每岁奏荐。……假有任学士以上官，经二十年者则一家兄弟子孙出京官二十人，仍接次升朝"。仲淹请废圣节恩荫之例，其余恩荫的优待，亦大加减损。

仲淹任参知政事不满一年，便在怨谤丛集之下，不安于位而去。他所提出的改革方案中，复府兵一项，因其他大臣一致反对，谈不到实施；变科举一项，已完全实行，但他去职后不久旧制又被恢复；其他各项，若不是未及着手，便是才开了一点端绪，便因他的去职而停息。

他去职后，出巡西北边，其后历知州郡，八年而殁（1053年），谥文正。

仲淹字希文，二岁丧父，其母携他改嫁长山（在今山东）朱氏。初从朱姓，名说。至二十九岁，始复本姓，定今名。年二十一，中"学究"科。继后读书于长山的山寺中，这时他的生活很清苦，每日煮一锅粥，划为四块，早晚取两块，加上几茎荠菜和一些盐便算一餐。年二十三，得知自己的身世，立即带着琴剑，离开朱家。其母派人追及他，他说："十年后，等我中了第，再来迎接母亲。"他投入南京（宋以商丘为南京）的府立学舍，在学舍中更加贫乏，有时连馇粥不饱，夜间被盖不够，就和衣而睡。真宗巡幸南京，学舍生徒皆往观看，他独不出。南京留守的儿子和他同学，见他的情形和留守谈及。留守命人送了他好些肴馔，他收下，却一直等到腐败也不一动。留守的儿子问故，他说："并非不感谢厚意，可是食粥已久，安之若素，一旦享受了这佳肴，以后吃粥还吃得下么？"年二十七，登进士第。初仕为广德军司理参军（法官），常为断狱事和郡长官争是非。长官每盛怒临他，他一点也不摇动，归去便把和长官往来辩论的话记在屏风上，等到满任，整副屏风都写满了。后来知开封府时，有一宦官，倚势作威，中外畏惧，他独抗疏弹劾；自知此事危险，疏上之后，嘱咐诸儿子，他若不幸，以后他们不可做官，但在他墓旁设馆，教书度日。他虽显贵，常以俭约表率家人；非宴客，食不重肉；每夜就寝前，自计一日间自奉的费用和所做的事；若觉得两者可以相当，便熟睡，否则终夜不安，次日必设法做一有益于人的事以为抵补。他为次子娶妇，听说妇家以纱罗给她做帷幔，便怒道："罗绮岂是做帷幔之物？我家一向清俭，怎得乱我家法？若敢拿来我家，必定把它当众烧掉。"他的起人景慕的遗闻轶事，可以写一本书，这里所选择的只代表他的不移于贫贱，不淫于富贵，不屈于威武的性格，即孟子所谓"大丈夫"的性格。

仲淹死后八年，当仁宗嘉祐五年（1060年），王安石（时年四十）自江东提点刑狱，任满应召，赴阙也上了一封"万言书"，他也觉得国家的现状非变革不可，但他认为变法的先决问题是人才的问题。照他的人才标准，这时无论在中央或在地方，在位或在野，都缺乏人才。"今以一路数千里之间，能推行朝廷之法令知其所缓急，而一切能使民以修其职事者甚少，而不才苟简贪鄙下人至不可胜数。……朝廷每一令下，其意虽善，在位者尤不能推行，使膏泽加于民，而吏辄缘之为奸，以扰百姓。"为什么人才这样缺乏呢？他以为由于"教之、养之、取之、任之"不得其道。什么是"教之"之道呢？他以为国家应自都城以至乡镇，遍设学校，凡优秀的青年都取入学校，由国家供养；严选教师，教以"朝廷礼乐刑政之事"。所谓"刑政"之事，包括军事。"先王之时，士之所学者文武之道也。士之才有……大小。……至于武事则随其才之大小无有不学者也。故其大者居则为六官之卿，出则为六军之将也。其次则比、闾、族、党之师，亦皆卒两师旅之帅也。"什么是"养之"之道呢？他以为国家于取入学校和仕于政府的士人，应当"饶之以财，约之以礼（自婚、丧、祭、养、燕享，以至服食器用皆有定制），裁之以法"。什么是"取之"之道呢？他说："取人必于乡党，于庠序，使众人推其所谓贤能，书之以告于上而察之（试之以事），诚贤能也，然后随其德之大小，才之高下而官使之。"至于"任之"之道，则任期要久，职责要专，并待以严格的考绩之法。简单地说：要变法，积极方面当从政治和军事教育的普及化做起；消极方面当首先废除以文辞和记诵取士的科举制度。他认为这是迫切的需要。他警告仁宗以下面一类故事：

昔晋武帝，趣过目前而不为子孙长远之谋。当时在位亦皆偷合苟容，而风俗荡然，弃礼义，捐法制。上下同失，莫以为非。有识者固知其将必乱矣。而其后果海内大扰，中国列于夷狄者二百余年。

但他这封书的效果和三十五年前（天圣三年）范仲淹所上的那封书一样。

（四）

仁宗在位四十二年，无子，以从侄继，是为英宗。英宗在位四年，其子继，是为神宗。

神宗即位时才二十岁（以足岁计还未满十九岁）。他做皇子时，谦恭好学，优礼宾师，很得士林的称誉。他是感觉异常敏锐的人。他即位之初，和朝臣谈到太宗的死状，至于堕泪。他立志要兴振中国，收复燕云的失地，湔雪祖宗的耻辱。以稚年临御，承积弱之后，而发愤图强，在这一点上，他和汉武帝正相符同（他即位时比武帝长三四岁）。他一生的事业也似乎隐隐以武帝为榜样。但他的福命不如武帝：武帝寿六十九，他寿仅三十八。他所处的时代也和武帝所处的大不相同。武帝初年，当长期休息之后，公家的财力绰裕盈溢；而神宗即位时，不独府库虚竭，国计也濒于入不敷出了。武帝承景帝深文酷法、繁刑严诛的余风，其时主威赫铄，法为国是，令出必行；而宋太祖"誓不杀大臣及言事官"的家法，和真仁两朝过度的宽柔，寖假造成政治上一种变态的离心力；以敌视当权为勇敢，以反对法令为高超，以言事得罪为无上的光荣。政府每有什么出乎故常的施为，必遭受四方八面寻瑕抵隙的攻击，直至它被打消为止。范仲淹的改革就在这样的空气里失败的。英宗朝因为追尊皇帝本生父的名号的小小问题（即所谓"濮议"，英宗本生父原为濮王），笔舌的战争就闹得天翻地覆。到神宗即位时这种政治上变态的离心力久已积重难返了。再者汉初去春秋战国"军事中心"的时代不久，尚武之风未泯，右文之政未兴，故将才易求，斗士易得，图强易效。宋初惩五季军人恣横之弊，一意崇文抑武，三衙实际的长官爵不过四品至六品，唐朝的武举制度也废而不行，军为世贱，士耻言兵，结果良将勇士，两皆寥落，神宗朝重大的战役，多委之宦者李宪，其时军事人才的缺乏可想见了。

神宗做皇子时，对王安石久已心仪神往。他即位时，安石方以前知制诰的资格，闲住在金陵。他正月即位，闰三月便命安石知江宁府，九月便命安石为翰林学士；其后三年间，安石遂历参知政事而至宰相。这王安石是江南西路临川县人。其父历知韶州及江宁府道判。他少年时代的优裕顺适和范仲淹恰成对照。据说他的"眼睛如龙"，读书过目不忘。他二十四岁便登进士第，本取第一，因赋卷中语犯忌讳改置第四。可是他一生从没有和人谈及这件得意的失意事。他的诗文在文学史上都属第一流，并且为当代文宗欧阳修深所心折。欧初识他时，赠他的诗有"翰林风月三千首，吏部文章二百年"之句，直以李白、韩愈相拟。他不独以文名，德行、政事也无不为侪辈所推服。他官知制诰时，他的夫人给他买了一个妾，那是当时达官应有的事，安石见了她，就问："哪里来的女子？"答道："夫人叫我来侍候舍人的。"问她的来历：原来她的丈夫是一个军校，因运米损失，家产入官，还不够赔，便把她卖掉，得价九十万钱。安石立即命人把她的丈夫找来，让他们复为夫妇。他官知制诰后，居母丧，年已四十余，却尽极哀毁，在厅堂里以槁枯席地，坐卧其上。有一天，某知府给他送一封信，那差人看了他的样子，只当他是一个老仆，叫他递入内宅。他在槁席上拿了信就拆。那差人嚷骂道："舍人的信，院子也拆得的么？"左右告诉差人那就是舍人！他于书卷外，一切嗜欲都异常淡泊，对衣食住都漠不关心。后来毁他的人便说他"囚首垢面而谈诗书"。他于荣禄也未曾表现过一点兴趣。宋朝的"养馆职"（"三馆"是国家的图书馆和史馆）是朝廷储才待用的机关，地位极清高，也是仕宦上进必由之路。照例进士名列前茅的，初仕任满后可以请求考试馆职。他却不去请求。再经两任（三年一任）外官之后，大臣荐他去考试馆职，他也不赴。再历一任外官之后，朝廷直接授他馆职，他也不就。再经一任外官之后，朝廷又授他以更高的馆职，他于屡辞之后，才勉强俯就。但他不是没有办事的才能。他在政治上的好处后来的史家极力埋没，但我们于他早年的政绩还可以找得一例：他知鄞县任满后，县人就给建立生祠。这样一个德行、文章、政事的全人，他在仕途他懒于进取，朝野的有心人愈盼望进取。当他给仁宗上《万言书》的时候，他久已声满天下。可是到了他由江宁知府，而翰林学士，而参知政事，而宰相，一直猛跳的时候；到了天爵和人爵极备于他一身的时候；先进和后进的同僚，包括那正人君子的领袖司马光，都不免对他侧目而视了。

（五）

我们读史有时可于异中见同。汉武帝初年，财政和军备都没有问题，所以他事业的第一步就是开边；到了后来因兵事的耗费，财政不足，才施行新经济政策。神宗即位时的情形正好相反。所以他事业的第一步是经济、军事，以至教育上种种建设和改革；后来这些兴革有了相当成效，才着手开边。两人事业的程序是"易地则皆然"的。

神宗在王安石的辅导下所行的新法，现在择其重要的，分经济、军事、教育三类，每类依颁行的次序述之如下。

1. 经济

（1）青苗法（熙宁二年九月颁布） 其法：各地方政府，每年二次举行放款，听人民自由请贷（第一等户每次所贷不得过钱十五贯，以下递减），半年为期，取息二分。这种贷款叫做"青苗钱"，因每年第一次散放是在苗青的时候。此法初行时，官吏邀功，每强迫富人称贷，这叫做抑配，后立法严禁。二分的利息，现在看来，似乎不轻，但在当时，因为通货稀少，民间的利息很高，以五分为常，甚至有一年倍本的。此法固然是政府的生财之道，也是感觉青黄不接之苦的农民的一大福音。以重利盘剥为业的豪强对此法的痛恨是很容易了解的，但司马光所代表的一班士大夫对此法之原则上的反对是比较不容易理解的。

（2）农田利害条约（熙宁二年十一月颁布） 这法令原文的节略如下：

凡有能知土地所宜种植之法，及修复陂湖河港，或元无陂塘、圩埠、堤堰、沟洫，而可以创修，或水利可及众，而为人所擅有，或田去河港不远，为地界所隔，可以均济流通者。县有废田旷土，可纠合兴修。大川沟渎，浅塞荒秽，合行浚导。及坡塘堰埭，可以取水灌溉，若废坏可兴治者。各述所见，编为图籍，上之有司。其土田迫大川，数经水害；或地势污下，雨潦所钟；要在修筑圩埠、堤防之类，以障水涝；或疏导沟洫、畎浍，以泄积水。县不能办，州为遣官。事关数州，具奏取旨。民修水利，许贷常平钱谷给用。

这法令的实效是：截至熙宁九年止，全国兴修的水利田共三十六万余顷。但反对党在这事实下注下一句道："民给役劳扰。"

（3）募役法（熙宁三年十二月颁布） 其法要点：是令本来有徭役义务的人民，输钱代替，这叫做"免役钱"；官户（即仕宦之家）、寺观、女户等等，本来没有徭役义务的也令出"助役钱"，其数比免役钱减半。免役和助役钱的征收率，按各地方政府雇役的需要和资产的等级（分五等）而定；于免役和助役钱的本项外，加征二分，叫做免役或助役宽剩钱，此款原定以备凶荒之用，后来解归国库。募役法对平民是有史以来一大解放，惟官户不免因之蒙受一点小小的损失，其遭受士大夫的反对是势有必至的。

募役法为安石经济政策中最先急的项目。安石曾对神宗说（熙宁四年二月）："今所以未举事者，凡以财不足，故臣以理财为方今先急，未暇理财而先举事，则事难济。臣固尝论天下事如弈棋，以下子先后当否为胜负，又论理财以农事为急，农以去其疾苦、抑兼并、便趣农为急，此臣所以汲汲于差役之法也。"

（4）市易法（熙宁五年三月颁布）　此即汉武帝时的平准法的扩大。平准法只行于京师，市易法则推行于京师以外。隶属于京师市易务的分支交易务，设置于下列各处：杭州、黔川（今四川彭水县）、成都、广州、郓州（山东东平县西北）。反对党反对此法的理由是："与商贾争利。"

2.军事

（1）保甲法　此法实即旧有乡兵制的改良和扩大，其实行有四个重要的步骤。第一步（熙宁三年十二月）：编民户十家为一保，五保为一大保，十大保为一都保；保有保长，大保有大保长，都保有都保正和副都保正，各选本组织内财勇为众所服的主户（地主或自耕农）人丁充当；家有两丁以上的，选一人为保丁，两丁以外的余丁亦选其壮勇充保丁；每大保每夜轮派五人警盗，同保有犯强盗、杀人、放火等重罪而知情不举的坐罪，保内有容留强盗三人以上过三日以上者，其邻舍虽不知情亦坐罪。此法先行于畿内，以次推及全国。第二步（熙宁四年）：奖励畿内保丁习武，每年于农隙分地举行会试，试骑步射法，上等的当授官职，以次至四等予赏有差。第三步（熙宁五年）：许畿内主户保丁"上番"（即赴各县巡检司服巡警之役），十日一换；月给口粮和薪菜钱。第四步（元丰二年至四年）：予保甲长及保丁以严格的武艺训练，先以禁军的教头教大保长，三年艺成，乃以大保长为教头，教保丁。此法先行于畿内，次及河北、河东、陕西三路。到了熙宁四年，这三路共有受训完毕的保丁约七十万人。第四步的开始施行已在王安石去位后三年。

与保甲法约略同时实行的是募兵的裁减，但所裁减的，厢兵居多（其数不详），禁兵较少。计禁军总数在英宗末年为六十六万余，在熙宁间为五十六万余，在元丰间为六十一万余。

在安石的军事计划中，保甲法原是恢复府兵制以代替募兵制的准备。在施行保甲法第一步之前，安石已与神宗讲论府兵之制，打算以渐复行之。关于此事，安石在所撰《熙宁奏对日录》中曾有记载，此书已佚（此书百二十卷为我国历史文件中稀有之宝，佚去太可惜，幸大部分已为李焘采入《续通鉴长编》中，但经删改，本来面目已失，惟宋人陈瓘《四明尊尧集》引五十余则，可于此见其内容一斑），兹据朱熹所引，摘录如下：

余……为上言募兵之害，终不可经久。金以为如此。

余曰：今养兵虽多，及用则患少，以民与兵为两故也。又五代祸乱之虞，终不能去；以此等皆本无赖奸猾之人故也。

上因问府兵之制曰：何处言府兵最备？

余曰：李邺侯传言之详备。

上曰：府兵与租庸调法相须否？

余曰：今上番供役，则以衣粮给之，则无贫富皆可以入卫出戍。虽未有租庸调法，亦可为也。但义勇不须刺手背。刺手背何补于制御之实？今既以良民为之，当以礼义奖养。刺手背但使其不乐，而实无补也。又择其乡间豪杰为之将校，量加奖拔，则人自悦服。今募兵为宿卫，乃有积官至刺史防团者。移此与彼，固无不可。况不至如此费官禄，已足使人乐为之。陛下审择近臣，使皆有政事之材，则他时可令分将此等军。今募兵出于无赖之人，尚可为军厢主，则近臣以上岂不可及此辈？此乃先王成法，社稷之大计也。

上良以为然。

随后安石即奏上记载唐府兵法最详的邺侯家传。此奏原稿曾为朱熹所藏。朱熹说："（予）独爱其纸尾三行，语气凌厉，笔势低昂，尚有以见其跨越古今、翰旋宇宙之意。疑此非小故也。"又说："抑公此纸，词气激烈，笔势低昂，高视一时，下陋千古，而版本文集所载，乃更为卑顺容悦之意，是必自疑其亢力已甚，而抑损之，其虑深矣。然论其实似不若此纸之云，发于邂逅感触之初，尤足以见其胸怀本趣之为快也。夫以荆公之得神祖，可谓千载之一时矣，顾乃低徊若此，而犹未免有郁郁之怀。君臣之际，功名之会，呜呼难哉！"

神宗到底认府兵制为不可复行，故安石罢政后，不再谈及，其旨似以保甲为防守的辅助力，至战斗的主力仍任募兵。

（2）保马法（熙宁五年，元丰七年）　此与汉武帝时之"马复令"（许人民养官马以减免徭役）相近，其法：于畿内及京东、京西、河北、河东、陕西五路许人民领官马自养，或领官钱买马自养，每户不过两匹；养官马支架，公家给以钱帛，并免除其捐税的一部分（后来畿内不给钱帛），同时养户自然得使用所养官马。属三等以上的养户十家为一保，属四等以下的养户十家为一社；一保之内，马有死者，十家共偿其值；一社之内，马有死者，十家共偿其值之半。后来又令京东、京西两路保甲户一律养马，而免除其教阅及此外若干保甲的职责。

（3）更戍法的废除（熙宁七年，元丰四年）　更戍法本以防止兵为将有，但结果"兵不知将，将不知兵，临事应变，精神散漫，指挥不灵"；禁军之不振，这其原因之一。神宗和安石有鉴于此，逐渐于各路的军略要地取消更戍法，而设置固定的驻防禁军，由固定的主将，就地训练。这种驻防军的设置，当时称为"重将"。"将"是当时军队新编制中的一种单位，一将约有三千人上下，仿佛现在的一师。

3. 教育

（1）变科举（熙宁四年）　罢进士以外的"诸科"（诸科是专考记诵的），令除曾应考"诸科"不第的人外，不得参加此种考试；增加进士的名额；进士试废诗赋，传用经义策论；所试群经，但取《易》《诗》《书》《周礼》《礼记》及《论语》《孟子》，而废弃旧有的《春秋》和《仪礼》（同时大学教授及经筵讲讲亦废之）。

（2）变学制，兴学校　（1）宋初的太学只是品官子弟考"取解"（取解即取得应进士试的资格，平民在本州取解）的机关，有学校之名而无肄学之实。至仁宗皇祐末，在湖州大儒胡瑗的管领下，太学才成为一真正讲学的机关，但其时学生不过二百人，胡瑗去后，又渐复原状。神宗即位，增太学生额为三百人，后又增为九百人。熙宁四年分太学为三舍，外舍生无定员，新生充之（太学生仍限品官子弟）；外舍生考取优等的荐于中书，授以官职。元丰二年，增太学生额外舍二千，内舍三百，上舍一百；规定除月考外，每年各舍总考一次，决定外、内舍生的升舍，上舍生的等第。上舍生考上等的等于进士及第，即授官职；中等的免进士的礼部试；下等的免取解。（2）仁宗庆历四年，当范仲淹为参知政事时，曾"令州各县皆立学校，本路使者选部属官为教授，员不足，取于乡里宿学有道业者"。但当时诸州奉行的不多，其后又限旧时节度使所领州方得立学。熙宁四年，复令各路、州、府立学，每郡给田十顷以赡养学生。其后又派定诸路的州府学教授凡五十三员。（3）仁宗庆历间，胡瑗曾建议兴武学即（中央军官学校），朝议格而不行。熙宁五年始行其议。

（3）三经新义的纂修和颁行　所谓三经是《周官》《书经》《诗经》，新义始修于熙宁六年，颁行于八年，主纂的人物为王安石、其子王雱和安石最得力的助手吕惠卿。三经新义及安石对付敌党的思想武器，也是他所谓"一道德、同风俗"的工具。自从新法开始颁行以来，所有元老重臣和清流名士一致反对；在朝的谤议汹起，在外任的百方阻挠，使新党辩护穷于辩护，神宗谪黜穷于谪黜。反对党的最后论据，可用三朝元老文彦博的话代表。熙宁四年三月，他论新法道："祖宗法制俱在，不须更张，以失人心。"神宗问："更张法制，士大夫诚多不悦，但于百姓何所不便？"彦博道："为与士大夫治天下，非与百姓治天下也。"神宗和安石的坚毅到底战胜了一般士大夫的口舌，而贯彻了新法的推行。但为巩固国是的心理基础，他们不得不在经典中替新法找寻或制造理论的根据。三经新义便是这种工作的结果。群经中最可为新法掩护的莫如《周官》，故安石也特别推重《周官》。新义三种中惟独《周官》一种是安石亲自属笔的，也惟独此种流传至今。新义自从颁行以后，在五十余年间，除了短期的被掩蚀外，支配了整个的思想界：太学和州县学校用为主要的课本，科举考试用为绝对的准绳；新义以外，三经的一切其他注疏，都无人过问了。

后来宋朝贬斥王安石最力的学者也公认新义富于新颖而确当的解释，不容废弃。我们现在读《周官新义》，很容易注意到的却是安石解经的特殊作风，一种奇怪的拆字法。例如他解"夫"字道："夫之字与天皆从一从大，夫者妻之天故也；天大而无上，故一在大上；夫虽一而大，然不如天之无上，故一不得在大上。"安石确信这种拆字法不独可以得到造字的本意，并且可以得到一切关于人事和天道的重要真理。后来他应用这方法，著了一部二十四卷的字典，名曰《字说》。此书也曾经神宗颁行，其后来的作用和影响与三经新义等。

此书可惜现在已佚，但从后人所引，还可以看见它的片段。

以上分类略述神宗的新政见。此外还有一要项为这三类所不能包括的，即元丰三年新官制的颁行。这新官制的内容这里不能细述，大要是恢复唐代台省寺监的实权，而裁减宋朝在这组织外所加的上层机构。新制以尚书左右仆射同中书门下平章事为宰相，以尚书左右丞代替参知政事，枢密院仍保存。

（六）

神宗在熙宁七年以前对边境的经营，从是年三月间韩琦所上的一封奏疏可见大略。在这奏疏里他列举神宗所为足以引起契丹疑心的凡七事："高丽臣属北方，久绝朝贡，乃因商舶诱之使来，契丹知之，必谓将以图我，一也；强取吐蕃之地，以建熙河，契丹闻之，必谓行将及我，二也；遍植榆柳于西山，冀其成长，以制藩骑，三也；创团保，四也；河北诸州筑城凿池，五也；又置都作院，颁弓刀新式，大作战车，六也；置河北三十七将，七也。"

第二项所谓熙河，略当今甘肃洮河流域之地。此地东北邻接西夏，为羌族所分布，久属吐蕃。德安（江西人）王韶建议招降诸蕃部，抚有其他，以为图谋西夏的初步。先是王安石子王雱十三岁时，闻陕西边卒说洮河事，以为此可以规取，若西夏得之，则国家之患无穷。至是安石力赞王韶之说。神宗便派王韶主持开熙河事。王韶于熙宁四年到边，三年之间，剿抚兼施，并击败吐蕃军，遂定其他。有一次捷书到，神宗解所佩玉带赐安石，以赏其功。其后韶入朝，以宦者李宪继之，史《宋史·韶传》称韶"用兵有机略。临出师，召诸将授以指，不复更问。每战必捷。当夜卧帐中，前部遇敌，矢石已及，呼声振山谷，侍者股栗，而韶鼻息自如，人服其量"。韶因熙河功，擢枢密副使，后以与安石不协去职。

熙河抚定的次年，契丹忽然蠢动，侵入边境，并遣使来求割所据之地。上文所引韩琦的奏疏就是为此事而发的。宋与契丹往复谈判，经二年之久，至八年秋，神宗终用王安石"将欲取之必固与之"之说，割河东边地东西七百里以与契丹。

次年有交趾之役。交趾本先南汉节度州，南汉亡，名受宋册封，实自主。太宗时曾乘其内乱，遣军进取，无功而返。至时分三路入寇，陷邕、钦、廉等州，屠邕民五万八千。神宗命老将郭逵往讨，逵派别将收复失地，自领主力，攻其后路，进至富良江，交人以精兵乘船迎战，宋军砍树作炮机，发炮石如雨，尽坏敌船，又设伏邀击，杀敌数千并其王太子。交王恐惧乞降。而宋军八万猫署行瘴地，也死亡过半。

神宗开边的第一个目标，原是西夏。自从庆历四年宋与西夏和议成后，西北的边境平静了二十余年。到英宗末年，西夏又开始寻衅。自此年至熙宁四年间（1066年至1071年），西夏三次入寇，宋二次反击，互有胜负。但其中熙宁四年西夏最后一次的攻侵是大获胜利的。元丰四年夏，西夏内变，国主为母后所因；神宗认为这是进攻西夏的最好时机。经三个多月的布置，然后发动。这一役的意义，从他八月底给熙河路军帅李宪和鄜延路军帅种谔的诏书可以看出。前一封诏书里说："今来举动，不同凡敌，图人百年一国，甚非细事。苟非上下毕力，将士协心，易以共济？须不惜爵赏，鼓励三军之气。……朝廷唯务灭贼，其他固无爱惜。"后一封诏书里说："朝廷昨于诸路大发师徒，本候齐集与逐路遣兵并力，择时鼓行，覆贼巢穴。"总之，神宗要一举荡平西夏，要把他十数年来富国强兵的成绩，作一次壮烈的表现。同知枢密院事孙固却不赞成此举，他以为"举兵易，解祸难"。神宗说："西夏有隙可乘，我不取，便为辽人所有，时机不可失。"其后孙固又对神宗说："现在五路进兵，却无总帅，即使成功，也怕有内乱。"神宗说："总帅确是难得合式的人。"知枢密院事吕公著道："既然没有合式的人，何不罢乎？"九月底，河东路军帅王中正（宦者）领兵六万自麟州出发；鄜延路种谔领兵九万三千自绥德城出发；环庆路高遵裕领兵八万七千自庆州出发；泾原路刘昌祚领兵三万自泾州出发；先是李宪已收复古兰州城，至是领本路及秦凤路军七军（数未详）并吐蕃兵三万自兰州出发；约定五路会师于兴、灵。刘昌祚军首先到达灵州城下，高遵裕军继之，两军沿路皆有大捷。昌祚本受遵裕节制，而遵裕疾恶之，屡加凌悔。

两军不协，围灵州城十八日不下，而饷道已断绝。夏人决水灌其营，乘其避水而追击之，宋军溃乱，死已无算，遂退。种谔沿无定河而进，连破银（今陕西米脂一带）、石（今地未详）、夏州（今陕西横山一带）；自夏州继进，粮饷断绝，又遇大雪，士卒死亡十之二三，溃散南奔的亦十之四五，遂退。王中正屠宥州城（今陕西靖边东），继进，粮尽，士卒死二万人，遂退。李宪东进至泾原边境，稍有斩获，时诸路已退，亦于十一月中奉诏撤归熙河。是役，西夏的战略是坚壁清野，纵敌人深入，而聚精兵保兴、灵，以轻骑抄截敌人的饷道。是役，宋军虽不能达到原来的目的，却恢复了沦陷百余年的银、夏、宥等州。这新占领区的设防是一大问题。次年秋，经边将对这问题反复讨论后，神宗决定建筑永乐城（今陕西米脂西北）。这城才建筑成，西夏便派三十万大军来攻夺。这城依山，下临无定河。城中无泉无井，给水全靠城外。既被包围，临渴掘井，得到井水，只够将领之用。兵士绞马粪汁充饮，渴死大半。而援兵和馈饷皆为敌人所阻截。城遂陷。将校死数百人，兵士和夫役死二十余万人；辎重的损失，不可计算。神宗得讯，悲愤不食，临朝痛哭。他想到吕公著和孙固的话，有点后悔了。

（七）

我们若更把神宗和汉武帝作一对比，则永乐之役恰相当于征和三年贰师之役。后者是武帝一生事业的收场，前者是神宗一生事业的收场。贰师之役后三年而武帝死，永乐之役后也恰恰三年而神宗死。神宗死后一年余王安石亦死。

安石自熙宁三年秒进位宰相后，诋诬怨谤，矢集一身，平背亲交，尽成政敌。似乎为减少新法的阻力计，并为劳极少休计，他于七年四月，请求解职，奉六上乃得请，归居金陵。临去，他荐吕惠卿等自代（惠卿旋擢参知政事），并答应他日可以重来。次年二月，神宗召他复位，他即兼程而至。但复位不到两年，便又坚请退休，从此不复问政。他最后告退的原因，是宋史的一个谜。据反对党的记载，那是因为他和吕惠卿起了内讧，惠卿把他的私信中有一封说过"毋使上知"的，缴呈神宗，神宗从此对他失了信任，他不得不去。安石复位后不久，便与惠卿失和，那是事实，但发私书一事，并无确据。安石与惠卿交恶的原因也是宋史的一个谜。这一段历史安石在《熙宁奏对日录》的后四十卷中原有详细的记载，但这四十卷给他的女婿蔡卞抽毁掉，不传于世。据吕惠卿家传（李焘引），二人的冲突是由于安石恶惠卿擅政，改了他所定的三经新义，并听信了左右的谗间。这当然只是一面之辞。至于安石引退的原因，我们在加以推测时，不可忘却此事前三个月他所受的一生最大的打击：他的独子王雱英年（卅三）摧折。这时他已五十六岁了。他退休后隐居金陵十年而死。

自古英雄亦苦辛！行藏端欲付何人？

当时黯黮犹承误，末俗纷纭更乱真。

糟粕所存非粹美，丹青难写是精神。

区区岂尽高贤意，独守千秋纸上尘。

从安石这首诗来看，他身后的遭遇，自己是预料到的。

安石死迟神宗一年余是他的大不幸。神宗死后，长子（即哲宗）继位，年才十岁，太皇太后（英宗后高氏）垂帘听政。她一向是司马光的同志，认祖宗家法为神圣不可侵犯的；她一听政，便开始废除新法，旋起用司马光。一个被宫墙圈禁了五十年的老妇人（她是自幼养在宫中的）和一个被成见圈禁了二十年的老绅士，同心合力，挥着政治的锄头，期年之间，硬把神宗和安石辛苦营构的成绩芟除得根株尽绝。

南宋中兴之机运

金毓黻

宋高宗赵构（康王）以兵马大元帅即位于南京应天府（归穗），改元建炎，即钦宗靖康二年（1127年）五月也。以其后都于临安，僻居江左，故谓之南渡，又以其类于东晋元帝之偏安一隅，故谓之中兴，史家概称之为南宋，以别于都于汴梁之北宋。

高宗即位之初，河南陕西之地，皆未失陷，山东河北河东之地，亦有一部之保存，宗泽留守东京，屡表请高宗还都，是时宋正有恢复故疆之机。建炎元二年之交，金人第一次南侵，遂南至瓜州，逼高宗渡江，然东京之重心未失，故金兵退而危机遂去。迨建炎四年（1130年）金兵第二次南侵，则为南宋之存亡所系，以言南下之师，不惟江北两淮之地，多入金人掌握，而兀术乘锐渡江，所向克捷，前锋所至，远达今之宁波（明州）且入海三百余里，进窥台温二州，几令高宗无措身之地，与崖山故事之相去，其间不能以寸，可谓危矣。以言西下之师，欲先定陕西，再南取汉中，以扼四川之背，盖宋不能保汉中，则不能保四川，及荆襄诸郡，厥后元人之得志于宋，即由先定川陕，有高屋建瓴之势，兀术因南下不能得志，乃转而攻陕，张浚与战于富平而大败，于是陕西之地失其大半，汉中之地亦几几乎动摇矣。

愚谓南渡后，有两役最关重要，一为韩世忠之扼兀术于江上，一为吴玠吴璘之败兀术于和尚原，盖兀术之扼于江上，乃使金人不敢再窥江南，兀术之败于和尚原，乃使金人不敢再闯陕南，即谓南宋得延续百五十年之久，为此两役之结局，亦无不可。

兀术渡江而南，追高宗不及，乃作退师之计，时韩世忠以浙西制置使，治舟师于江上，乃请往镇江邀敌归路，遂列舟以俟其至，及兀术兵至镇江，世忠列舟于北岸，并屯军于金山寺，迫金兵之在南岸者，使不得渡，兀术无术自脱，愿还所掠，又求与世忠语，世忠酬答如响，时于所佩金瓶，传酒示之，兀术见世忠整暇，色益沮，乃求假道甚恭，世忠曰，是不难，但迎还二圣，复旧疆土，归报明主，足相全也。将至黄天荡，或献谋于兀术，囚老鹳河故道，凿渠三十里，通秦淮，一日一夜而成，上接江口，翌晨舟出江背，在世忠之上流，遂趋建康，然世忠以舟师尾击之，兀术仍不得渡，已而福州王某教金人火箭，射世忠之船篷，兀术用其策，造火箭一夕成，射世忠舟，火发人乱，世忠兵败溃，兀术得绝江而去。是役也，世忠以八千人拒兀术十万之众，凡四十八日而败。以上出宋人之记载，或失之夸，然考之《金史》，亦言兀术渡江为世忠所扼，久之乃得渡江而北，两两相较，知其可信。迨金人第三次南侵，由粘罕主之，兀术则曰，"江南卑泾，今士马困惫，粮储未丰，恐无成功。"此为兀术见扼于世忠，因而觉悟之明证，吾故曰，兀术之扼于江上，乃使金人不敢再窥江南，此南宋中兴之机一也。

兀术造浮梁于宝鸡，渡渭水，攻和尚原，吴玠吴璘选劲弓强弩与战，分番迭射，矢发不绝，且密如雨，敌稍却，则以奇兵邀击，并绝其粮道，凡三日，金兵乃退，伏兵起，追逐三十里，至平地，又阵于山口，兀术大败，俘馘首领及甲兵以万计，兀术中流矢二，仅以身免，得其麾盖，自入中原，其败衄未尝如此也。盖世忠江上之役，虽能扼兀术不得退，究未受大创，惟此役惩创最甚，至是金人始不敢轻视宋军，再继以仙人关之捷，而陕南之局遂定，吾故曰兀术之败于和尚原，乃使金人不敢再图陕南，此南宋中兴之机二也。

此外如刘锜顺昌之捷，岳飞郾城之捷，亦为南渡以来战功之卓著者。又有一事应注意者，则岳飞之力争长江上游，恢复襄阳六郡，是也。当第二次金人南下，大盗李成受刘豫之策动，进据襄阳而有之，设宋人不为亟图恢复，转入金人之手，则足以震撼荆湖，威胁淮西，岳飞窥见及此，乃竭全力收复之，自是宋京西一路，惟襄阳之地获全，终宋之世，长江上游得以无恙，且与四川为江上之联络，其功亦不在一韩二吴下，至于郾城之捷，尚其次焉者耳。

初高宗闻世忠江上之捷，乃曰："金人侵犯以来，诸军望风奔溃，今岁知世忠辈，虽不成大功，皆累战获捷，若益训卒缮兵，今冬金人南来，似有可胜之理。"是则南宋之能撑柱半壁于江淮以南，实启自江上一役，高宗已自知之矣。当绍兴十一年兀术渡淮之际，下寿春及庐和滁亳四州，渐欲窥江，而刘锜王德一军，败之于柘皋，高宗又谕之曰："中外议论纷然，以敌逼江为忧，殊不知今日之势，与建炎不同，建炎之间，皆退保江南，杜充书生，遣偏将轻与敌战，得乘间披猖，今韩世忠屯淮东，刘锜屯淮西，岳飞屯上游，张俊方自建康进兵前渡，敌窥江，则我兵皆乘其后，今处镇江一路，以檄呼敌渡，亦不敢来。"其后卒如所料，此又金人不敢再渡江之明证也。方兀术之战于顺昌，责诸将往日用兵之失，众曰，今者南兵，非昔日比，国王临阵自见，及临阵，竟大败，是则宋军之能战，金人亦复了然。高宗于刘豫南侵者失败之际，至于下诏亲征，驻跸江上，以大张中国之威，是又为中兴机运日隆之征。是则高宗中兴之成功，仍基于诸将之善战，李纲有言，"能守而后可战，能战而后可和"（《本传》），诚至当不易之论矣。

或据《文献通考》所载汪藻、胡寅二疏，及《金史》所载邓琼之语，以中兴诸将骄横，为不能战胜金人之证，此亦不然。汪藻之言曰："金人为患，今已五年，而陛下怅未知税驾之所者，由将帅无人，而御之未得其术也，……张俊守明州，仅能少抗，奈匈敌未退而引兵先遁，是杀明州一城生灵，而陛下再有馆头之行者，张俊使之也，陛下以杜充守建康，韩世忠守京口，刘光世守九江，而以王燮隶杜充，其措置非不善也，洎杜充力战于前，王燮卒不为用，光世亦宴然坐视，不出一兵，方朝夕宴饮，贼至数十里而不知，则朝廷失建康，虏犯两浙，乘舆震惊，六宫流离，诸将以负国家罪恶如此，臣观今日诸将，用古法皆当诛。"胡寅之言曰："煮海榷酤之人，遇军之所至，则奄而有之，阛阓什一之利，半为军人所取。至于衣粮则日仰大农，器械则必取之武库，赏设则尽出县官。总兵者以兵为家，若不复背舍者，曹操曰：欲孤释兵，则不可也，无乃类此乎？"邓琼本宋将，后入金，尝语同列曰："琼常从大军南伐，每见元帅国王（指兀术）亲临阵督战，矢石交集，而王免胄，指挥三军，意气自若，亲冒锋镝，进不避难，将士视之，孰敢爱死。江南诸帅才能不及中人，每当出兵必在数百里外，谓之持重，制敌决胜，委之偏裨，是以智者解体，愚者丧师，纵或亲临，亦必先遁。"考藻疏上于建炎四年，是时以往，宋军见敌，望风而溃，固属事实，然于前一年，韩世忠已能邀截兀术于江上，且自是以来，金立伪齐，宋军渐能应战破敌，高宗曾谕及此，是则汪藻所论，乃指初期之战况，非可概括于四年以后也。至于胡寅所论，乃战时应有之情况，洎乎绍兴以后，则不尽如是，执此二疏为证，尚有时限不清之病。若邓琬所论，似非无故矣。然如韩岳刘吴诸大将，屡次获胜，必能身先士卒，不尽如琬所论，亦不得执此为诸将战功不可信之反证。

尚有一事应附论者，则高宗之建都临安（杭州）是也。宋初太祖幸洛阳，欲弃汴而徙都于是，且谓终当居长安，以太宗力谏而止。及高宗即位于南京，李纲上言曰："车驾不可不一到京师，见宗庙，以慰都人之心，度未可居，则为巡幸之计，以天下形势而观，长安为上，襄阳次之，建康又次之，皆当诏有司，预为之备。"（《本传》）按纲此语，盖以"能守而后可战，能战而后可和"二语为原则，如能先守而继之以战，则襄阳之地，控天下之中，西可屏卫关陕，北可进取河洛，诚胜于临安万万也。然纲不先举襄阳，而以长安为上者，则以关中为汉唐建都之地，处高屋建瓴之势，为论者所盛称也，不悟唐末以来，中国情势已大异于汉唐，北方外患之重心，由西北渐移于东北，一往而不可返，五代北宋之君，皆不能弃洛阳开封，以西徙于长安，则其故可思矣，且其后富平一战，而长安之地沦于金人，不可再复，宋人仅能退保大散关，凭秦岭之险以保汉中，设先从纲言，都于关中，不惟将蹈玄宗幸蜀之故事，而江南亦不可保，岂非失计之尤者乎。愚以进驻襄阳，实为上计，次则退守建康，以示天下豪杰，有卧薪尝胆枕戈待旦之心，建都临安，则下计也。宋人诗云，"山外青山楼外楼，西湖歌舞几时休。暖风熏得游人醉，直把杭州作汴州"，正以讥南宋君臣之忘雠苟安，此临安不如建康之最显然者。然考南宋养兵之额，数逾百万，不下于北宋极盛之时，官禄祠祀之费，亦复称是，是时固以财匮为虑，犹能支持百余年而未之失坠，则以江浙为财赋之区，工商发展，过于北宋，国家有所取偿故也。盖从经济方面着眼，临安之地，实过于长安、襄阳数倍，惟都于建康，则进可战，而退可守，并可靠临安之长而有之，南宋之终于偏安，而不能大有为，亦以不能尽用李纲之言，有以使之然也。

总之，高宗中兴之途径有三：上之则恢复太宗太祖以来之故疆，驱逐金人于境外，如汉光武之光显故业，是其例也。中之则支持半壁，保聚一方，使中国全区，不致尽蹂躏于胡骑，如晋元帝之偏安江左，是其例也。下之则内无可恃之贤相，外无善战之名将，苟延残喘，偷息一隅，敌军近逼，随流澌灭，如明福王之溃于南京，是其例也。高宗上不能为光武，下亦不致如福王，终步元帝之后尘，以成偏安之局，所以致此之因，俱如上述，是亦不幸中之幸矣。

南宋恢复的无成

吕思勉

语云"败军之气，累世而不复"，这话亦不尽然。"困兽犹斗"，反败为胜的事情绝决不是没有的，只看奋斗的精神如何罢了。宋朝当南渡时，并没有什么完整的军队，而且群盗如毛，境内的治安，且岌岌不可保，似乎一时间绝谈不到恢复之计。然以中国的广大，金朝人能有多大的兵力去占据？为宋朝计，是时理宜退守一个可守的据点，练兵筹饷，抚恤人民。被敌兵蹂躏之区，则奖励、指导其人民，使之团结自守，而用相当的正式军队，为之声援。如此相持，历时稍久，金人的气焰必渐折，恢复之谋，就可从此开展了。苦于当时并没有这种眼光远大的战略家。而且当此情势，做首领的，必须是一个文武兼资之才，既有作战的策略，又能统驭诸将，使其不敢骄横，遇敌不敢退缩，对内不敢干政，才能够悉力对外。而这时候，又没有这样一个长于统率的人物。金兵既退，宗泽招降群盗，以守汴京。高宗既不能听他的话还跸，又不能驻守关中或南阳，而南走扬州。1129年，金宗翰、宗望会师濮州（今山东濮县）。分遣娄室入陕西。其正兵南下，前锋直打到扬州。高宗奔杭州。（今浙江杭县。）明年，金宗弼渡江，自独松关入（今安徽广德县东）。高宗奔明州（今浙江鄞县）。金兵再进迫，高宗逃入海。金兵亦入海追之，不及乃还。自此以后，金人亦以"士马疲敝，粮储未丰"（宗弼语），不能再行进取了。其西北一路，则宋朝任张浚为宣抚使，以拒娄室，而宗弼自江南还，亦往助娄室。浚战败于富平（今陕西兴平县）。陕西遂陷。但浚能任赵开以理财，用刘子羽、吴玠、吴璘等为将，卒能保守全蜀。

利用傀儡，以图缓冲，使自己得少休息，这种希冀，金人在此时，还没有变。其时宗泽已死，汴京失陷，金人乃立宋降臣刘豫于汴，畀以河南、陕西之地。刘豫却想靠着异族的力量反噬，几次发兵入寇。却又都败北。在金人中，宗弼是公忠体国的，挞懒却骄恣腐败。（金朝并无一定之继承法，故宗室中多有觊觎之心。其时握兵权者，宗望、宗弼皆太祖子，宗翰为太祖从子，挞懒则太祖从弟。宗翰即有不臣之心。挞懒最老寿，在熙宗时为尊属，故其觊觎尤甚。熙宗、海陵庶人、世宗，皆太祖孙）秦桧是当金人立张邦昌时，率领朝官，力争立赵氏之后，被金人捉去的。后来以赐挞懒。秦桧从海路逃归。秦桧的意思，是偏重于对内的。因为当时，宋朝的将帅颇为骄横。"禀稍惟其所赋，功勋惟其所奏。""朝廷以转运使主饋饷，随意诛求，无复顾惜。""使其浸成痼赘，则非特北方未易取，而南方亦未易定。"（叶适《论四大屯兵》语，详见《文献通考·兵考》）所以要对外言和，得一个整理内部的机会。当其南还之时，就说要"南人归南，北人归北"。高宗既无进取的雄才，自然意见与之相合。于是用为宰相。1137年，刘豫为宗弼所废。秦桧乘机，使人向挞懒要求，把河南、陕西之地，还给宋朝。挞懒允许了。明年，遂以其地来归。而金朝突起政变。1139年，宗弼回上京（今吉林阿城县）。挞懒南走。至燕京，为金人所追及，被杀。和议遂废。宗弼再向河南，娄室再向陕西。宋朝此时，兵力已较南渡之初稍强。宗弼前锋至顺昌（今安徽阜阳市）。为刘锜所败。岳飞从湖北进兵，亦有郾城之捷（今河南偃城县）。吴璘亦出兵收复了陕西若干州郡。倘使内部没有矛盾，自可和金兵相持。而高宗、秦桧执意言和，把诸将召还，和金人成立和约：东以淮水，西以大散关为界（在陕西宝鸡县南）。岁奉银、绢各25万两、匹。宋高宗称臣于金，可谓屈辱极了。于是罢三宣抚司，改其兵为某州驻扎御前诸军，而设总领以司其财赋。

金太宗死后，太祖之孙熙宗立，以嗜酒昏乱，为其从弟海陵庶人所弑。此事在1149年。海陵更为狂妄。迁都于燕，后又迁都于汴。1160年，遂大举南侵。以其暴虐过甚，兵甫动，就有人到辽阳去拥立世宗。海陵闻之，欲尽驱其众渡江，然后北还。至采石矶，为宋虞允文所败。改趋扬州，为其下所弑。金兵遂北还。1162年，高宗传位于孝宗。孝宗颇有志于恢复，任张浚以图进取。浚使李显忠进兵，至符离（集名，在今安徽宿县），大败。进取遂成画饼。1165年，以岁币各减五万，宋主称金主为伯父的条件成和。金世宗算是金朝的令主。他的民族成见，是最深的。他曾对其种人，屡称上京风俗之美，教他们保存旧风，不要汉化。臣下有说女真、汉人已为一家的，他就板起脸说："女真、汉人，其实是二。"这种尖锐的语调，绝非前此的北族所肯出之于口的，其存之于心的，自亦不至如世宗之甚了。然世宗的见解虽如此，而既不能放弃中原之地，就只得定都燕京。并因是时叛者蜂起，不得不将猛安、谋克户移入中原，以资镇压。夺民地以给之，替汉人和女真之间，留下了深刻的仇恨。而诸猛安谋克人，则惟酒是务，竟有一家百口，垅无一苗的，征服者的气质，丧失净尽了。自太祖崛起至此，不过六十载。

1194年，孝宗传位于光宗。此时金世宗亦死，子章宗立，北边颇有叛乱，河南、山东，亦有荒歉之处，金朝的国势渐衰。宋光宗多病，皇后李氏又和太上皇不睦。1194年，孝宗崩，光宗不能出而持丧，人心颇为疑惑。宰相赵汝愚，因合门使韩侂胄，请于高宗后吴氏，扶嘉王扩内禅，是为宁宗。韩侂胄排去赵汝愚，代为宰相，颇为士流所攻击，想立恢复之功，以间执众口。1206年遂贸然北伐。谁想金兵虽弱，宋兵亦不强。兵交之后，襄阳和淮东西州郡，次第失陷。韩侂胄又想谋和，而金人复书，要斩侂胄之首，和议复绝。皇后杨氏本和韩侂胄有隙，使其兄次山，勾结侍郎史弥远，把韩侂胄杀掉，函首以畀金。1208年，以增加岁币三十万两、匹的条件成和。韩侂胄固然是妄人，宋朝此举，也太不成话了。和议成后两年，金章宗死，世宗子卫绍王立。其明年，蒙古侵金，金人就一败涂地。可见金朝是时，业已势成弩末，宋朝并没有急于讲和的必要了。

蒙古本室韦部落，但其后来和鞑靼混合，所以蒙人亦自称为鞑靼。其居地初在望建河，即今黑龙江上游之南，而后徙于不而罕山，即今外蒙古车臣、土谢图两部界上的布尔罕哈勒那都岭。自回纥灭亡以后，漠北久无强部，算到1167年成吉思汗做蒙古的酋长的时候，已经360多年了，淘汰，酝酿，自然该有一个强部出来。成吉思汗少时，漠南北诸部错列，蒙古并不见得怎样强大。且其内部分裂，成吉思汗备受同族的龃龉。但汗有雄才大略，收合部众，又与诸部落合纵连横，至1206年，而漠南北诸部，悉为所征服。这一年，诸部大会于斡难河源（今译作鄂诺，又作敖嫩），上他以成吉思汗的尊号。成吉思汗在此时，已非蒙古的汗，而为许多部族的大汗了。1210年，成吉思汗伐夏，夏人降。其明年，遂伐金。金人对于北方，所采取的是一种防守政策。从河套斜向东北，直达女真旧地，筑有一道长城。汪古部居今归绥县之北，守其冲要之点。此时汪古通于蒙古，故蒙古得以安行而入长城。会河堡一战（会河堡，在察哈尔万全县西），金兵大败，蒙古遂入居庸关。留兵围燕京，分兵蹂躏山东、山西，东至辽西。金人弑卫绍王，立宣宗，与蒙古言和，而迁都于汴。蒙古又以为口实，发兵攻陷燕京。金人此时，尽迁河北的猛安、谋克户于河南，又夺汉人之地以给之。其民既不能耕，又不能战，势已旦夕待亡。幸1218年，成吉思汗用兵于西域，金人乃得少宽。这时候，宋朝亦罢金岁币。避强陵弱，国际上总是在所不免的；而此时金人，财政困难，对于岁币，亦不肯放弃，或者还希冀战胜了可以向宋人多胁取些；于是两国开了兵衅。又因场疆细故，与夏人失和。兵力益分而弱。1224年，宣宗死，哀宗立，才和夏人以兄弟之国成和（前此夏人称臣），而宋朝卒不许其和。时成吉思汗亦已东归，蒙古人的兵锋，又转向中原了。1227年，成吉思汗围夏。未克而死。遗命秘不发丧，把夏人灭掉。1229年，太宗立。明年，复伐金。时金人已放弃河北，以精兵三十万，守邠县到潼关的一线。太宗使其弟拖雷假道于宋，宋人不许。拖雷就强行通过。自汉中、襄、郧而北，大败金人于三峰山（在河南禹县）。太宗亦自白坡渡河（在河南孟津县）。使速不台围汴。十六昼夜不能克，乃退兵议和。旋金兵杀蒙古使者，和议复绝。金哀宗逃到蔡州。宋、元复联合以攻金。宋使孟珙、江海帅师会蒙古兵围蔡。1234年，金亡。

　　约金攻辽，还为金灭，这是北宋的覆辙，宋人此时，似乎又不知鉴而蹈之了。所以读史的人，多以宋约元攻金为失策。这亦未必尽然。宋朝和金朝是不共戴天之仇，不能不报的。若说保存金朝以为障蔽，则金人此时，岂能终御蒙古？不急进而与蒙古联合，恢复一些失地，坐视金人为蒙古所灭，岂不更糟？要知约金攻辽，亦并不算失策，其失策乃在灭辽之后，不能发愤自强，而又轻率启衅。约元灭金之后，弊亦仍在于此。金亡之前十年，宋宁宗崩，无子。史弥远援立理宗，仍专政。金亡前一年，史弥远死，贾似道继之。贾似道是表面上似有才气，而不能切实办事的人，如何当得这艰难的局面？金亡之后，宋朝人倡议收复三京（宋东京即大梁，南京即宋州，西京为洛阳，北京为大名）。入汴、洛而不能守。蒙古反因此南侵，江、淮之地多陷。1241

年，蒙古太宗死。1246年，定宗立。三年而死。1251年，宪宗方立。蒙古当此时，所致力的还是西域，而国内又有汗位继承之争，所以未能专力攻宋。至1258年，各方粗定，宪宗乃大举入蜀。忽必烈已平吐蕃、大理，亦东北上至鄂州（今湖北武昌县）。宋将王坚守合州，今四川合川县。宪宗受伤，死于城下。贾似道督大军援鄂，不敢战，使人求和，许称臣，画江为界。忽必烈亦急图自立，乃许之而北归。贾似道掩其事，以大捷闻于朝。自此蒙古使者来皆拘之，而借和议以图自强，而待敌人之弊的机会遂绝。忽必烈北还后，自立，是为元世祖。世祖在宪宗时，本来是分治漠南的，他手下又多西域人和中国人。于是于1264年定都燕京。蒙古的根据地，就移到中国来了。明年，理宗崩，子度宗立。宋将刘整叛降元，劝元人攻襄阳。自1268年至1273年被围凡五年，宋人不能救，襄阳遂陷。明年，度宗崩，子恭帝立。伯颜自两湖长驱南下。1276年，临安不守，谢太后和恭帝都北狩。故相陈宜中立其弟益王于福州（今福建闽侯县）。后来转徙，崩于碙州（在今广东吴川县海中）。其弟潜王昺立，迁于崖山（在今广东新会县海中）。1279年，汉奸张弘范来攻，宰相陆秀夫负帝赴海殉国。张世杰收兵图再举，到海陵山（在今广东海阳县海中）。舟覆而死。宋亡。中国遂整个为北族所征服。

　　宋朝的灭亡，可以说是我国民族的文化，一时未能急剧转变，以适应于竞争之故。原来游牧民族以掠夺为生产，而其生活又极适宜于战斗，所以其势甚强，文明民族，往往为其所乘，罗马的见轹于蛮族，和中国的见轹于五胡和辽、金、元、清，正是一个道理。两国国力的强弱，不是以其所有的人力物力的多少而定，而是看其能利用于竞争的共有多少而定。旧时的政治组织，是不适宜于动员全民众的。其所恃以和异族抵抗的一部分，或者正是腐化分子的一个集团。试看宋朝南渡以后，军政的腐败，人民的困苦，而一部分士大夫反溺于晏安酖毒，歌舞湖山可知。虽其一部分分子的腐化，招致了异族的压迫，却又因异族的压迫，而引起了全民族的觉醒，替民族主义，建立了一个深厚的根基，这也是祸福倚伏的道理。北宋时代可以说是中国民族主义的萌蘖时期。南宋一代，则是其逐渐成长的时期。试读当时的主战派，如胡铨等一辈人的议论，至今犹觉其凛凛有生气可知。（见《宋史》卷三七四）固然，只论是非，不论利害，是无济于事的。然而事有一时的成功，有将来的成功。主张正义的议论，一时虽看似迂阔，隔若干年代后，往往收到很大的效果。民族主义的形成，即其一例。论是非是宗旨，论利害是手段。手段固不能不择，却不该因此牺牲了宗旨。历来外敌压迫时，总有一班唱高调的人，议论似属正大，居心实不可问，然不能因此而并没其真。所以自宋至明，一班好发议论的士大夫，也是要分别观之的。固不该盲从附和，也不该一笔抹杀。其要，在能分别真伪，看谁是有诚意的，谁是唱高调的，这就是大多数国民，在危急存亡之时，所当拭目辨别清楚的了。民族主义，不但在上流社会中，植下了根基，在下流社会中，亦立下了一个组织。

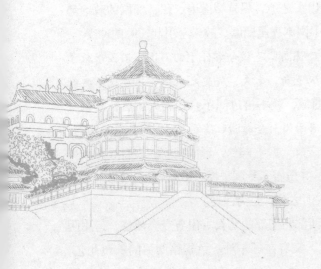

第六章

迅速崛起的蒙元

蒙古大帝国的盛衰

吕思勉

蒙古是野蛮的侵略民族所建立的最大的帝国，他是适直幸运而成功的。

蒙古所征服之地，几于包括整个亚洲，而且还跨有欧洲的一部分。其中最重要的，自然还是西域。葱岭以西，亚历山大东征后，安息、大夏，对立为两个大国。其后则变为波斯和月氏的对立。南北朝时，嚈哒兴，月氏为其所破，分为许多小国，波斯亦被其摄服。突厥兴，嚈哒又为所破。月氏旧地，大抵服属于西突厥。时大食亦已勃兴。641年，破波斯，葱岭以西之地，次第为其所吞并。是时中国亦灭西突厥，波斯以东之地，尽置羁縻府、州，两国的政治势力，遂相接触。然葱岭以西之地，中国本视属羁縻，故未至引起实际的冲突。

750年，（即唐玄宗天宝九年，唐将高仙芝伐今塔什干的石国，石国求救于大食。明年，大食来援，唐兵败于怛逻斯。未久，安史之乱起，唐朝就不再经营西域了。）安史乱后，中国对于西域，就不再过问了。辽朝灭亡后，其宗室耶律大石，会十八部王众于西州（唐西州，今新疆吐鲁番县）。简其精锐西行。此时大食的纪纲，久已颓废，东方诸酋，据土自专，形同独立。大石兵至，灭掉雄据呼罗珊的塞而柱克，Seljuks。并压服了花剌子模（Khorazme，《唐书》作货利习尔）。使之纳贡，而立国于吹河之滨，是为西辽。

成吉思汗平漠南北时，今蒙古西部乃蛮部的酋长古出鲁克奔西辽，运用阴谋，和花剌子模里应外合而取其国。又有在鄂尔坤、色楞格两河间的蔑儿乞，其酋长忽秃亦西奔，和古出鲁克都有卷土重来之意。成吉思汗怕根本之地动摇，乃于1213年北归，遣哲别、速不台把这两人击灭。先是天山南路的畏吾儿（即回纥异译）及其西之哈剌鲁（唐时西突厥属部葛逻禄）。归顺蒙古，蒙古入西域之路已开。既灭古出鲁克，蒙古的疆域，就和花剌子模相接。兴于蒙古高原的北族，照例总是先向中国地方侵掠的；况且是时，蒙古与金，业已兵连祸结；所以蒙古对于西域，本来是无意于用兵的。但野蛮人所好的是奢侈享受，西域是文明发达之地，通商往来，自为其所欢迎；而商人好利，自亦无孔不入。成吉思汗乃因商人已修好于花剌子模。花剌子模王亦已允许。然花剌子模的军队多数系康里人，王母亦康里人，因之作威作福，花剌子模王不能制。锡尔河滨的讹打剌城为东西交通孔道，城主为王母之弟，蒙古人随商人西行的，一行共有400多人，都被他认为奸细，捉起来杀掉，只有一个人脱逃归报。成吉思汗大怒，遂于1219年西征。破花剌子模，其王辗转入里海小岛而死。王子奔哥疾宁，成吉思汗追破之，略印度北境而还。哲别、速不台别将绕里海，越高加索山，破西北诸部。钦察酋长奔阿罗思（Kiptchac，亦译奇卜察克·阿罗思，即俄罗斯）。又追败之，平康里而还。成吉思汗的攻西域，本来是复仇之师，但因西域高度的物质文明，及其抵抗力的薄弱，遂引起蒙古人继续侵掠的欲望。太宗立，命诸王西征。再破钦察，入阿罗思，进规孛烈儿（即波兰）及马札剌（匈牙利），西抵威尼斯，是为蒙古西征最深入的一次，因太宗凶问至，乃班师。宪宗立，复遣弟旭烈兀西征。破木剌夷及报达（木剌夷，Mulahids，为天方教中之一派，在里海南岸），西域至此略定。

东北一带，自高句丽、百济灭亡后，新罗亦渐衰。唐末，复分为高丽、后百济及新罗三国，石晋初，尽并于高丽王氏。北宋之世，高丽曾和契丹构兵，颇受其侵略，然尚无大关系。自高句丽灭亡后，朝鲜半岛的北部，新罗控制之力，不甚完全；高丽亦未能尽力经营；女真逐渐侵入其地，是为近世满族发达的一个原因，金朝即以此兴起。完颜部本曾朝贡于高丽，至后来，则高丽反为所胁服，称臣奉贡。金末，契丹遗族和女真人在今辽、吉境内扰乱，蒙古兵追击，始和高丽相遇，因此引起冲突，至太宗时乃成和。此后高丽内政，遂时受蒙古人的干涉。有时甚至废其国号，而于其地立征东行省。元世祖时，中国既定，又要介高丽以招致日本。日本不听。世祖遂于1274年、1281年遣兵渡海东征。前一次损失还小。后一次因飓风将作，其将择坚舰先走，余众20余万，尽为日本所虏，杀蒙古人、高丽人、汉人，而以南人为奴隶，其败绩可谓残酷了。世祖欲图再举，因有事于安南，遂不果。蒙古西南的侵略，是开始于宪宗时的。世祖自今青海之地入西藏，遂入云南，灭大理（即南诏）。自将北还，而留兵续向南方侵略。此时后印度半岛之地，安南已独立为国。其南，今柬埔寨之地为占城，蒲甘河附近则有缅国。元兵侵入安南和占城。其人都不服，1284年、1285年、1287年，三次发兵南征，因天时地利的不宜，始终不甚得利。其在南洋，则曾一度用兵于爪哇。此外被招致来朝的共有十国，都是今南洋群岛和印度沿岸之地。（《元史》云：当时海外诸国，以俱蓝、马八儿为纲维，这两国，该是诸国中最大的。马八儿，即今印度的马拉巴尔。俱蓝为其后障，当在马拉巴尔附近）自成吉思汗崛起至世祖灭宋，共历112年，而蒙古的武功，臻于极盛。其人的勇于战斗；征服各地方后，亦颇长于统治（如不干涉各国的信教自由，即其一端）。自有足称。但其大部分成功的原因，则仍在此时别些大国，都适值衰颓，而乏抵抗的能力，其中尤其主要的，就是中国和大食帝国；又有一部分人，反为其所用，如蒙古西征时附从的诸部族便是；所以我说他是适直天幸。

中国和亚、欧、非三洲之交的地中海沿岸，是世界上两个重要的文明起源之地。这两个区域的文明，被亚洲中部和南部的山岭，和北方的荒凉阻隔住了。欧洲文明的东渐，大约以希腊人的东迁为最早。汉通西域时所接触的西方文化，就都是希腊人所传播、所留遗。其后罗马兴，东边的境界仍为东西文化接触之地。至罗马之北境为蛮族所据而中衰。大食兴，在地理上，拥有超过罗马的大版图，在文化上亦能继承希腊的遗绪。西方的文化，因此而东渐，东方的文化，因此而西行者不少。但主要的是由于海路，至蒙古兴，而欧西和东方的陆路才开通。其时西方的商人，有经中央亚细亚、天山南路到蒙古来的，亦有从西伯利亚南部经天山北路而来的。基督教国亦派有使节东来。而意大利人马可·波罗（Marco Polo）居中国凡三十载，归而以其所见，著成游记，给与西方人以东方地理上较确实的知识，且引起其好奇心，亦为近世西力东侵的一个张本。

如此广大的疆域，自非一个大汗所能直接统治；况且野蛮人的征服，其意义原是掠夺；封建制度自然要随之而兴。蒙古的制度，宗室、外戚、功臣是各有分地的，而以成吉思汗的四个儿子为最大。当时的分封，大约他的长子术赤，所得的是花剌子模和康里、钦察之地。次子太宗所得的是乃蛮之地。三子察合台所得的是西辽之地，而和林旧业，则依蒙古人幼子守灶之习，归于其季子拖雷。（此据日本那珂通世说，见其所注《成吉思汗实录》，此书即《元秘史》的日译本）其后西北一带，术赤之子拔都为其共主，而西南的平定，则功出于拖雷之子旭烈兀，其后裔世君其地。此即所谓窝阔台、察合台、钦察、伊儿四个汗国。（窝阔台之后称Km of Ogotai，亦称Naiman（乃蛮）。察合台之后称Km of Tchagatai。拔都之后称Km of Kiptchac，亦称Golden Horde。旭烈兀之后称Km of Iran）而分裂即起于其间。蒙古的汗本来是由诸部族公推的，到后来还是如此。

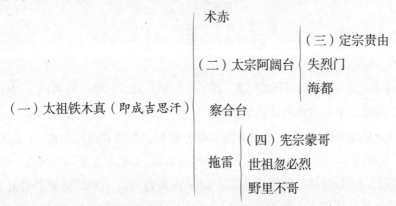

每当大汗逝世之后，即由宗王、驸马和管兵的官，开一个大会（蒙古语为"忽力而台"），议定应继承汗位的人。太祖之妻孛儿帖曾给蔑儿乞人掳去，后太祖联合与部，把她抢回，就生了术赤。他的兄弟，心疑他是蔑儿乞种，有些歧视他，所以他西征之后，一去不归，实可称为蒙古的泰伯。太祖死时，曾有命太宗承继之说，所以大会未有异议。太宗死后，其后人和拖雷的后人，就有争夺之意。定宗幸获继立而身弱多病，未久即死。拖雷之子宪宗被推戴。太宗后人，另谋拥戴失烈门，为宪宗所杀，并夺去太宗后王的兵柄。蒙古的内争，于是开始。宪宗死后，争夺复起于拖雷后人之间。宪宗时，曾命阿里不哥统治漠北，世祖统治漠南。宪宗死后，世祖不待大会的推戴而自立，阿里不哥亦自立于漠北，为世祖所败，而太宗之子海都自立于西北，察合台、钦察两汗国都附和他。伊儿汗国虽附世祖，却在地势上被隔绝了。终世祖之世不能定。直到1310年，海都之子才来归降。然自海都之叛，蒙古大汗的号令，就不能行于全帝国，此时亦不能恢复了。所以蒙古可说是至世祖时而臻于极盛，亦可说自世祖时而开始衰颓。

元的勃兴和各汗国的创建

吕思勉

当13世纪之初，有一轩然大波，起于亚洲的东北方，欧、亚两洲，都受其震撼。这是什么事？这便是蒙古的兴起。

蒙古，依中国的记载，是室韦的分部。唐时，其地在望建河南。（见《新唐书》。望建河，即今黑龙江）但其人自称为鞑靼。（蒙人自著的《秘史》即如此）。鞑靼是鞑鞨别部，居于阴山的。据蒙古人自著的《元朝秘史》看起来：他始祖名孛儿帖赤那，十传而至孛儿只歹。孛儿只歹的妻，唤做忙豁勒真豁阿。忙豁勒真豁阿，译言蒙古部的美女。我们颇疑心孛儿只歹是鞑靼人。因其娶蒙古部女，才和蒙古合并为一。和金朝王室的始祖，以高丽人而为生女真的完颜部人一样。

蒙古部落，自孛儿只歹之后，又十一传而至哈不勒，是为成吉思汗的曾祖，始有可汗之号。可以想见其部落的渐强。哈不勒死后，从弟俺巴孩，继为可汗。为金人所杀。部人立哈不勒子忽都剌为可汗。向金人报仇，败其兵。忽都剌死后，蒙古无共主，复衰。成吉思汗早年，备受塔塔儿、蔑儿乞及同族泰亦赤兀诸部的龃龉。后来得客列部长王罕、札答剌部长札木合为与部，乃把诸部次第打平。此时沙漠西北的部落，以乃蛮为最强。而金朝筑长城，自河套斜向东北，直达女真旧地，使汪古部守其冲。乃蛮约汪古部同伐蒙古。汪古部长来告。成吉思汗先举兵伐乃蛮，破之。1206年，漠南北诸部，遂大会于斡难木涟之源，公上成吉思汗的尊号。（塔塔儿，即鞑靼异译。据《元朝秘史》，地在捕鱼儿海附近，即今达里泊。蔑儿乞，在鄂尔坤、色楞格两水流域。泰亦赤兀，系俺巴孩之后。客列部，在土剌河流域。札答剌，亦蒙古同族成吉黑河

十一世祖孛端察儿，娶一有孕妇人，生子曰札只剌歹，其后为札答剌氏。乃蛮
酋长太阳罕，地南近沙漠。其弟不亦鲁黑，则北近金山。汪古之地，在今绥远
归绥县北。斡难木涟，即今敖嫩河。）

　　成吉思汗既即汗位，其目光所注，实在中原。于是于1210年，伐夏。夏人
降。明年，成吉思汗遂伐金。此时金朝的兵力，业已腐败。加以这一次，汪古
与蒙古言和，放其入长城，出其不意。于是金兵四十万，大败于会河堡（在今
察哈尔万全县西）。蒙古兵遂入居庸关，薄燕京。明年，成吉思汗再伐金。留
兵围燕京。自将下山东。分兵攻河东和辽西。到处残破，黄河以北，其势就不
可守了。此时金人已弑卫绍王，立宣宗。成吉思汗还兵，屯燕城北。金人妻以
卫绍王之女请和。蒙古兵已退，金宣宗迁都于汴。成吉思汗说他既和而又迁
都，有不信之心。再发兵陷燕京。此时金人的形势，本已岌岌待亡，因成吉思
汗有事于西域，乃又得苟延残喘。

　　成吉思汗的西征，是花剌子模国（Khwarizm）的骄将所引起的。（即《唐
书》的货利习弥）先是唐中叶以后，大食强盛，葱岭以西诸国，悉为所并。然
不及三百年，威权渐替。东方诸酋，多据地自擅，其间朝代的改变甚多。当辽
朝灭亡时，雄视西亚的塞而柱克朝（Seljuks）已衰，花剌子模渐盛。辽朝的宗
室耶律大石，逃到唐朝的北庭都护府，会合十八部王众，选其精锐而西。遂灭
塞而柱克，服花剌子模。立国于吹河流域的虎思斡耳朵，是为西辽。乃蛮既
亡，其酋长太阳罕的儿子古出鲁克，逃到西辽。和花剌子模王阿拉哀丁·谟
罕默德（Alai－ud－din Mohammed）内外合谋，篡西辽王之位。于是乃蛮复
立国于西方，而花剌子模亦乘机拓土，成为西方的大国。这时候，雄张于西域
的，实在仍是回族。成吉思汗既定漠南北，在天山北路的畏吾儿和其西的哈剌
鲁（畏吾儿，即回纥异译。哈剌鲁，即《唐书》的葛逻禄）都来降。蒙古和西
域交通的孔道遂开。花剌子模王有兵四十万，都是康里人（Cancalis）。王母亦
康里部酋之女。将士恃王母而骄恣，王母亦因举国的兵都是其母族人，其权之
大与王埒。所以国虽大而其本不固。成吉思汗既侵入中原，古出鲁克和前此逃
往西域的蔑儿乞酋长忽秃，都乘机谋复故地。成吉思汗怕漠北根本之地，或有
摇动，乃于1216年北还。命速不台打平忽秃，哲别打平古出鲁克。于是蒙古
的疆域就和花剌子模直接。成吉思汗因商人已修好于花剌子模，花剌子模王也

已应允了。未几，蒙古人四百余，随西域商人西行。花剌子模讹打剌城的镇将（城在锡尔河滨。镇将系王母之弟）指为蒙古间谍，把他们尽数杀掉，其中只有一个人，得逃归报信。成吉思汗闻之，大怒，而西征的兵遂起。

成吉思汗的西征，事在1219年。先打破讹打剌和花剌子模的都城寻思干（今撒马儿干）。花剌子模王遁走。成吉思汗命哲别、速不台追击。王辗转逃入里海中的小岛而死。其子札剌哀丁（Djélal-ud-din mangou-birti）逃到哥疾宁（城名，在巴达克山西南，印度河东），成吉思汗自将追之。破其兵于印度河边。乃东归。时在1222年。哲、速二将的兵，别绕里海，越高喀斯山（今译作高加索。此依《元史译文证补》）败阿速、撒耳柯思和钦察的兵。钦察的酋长逃到阿罗思。二将追击。阿罗思人举兵拒敌，战于孩儿桑。阿罗思大败。亡其六王七十侯，兵士死掉十分之九。列城都没有守备，只待蒙古兵到迎降。而二将不复深入，但平康里而还。（阿速（Ases），在高喀斯山北。撒尔柯思（Circasses），在端河滨。钦察，亦作乞卜察兀（Kiptchacs），在乌拉岭西，里海、黑海之北。阿罗思，即俄罗斯）

成吉思汗东归后，于1227年，再伐西夏，未克而殂，遗命秘不发丧。夏人乃降。1229年，太宗立，再伐金。金人从南迁后，尽把河北的猛安谋克户，调到河南。又夺人民之地以给之人，民怨入骨髓。而这些猛安谋克户，既不能耕，又不能战，国势益形衰弱。于是宋人乘机，罢其岁币。金人想用兵力胁取，又和夏人因疆场细故失和，三方都开了兵衅。国力愈渐不支。到1225年，宣宗殂，哀宗立，才和夏人以兄弟之国成和，而对于宋朝的和议，则始终不能成就。当成吉思汗西征时，拜木华黎为太师国王，命其经略太行以南。这时候，蒙古兵力较薄，在金人，实在是个恢复的好机会。然而金人亦不能振作。仅聚精兵二十万，从邳州到潼关，列成一道防线（邳州，今江苏邳县）。太宗因此线不易突破，乃使拖雷假道于宋，宋人不允，拖雷遂强行通过。从汉中历襄、邓而北，与金兵战于三峰山（在今河南禹县），金兵大败，良将、锐卒都尽。太宗又自白坡渡河（在今河南孟津县），命速不台将汴京围起，攻击十六昼夜，因金人守御坚，不能破，乃退兵议和。而金朝的兵，又逞血气之勇，把蒙古使者杀掉，和议复绝。汴京饥窘不能立。金哀宗乃自将出攻河北的卫州（今河南汲县），想从死里求生，又不克，乃南走蔡州。而宋人此时，又袭约金攻辽的故智，和蒙古人联合以攻金，金人遂亡。时在1234年。

约元攻金，是袭约金攻辽的故智，而其轻于启衅，亦是后先一辙的。金宣宗死的明年，宋宁宗也死了。宁宗无子，史弥远援立理宗，因此专横弥甚。弥远死后，贾似道又继之。贾似道的为人，看似才气横溢，实则虚浮不实，专好播弄小手段，朝政愈坏。灭金之后，武人赵葵、赵苑等，创议收复三京（宋以大梁为东京，洛阳为西京，宋州为南京，大名为北京），宰相郑清之主之。遣兵北侵。入汴、洛而不能守，却因此和蒙古启了兵衅。川、楚、江淮，州郡失陷多处。这时候是蒙古太宗时代，还未专力于攻宋。1241年，太宗死了。到1246年，定宗才立。又因多病，不过三年而殂。所以此时，宋人还得偷安旦夕。1251年，蒙古宪宗立。命弟阿里不哥留守漠北，忽必烈专制漠南。1258年，宪宗大举入蜀，围合州（今四川合川县）。先是忽必烈总兵自河洮入吐蕃，平大理。留兀良合台经略南方而北还。及是，忽必烈亦自河南南下，围鄂州（今湖北武昌县）。兀良合台又出广西、湖南，和他会合。贾似道督兵援鄂，不敢战，遣使于忽必烈，约称臣，输岁币，划江为界以请和。适会蒙古宪宗死于合州城下，忽必烈急于要争夺汗位，乃许宋议和而还。贾似道却讳其和议，以大捷闻于朝。

明年，忽必烈自立，是为元世祖。时世祖以各方面多故，颇想与宋言和，而贾似道因讳和为胜之故，凡元使来的，都把他拘囚起来。1264年，元世祖迁都于燕。明年，理宗崩，度宗立。此时元人尚未能专力攻宋，而宋将刘整，因与贾似道不合，叛降元，劝元人专力攻襄阳。1268年，元人就把襄阳围起。围经六年，宋人竟不能救。1273年，襄阳陷落，宋势遂危如累卵。1274年，度宗崩，恭帝立。年幼，太后谢氏临朝。元使伯颜总诸军入寇。伯颜分兵平两湖。自将大军，长驱东下。陷建康。1276年，临安陷。太后及恭帝皆北狩。宋故相陈宜中等立益王于福州。旋为元兵所逼，走惠州。后崩于硐洲。宋人又立其弟卫王，迁于崖山。1279年，元将张宏范来攻。宋宰相陆秀夫，负帝赴海而死。大将张世杰收兵到海陵山，亦舟覆而死。（福州，今福建闽侯县。惠州，今广东惠阳县。硐洲，在今广东吴川县海中。崖山，在今广东新会县海中。海陵山，在今广东海阳县海中）中国至此，遂整个为蒙古所征服。汉族武力之不竞，至此可谓达于极点了。

蒙古不但征服中国，当太宗时，又尝继续遣兵西征。再破钦察，入阿罗思。遂进窥孛烈儿和马札儿。入派特斯城。西抵威尼斯。欧洲全境震动，会太宗凶问至，乃班师。宪宗时，又遣兵下木剌夷，平报达。渡海收富浪岛。（孛烈儿，即今波兰。马札儿，今匈牙利。木剌夷（Mulahida）为天方教中之一派，在今里海南岸）当金末，辽东和高丽之间，叛乱蜂起。蒙古因遣兵平定，和高丽的兵相遇，约为兄弟之国。后来蒙古使者，为盗所杀，蒙人疑为高丽人所为，两国遂起兵衅。直至1259年，和议才成。高丽内政，自此常受元人的干涉。甚至废其国王而立征东行省于其地。对于南方，则兀良合台尝用兵于安南。其后世祖时，又尝用兵于安南、占城及缅，都不甚利。然诸国亦都通朝贡。对于南洋，曾一用兵于爪哇，其余招致而来的国亦颇多。惟用兵于日本，最为不利。世祖先命高丽人往招日本，后又自遣使往招，日本都不应。1274年，遣忻都往征，拔对马，陷壹歧，掠肥前沿海。以飓风起而还。1281年，再遣忻都、范文虎率兵二十万东征。兵至鹰岛，以"飓征"见，文虎等择坚舰先走，余众遂多为日人所杀。世祖大怒，更谋再举，以正用兵安南，遂未果。以当日蒙古的兵力，实足以踏平日本而有余，乃因隔海之故，致遭挫衄，在日本，亦可谓之遭值天幸了。

综观蒙古用兵，惟对于东南两方，小有不利，其余则可谓所向无前。这也是遭际时会，适逢其时各方面都无强国之故。蒙古是行封建之制的，而成吉思汗四子，分地尤大。因为蒙人有幼子袭产的习惯，所以把和林旧业（和林城，太宗所建。今额尔德尼招是其遗址），分与第四子拖雷。此外长子术赤，则分得花剌子模、康里、钦察之地。三子窝阔台，即太宗，则分得乃蛮故地。二子察合台，则分得西辽故地（说本日本那珂通世，见所撰《成吉思汗实录》）。其后西域直到宪宗之世，才全行戡定。其定西北诸部，功出于术赤之子拔都，而定西南诸部，则功出于拖雷之子旭烈兀。所以术赤分地，拔都之后为其共主。伊兰高原，则旭烈兀之后君临之。西史所谓窝阔台汗国，就是太宗之后，察合台汗国，是察合台之后，钦察汗国，是拔都之后，伊儿汗国，是旭烈兀之后（阔台之后称 Km of Ogota，亦称 Naiman（乃蛮）。察合台之后称 Km of Tchagata。拔都之后称 Km of Kiptchac，亦称 Golden Horde。旭烈兀之后称 Km of Iran。）总而言之，世祖灭宋之日，就是元朝最盛之时。然而其分裂，也就于此时开始了。

元的制度

吕思勉

凡异族入居中国的，其制度，可以分作两方面来看：其一，他自己本无所有，即使略有其固有的习惯，入中国以后，亦已不可复用，乃不得不改而从我。在这一点上，异族到中国来做皇帝，和中国人自己做差不多，总不过将前代的制度，作为蓝本，略加修改罢了。其二，则彼既系异族，对于中国人，总不能无猜防之心。所以其所定的制度，和中国人自己所定的，多少总有些两样。元朝的制度，便该用这种眼光来看。

元朝中央的官制，是以中书省为相职，枢密院主兵谋，御史台司监察，而庶政则分寄之于六部的。这可说大体是沿袭宋朝。至于以宣政院列于中央，而管理吐蕃，则因元朝人迷信喇嘛教之故，这也不足为怪。其最特别的，乃系于路、府、州、县之上，更设行省。在历代，行省总是有事时设置，事定则废的。独至元朝而成为常设之官。这即是异族入居中国，不求行政的绵密，而但求便于统驭镇压的原故。这本不是行政区域，明朝乃废其制而仍其区域，至清代，督抚又成为常设之官，就不免政治日荒，而且酿成外重之弊了。元代定制，各机关的长官，都要用蒙古人的。汉人、南人，只好做副贰，而且实际见用的还很少。这也是极不平等之制。

学校，元朝就制度上看，是很为注重的。虽在当时未必实行，却可称为明朝制度的蓝本。我国历代，学校之制，都重于中央而轻于地方。元制，除京师有普通的国子学和蒙古国子学、回回国子学外，1291年，世祖诏诸路、府、州、县都立学。其儒先过化之地，名贤经行之所和好事之家，出钱粟以赡学的，都许立为书院。诸路亦有蒙古字学、回回学。各行省所在之地，都设儒学提举司，以管理诸路、府、州、县的学校。江浙、湖广、江西三省，又有蒙古提举学校官。其制度，总可算得详备了。

其科举，则直到1315年才举行。那已是灭金之后八十一年，灭宋之后三十七年了。其制：分蒙古、色目和汉人、南人为二榜。第一场：汉人南人试经疑、经义，蒙古、色目人则但试经问。第二场：蒙古、色目人试策，汉人、南人试古赋诏诰章表内科一道。第三场：汉人、南人试策，蒙古、色目人则不试。案宋自王安石改科举之制后，哲宗立，复行旧制。然士人已有习于经义，不能作诗赋的，后来乃分经义、诗赋为两科。金朝在北方开科举，亦是如此。至此则复合为一。此亦明制所本。而其出身，则蒙古人最高（蒙人科目出身的，授六品官。色目、汉人，递降一级），色目人和汉人、南人，要递降一级，这也是不平等的。

其猜防最甚的为兵制。元朝的兵，出于本族的，谓之蒙古军。出于诸部族的，谓之探马赤军。入中原后，发中国人为兵，谓之汉军。平宋所得，谓之新附军。蒙古和诸部族，是人尽为兵的。男子年十五以上、七十以下，都入兵籍。调用汉人之法：其初或以户论，或以丁论，或以贫富论。天下既定之后，则另立兵籍，向来当过兵的人都入之。其镇戍之法：边徼襟喉之地，命宗王带兵驻扎。河洛、山东，戍以蒙古军和探马赤军。江淮以南，则戍以汉兵和新附军。都是世祖和其一二大臣所定。元朝的兵籍，是不许汉人阅看的。在枢密院中，亦只有长官一二人知道。所以有国百年，而汉人无知其兵数者。其民族的色彩，可谓很显著了。

法律亦很不平等的。案辽当太祖时，治契丹及诸夷，均用旧法，汉人则断以律令。太宗时，治渤海亦依汉法。到道宗时，才说国法不可异施，命更定律令，把不合的别存之，则辽已去亡不远了。金朝到太宗时，才参用辽宋旧法。熙宗再取河南，才一依律文。这都是各适其俗的意思。元朝则本族人和汉人，宗教徒和非宗教徒，都显分畛域。如蒙古人杀死汉人，不过"断罚出征"和"全征烧埋银"。又如"僧、道、儒人有争，止令三家所掌会问"，"僧人惟犯奸盗诈伪，至伤人命，及诸重罪，有司归问。其僧侣相争，则田土与有司会问"等都是。（《元史·刑法志》职制上及杀伤）。

赋税，行于内地的，分丁税及地税，仿唐的租庸调法。行于江南的，分夏税及秋税，仿唐朝的两税法。役法称为科差。有丝料和包银之分。丝料之中，又有二户丝、五户丝之别。二户丝输官，五户丝则输于本位。（元诸王、后妃、公主、勋臣，各有采地。这五户丝，是由地方官征收，付给本人的）包银之法：汉人纳银四两。二两输银，二两折收丝绢颜色。此外又有俸钞一项。把诸项合起来，作一大门摊，分为三次征收。赋役而外，仍以盐、茶两税为大宗。其行盐各有郡邑，是为"引地"之始。此外总称为额外课。就是征收随其多少，不立定额的意思，其名目颇为琐碎。

宋、金、元、明四代，有一厉民之政，便是钞法。钞法是起于北宋时的。因宋于四川区域之内，行使铁钱，人民苦于运输的不便，乃自造一种纸币，名为交子。一交一缗。三年一换，谓之一界。以富人十六户主之。后来富人穷了，付不出钱来，渐起争讼。真宗时，转运使薛田，才请改为官办。这本是便民的意思。然而后来，官方遂借以筹款，而推行于他处。蔡京时谓之钱引。南宋则始称交子，末造又造会子，成为国家所发行的纸币了。交会本当兑换现钱的，然而后来，往往不能兑换；于是其价日跌。大约每一缗只值二三百文。然而这还算好的。金朝亦行其法于北方，名之为钞，则其末造，一文不值，至于以八十四车充军赏。金朝的行钞，原因现钱阙乏，不得不然。后来屡谋铸钱。然而所铸无多，即铸出来，亦为纸币所驱逐。所以元定天下之后，仍不得不行钞。乃定以钞与丝及金、银相权。丝、金、银是三种东西，岂能一律维持其比价？这本是不通的法子。况且后来所造日多，其价日落，就连对于一物的比价，也维持不住了。至于末年，则其一文不值，亦与金代相同。明有天下，明知其弊，然因没有现钱，仍无法不用钞。而行用未几，其价大落。至宣宗宣德初（1426年）明朝开国不满60年，已跌得一贯只值一两文了。于是无可如何，大增税额；又创设许多新税目，把钞都收回，一把火烧掉。从此以后，钞就废而不用了。当金朝末年，民间交易，已大多数用银。至此，国家亦承认了它。一切收入及支出，都银钱并用。银亦遂成为正式的货币。然而量物价的尺，是不能有二的。银铜并用，而不于其间定出一个主辅的关系来，就成为后来币制紊乱的根源了。

元帝国的瓦解

吕思勉

元朝从太祖称汗，到世祖灭宋，其间不过74年，而造成一个空前的大帝国，其兴起可谓骤了。然而其大帝国的瓦解，实起于世祖自立之时，上距太祖称汗之岁，不过55年。而其在中国政府的颠覆，事在1368年，上距太祖称汗之岁，亦不过171年；其距世祖灭宋，则不过90年而已。为什么瓦解得这么快？

原来元朝人既不懂得治中国之法，而其自身又有弱点。蒙古人的汗，本系由部众公推的。忽图剌之立，便系如此（见《元朝秘史》）。太祖之称成吉思汗，则是汉南北诸部的大汗，亦系由诸部公推。太祖以后，虽然奇渥温氏一族，声势煊赫，推举大汗，断无舍太祖之后而他求之理。然而公举之法，总是不能遽废的。所以每当立君之际，必须开一"忽烈而台"（译言大会）。宗王、驸马和诸管兵的官，都得与议。太宗之立，因有成吉思汗的遗言，所以未有异议。太宗死后，太宗的后人和拖雷的后人，已有竞争。定宗幸而得立。又因多病，三年而死。这竞争便更激烈起来。太宗后人，多不惬众望；而拖雷之妃，很有交际的手腕，能和宗王中最有声望的拔都相结。宪宗遂获登大位。太宗之孙失烈门等谋叛，为宪宗所杀。并杀太宗用事大臣，夺太宗后王兵柄。蒙古本族的裂痕，实起于此。宪宗死后，世祖手下汉人和西域人多了，就竟不待忽烈而台的推戴，自立于现在的多伦。于是阿里不哥亦自立于漠北。拖雷后人之中，又起了纷争。后来阿里不哥总算给世祖打败。而太宗之孙海都，复自擅于远。察合台、钦察两汗国都附和他。蒙古大帝国，遂成瓦解之势。

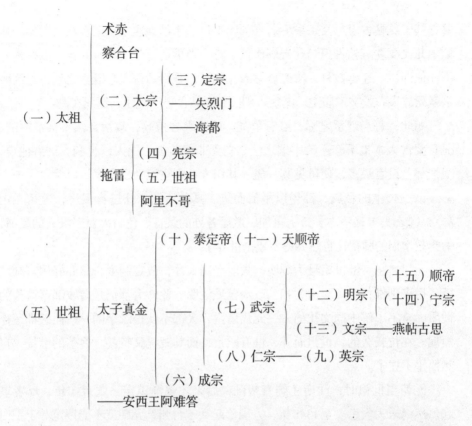

　　因海都的抗命，于是常须派亲王宿将镇守和林。世祖是用汉法立太子的，而又早死。其时成宗戍守北边。世祖死后，伯颜以宿将重臣归附成宗，所以未曾有乱。成宗既立，武宗继防北边。成宗死后，皇后伯岳吾氏，要立安西王阿难答。而右丞相哈剌哈孙，要立武宗。因为武宗在远，先使人迎其弟仁宗于怀州，监国以待。武宗既至，杀安西王，弑伯岳吾后而自立。武宗以仁宗为太子。武宗死后，仁宗继之。却自立其子英宗为太子，而出武宗之子明宗于云南。其臣奉之奔阿尔泰山，依察合台后王。仁宗死，英宗立。为奸臣铁木迭儿所弑。无子。泰定帝立。死于上都。子天顺帝立。签密院燕帖木儿，迫胁大都百官，迎立武宗之子。（元世祖即位于今多伦，以其地为上都。定都今北平，称为大都）于是抄袭武宗的老文章，一面先使人迎文宗于江陵，先即皇位。发兵陷上都。天顺帝不知所终。明宗至漠南，即位。文宗和燕帖木儿入见，明宗暴死。文宗再即位。然而心不自安。遗命必立明宗之子。文宗死后，燕帖木儿要立其子燕帖古思。文宗皇后翁吉剌氏不肯。于是先迎立宁宗。数月而死。燕帖木儿又要立燕帖古思。翁吉剌氏仍不肯。乃再迎顺帝。顺帝既至，燕帖木儿不让他即位。迁延数月，恰好燕帖木儿死了，顺帝乃得立。既立之后，追治明宗暴死故事。毁文宗庙主。流翁吉剌氏和燕帖古思于高丽，都死在路上。

如此，每当继承之际，必有争乱，奸臣因之擅政，政治自然不会清明的。况且蒙古人本也不知道治中国之法。它无非想朘削中国人以自利。试看他户、工二部，设官最多，便可见其一斑。其用人，则宿卫勋臣之家，以及君主的嬖幸、诸王公主的私属，都得以平流而进。真是所谓"仕进有多途，铨衡无定法"。（《元史·选举志》语）再加以散居各处的蒙古、色目人对于汉人的凌侮，喇嘛教僧侣的骚扰，自然弄得不成个世界了。

元代之主，惟世祖最为聪明，颇能登用人才，改定制度，然亦好用言利之臣。后来则惟仁宗以李孟为相，政治稍见清明。此外大都仍是游牧部落酋长的性质，全不了解中国文化的——元代诸主，大都不认得汉字的——而又都运祚短促。在位长久的，世祖而外，惟有顺帝，而其荒淫又特甚。客帝的宝位，自然要坐不住了。

元朝当世祖时，江南还屡有叛乱，后来才逐渐镇定。顺帝初年，反者屡起。然尚未为大患。至1348年，方国珍起兵于台州，元朝就不能戡定。于是白莲教徒刘福通，起兵安丰（今安徽寿县）。新奉教主之子韩林儿为主。李二起于徐州。徐寿辉起于湖北。郭子兴起于濠州（今安徽凤阳县）。张士诚起于高邮（今江苏高邮县）。长江流域，几于非元所有。

顺帝既荒淫无度，其臣脱脱、太平、韩嘉纳等，因而结党相争。嬖臣哈麻、雪雪，初和脱脱相结，后又变而互排。南方乱起，脱脱的兄弟也先铁木儿带兵去征讨，连年无功，反大溃于沙河，军资器械，丧失殆尽。脱脱不得已，自出督师。已把李二打平，进围张士诚。而二人把他排掉。于是大局愈坏。革命军之中，气势最盛的，要算刘福通。居然于1358年，分兵三道北上。自挟韩林儿陷开封。但元朝的兵虽无用，而其时，有起兵河南，护卫元朝的察罕帖木儿和李思齐，则颇有能力。刘福通攻陕西的兵，给他打败。回兵再救山东。刘福通的将，遣人把察罕刺死。其子库库帖木儿，代将其军，到底把山东也打平。刘福通还有一支兵，北出晋冀的，虽然打破上都，直攻到辽东，也终于破散了。刘福通在开封站不住，只得走回安丰。革命军的势力又一挫。然而驻扎大同的孛罗帖木儿，先已因图据冀宁之故（元路名，治今山西阳曲县），和察罕相攻。至此，仍与库库构兵不止。顺帝次后奇氏，生太子爱猷识里达腊。后及太子，都阴谋内禅。哈麻、雪雪，亦与其谋。事发，二人都杖死。然宰相搠思监，仍系因谄事奇后的阉人朴不花而得的。搠思监和御史大夫老的沙不协，因太子言于顺帝，免其职。老的沙奔大同。搠思监遂诬孛罗谋反。孛罗举兵犯阙。杀搠思监和朴不花。太子奔库库。库库奉以还京。此时孛罗已被顺帝遣人刺死。而奇后又要使库库以兵力胁顺帝内禅。库库不可。顺帝封库库为河南王。命其总统诸军，进平南方。李思齐自以和察罕同起兵，耻受库库节制，和陕西参政张良弼连兵攻库库。库库之将貊高、关保，亦叛库库。于是下诏削库库官爵，命太子总统天下兵马讨之。未几，明兵北上，又复库库官爵，叫他出兵抵抗，然而已来不及了。

　　明太祖朱元璋，初从郭子兴起兵。后自为一军，渡江，取集庆（元以今首都为集庆路）。时徐寿辉为其将陈友谅所杀，据江西、湖北，形势最强。而张士诚徙治平江，亦在肘腋之下。太祖先后把他打定。又降方国珍。1368年，乘北方的扰乱，命徐达、常遇春分道北伐。达自河南，遇春自山东，两道并进。会于德州（今山东德县）。北扼直沽。顺帝遂弃大都而去。于是命徐达下太原，乘胜定秦陇。库库逃奔和林。顺帝匿居上都，太祖命常遇春追击。顺帝又逃到应昌（城名，在达里泊旁，为元外戚翁吉剌氏之地）。未几而死。太祖再命李文忠出击。爱猷识里达腊逃奔和林，未几亦死。子脱古思帖木儿袭。时元臣纳哈出，尚据辽东。1387年，太祖命蓝玉等把他讨平。乘胜袭破脱古思帖木儿于捕鲁儿海。脱古思帖木儿北走，为其下所弑。其后五传都遇弑。蒙古大汗的统绪，就此中绝了。元朝分封诸王，大都不能自振。惟梁王把匝剌瓦尔密，据云南不降。太祖当出兵北伐之时，即已分兵平定闽、广。徐寿辉死后，其将明玉珍，据四川自立，传子升，亦为太祖打平。1381年，又遣兵平云南。南方亦都平定。

第七章

细说明史

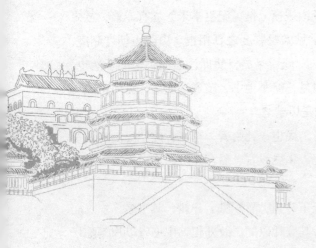

明开国以后之制度

孟森

自有史以来，以元代为最无制度，马上得之，马上治之。当其清明之日，亦有勤政爱民，亦有容纳士大夫一二见道之语，然于长治久安之法度，了无措意之处。元以兵力显，试观《元史·兵志》，止有金军、补军、调军、遣军之法，别无养军、练军之法，是仍裹胁趋利之故技，其他非所问也。元以兵耀万古，于兵之无制度且然，其他刑罚、食货，一切苟简，所谓无规矩而信离娄之明、公输子之巧，无六律而任师旷之聪者也。明承法纪荡然之后，损益百代，以定有国之规，足与汉唐相配。唐所定制，宋承之不敢逾越；明所定制，清承之不敢过差，遂各得数百年。明祖开国规模，惟《纪事本末》立有专篇，欲录之不胜录也，且即尽录之，亦尚未足见太祖制度之真相也。史载一朝之制度，各为专志，古人言："读史要能读志。"此说是矣，然即读志而仍未能了然也。今于明祖创意所成之制度，于史志以外，略举他书，疏通证明之，见明祖经理天下之意。以一二端为例，学者可循是以求之。

国之兴亡系于财之丰耗，阜财者，民也；耗财者，军也。此就经制之国用言。若夫无道之糜费，如土木、淫祀、私恩设官、后宫滥赏，一切不如法而人人知为弊政者，不在议论之列。

先言民事。《食货志》：太祖籍天下户口，置户帖、户籍，具书名、岁、居地，籍上户部，帖给之民，有司岁计其登耗以闻。及郊祀，中书省以户籍陈坛下，荐之天，祭毕而藏之。其视户籍之重如此。洪武十四年，诏天下编赋役黄册，以一百十户为一里，推丁粮多者十户为长，余百户为十甲，甲凡十人，岁役里长一人，甲首一人，董一里一甲之事，先后以丁粮多寡为序。凡十年一周曰排年，在城曰坊，近城曰厢，乡都曰里。里编为册，册首总为一图。鳏寡孤独不任役者，附一甲后为畸零；僧道给度牒，有田者编册如民科，无田者亦为畸零。每十年有司更定其册，以丁粮增减而升降之。册凡四：一上户部；其三则布政司、府、县各存一焉。上户部者册面黄纸，故谓之黄册，年终进呈，送后湖东西二库庋藏之，岁命户科给事中一人、御史二人、户部主事四人厘校讹舛。其后黄册只具文，有司征税编徭则自为一册，曰白册。

按此段又见《范敏传》。为敏所定之法，文字略同。惟文意当申言之，云："每十年有司更定其册。"又云："黄册年终进呈，岁命给事中、御史、主事等官厘校讹舛。"则十年造册，乃年年有所更改，阅十年而清造一次，非十年中不动也。其后黄册为具文，自指太祖以后。当太祖时，户部与司、府、县均直管此册，并郊祀荐天。黄面以充御览，遣科道司官负厘校之责，若有发觉飞洒诡寄之弊，干连者众，并且常在御览之中，夫子视此为国本，荐于郊祭。其后，造册之制，由清袭用而延至于今，惟黄册早为具文，已浸失太祖重民之旨矣。

洪武四年（1371年）九月丁丑，帝以郡县吏每额外征收，命有司料民田，以田多者为粮长，专督其乡赋税。粮万石，长副各一人，输以时至，得召见，语合，辄蒙擢用。洪武八年（1375年）十二月，并定粮长有杂犯死罪及流徙者，许纳铜赎罪。

按明粮长之制，屡革屡复而终革，原其为制，非永制也。始以定里长之法而革粮长，以里长代之，旋又复。景泰间，革湖广及江北各府及福建等处粮长。自都北京后，南粮运道太远，宣德间改军民兑运，民运止达淮安瓜洲，兑与卫所官军，运载至北，粮长更无召见之路。后来非官累粮长，即粮长扰民，革之犹不尽，时时赖臣工条列其弊，以禁令为之补救而已。然在太祖定法，则以此为天子自与人民亲接之一端，见之史者，如《孝义·郑濂传》，濂以粮长至京，帝问治家长久之道，对曰："谨守祖训，不听妇言。"帝称善。据《今言》，洪武时又有诏天下民年五十以上来朝京师，访民疾苦，有才能者拔用之；其年老不通治道，则宴赉而遣之。自是来者日众。二十六年，诏免天下耆民来朝，则见本纪。此则来者任其自愿，不用其言，亦邀宴赉，其来遂无限制，久而不得其益，乃罢之。此皆惟太祖可行之制。充太祖亲民之意，不欲专就选士俊士中求言，绝非后来帝阍难叩之象，而一时浮收中饱，惠泽不下之弊，早不禁而自绝矣。

《元通鉴》：至正二十六年二月辛巳，吴下令禁种糯稻，以塞造酒之源。

洪武元年（1368年），太祖初立国，即下令：凡民田五亩至十亩者，栽桑、麻、木棉各半亩，十亩以上倍之。麻，亩征八两；木棉，亩四两；栽桑，以四年起科。不种桑，出绢一匹；不种麻及木棉，出麻布、棉布各一匹。此农桑丝绢所由起。洪武九年（1376年），定布绢与米麦相折之价。

按此用《食货志》文。据《杨思义传》，为思义任户部尚书所请定。当时四方军事正亟，而劝课之为尤亟如此，乌有听其荒废或任种有害之物之理。

洪武十四年（1381年），上加意重本抑末，下令：农民之家，许穿细纱绢布；务贾之家，止许穿布；农民之家，但有一人为商贾者，亦不许穿细纱。洪武十八年（1385年），谕户部曰："人皆言农桑衣食之本，然业本必先于黜末，自什一之途开，奇巧之技作，于是一农执末而百家待食，一女躬织而万夫待衣，欲民之毋贫，得乎？朕思足食在于禁末作，足衣在于禁华靡，宜令天下四民，各守其业，不许游食，庶民之家不许衣锦绣。"

按阜民以节俭为始，治世皆然，何论国难。但必非在上者以奢导民，而徒以禁令束民所能使其耳目归一，不自厌其质朴也。姑就《纪事本末》所载者证之，至正二十六年时太祖尚称吴王。六月，命有司访求古今书籍，因谓侍臣詹同等有曰："每于宫中无事，辄取孔子之言观之，如'节用而爱人，使民以时'，真治国良规。孔子之言诚万世师也。"十二月，以明年为吴元年，建庙社，立宫室，己巳，典营缮者以宫室图进，太祖见雕琢奇丽者命去之，谓中书省臣曰："千古之上，茅茨而圣，雕峻而亡。吾节俭是宝，民力其毋殚乎？"吴元年至正二十七年九月癸卯，新内三殿成，曰奉天、华盖、谨身。左右楼曰文楼、武楼。殿之后为宫，前曰乾清，后曰坤宁，六宫以次序列，皆朴素不为饰。命博士熊鼎类编古人行事可为鉴戒者，书于壁间；又命侍臣书《大学衍义》于两庑壁间。太祖曰："前代宫室，多施绘画；予用此备朝夕观览，岂不愈于丹青乎？"是日，有言瑞州出文石，可甃地。太祖曰："敦崇俭朴，犹恐习于奢华，尔不能以节俭之道事予，乃导予侈丽！"言者惭而退。洪武元年三月乙酉，蕲州进竹簟，命却之，谕中书省臣曰："古者方物之贡，惟服食器用，无玩好之饰；今蕲州进竹簟，未有命而来献，天下闻风，争进奇巧，则劳民伤财自此始矣，其勿受。"仍令四方："非朝廷所需，毋得妄献。"八月，有司奏造乘舆服御诸物，应用金者特命以铜为之，有司言："费小不足惜。"上曰："朕富有四海，岂吝于此？然所谓俭约者，非身先之，何以率下？且奢侈之原，未有不由小至大者也。"十月甲午，司天监进元所置水晶刻漏，备极机巧，中设二木偶人，能按时自击钲鼓。上览之，诏侍臣曰："废万几之务，用心于此，所谓作无益害有益也。"命左右碎之。先是至正二十四年，平汉后，江西行省以友谅镂金床进，太祖观之，谓侍臣曰："此与孟昶七宝溺器何异耶？一床工巧若此，其余可知，穷奢极侈，安得不亡？"命毁之。十二月己巳，上退朝还宫，太子诸王侍，上指宫中隙地谓之曰："此非不可起亭台馆榭为游观之所，诚不忍重伤民力耳，昔商纣琼宫瑶室，天下怨之；汉文帝欲作露台，惜百金之费，当时国富民安。尔等常存儆戒！"六年十一月，潞州贡人参。上曰："人参得之甚艰，毋重劳民，往者金华进香米，太原进葡萄酒，朕俱止之，国家以养民为务，奈何以口腹累人？"命却之。凡此皆洪武初年之事。太祖惟率先恭俭，而后立法以整齐一国，则人已以朴为荣，以华为辱矣，况复有法令在耶！其中如毁元宫刻漏一事，此亦中国巧艺不发达之原因；但使明祖在今日，亦必以发展科学与世界争长，惟机巧用之于便民卫国要政，若玩好则仍禁之，固两不相悖，决不因物质文明而遂自眩其耳目。

洪武二十年（1387年），命国子生武淳等分行天下州县，随粮定区，区设粮长四人，量度地亩方圆，次以字号，悉书主名及田之丈尺，编类为册，状如鱼鳞，号曰鱼鳞图册。先是黄册之制，以户为主，详具旧管、新收、开除、实在之数，为四柱式；而鱼鳞图册以土田为主，诸原、坂、坟、衍、下、隰、沃、瘠、沙、卤之别毕具。于是以鱼鳞册为经，凡土田之讼质焉；黄册为纬，凡赋役之法定焉。其有质卖田土者，备书其税粮科则，官为籍记之，于是始无产去税存之患。

鱼鳞区图之制，为田土之最要底册，明祖创之，清代仍用，然在江南则有之，江苏之江北即不能皆具。要之，此法沿自明代，今各国之所谓土地台账，即此法也。明于开国之初，即遍遣士人周行天下，大举为之，魄力之伟大无过于此，经界由此正，产权由此定，奸巧无所用其影射之术，此即科学之行于民政者也。当时未措意科学，而尽心民事者自与之暗合；苟不勤民，即科学发达，人自不用，此以见政治科学即由勤政精思以得之耳。

又以中原田多荒芜，命省臣议，计民授田，设司农司，开治河南，掌其事。临濠之田，验其丁力，计亩给之，毋许兼并。北方近城地多不治，召民耕，人给十五亩，蔬地二亩，免租三年。每岁，中书省奏天下垦田数，少者亩以千计，多者至二十余万。官给牛及农具者，乃收其税；额外垦荒者，永不起科。（设司农司在三年五月，时中书省犹未废，故志文如此）。洪武二十六年（1393年），核天下土田，总八百五十万七千六百二十三顷，盖骎骎无弃土矣。

以上两节皆《食货志》文。再证以列传中事实。《循吏·方克勤传》：洪武四年，以方克勤为济宁知府，时中原初定，诏民垦荒，阅三岁乃税，吏征率不俟期，民以诏旨不信，辄弃去，田复荒。克勤与民约，税如期，区田为九等，以差等征发，吏不得为奸，野以日辟。盖虽有诏，而奉行仍赖良吏，惟贤有司得行其志。可见诏旨未尝不信，但吏奸宜戢耳。至二十六年而奏大效，殆仍以贤有司不易得乎？克勤，方孝孺之父也。

观明祖之劝课农桑，作养廉俭，已足藏富于民矣。夫其军事方亟，大军四出，取天下而统一之，华夏略定，又有出塞大举，加以百废待举，建官署，设兵卫，坛庙宫殿，城垣仓庾，学校贡举，颁爵制禄，时当开创，虽洪武中叶，兵事粗定，而需费浩繁，取于民者似不容缓，且当时专仰田赋，盐法则借开中以代转运，不为帑项之所取盈。乃自吴元年起，陆续免征，正在军事旁午之际，至十三年，并普免天下田租，其余部分之蠲免，且有一免累数年者。盖足国之要在垦土，有土有财；丰财之要在自克其欲，移挥霍于私欲者以供国用，则虽用军之际，不但军给而并时时有以惠被兵之民，此为定天下之根本。兹汇举明祖开国时蠲赋之事略如下：

至正二十五年（1365年），常遇春克赣州。汉将熊天瑞守赣，常加赋横敛民财，及其降，有司请仍旧征之，太祖曰："此岂可为额耶？"命亟罢之，并免去年秋粮之未输者。

吴元年正月乙未，谕中书省："太平、应天诸郡，吾创业地，供亿最劳。"

戊戌，下令："免太平租二年，应天、镇江、宁国、广德各一年。"

五月，令："徐、宿、濠、泗、寿、邳、东海、安东、襄阳、安陆等郡县，及自今新附之民，皆复田租三年。"

六月戊申，赐民今年田租。自五月旱，减膳素食，及是日大雨，群臣请复膳，乃有是令。

洪武元年（1368年）正月甲申，诏遣周铸等一百六十四人往浙西核实田亩，谕中书省臣曰："兵革之余，郡县版籍多亡，今欲经理以清其源，无使过制以病吾民。夫善政在于养民，养民在于宽赋。其遣周铸等往诸府县核实田亩以定赋税，此外无令有所妄扰。"

按此出《纪事本末》。据《明史·章溢传》，处州田赋，以军兴加至十倍。至是复旧。又《刘基传》，处州粮复旧，视宋制犹亩加五合，惟青田不加，太祖曰："使伯温乡里世世为美谈也。"处州非浙西也，元之浙西道廉访司辖杭、嘉、湖、严、苏、松、常、镇、太各属地。《食货志》："初，太祖定天下官民田赋，凡官田，亩税五升三合；民田，减二升；重租田，八升五合五勺；没官田，一斗二升。惟苏、松、嘉、湖，怒其为张士诚守，籍诸豪族及富民田以为官田，按私租簿为税额，而杨宪为司农卿，又以浙西膏腴，亩加二倍，故浙西官民田赋视他方倍蓰，亩税有二三石者。大抵苏最重，嘉、湖次之，杭又次之。"志文如此。盖至是始遣铸等往核，其后迭有轻减，而至今犹为田赋独重之地。太祖以喜怒用事，是其一失，然究是对于偏隅，其大体固能藏富于民，深合治道也。

洪武二年二月（1369年）乙丑，命中书省定役法。上以立国之初，经营兴作，恐役及贫民，乃议验田出夫。于是省臣议：田一顷，出丁夫一人，不及顷者，以别田足之，名曰均工夫。寻编应天十八府州，江西九江、饶州、南康三府均工夫图册。每岁农隙，赴京供役三十日，遣归。其田多而丁少者，以佃人充夫，而田主出米一石资其用；非佃人而计亩出夫者，亩资米二升五合。

按此为古法。地与丁皆民所应输于国，至清代康、雍两朝，摊丁于地，始不复计丁，而人口亦愈难统计矣。

闰七月，诏免吴江、广德、太平、宁国、和、滁水旱灾租。

二年正月庚戌，诏曰："朕淮右布衣，因天下乱，帅众渡江，保民图治。今十有五年，荷天眷佑，悉皆戡定。用是命将北征，齐、鲁之民，馈粮给军，不惮千里，朕轸厥劳，已免元年田租，遭旱，民未苏，其更赐一年。顷者，大军平燕都，下晋、冀，民被兵燹，困征敛，北平、燕南、河东、山西今年田租，亦予蠲免。河南诸郡归附，久欲惠之，西北未平，师过其地，是以未遑。今晋、冀平矣，西抵潼关，北界大河，南至唐、邓、光、息，今年税粮悉除之。"又诏曰："应天、太平、镇江、宣城、广德，去岁蠲租，遇旱，惠不及下，其再免诸郡及无为州今年租税。"

洪武三年（1370年）三月庚寅朔，诏免南畿、河南、山东、北平及浙江、江西广信、饶州今年田租。是月戊戌，蠲徐州、邳州夏税。

洪武四年（1371年）正月戊申，免山西、浙江被灾田租。二月，免太平、镇江、宁国田租。五月，免浙江、江西秋粮。八月甲午，免中都、扬州、淮安及泰、滁、无为等州田租。十一月，免河南、陕西被灾田租。

是年十二月，汉中府知府费震坐事逮至京师。震，鄱阳人，以贤良征为吉水知州，有惠政，擢守汉中。岁凶多盗，震发仓粟十余万石贷民，约以秋成收还，民闻皆来归，邻境民亦争赴之。震令占宅自为保伍，籍之得数千家。上闻其事，曰："此良吏也，宜释之以为牧民者劝。"越二年，证实钞局提举，擢震任之。十一年，帝诏吏部曰："资格为常流设耳，有才能者当不次用之。"超擢者九十五人，而拜震户部侍郎，寻进尚书，奉命定丞相、御史大夫岁禄之制，出为湖广布政使，以老致仕。此从《明通鉴》及震本传辑。明祖用人，以能勤民事者为标准，天下自然多循吏，而乱后之民得苏息矣。

洪武五年（1372年）六月，振山东饥，免被灾州县田租。又自五月至七月，凤翔、平凉二府雨雹，伤豆麦，诏免其税。又苏州府崇明县水，诏以所报恐未尽，令悉免之。八月，免通州、海门县被水田租。十月，免应天、太平、镇江、宁国、广德诸郡县田租。

地方报灾，不予驳查，反恐所报未尽，令免通县之税，民斯劝矣。此下太祖蠲赋在各地方者不概列，以省烦复。

洪武十三年（1380年）五月甲午，雷震谨身殿。己亥，免天下田租。

按修德以消天变，古来政论如此。果能修德，自有益于民生，即恒以天变为警动而为之，仍盛德事也。汉文、景之世，恒有赐民数年田租之事。明祖当天下初定，已能如此，非自处于撙节以爱养天下，何以得之？

洪武十五年（1382年）五月丙子，广平府吏王允道言："磁州产铁，元时置官，岁收百余万斤，请如旧。"帝曰："朕闻王者使天下无遗贤，不闻无遗利。今军器不乏，而民业已定，无益于国，且重扰民。"杖之，流岭南。

明祖时时以言利为非帝王之体，至杖流言利者。就明代言之，万历间言利之细人蜂起，矿使四出，无矿而指为矿，以讹索破民之家，则与太祖开国之法意正相反。《食货志》："徐达下山东，近臣请开银场。太祖谓：'银场之弊，利于官者少，损于民者多，不可开。'其后有请开陕州银矿者，帝曰：'土地所产，有时而穷，岁课成额，征银无已，言利之臣，皆戕民之贼也。'临淄丞乞发山海之藏，以通宝路。帝黜之。"此皆洪武年间之事。不害民即所以利国，深合中国圣贤遗训。万历时尽反其所为，货财积于宫中，民穷为乱，外患乘之，一代兴亡之龟鉴如此。

洪武二十年（1387年）九月，户部言："天下税课，视旧有亏，宜以洪武十八年所收为定额。"上曰："商税多寡，岁有不同，限以定额，岂不病民？"不许。

税额按近年酌定，令必如额，尚非甚病民也，而明祖且不许。万历间，税监四出，无税者起税，无所谓额，阉人横行，有司稍计民命，即奏予重谴，下狱有至十余年者。前后相较，兴亡之故了然。

洪武二十七（1394年）年三月庚戌，上谕工部曰："人之常情，饱则忘饥，暖则忘寒。卒有不虞，将何以备？比年以来，时岁颇丰，然预防之计不可不早。其广谕民间，如有隙地，种植桑枣，益以木棉，并授以种法，而蠲其税。岁终具数以闻。"

按军兴时以食为急，种糯米恐其酿酒，则禁之。及是时岁丰食足，上年二十六年，已核垦田至八百五十万七千六百二十三顷，骎骎全国无弃土，乃于足食之外，计赡其衣被之需，及丰其制造农具之木植。明祖可谓尽心民事矣。且桑、枣、棉之田免税，其余裕又足以惠民。此制直至清末，吾乡田亩，尚有免赋之桑枣田，各乡各图皆有此种田额若干，其实已不种桑枣。其乡有公正之董事，以此为地方公产，否则为豪强所擅有之无粮田。盖良法美意，日久间有废弛，然其初时德意不可忘也。又苏州最称赋重，太仓旧本属苏，亦在重赋之列，清中叶以后，以地多产棉，遂援《赋役全书》中棉田免税之例，请得蠲减。此皆沿旧时明制之惠。后来蚕丝为输出之大宗，民间以种桑利厚，不拘桑枣地之免税，虽仍纳普通田税，亦愿种桑。至各县之桑枣额田，今未知其存否矣。

是年八月乙亥，遣国子监生分行天下，督修水利。上谕工部曰："湖堰陂塘，可蓄泄以备旱潦者，因地势修之。"复谕诸生曰："周时井田制行，有潴防沟遂之法，故虽遇旱潦，民不为灾。秦废井田，沟洫之利尽坏，于是因川泽之势，引水溉田而水利兴，惟有司奉行不力，则民受其患。今遣尔等分行郡县，毋妄兴工役，毋掊克吾民。"寻给道里费遣之。明年冬，河渠之役，各郡邑交奏，凡开塘堰四万九百八十七处，河四千一百六十二处，陂渠堤岸五千四十八处。水利既兴，田畴日辟，一时称富庶焉。

此与上洪武二十年定天下鱼鳞图册，均遣国子生而不遣官吏，是明初以社会之事任用学生之成绩。水利为农田根本，今天下旧有之堰闸皆坏，河渠失修，旱潦之患，动辄数千里为一灾区。明祖于天下初定，全国大举为之，建设之伟，无过于此。

明初用国子监生为此两大事，皆以全国为量，以民生为本。可知其求于士者，绝非后此溺于八股之意。又有一事可以互证者，二十五年秋七月，岢岚州学正吴从权、山阴教谕张恒给由至京师，上问民间疾苦。皆对曰："职在课士，民事无所与。"帝怒曰："宋胡瑗为苏湖教授，其教兼经义治事；汉贾谊、董仲舒皆起田里，敷陈时务；唐马周不得亲见太宗，且教武臣言事。今既集朝堂，朕亲询问，俱无以对，志圣贤之道者固如是乎？"命窜之远方，榜示天下学校以为鉴戒。此事见《纪事本末·开国规模》篇，而《明史》则载《门克新传》内。太祖之期待学校师生本意如此。

次言军事：《明史·兵志序》："明以武功定天下，革元旧制，自京师达于郡县，皆立卫、所，外统之都司，内统于五军都督府，而上十二卫为天子亲军者不与焉。征伐则命将充总兵官，调卫所军领之。既旋，则将上所佩印，官军各回卫所。盖得唐府兵遗意。"夫所谓得唐府兵遗意，后人于唐府兵之本意，初不甚了然，即于明之兵制，亦沿其流而莫能深原其本。即如唐以藩镇割据而亡，此在玄宗以前乌有是事之牙蘖。唐之府兵，一变而骑，此不过宿卫改用募士耳，犹之明于永乐间改立三大营，景泰中又改团练营，皆不过京营之变迁。

至唐变方镇而开割据之门，明变召募而成民变之祸，则皆纯乎忘其本矣。今惟由明之卫所军以窥见唐之府兵，且知明与唐之初制，其养兵皆不用耗财，而兵且兼有生财之用，兵制之善，实无以复加。此不可不稍详其制度，以为谈中国兵事者作一大参考也。

第一，先考明卫所兵是否即唐之府兵。《新唐书·兵志》："初，府兵之置，居无事时，耕于野，其番上者，宿卫京师而已。若四方有事，则命将以出，事解辄罢，兵散于府，将归于朝。故士不失业，而将帅无握兵之重，所以防微渐绝祸乱之萌也。"据此文，即知与明《兵志》文适合。

第二，再考明卫所兵饷械之所出是否与唐府兵之制同。唐《兵志》："凡府三等：兵千二百人为上，千人为中，八百人为下。府置折冲都尉一人，左、右果毅都尉各一人，长史、兵曹、别将各一人，校尉六人。士以三百人为团，团有校尉；五十人为队，队有正；十人为火，火有长。火备六驮马。凡火，具乌布幕、铁马盂、布槽、钟、镢、凿、碓、筐、斧、钳、锯皆一，甲床二，镰二；队具火钻一，胸马绳一，首羁、足绊皆三；人具弓一，矢三十，胡禄、横刀、砺石、大觿、毡帽、毡装、行縢皆一。麦饭九斗，米二斗，皆自备，并其介胄戎具，藏于库。有所征行，则视其入而出给之。其番上宿卫者，惟给弓、矢、横刀而已。"又云："军有坊，置主一人，以检察户口，劝课农桑。"据此文，兵一人至一火、一队，皆有应自备之食粮及用具，而此外又有介胄戎具，则不在内。其尚未能明了者，此所备之时限，是否为每一年期所纳之数。既劳其力为兵，又令自备各具与粮，自必因其所耕之田由国家所给，即以此代租税为出征时之用，而平常之给养自仰于田之收获，不待言也。观其军中置有坊主以检察户口，劝课农桑，可知军有军之户口农桑，绝与无田无宅借饷以糊口之兵不同。至介胄戎具出自何所，《唐志》皆未言明。此则证以明制，则知皆出于兵之所供，而兵之能供此费，皆由应纳之赋税，有具粮械以纳者，尚有如民田所应纳之租者在，此应据明制而推知者也。

《明史·兵志》："太祖下集庆路，为吴王，罢诸翼统军元帅，置武德、龙骧、豹韬、飞熊、威武、广武、兴武、英武、鹰扬、骁骑、神武、雄武、凤翔、天策、振武、宣武、羽林十七卫亲军指挥使司。革诸将袭元旧制枢密、平章、元帅、总管、万户诸官号，而核其所部兵，五千人为指挥，千人为千户，百人为百户，五十人为总旗，十人为小旗。天下既定，度要害地，系一郡者设所，连郡者设卫，大率五千六百人为卫，千一百二十人为千户所，百十有二人为百户所，所设总旗二，小旗十，大小连比以成军。其取兵，有从征，有归附，有谪发。从征者，诸将所部兵，既定其地，因以留戍；归附，则胜国及僭伪诸降卒；谪发，以罪迁隶为兵者。其军皆世籍。此其大较也。"

定军卫法，本纪不载，《纪事本末》系之洪武元年二月，《洪武圣政记》则系之元年正月。《刘基传》："太祖即皇帝位，基奏定军卫法。"则可知自在元年之初，且此为刘基所奏定。《圣政记》亦云然。

初定之兵数，较洪武元年所定之数略少，非少也，初定时，但定军制，未定军籍，故止计兵数，官长不在内。洪武元年所定，则以卫系籍，兵与官皆附卫为籍，世世不改，则并计人数而较增多耳。附籍之后，受地执业，有室家，长子孙。一家之内，为军及官者一人；其余人丁，官之子弟为舍人，兵之子弟为余丁，既为出缺时充补，又为正兵及官调发时或勤操练时执耕稼之事。于是兵非浮浪之人，充兵非消耗之业，养兵非糜费之事矣。其受地执业之制，出于屯田。明之初制，无军不屯。此卫所之根本制度，亦即府兵之根本制度也。

《食货志》："屯田之制：曰军屯，曰民屯。太祖初立民兵万户府，寓兵于农，其法最善。又令诸将屯兵龙江诸处，惟康茂才绩最，乃下令褒之，因以申饬将士。洪武三年，中书省请税太原、朔州屯卒，命勿征。明年，中书省言：'河南、山东、北平、陕西、山西及直隶淮安诸府屯田，凡官给牛种者十税五；自备者十税三。'诏：'且勿征，三年后，亩收租一斗。'六年，太仆丞梁埜仙帖木尔言：'宁夏境内及四川，西南至船城，东北至塔滩，相去八百里，土膏沃，宜招集流亡屯田。'从之。是时，遣邓愈、汤和诸将屯陕西、彰德、汝宁、北平、永平，徙山西、真定民屯凤阳。又因海运饷辽，有溺死者，遂益讲屯政，天下卫、所、州、县军民皆事垦辟矣。其制：移民就宽乡，或召募，或罪徙者为民，皆领之有司；而军屯则领之卫、所。边地，三分守城，七分屯种；内地，二分守城，八分屯种。每军受田五十亩，为一分，给耕牛、农具，教树植，复租赋，遣官劝输，诛侵暴之吏。初，亩税一斗。三十五年定科则：军田一分，正粮十二石，贮屯仓，听本军自支；余粮为本卫所官军俸粮。"

　　《明史》以屯田为田赋之一种，故入《食货志》，此史馆诸臣之不注意于兵事也。今详为推考，不但知明代兵制之善，并知唐代府兵之真意。又史臣以屯田为《食货志》中一事，故民屯与军屯相杂，其言民屯乃移民垦荒，固为足食之一事；军屯则既可不弃地利，又能使国无养兵之费，而兵有保卫地方之实。夫责兵以卫民，曰汝职务宜然，此以名义相责，非以身家之利害相共也。兵为无产之人，受甚薄之给养，而为有产之人作保障，其势不可必恃，来不知其所从，去不知其所向，此种雇倩无根之人而假之以武器，习之以战阵，谓能使见利而不起盗心，见害而不思苟免，是以劳役待兵，而又以圣贤望兵也。人受田五十亩，兵有产矣；一家占为此籍，兵与地方相共矣，既无从出没为非，更不能熟视身家所在之地。国必有兵，兵必有制。明兵制之善，史臣不能发挥之，此亦书生之不解世务也。当洪武之世，极力兴举屯政，然不急于升科，以坚其企业之意。至三十五年乃定科则，三十五年即建文四年，革除以后之纪年矣。军田一分即五十亩，纳正粮十二石，每亩合二斗四升，是为其受产之负担。贮屯仓听本军自支，所支者兵之月粮，又为其月粮，洪武中，令京外卫马军，月支米二石，步军，总旗一石五斗，小旗一石二斗，军一石，城守者如数给，屯田者半之，民匠充军者八斗，牧马千户所一石，民丁编军操练者一石，江阴、横海水军梢班碇手一石五斗。阵亡病故军给丧费一石，在营病故者半之。籍没免死充军者，谓之恩军，家四口以上一石，二口以下六斗，无家口者四斗。又给军士月盐，有家口者二斤，无者一斤。在外卫所军士以钞准。"据此，则一年支粮十二石为军饷原则，马军、水军较有例外加增，但是少数。惟军为屯军，则利在田业，饷额减半。据军屯分配成数，边地三分守城，七分屯种；内地二分守城，八分屯种。其三七与二八，并非指定七成或八成之军永为农民，只是全军中轮流抽出三成或二成专任军役，如是则恒有七八成之兵可在农亩，即恒有七八成之兵只需半饷。夫七八成半饷之兵，是即等于三四成额军不需给饷也。以三四成余剩之额饷，给二三成城守之额兵，实余额饷一二成，为官长及马兵、水兵等之加额，及上级官之俸给，皆有余裕，而军械亦括于其中。据唐府兵之制而互证之，可以了然矣。惟边地屯种之军，成数较少，设粮秣不足，运购尤艰，明初更立"中盐"一法，与筹饷相辅而行。盐既开中，又兴商屯，既给军，又垦荒，孔子所谓"因民之所利而利之，惠而不费"。真谋国之至计也。

《食货志》:"有明盐法,莫善于开中。洪武三年,山西行省言:'大同粮储,自陵县运至泰和岭,路远甚烦,请令商人于大同仓入米一石,太原仓入米一石三斗,给淮盐一小引。商人鬻毕,即以原给引目赴所在官司缴之,如此则转运费省而边储充。'帝从之。召商输粮而与之盐,谓之开中。其后各行省边境,多招商中盐,以为军储,盐法边计,相辅而行。四年,定中盐例,输米临濠、开封、陈桥、襄阳、安陆、荆州、归州、大同、太原、孟津、北平、河南府、陈州、北通州诸仓,计道里近远,自五石至一石有差。先后增减则例不一,率视时缓急,米直高下,中纳者利否,道远地险,则减而轻之。编置勘合及底簿,发各布政司及都司卫所,商缴粮毕,书所纳粮及应支盐数,赍齐赴各转运提举司照数支盐。转运诸司亦有底簿,此照勘合相符,如数给与。鬻盐有定所,刊诸铜版。犯私盐者罪至死,伪造引者如之,盐与引离,即以私盐论。"

按《史·志》文微有含混,明初中盐,当系令商运官粮赴边远之地,粮入仓后,给商盐引,赴产盐所在之官署,仍纳盐之场价,领盐赴销盐之地,照官定岸地出售。商人习于转输,以运粮之劳费,易得盐引为报酬,领盐又加运盐之劳费,运至销盐之岸,官为定价,使商有可图之利。又计销盐之地,民欲得盐,所必需之费,可胜负担者,而定其价,期不病食盐之民,而有利于运盐之商,即更有利于待饷之兵。至国家所课盐利,仍在官定场价之中,并不因商之开中而有加损,所谓一举而数善备也。惟洪武四年之则例所定如是,故一小引二百斤之盐,至少需中米一石;道里近者至需五石之多。是可知其纯以运费计算,非以米价计算也。至云:"先后增减则例不一,率视时缓急,米直高下,中纳者利否,道远地险,则减而轻之。"其中有"米直高下"一项,则是令商纳米矣。此后来改则例之所定。故志文又云:"宣德三年。户部尚书夏原吉以北京官吏军匠粮饷不支,条上预备策,言:'中盐旧则太重,商贾少至,请更定之。'乃定每引自二斗五升至一斗五升有差,召商纳米。"明一代米价无甚变动,至其末造,俸饷折价,尚以银一两作米二石。洪武至宣德初,中盐之米,额数多寡大异,盖则例屡改,纳米之法亦不同,史漏未叙明也。其后至弘治时,废中盐之法,令商以银纳课,边储遂乏,说见下。

《食货志·屯田》下云:"明初,募盐商于各边开中,谓之商屯。迨弘治中,叶淇变法,而开中始坏,诸淮商悉撤业归,西北商亦多徙家于淮,边地为墟，米石直银五两，而边储枵然矣。"叶淇本传："淇居户部六年，直亮有执，能为国家惜财用，每廷议用兵，辄持不可。惟变开中之制，令淮商以银代粟，盐课骤增至百万，悉输之运司，边储由此萧然矣。"

中盐之法，军守边，民供饷，以盐居其中，为之枢纽，故曰开中。其始但令商司运，既而改则例直令纳粟，盖又兴商屯之法，指边之旷地，军所垦不尽者，令商得兴屯，所获之粟，即以输边，易引以贩盐。商更无远道运粮之费，而有领地营垦之利，国家则又多一辟土足食之助力，又所谓一举而数善备也。开中法废，商不需屯，淮商固弃垦而归淮，西北商之业淮盐者，亦徙家于淮。以专务纳课贩盐，盐遂与边储无涉，而多集课银，徒供暴君污吏之挥霍。边备既虚，转饷一事，劳扰天下，而仍不济急，民穷财尽，铤而走险之祸遂以亡明。此其目光，但见一时见金之充积，而不知即使得金不浪用，仍以济边，妨屯弃地，购粟运远，已万万不偿所失，况一得见金，徒长奢费，不复急顾边储，非至边军窘急，不筹救济。而奢费既开，更无复归节约之日，谓亡明之因即种于此，无不可也。

中盐之制本起于宋，宋不重视，以为有得有失。明中盐之为善法，正在商屯，诚实业盐之商，信国家之法令，盐垦兼营，不趋歧径。当时近淮之豪民怂恿变法，不任饷边之劳，而欲占行盐之利，以增课之说动叶淇，淇以乡情而中其说。《明史》不详其原委，今更以《明通考》补说明之。

《续通考》："弘治五年八月，令两淮等盐引俱召商开中，纳银类解户部太仓，以备边储。初，各边开中商人招民垦种，筑台堡自相保聚，边方菽粟无甚贵之时。成化间，始有折纳银者，然未尝著为令也。至是户部尚书叶淇，淮安人，淇本传，山阳人。盐商皆其亲识，因与淇言：'商人赴边纳粮，价少而有远涉之虞；在运司纳银，价多而得易办之利。'淇然之。内阁徐溥，淇同年最厚，淇遂请召商纳银运司，类解太仓，分给各边，每引输银三四钱有差，视国初米值加倍，而商无远运之苦，一时太仓之银，累至百余万。然赴边开中之法废，商屯撤业，菽粟翔贵，边储日虚矣。"

华钰《盐策议》曰："洪武、永乐时，内地大贾争赴九边，垦田积粟，以便开中。朝中暮支，价平息倍，商乐转输，边免飞挽，士饱马腾，缓急有备，策至良也。岁引初无定额，皆资主客兵饷，从边庚受券，不令轻纳盐龊司也。

自司农叶淇为淮商地，输盐一引，输粟二斗五升，轻请增额，准改折色，径于运司上纳，于是每引纳银三钱五分，或四钱二分。又令客商谓非淮商。无见盐，许本场买补，西北商即客商。胥内徙便转贩，而边计大坏。今正引虽仍赴边中，余课悉如淇议矣。"

由以上两端，见明初之民事军事制度，纯以土地与财政相权，有生财，无耗财。凡以养兵而病国者宜深鉴之。

洪武年中诸大事

孟森

命相与废相

太祖自下集庆后，自领江南行省平章与元帅府元帅，时犹以一官自处。元至正二十四年，太祖为吴王，始定官制，仿元制设中书省，以李善长为右相国，徐达为左相国。吴元年，至正二十七年。官制尚左，改善长为左，达为右。达方连年统兵，平汉平吴取中原，实不与省务。洪武元年，改相国为丞相，直至四年，皆由善长独相。四年正月，善长致仕，以汪广洋为右丞相，徐达以左丞相仍统军，旋为大将军西征，广洋独相。至六年，左迁广东参政，而胡惟庸代之，惟庸独相。至十年九月转左，仍以汪广洋为右丞相。至十二年十二月，以御史中丞言刘基为惟庸毒死，帝问广洋，对曰："无有。"帝怒其朋欺，贬广南，寻赐死。十三年正月，惟庸以谋反发觉，诛，遂罢中书省，定制不置丞相。明之有相，惟李善长、徐达、汪广洋、胡惟庸四人任之，其理省事者实止善长、广洋、惟庸三人。善长自太祖略地滁阳时迎谒，与语大悦，留掌书记，俱攻滁州，既下，即任参谋，预机务，主馈饷。太祖威名日甚，诸将来归者，为太祖察其材，而布太祖款诚，并调护其龃龉。郭子兴中流言，疑太祖，欲夺善长自辅，善长固谢弗往。太祖师行所克，取郡邑，善长预书榜禁戢士卒，民不知兵。军机进退，赏罚章程，有所招纳，则为书词；自将征讨，则命居守。定榷盐、榷茶诸法，制钱法，开铁冶，定鱼税，饶益国用，而民不困。又裁定律令，奏定官制，帅礼官定朝野礼仪制度。又监修《元史》，编《祖训录》《大明集礼》。祭祀、封建、爵赏，事无巨细，悉委善长，与儒臣谋议之，为功臣第一，比之萧何，为真宰相。富贵既极，帝稍厌其骄，以病致仕，恩礼尚隆，复以公主归其子。洪武十年，与李文忠并命总中书省、大都督府、御史台，同议军国大事。十三年，胡惟庸伏诛，善长以与相厚，他坐党死者众，而善长以功大，免，又十年，卒诛之。广洋依违无大建白。惟庸始以才当帝意，曲谨市宠，独相数年，大为奸利。徐达、刘基均以为言，会基病，帝遣惟庸以医往，遂以毒中之。与善长相结，以兄女妻其从子佑。善长耄年，竟以惟庸谋反牵染死，遂结千余年中书柄政之局。洪武间四大狱，连坐动至数万人，惟庸狱最早发，延十余年，其狱始竟，不可不稍详之。

洪武初，帝有厌李善长意，欲易相，《明史·刘基传》："初，太祖以事责丞相李善长，基言善长勋旧，能调和诸将。太祖曰：'是数欲害君，君乃为之地耶？吾行相君矣。'基顿首曰：'是如易柱，须得大木，若束小木为之，且立覆。'及善长罢，帝欲相杨宪，宪素善基，基力言不可，曰：'宪有相才，无相器。夫宰相者，持心如水，以义理为权衡，而己无与者也。宪则不然。'帝问汪广洋，曰：'此褊浅殆甚于宪。'又问胡惟庸，曰：'譬之驾，惧其偾辕也。'帝曰：'吾之相，诚无逾先生。'基曰：'臣疾恶太甚，又不耐繁剧，为之且孤上恩。天下何患无才，明主悉心求之，目前诸人，诚未见其可也。'后宪、广洋、惟庸皆败。"

《基传》又云："明年（洪武四年），赐归老于乡。基佐定天下，料事如神，性刚嫉恶，与物多忤。至是还隐山中，惟饮酒弈棋，口不言功。邑令求见不得，微服为野人谒基，基方濯足，令从子引入茅舍，炊黍饭令。令告曰：'某青田知县也。'基惊起，称民，谢去，终不复见。其韬迹如此，然究为惟庸所中。初，基言瓯、括间有隙地曰谈洋，南抵闽界，为盐盗薮，方氏所由乱，请设巡检司守之。奸民弗便也。会茗洋逃军反，吏匿不以闻，基令长子琏奏其事，不先白中书省，胡惟庸方以左丞掌省事，挟前憾，使吏讦基，谓谈洋有王气，基图为墓，民弗与，则请立巡检逐民。帝虽不罪基，然颇为所动，遂夺基禄。基惧入谢，乃留京不敢归。未几，惟庸相，基大戚曰：'使吾言不验，苍生福也。'忧愤疾作。八年三月，帝亲制文赐之，遣使护归，抵家疾笃，以天文书授子琏曰：'亟上之，毋令后人习也。'又谓次子璟曰：'夫为政宽猛如循环。当今之务，在修德省刑，祈天永命。诸形胜要害之地，宜与京师声势联络，我欲为遗表，惟庸在，无益也。惟庸败后，上必思我，有所问，以是密奏之。'居一月而卒，年六十五。基在京病时，惟庸以医来，饮其药，有物积腹中如拳石。其后中丞涂节首惟庸逆谋，并谓其毒基致死云。"

按诚意之归隐韬迹，非饰为名高也，亦非矫情也，盖惧祸耳。《历朝诗集·刘诚意小传》云："公负命世之才，丁胡元之季，沉沦下僚，筹策龃龉，哀时愤世，几欲草野自屏。然其在幕府，与石抹艰危其事，遇知己效驰驱，作为歌诗，魁垒顿挫，使读者愤张兴起，如欲奋臂出其间者。遭逢圣祖，佐命帷幄，列爵五等，蔚为宗臣，斯可谓得志大行矣。乃其为诗，悲穷叹老，咨嗟幽忧，昔年飞扬砰砜之气，渐然无有存者，岂古之大人志士，义心苦调，有非旗常竹帛可以测量其深浅者乎？呜呼，其可感也！"本此眼光读公遗著，可知大人志士，惟在乱世为有意气发舒，得志大行则皆忧危之日。其不知忧危者，必为胡惟庸、蓝玉之流；知忧危者，则公及汉之张良是也，而公犹且不尽免祸，读史诚可感矣。然以国家全体而论，当开创之后，而无检制元勋宿将之力，人人挟其马上之烈以自豪，权贵纵横，民生凋敝，其国亦不可久也。功臣遭戮，千古叹汉、明两祖之少恩，其实亦汉、明开国之功，所以能速就耳。公史本传又言："基虬髯，貌修伟，慷慨有大节，论天下安危，义形于色。帝察其至诚，任以心膂，每召基，辄屏人密语移时，基亦自谓不世遇，知无不言。遇急难，勇气奋发，计划立定，人莫能测；暇则敷陈王道，帝每恭己以听，常呼为老先生而不名，曰：'吾子房也。'又曰：'数以孔子之道导予。'顾帷幄语秘莫能详，而世所传为神奇，多阴阳风角之说，非其至也。"公于阴阳风角之说，史以为非其至，其实可云达人嗜奇之一蔽。谈洋王气之谍，正以公有术数之长，而动帝听。公之料事奇中，自由正大之学问所养成之识力，于阴阳风角何预？使果有秘术，何以谈洋奏请设官，不能预防其讦；惟庸医来下毒，不能先烛其奸？临死使其子上天文书，毋使后人复习，诚悔之耳。

《奸臣·胡惟庸传》："惟庸，定远人。归太祖于和州，授元帅府奏差，寻转宣使，除宁国主簿，进知县，迁吉安通判，擢湖广佥事。吴元年，召为太常少卿，进本寺卿，洪武三年，拜中书省参知政事，已，代汪广洋为左丞。六年正月，右丞相广洋左迁广东行省参政，帝难其人，久不置相，惟庸独专省事。七月，拜右丞相，久之进左丞相，复以广洋为右丞相。自杨宪诛，帝以惟庸为才，宠任之，惟庸亦自励，尝以曲谨当上意，宠遇日盛。独相数岁，生杀黜陟，或不奏径行，内外诸司上封事，必先取阅，害己者辄匿不以闻，四方躁进之徒，及功臣武夫失职者争走其门，馈遗金帛名马玩好，不可胜数。大将军徐达深疾其奸，从容言于帝，惟庸遂诱达阍者福寿以图达，为福寿所发。御史中丞刘基亦尝言其短，久之基病，帝遣惟庸挟医视，遂以毒中之。基死，益无所忌，与太师李善长相结，以兄女妻其从子佑。学士吴伯宗劾惟庸，几得危祸，自是势益炽。其定远旧宅，井中忽生石笋，出水数尺，谀者争引符瑞，又言其祖父三世冢上，皆夜有火光烛天，惟庸益喜自负，有异谋矣。吉安侯陆仲亨自陕西归，擅乘传，帝怒责之曰：'中原兵燹之余，民始复业，籍户买马，艰苦殊甚，使皆效尔所为，民虽尽鬻子女，不能给也。'责捕盗于代县。平凉侯费聚奉命抚苏州军民，日嗜酒色。帝怒，责往西北招降蒙古，无功，又切责之。二人大惧，惟庸阴以权利胁诱二人。二人素戆勇，见惟庸用事，密相往来，尝过惟庸家饮，酒酣，惟庸屏左右，言：'吾等所为多不法，一旦事觉，如何？'二人益惶惧。惟庸乃告以己意，令在外收集军马。又尝与陈宁坐省中，阅天下军马籍，令都督毛骧取卫士刘遇贤及亡命魏文进等为心膂，曰：'吾有所用尔也。'太仆寺丞李存义者，善长之弟，惟庸婿李佑父也。惟庸令阴说善长，善长已老，不能强拒，初不许，已而依违其间。惟庸益以为事可就，乃遣明州卫指挥林贤下海招倭与期会。又遣元故臣封绩致书称臣于元嗣君，请兵为外应。事皆未发。会惟庸子驰马于市，坠死车下，惟庸杀挽车者，帝怒，命偿其死，惟庸请以金帛给其家，不许，惟庸惧，乃与御史大夫陈宁、中丞涂节等谋起事，阴告四方及武臣从己者。十二年九月，占城来贡，惟庸等不以闻，中官出见之，入奏，帝怒，敕责省臣，惟庸及广洋顿首谢罪，而微委其咎于礼部，部臣又委之中书。帝益怒，尽囚诸臣，穷诘主者，未几，赐广洋死，广洋妾陈氏从死。帝询之，乃入官陈知县女也。大怒曰：'没官妇女，止给功臣家，文臣何以得给？'乃敕法司取勘。于是惟庸及六部堂属咸当坐罪。明年正月，涂节遂上变告惟庸。御史中丞商暠，时谪为中书省吏，亦以惟庸阴事告。帝大怒，下廷臣更讯，词连宁、节。廷臣言节本预谋，见事不成，始上变告，不可不诛，乃诛惟庸、宁并及节。惟庸既死，其反状犹未尽露。至十八年，李存义为人首告，免死，安置崇明。十九年十月，林贤狱成，惟庸通倭事始著。二十一年，蓝玉征沙漠，获封绩，善长不以奏。至二十三年五月事发，捕绩下吏，讯得其状，逆谋益大著。

会善长家奴卢仲谦首善长与惟庸往来状，而陆仲亨家奴封帖木亦首仲亨及唐胜宗、费聚、赵庸三侯与惟庸共谋不轨。帝发怒，肃清逆党，词所连及，坐诛者三万余人，乃为《昭示奸党录》布告天下，株连蔓引，迄数年未靖云。"

胡狱坐死之功臣封侯者至二十余人，洪武功臣各本传中可辑也。其以名德特宥者，《宋濂传》："长孙慎，坐胡惟庸党，帝欲置濂死，皇后、太子力救，乃安置茂州。"《孝义·郑濂传》："胡惟庸以罪诛，有诉郑氏交通者，吏捕之，兄弟六人争欲行，濂弟湜竟往，时濂在京师，迎谓曰：'吾居长，当任罪。'湜曰：'兄年老，吾自往辨。'二人争入狱。太祖召见曰：'有人如此，肯从人为逆耶？'宥之，立擢湜为左参议。"宋濂为太子师先后十余年，太子敬礼之，言必称师父。以濂学术，实为开国儒臣之首。而浦江郑氏为三百年义门，《宋史》《元史》皆有传，仅乃得免。惟庸诛后十年，而李善长见法时，复有牵染。靖宁侯叶升之以胡党伏诛，更在洪武二十五年。所谓坐诛者三万余人，其名何可胜考。此为明初第一大狱。

洪武十三年正月癸卯，诏书编之《祖训》，略云："自古三公论道，六卿分职，不闻设立丞相。自秦始置丞相，不旋踵而亡。汉、唐、宋虽多贤相，然其中多小人，专权乱政。今罢丞相，设五府、六部、都察院、通政司、大理寺等衙门，分理天下庶务，事皆朝廷总之。以后嗣君，毋得议置丞相，臣下敢以此请者，寘之重典。"太祖以置相为秦以来事，古三公论道不任职，六官任职而无总揽之柄，政事由君上亲裁，此法自亦不谬。以帝非怠政之君，而中书省为万几之所集，作奸者有专擅而无分掣，遂成惟庸之祸，故因噎废食如此。盖帝好便给任事之才，不欲用以道自重之士，若刘基即终不能深倚，其故可知。至小人积恶之久，非谋逆无掩盖之法，天下初定，戎马之士，反测易生。废相以后，嗣君能稍勤政，必无奸雄专弄之权。此太祖之特识也。然勤政正未易言，太阿倒持，终不可免，权相之外，又有权阉，事固有出于所防之外者矣。

峻法与守法

明初用刑之峻，若《大诰》三编，若胡惟庸、蓝玉、郭桓、空印等四案，驭勋贵官吏特严。《大诰》于所定《大明律》之外，指定条目，处以极刑，其目有十：曰揽纳户，曰安保过付，曰诡寄田粮，曰民人经该不解物，曰洒派抛荒田土，曰倚法为奸，曰空引偷军，曰黥刺在逃，曰官吏长解卖囚，曰寰中士夫不为君用，罪至抄札。书成，颁之学官以课士，里置塾师教之。狱囚有能读《大诰》者，罪减等。一时天下有讲读《大诰》师生来朝者十九万余人，皆赐钞币遣还。未几，复定《续编》《三编》，时惩元季贪冒，徇私灭公，立法务为严峻，于赃吏尤重绳之，其序言："诸司敢不急公而务私者，必穷搜其原，而寘之重典。"凡三诰所列，凌迟枭示种诛者无虑千百，弃市以下万数。其《三编》稍宽容，然所列进士、监生罪名，自一犯至四犯者，犹三百六十四人，幸不死还职，率戴斩罪给事。

四案中三案前已略具。蓝玉一案，亦明初大狱，兹补述之。史《蓝玉传》："玉，定远人，开平王常遇春妇弟。初隶遇春帐下，临敌勇敢，所向皆捷，遇春数称于太祖，由管军镇抚积功至大都督府佥事。洪武四年，从傅友德伐蜀。五年，从徐达北征。七年，帅兵拔兴和。十一年，同西平侯沐英讨西番，禽其酋。明年，封永昌侯，食禄二千五百石，予世券。十四年，以征南右副将军从颍川侯傅友德征云南，滇地悉平，益禄五百石，册其女为蜀王妃。二十年，以征虏左副将军从大将军冯胜征纳哈出，纳哈出降，还至亦迷河，悉降其余众。会冯胜有罪，收大将军印，命玉行总兵官事，寻即军中拜玉为大将军，移屯蓟州。时顺帝孙脱古思帖木儿嗣立，扰塞上。二十一年三月，命玉帅师十五万征之，出大宁，至庆州，谍知元主在捕鱼儿海，间道兼程，进薄其营。敌谓我军乏水草，不能深入，又大风扬沙，昼晦，军行敌无所觉，猝至前，大惊迎战，败之，杀太尉蛮子等，降其众。元主与太子天保奴数十骑遁去，玉以精骑追之不及，获其次子地保奴、妃公主以下百余人，又追获吴王朵儿只、代王达里麻及平章以下官属三千人，男女七万七千余人，并宝玺、符敕、金牌、银印诸物，马驼牛羊十五万余，焚其甲仗蓄积无算。奏捷京师，帝大喜，赐敕褒劳，比之卫青、李靖。又破哈剌章营，获人畜六万。师还，进凉国公。明年，命督修四川城池。二十三年，施南、忠建二宣抚司叛，命玉讨平之。又平都匀安抚司、散毛诸洞，益禄五百石，诏还乡。二十四年，命玉理兰州、庄浪等七卫兵，以追逃寇祁者孙，遂略西番罕东之地，土酋哈昝等遁去。会建昌指挥使月鲁帖木儿叛，诏移兵讨之，至则都指挥瞿能已大破其众，月鲁走柏兴州，玉遣百户毛海诱缚其父子，送京师诛之，而尽降其众，因请增置屯卫。报可。复请籍民为兵，讨朵甘、百夷。诏不许，遂班师。"

以上节《玉传》所叙玉之功绩。当其北伐已建殊勋，敕书褒劳，而封国改梁为凉，赐券而镌其过。见下。在玉为武人，不修行检，不能怨上之寡恩。逮平湖广诸土司，益禄而即诏还乡，明示以功成身退之义。玉若稍有学养，正急流勇退时，可以无多求矣。乃以西南多事，复起用之。既有功，复欲延长兵事，请讨朵甘、百夷。朵甘地为青海，百夷则缅甸所析之麓川、平缅等司。诏不许而班师，亦其时朵甘、百夷初不为患也。帝之不欲轻启边衅，识高于玉，而玉之不必复以军事自豪，亦可知矣。乃复愤愤争功，在英主之朝，宜其取祸，然至诛夷灭族，坐党者万五千人，则亦太过，非君臣相处之常理矣。

《玉传》又云："玉长身面，饶勇略，有大将才。中山、开平既没，数总大军，多立功。太祖遇之厚，浸骄蹇自恣，多蓄庄奴假子，乘势暴横。尝占东昌民田，御史按问，玉怒，逐御史。北征还，夜扣喜峰关，关吏不时纳，纵兵毁关入，帝闻之不乐。又人言其私元主妃，妃惭，自经死。帝切责玉。初，帝欲封玉梁国公，以过改为凉，仍镌其过于券。玉犹不悛，侍宴语傲慢，在军擅黜陟将校，进止自专，帝数谯让。西征还，命为太子太傅，玉不乐居宋、颍两公下，宋国公冯胜，颍国公傅友德。曰：'我不堪太师耶？'比奏事，多不听，益怏怏。

二十六年二月，锦衣卫指挥蒋告玉谋反，下吏鞫讯，狱辞云：'玉同景川侯曹震、鹤庆侯张翼、舳舻侯朱寿、东莞伯何荣何真子。及吏部尚书詹徽、户部侍郎傅友文等谋为变，将伺帝出籍田举事。'狱具，族之。列侯以下，坐党夷灭者不可胜数。手诏布告天下，条列爰书，为《逆臣录》。至九月，乃下诏曰：'蓝贼为乱，谋泄，族诛者万五千人。自今胡党、蓝党，概赦不问。'胡谓丞相惟庸也。于是元功宿将相继尽矣。凡列名《逆臣录》者，一公、十三侯、二伯。"

史家叙此事，云下吏鞫讯，狱辞云云，狱具，悉诛之。其意谓狱吏所具之文如是，其为事实与否，未可定也。《明通鉴》则据明代私家记载言："初，玉征纳克楚归，言于皇太子曰：'臣观燕王在国，阴有不臣心。又闻望气者言，燕有天子气，殿下宜审之。'盖玉为常遇春妻弟，而皇太子元妃常氏，遇春女也。太子殊无意，而语喷喷闻于燕王，遂衔之。及太子薨，燕王来朝，颇言诸公侯纵恣不法，将有尾大不掉忧。上由是益疑忌功臣，不数月而祸作。"

太祖之好用峻法，于约束勋贵官吏极严，实未尝滥及平民，且多惟恐虐民，是以谨于守法而致成诸案。如永嘉侯朱亮祖父子俱鞭死，《史道同传》："为番禺知县，番禺故号烦剧，而军卫尤横，数鞭辱县中佐史，前令率不能堪，同执法严，非理者一切抗弗从，民赖以少安。未几，永嘉侯朱亮祖至，数以威福挞同，同不为动。土豪数十辈，抑买市中珍货，稍不快意，辄巧诋以罪，同械其魁通衢。诸豪家争贿亮祖求免，亮祖置酒召同从容言之，同厉声曰：'公大臣，奈何受小人役使？'亮祖不能屈也。他日，亮祖破械脱之，借他事笞同。富民罗氏者纳女于亮祖，其兄弟因怙势为奸，同复按治，亮祖又夺之去。同积不平，条其事奏之。未至，亮祖先劾同讪傲无礼状，帝不知其由，遂使使诛同。会同奏亦至，帝悟，以为同职甚卑，而敢斥言大臣不法事，其人骨鲠可用，复使使宥之。两使者同日抵番禺，后使者甫到，则同已死矣。"《亮祖传》："亮祖诬奏同，同死，帝寻悟。明年九月，召亮祖至，与其子府军卫指挥使暹俱鞭死，御制圹志，仍以侯礼葬。"此等事，皆抑官威以伸民枉，惟失在太快，当亮祖一奏同无礼，即遣使诛同，不先一问虚实。而其时县令得自上奏，则权贵不能无所忌惮。

若亮祖之武夫不学，不足深责，但使所诬者不死，亮祖亦未至以鞭死偿命，但优奖鲠直之县令，深斥恣势之上官足矣，然有此等事树之风声，勋臣不无相警。史家类记其事，有临淄县令欧阳铭，抗常遇春，《铭传》附《道同传》："遇春师过其境，卒入民家取酒，相殴击，一市尽哗，铭笞而遣之。卒诉令骂将军，遇春诘之，曰：'卒王师，民亦王民也，民殴且死，卒不当笞耶？铭虽愚，何至詈将军；将军大贤，奈何私一卒挠国法？'遇春意解，为责军士以谢。后大将军徐达至，军士相戒曰：'是健吏，曾抗常将军者，毋犯也。'"开平、中山固非朱亮祖比。然明初县令多能为民保障，触忤贵官，未尝非恃朝廷之能执法也。合之胡大海子以犯禁酒令而被手刃，驸马欧阳伦以私贩累有司供役而伏诛，足以见例矣。太祖之驭吏，复就史中揭一事言之，《杨靖传》附严德珉事云："吴人严德珉，由御史擢左金都御史，以疾求归，帝怒黥其面，谪戍南丹。遇赦放还，布衣徒步，自齿齐民，宣德中犹存。尝以事为御史所逮，德珉跪堂下，自言：'曾在台勾当公事，晓三尺法。'御史问：'何官？'答言：'洪武中台长，所谓严德珉是也。'御史大惊，揖起之。次日往谒，则担囊徙矣。有教授与饮，见其面黥，戴敝冠，问老人犯何法？德珉述前事，因言：'先时国法甚严，仕者不保首领，此敝冠不易戴也。'乃北面拱手，称圣恩圣恩云。"读此可以想见峻法之为用矣。民权不张之国，不能使官吏畏法，则既豢民膏，复以威福肆于民上，假国宠以殃民，即国家养千万虎狼以食人耳。故非有真实民权，足以钤束官吏，不能怨英君谊辟之持法以慑其志也。刑乱国用重典，正此之谓，岂谓对民众而用法外之刑哉？

纳谏与拒谏

《纪事本末》叙明祖开国规模，大约明祖能识大计，不待人言，早有定见，逮言者适与之合，有翕然水乳之合。此类事极多，《明史》列传类叙颇有法，如陈遇等传以纯儒高识，导以不嗜杀人，薄敛任贤，为帝所敬礼，言无不用，而不敢强以官。荐遇者秦从龙，帝止闻从龙名，从龙居镇江，帝遣徐达攻镇江，即属亟访从龙。达访得之，帝即遣从子文正、甥李文忠奉金绮造庐敦聘。从龙来荐遇，又发聘书，引伊、吕、诸葛为喻，尊遇至此。遇来，遂留参密议；从龙亦事无大小，悉与其谋，笔书漆简，问答甚密，左右皆不能知。二人始终敬礼，其所敷陈，无文字可见，但知为不嗜杀人及薄敛任贤等大指而已，盖亦非敢以严酷之度一律待天下之贤。从龙死在太祖未即大位以前，常与世子亲至其家，尊礼无匹；遇死于洪武十七年，太祖屡欲官之而不受，卒成其高，又何尝敢以寰中士夫不为君用之罪相坐。盖其有益于太祖者，在救民水火一切根本之计，其品驾乎刘基、宋濂等之上。惟刘基、宋濂、叶琛、章溢诸人，则原本儒术，而文武十济，尐有实见之事功。宋濂始终以文儒侍上及教太子，未与军事，然刘基之倾倒于濂，在元代即视为天下之才，惟濂与己。盖当时之第一流，实为笃信好学、守死善道之儒者，视事功乃其末节，太祖皆得而用之，开一代之太平者，其所取之人才固不同矣。史传自一百三十五至一百三十七，数卷中皆见太祖之能容人善，崇信儒臣，绝非马上治天下之气度。至以综核精密之才，佐定法令，足以图治，其后或不得善终，则皆偏重于才，而德不足以称之。若陈修、杨思义等传附见多人，如开济即以奸狡弃市，此亦可以见太祖之尊贤用才，轻重自有分际也。

以上所谓纳其言而不待以谏名者，至其以谏自名，太祖之能纳，亦自英爽不落常套，姑举一事为例。史《周观政》《欧阳韶传》："观政以荐授九江教授，擢监察御史，尝监奉天门，有中使将女乐入，观政止之，中使曰：'有命。'观政执不听，中使愠而入，顷之，出报曰：'御史且休，女乐已罢不用。'观政又拒曰：'必面奉诏。'已而帝亲出宫谓之曰：'宫中音乐废缺，欲使内家肄习耳，朕已悔之，御史言是也。'左右无不惊异者。"

按此是何等气象。明之奉天殿，即今太和殿，奉天门即太和门，以御史监奉天门，立法之意，自是令其防止邪僻，观政竟肯奉职，可见当时肯任官者，其抱负已不凡，帝竟纳之，已奇，纳之而听御史请，亲出门边面谢其过，此岂百世帝王所有？岂但帝王，抑岂稍有权势者所肯为？清代自高宗以来，御朝不登正殿，有终身未至太和殿者，宫禁深远。一御史叫呼于门前，传命交刑部或诛戮之，则声息可达，若既听其言，而又从宫中亲出以谢过。今试观三殿之后，复隔乾清宫门，帝起居或竟在乾清宫，其出宫已甚远，若近代帝王起居，更远在离宫别馆，乾清且为纵迹罕到之地。以太祖所为视之，真不在意计中矣。

又《欧阳韶传》："荐授监察御史，有诏曰：'命两御史侍班。'韶尝侍直，帝乘怒将戮人，他御史不敢言，韶趋跪殿廷下，仓卒不能措词，急捧手加额呼曰：'陛下不可！'帝察韶朴诚，从之。"

以上为帝纳谏之一例。若其任性戮谏臣，则亦有之。如《叶伯巨传》，伯巨以训导应星变求言诏，为明初一大文字，全文载本传，所言深以分封诸王土地太侈，恐为将来尾大不掉之祸。书上，帝大怒曰："小子间吾骨肉，速逮来，吾手射之。"既至，丞相乘帝喜以奏，下刑部狱，死狱中。迨燕王以削夺称兵，遂有天下，人乃以伯巨为有先见。又《李仕鲁》《陈汶辉传》："帝自践祚后，颇好释氏教，诏征东南戒德僧，数建法会于蒋山，应对称旨者辄赐金襕袈裟衣，召入禁中，赐坐与讲论。吴印、华克勤之属，皆拔擢至大官，时时寄以耳目，由是其徒横甚，谗毁大臣，举朝莫敢言。惟仕鲁与给事中陈汶辉相继争之，帝不听。仕鲁性刚介，由儒术起，方欲推明朱氏学，以辟佛自任，及言不见用，遽请于帝前曰：'陛下深溺其教，无怪臣言之不入也，还陛下笏，乞赐骸骨归田里。'遂置笏于地。帝大怒，命武士捽搏之，立死阶下。"汉辉亦"忤旨惧罪，投金水桥下死。仕鲁与汶辉死数岁，帝渐知诸僧所为多不法，有诏清理释、道二教云"。又《王朴传》："性鲠直，数与帝辨是非，不肯屈。一日，遇事争之强，帝怒命戮之，及市，召还，谕之曰：'汝其改乎？'朴对曰：'陛下不以臣为不肖，擢官御史，奈何摧辱至此？使臣无罪，安得戮之；有罪，又安用生之？臣今日愿速死耳。'帝大怒，趣命行刑，过史馆，大呼曰：'学士刘三吾志之，某年月日，皇帝杀无罪御史朴也。'竟戮死。"

以上可见帝之纳谏奇，拒谏亦奇，其臣之敢谏死谏尤奇。士大夫遇不世出之主，责难之心，不望其君为尧舜不止，至以言触祸，乃若分内事也。以道事君，固非专以保全性命为第一义矣。风气养成，明一代虽有极黠之君，忠臣义士极惨之祸，而效忠者无世无之，气节高于清世远甚。盖帝之好善实有真意，士之贤者，轻千里而来告之以善，一为意气所激而掇祸，非所顾虑；较之智取术驭，务抑天下士人之气使尽成软熟之风者，养士之道有殊矣。

除弊与流弊

明代之弊，无过于信用宦官。《宦官传》序："太祖既定江左，鉴前代之失，置宦者不及百人，迨末年颁《祖训》，乃定为十有二监及各司局，稍称备员矣。然定制：不得兼外臣文武衔，不得御外臣冠服，官无过四品，月米一石，衣食于内庭。尝镌铁牌置宫门，曰：'内臣不得干预政事，预者斩。'敕诸司不得与文移往来。有老阉供事久，一日从容语及政事，帝大怒，即日斥还乡。尝用杜安道为御用监，安道，外臣也，以镊工侍帝数十年，帷幄计议皆与知，性缜密不泄，过诸大臣前，一揖不启口而退，太祖爱之，然无他宠异，后迁出为光禄寺卿。有赵成者，洪武八年，以内侍使河州市马；其后以市马出者，又有司礼监庆童等，然皆不敢有所干窃。"

《史·职官志·宦官》："太祖尝谓侍臣曰：'朕观《周礼》，阉寺不及百人，后世至逾数千，因用阶乱，此曹止可供洒扫，给使令，非别有委任，毋令过多。'又言：'此曹善者，千百中不一二；恶者常千百，若用为耳目，即耳目蔽；用为心腹，即心腹病。驭之之道，在使之畏法，不可使有功；畏法则检束，有功则骄恣。'有内侍事帝最久，微言及政事，立斥之，终其身不召。因定制：内侍毋许识字。洪武十七年，铸铁牌，文曰：'内臣不得干预政事，犯者斩。'置宫门中。又敕诸司：'毋得与内宫监文移往来。'然二十五年，命聂庆童往河州敕谕茶马，中官奉使行事，已自此始。"

《明通鉴》："洪武元年四月丙辰，禁宦官预政典兵，上谓侍臣曰：'史传所书汉唐宦官之祸，亦人主宠爱自致之耳。《易》称："开国承家，小人勿用。"此辈在宫禁，止可使之供洒扫，给使令而已。若使宦官不预政，不典兵，虽欲为乱，其可得乎？'"又"四年闰二月，命吏部定内监等官品秩，自监正令五品以下至从七品有差。上谓侍臣曰：'古之宦竖，不过司晨昏，供使令而已，自汉邓太后以女主称制，不接公卿，乃以阉人为常侍，小黄门通命，自此以来，权倾人主。吾防之极严，犯法者必斥去之，霜履坚冰之意也'"。

明之阉祸，古所未有，然太祖之防阉，则较前代为甚。史以赵成、聂庆童之奉使市马，为内臣衔命之始，似亦以作俑微归其咎，此缘后来为祸之烈，不得不深求之耳。观太祖以杜安道为御用监，则宫中给使本不必定用阉人，惜当时未有人能提废阉之议，不若清一代之士大夫，尚有陶模其人，竟请革除阉制也。古用肉刑，受腐刑者守宫，乃为刑人开利用之路，故亦谓之宫刑。后世既废肉刑，即应并废阉宦，迁延不改，其患遂至滔天。明历世患阉，要不得不谓由太祖之作俑，其变迁自见后。

其次为锦衣卫、镇抚司狱。史《刑法志》："锦衣卫狱者，世所称诏狱也。古者狱讼掌于司寇而已，汉武帝始置诏狱二十六所，历代因革不常。五代唐明宗设侍卫亲军马步军都指挥使，乃天子自将之名，至汉有侍卫司狱，凡大事皆决焉。明锦衣卫狱近之，幽系惨酷，害无甚于此者。太祖时，天下重罪逮至京者，收系狱中，数更大狱，多所断治，所诛杀为多，后悉焚卫刑具，以囚送刑部审理。二十六年，申明其禁，诏内外狱毋得上锦衣卫，大小咸经法司。"又《职官志·锦衣卫》："洪武十五年，罢仪鸾司，改置锦衣卫，秩从三品，其属有御椅等七员，皆正六品。设经历司，掌文移出入；镇抚司，掌本卫刑名兼理军匠。十七年，改锦衣卫指挥使为正三品。二十年，以治锦衣卫者多非法凌虐，乃焚刑具，出系囚，送刑部审录，诏内外狱咸归三法司，罢锦衣狱。"

此锦衣卫设诏狱一事，不能不谓太祖实倡其始。设自十五年，至二十年而罢，二十六年，又申禁内外狱毋上锦衣卫，此在太祖已为不远而复矣。其后复设于永乐中，以一镇抚为未足，又分北镇抚司专掌刑狱，更以卫狱为未足，又倚宦官立东厂，后更有西厂，校尉与缇骑，更迭旁午，荼毒忠正，惨不忍言，盖拾太祖已废之迹也。

又其次为廷杖。《刑法志》："太祖常与侍臣论待大臣礼，太史令刘基曰：'古者公卿有罪，盘水加剑，诣请室自裁，未尝轻折辱之，所以存大臣之体。'侍读学士詹同因取《大戴礼》及贾谊疏以进，且曰：'古者刑不上大夫，以励廉耻也，必如是，君臣恩礼始两尽。'帝深然之。洪武六年，工部尚书王肃坐法当笞，太祖曰：'六卿贵重，不宜以细故辱。'命以俸赎罪。后群臣挂误，许以俸赎，始此。然永嘉侯朱亮祖父子皆鞭死，事已见上。工部尚书夏祥毙杖下，故上书者，以大臣当诛不宜加辱为言，廷杖之刑，亦自太祖始矣。"

廷杖亦明代特有之酷政，太祖明知其非待大臣礼，然卒犯之，为后世作则。朱亮祖诬死道同，犹为有罪；薛祥则端直长厚，坐累杖死，天下哀之，非其罪可知。祥争腐刑，在改行省制之前一年，即在洪武八年，时明律未大定，有此主张，尚不足怪。至明之廷杖虽酷，然正人被杖，天下以为至荣，终身被人倾慕，此犹太祖以来，与臣下争意气不与臣下争是非所养成之美俗。清则君之处臣，必令天下颂为至圣，必令天下视被处者为至辱，此则气节之所以日卑也。

燕王朱棣靖难

孟森

　　成祖以洪武三年（1370年）封燕王，十三年之国。二十三年（1390年）同晋王讨乃儿不花，晋王怯不敢进，王倍道趋迤都山，获其全部而还。太祖大喜。是后屡帅诸将出征，并令王节制沿边士马，王威名大振。

　　《太祖本纪》："三十一年五月戊午，都督杨文从燕王棣、武定侯郭英从辽王植备御开平，俱听燕王节制。"《纲目三编》以为《太祖实录》已经永乐间改修两次，所书为燕王张大之词，盖不足信，当是杨文从燕王、郭英从辽王，各受节制，非谓并辽王亦听燕王节制也。此皆嫌恶燕王之说，其实即经节制沿边诸军，岂遂为太祖许其篡立？此等处不足深辩，要之养其积威，故能驱所部为逆，又能慑制讨逆之军，所由来者渐矣。

　　三十一年（1398年）闰五月，太祖崩，皇太孙即位，遗诏："诸王临国中，毋得至京师。"王自北平入奔丧，闻诏乃止。

　　《纪事本末》："洪武二十五年四月丙子，皇太子薨，皇太孙生而额颅稍偏，性颖聪，善读书。太祖每令赋诗，多不喜。一日令之属对，大不称旨，复以命燕王，语乃佳。太祖常有意易储，刘三吾曰：'若然，置秦、晋二王何地？'太祖乃止。"史《刘三吾传》但云："太子薨，上御东阁门，召对群臣，恸哭，三吾进曰：'皇孙世嫡，承统，礼也。'太孙之立由此。"《明通鉴》谓诸书所说太祖欲立燕王，皆成祖改修之《太祖实录》如此。王鸿绪《史稿》尚从之；正史不然，书法谨严矣。

　　《齐泰传》："皇太孙素重泰，及即位，命与黄子澄同参国政，寻进尚书，时遗诏诸王临国中，毋奔丧，王国吏民听朝廷节制。诸王谓泰矫皇考诏，间骨肉，皆不悦。"

初高皇后崩，太祖选高僧侍诸王，为诵经荐福，左善世宗泐举道衍，燕王与语甚合，请以从。至北平，住持庆寿寺，出入府中，迹甚密，时时屏人语。惠帝立，削夺诸王，周、湘、代、齐、岷相继得罪，道衍遂密劝成祖举兵，成祖曰："民心向彼，奈何？"道衍曰："臣知天道，何论民心！"乃进袁珙及卜者金忠，于是成祖意益决。

《袁珙传》："生有异禀，好学能诗，尝游海外洛伽山，珙，鄞人。遇异僧别古崖，授以相人术，先仰视皎日，目尽眩，布赤黑豆暗室中辨之；又悬五色缕窗外，映月别其色；皆无讹，然后相人。其法以夜中燃两炬，视人形状气色，而参以所生年月，百无一谬。洪武中，遇姚广孝于嵩山寺，谓之曰：'公刘秉忠之俦也，幸自爱。'后广孝荐于燕王，召至北平，王杂卫士类己者九人，掺弓矢饮肆中，珙一见即前跪曰：'殿下何轻身至此？'九人者笑其谬，珙言益切。王乃起去，召珙宫中谛视，曰：'龙行虎步，日角插天，太平天子也，年四十，须过脐，即登大宝矣。'已见藩邸诸校卒，皆许以公侯将帅。王虑语泄，遣之还。及即位，召拜太常寺丞。所居鄞城西，绕舍种柳，自号柳庄居士，有《柳庄集》。"

《金忠传》："金忠，鄞人，少读书，善《易》卜。兄戍通州亡，忠补戍，贫不能行，相者袁珙资之。既至，编卒伍，卖卜北平市，多中，市人传以为神。僧道衍称于成祖。成祖将起兵，托疾召忠卜，得铸印乘轩之卦，曰：'此象贵不可言。'自是出入燕府中，常以所占劝举大事，成祖深信之。燕兵起，自署官属，授忠王府纪善，守通州，南兵数攻城不克。已召置左右，有疑辄问，术益验，且时进谋划，遂拜右长史，赞戎务，为谋臣矣。"

按成祖之成大业，史多夸其为术士所推许，此即行险侥幸者所为，非有他功德可得天下，直由命相致之耳。

靖难之师，起于削藩，削藩之议，由来已久。

《史窃》："太祖时政治严核，中外万几，太孙每奉裁决，济以宽大，中外欣欣爱戴，独诸王皆挟叔父之尊，多不逊服，太孙常以为忧。先是，太祖封诸王，辽、宁、燕、谷、代、晋、秦、庆、肃九国皆边房，岁令训将练兵，有事皆得提兵专制，便防御，因语太孙曰：'朕以御房付诸王，可令边尘不动，贻汝以安。'太孙曰：'虏不靖，诸王御之；诸王不靖，孰御之？'太祖默然，良久曰：'汝意何如？'太孙曰：'以德怀之，以礼制之，不可则削其地，又不可则变置其人，又其甚则举兵伐之？'太祖曰：'是也，无以易此矣。'"此说太祖亦以为是。诚能行之，削藩前尚有事在，以德怀，以礼制，建文朝无暇为也，用高巍之说，则庶几矣。

《黄子澄传》："惠帝为皇太孙时，尝坐东角门，谓子澄曰：'诸王尊属拥兵多不法，奈何？'对曰：'诸王护卫兵才足自守，倘有变，临以六师，其谁能支？汉七国非不强，卒底亡灭，大小强弱势不同而顺逆之理异也。'太孙是其言。比即位，命子澄兼翰林学士，与齐泰同参国政，谓曰：'先生忆昔东角门之言乎？'子澄顿首曰：'不敢忘。'退而与泰谋，泰欲先图燕，子澄曰：'不然，周、齐、湘、代、岷诸王在先帝时，尚多不法，削之有名，今欲问罪宜先周，周王，燕之母弟，削周，是翦燕手足也。'谋定，明日入白帝，会有言周王不法者，遂命李景隆帅兵袭执之，词连湘、代诸府，于是废及岷王楩为庶人，幽代王桂于大同，囚齐王榑于京师，湘王柏自焚死。下燕议周王罪，燕王上书申救，帝览书恻然，谓事宜且止，子澄与泰争之，未决，出相语曰：'今事势如此，安可不断？'明日，又入言曰：'今所虑者独燕王耳，宜因其称病袭之。'帝犹豫曰：'朕即位未久，连黜诸王，若又削燕，何以自解于天下？'子澄对曰：'先人者制人，毋为人制。'帝曰：'燕王智勇善用兵，虽病恐难猝图。'乃止。"此传文中"周王，燕之母弟，削周，是翦燕手足也"之语，为成祖改《实录》而不免漏笔。诸王传已称马后生太子及秦、晋、燕、周四王，今子澄云云，明明太子与秦、晋二王不与燕、周同母也。成祖以夺嫡之故，冒为嫡出，而没其所生之母，后更发见妃神主而后得其实。说详下。

子澄主用兵，以汉平七国乱为喻，汉惟得周亚夫而将之，子澄乃荐李景隆可大任，即何以敢与七国事并论也？此齐、黄之失也。湘王柏本传：有文武材，未著罪状，惧无以自明而自焚。亦太惨。既畏强藩，又授以口实，帝之当断不断，不失为仁者之过，任事者谋之不臧，则无以自解。周王被执，在洪武三十一年五月，至八月，帝欲释之，泰与子澄争久之，乃废为庶人，徙蒙化。

又逮齐、代、岷诸王。明年四月，湘王自焚，齐王、代王废为庶人。六月，岷王废为庶人，徙漳州。七月，逮燕府官属，而燕王反矣。

成祖之决策称兵，早从道衍辈怂恿，即未削藩，亦必谋逆。

《姚广孝传》："成祖意益决，阴选将校，勾军卒，收材勇异能之士。燕邸，故元宫也，深邃，道衍练兵后苑中，穴地作重屋，缭以厚垣，密甃瓴甋瓶缶，日夜铸军器，畜鹅鸭乱其声。"

帝与齐、黄图燕，亦思所以弱之，即位之年，冬十一月，工部侍郎张昺为北平布政使，谢贵、张信掌北平都指挥使司，察燕阴事。建文元年（1399 年）三月，都督宋忠、徐凯、耿瓛兵三万屯开平、临清、山海关，调北平、永清二卫军于彰德、顺德。四月，太祖小祥，先是燕世子高炽及其弟高煦、高燧入临，至是王忧惧称病笃，乞三子归。齐泰欲遂收之，子澄曰："不若遣归，示彼不疑，乃可袭而取也。"竟遣还。王喜曰："吾父子复得相聚，天赞我矣。"六月，燕山护卫百户倪谅上变，告燕官校于谅、周铎等阴事，逮系至京，皆戮之。有诏责燕王，王乃佯狂称疾，走呼市中，夺酒食，语多妄乱，或卧土壤，弥日不苏。张昺、谢贵入问疾，王盛夏围炉摇颤曰："寒甚！"宫中亦杖而行。长史葛诚密告昺、贵曰："燕王本无恙，公等勿懈。"会燕王使护卫百户邓庸诣阙奏事，齐泰请执讯之，具言王将举兵状。泰即发符往逮燕府官属，密令谢贵、张昺图燕，使约长史葛诚、指挥卢振为内应。以张信为燕王旧所信任，密敕之，使执燕王。信叛附燕，以情告，王下拜曰："生我一家者子也。"召道衍谋，令护卫指挥张玉、朱能等率壮士八百人入卫。及逮官属诏至，秋七月，谢贵、张昺督诸卫士皆甲，围府第索所逮诸官属。王称疾愈，御东殿，伏壮士左右及端礼门内，召贵、昺付所逮者，贵、昺至，卫士甚众，及门，门者呵止之，贵、昺入，王曳杖坐，赐宴行酒，忽怒罥曰："今编户齐民，兄弟宗族尚相恤，身为天子亲属，旦夕莫必其命，县官待我如此，天下何事不可为乎？"护卫军前擒贵、昺，捽卢振、葛诚等下殿，皆斩之。命张玉等乘夜出，攻夺九门，黎明尽克。乃下令安集军民，三日，城中大定。都指挥彭二战死，余瑱走居庸关，马宣巷战不胜，走蓟州，教授余逢辰死之，参政郭资、副使墨麟、佥事吕震等降于燕。宋忠自开平率兵三万至居庸关，不敢进，退保怀来。癸酉，燕王誓师，以诛齐泰、黄子澄为名，去建文年号，仍称洪武三十二年，署官属，以张玉、朱能、邱福为都指挥佥事，擢先以张昺等疏草密报燕府之按察司吏李友直为布政司参议。上书称："祖训云：'朝无正臣，内有奸恶，则亲王训兵待命，天子密诏诸王统领镇兵讨平之。'臣谨俯伏待命。"书奏，议讨燕，齐泰曰："明其为贼，敌乃可克。"遂削燕王属籍，以伐燕布告天下。时太祖功臣存者已少，乃拜长兴侯耿炳文为大将军，驸马都尉李坚、都督宁忠为副将军，率诸将分道并进。时燕王既于七月初五日癸酉举事，是夜攻夺九门，次日甲戌，即出师，次通州，指挥房胜以城降。张玉请先定蓟州，免后顾忧。丙子，陷蓟州，马宣被禽，骂不绝口死。己卯，陷居庸关，俞瑱退怀来依宋忠。甲申，陷怀来，宋忠、俞瑱被执死，将校被俘不降死者百余人，其力斗阵殁者有都指挥彭聚、孙泰。

《宋忠传》："时北平将士在忠部下者，忠告以家属并为燕屠灭，盍努力复仇报国恩。燕王侦知之，急令其家人张故旗帜为前锋，呼父兄子弟相问劳，将士咸喜曰：'我家固无恙，宋总兵欺我。'遂无斗志。"此北平将士，即忠前赴开平时所调燕府护卫精锐隶麾下以弱燕者，家在北平，即不以诳语为此辈所轻，犹恐燕抚其家属以相招致，忠乃以意造言，欲劫制其人为己用，宜燕王闻之而喜矣。齐、黄以忠一军压燕之北，责任甚重，所调燕之护卫，以朝命燕不敢违，只可分燕之力，乃欲用以制燕之死命，又无他方略，徒以诳语冀欺之，是反助燕以倒戈内应之势耳。齐、黄命将如此，举北平城守之文武长官不能胜一燕府，举为图燕所布之军将，不能牵缀北平之后，以待朝廷讨伐之师，而是时军事一任齐、黄，其败事已可见矣。诸城守将降燕者固有之，然效死之士亦甚众，有此士气，奈不能用何！

蓟州既陷，遵化、密云继降燕，怀来陷，永平又降。时帝方锐意文治，日与方孝孺讨论《周官》法度，军事皆取决于泰、子澄。耿炳文师出，帝诚将士："毋使朕有杀叔父名。"八月壬戌，及燕兵战于滹沱河北，败绩。帝再择将，子澄荐李景隆可大任，遂以景隆代炳文，赐斧钺俾专征伐，召炳文回。炳文老将，张玉觇之曰："军无纪律，无能为。"代以景隆，燕王闻之曰："李九江膏粱孺子，寡谋而骄，色厉而馁，未常习兵见阵，辄予以五十万，是自坑之也。"时江阴侯吴高奉朝命与杨文、耿帅辽东之师围永平，王救永平，且撤卢沟桥之防，以诱景隆来攻北平。既解永平之围，又直趋大宁，劫宁王与其妃姜世子皆南下，收其所属精锐，尤以朵颜三卫士卒骁勇善骑射，为利所驱，敢与朝廷军士死斗。既免北平之后顾，又尽收战士助战，暂委北平由道衍等辅世子守坚城，以缀景隆，逮大宁师还，与守兵夹击，大败景隆。

《瞿能传》："燕师起，从李景隆北征，攻北平，与其子帅精骑千余攻彰义门，垂克，景隆忌之，令候大军同进。于是燕人夜汲水沃城，方大寒，元年十一月。冰凝不可登，景隆卒致大败。"此景隆罪状之一。

景隆遁还德州，燕王出兵扬言攻大同，诱景隆赴救，围蔚州，指挥王忠、李远降燕，进攻大同，俟景隆已出紫荆关，即由居庸入边，南军不耐寒，冻馁死者甚众，坠指者十二三，弃镫仗于道，不可胜记。时已二年正月。四月，景隆复进兵，与燕战于白沟河，平安、瞿能等力战，斩燕将陈亨，亨故大宁降将。瞿能迫燕王，几获之，仅免，旋乘风反攻，杀瞿能父子于阵，景隆军又大败，自德州奔济南。燕军遂入德州，收府库，获粮百余万。山东参政铁铉督饷赴景隆军，会师溃，沿路收溃亡守济南，景隆奔就之，燕师追及，景隆六十万众尚存十余万，燕师击之，景隆复大败，单骑走。燕师围济南，铁铉力捍御不下，朝廷升铉为山东布政使而召景隆还，以左都督盛庸为大将军。帝赦景隆不诛，子澄痛哭争请诛景隆，副都御史练子宁执而数之朝，以哭请，卒不问，旋复任用之，忌盛庸，且间于帝，不得尽其用。

《王度传》："为山东道监察御史。建文时，王师屡败，度奏请募兵。小河之捷，奉命劳军徐州，还，方孝孺与度书：'誓死社稷。'燕王称帝，坐方党谪戍贺县，又坐语不逊，族。度有智计，盛庸之代景隆，度密陈便宜，是以有东昌之捷。景隆征还，赦不诛，反用事，忌庸等功，谗间之，度亦见疏。论者以其用有未尽，惜之。"

燕王围济南三月，不下，决水灌城，铉约降，迎王入，及门，下铁板，伤王马首，未中，仍逸去。王怒，以炮击城，铉书高皇帝神牌悬城上，燕兵不敢击。铉复募壮士突击破燕，王乃撤围还。盛庸乘势复德州，兵势大振，擢铉兵部尚书赞理大将军军事，封庸历城侯。九月，庸总平燕诸军北伐。十月，燕兵袭沧州，克之。循河而南，至东昌，遇庸与铉等战，大败燕师，阵斩张玉。玉为燕将，最悍，后所谓靖难第一功臣者也。燕王数危甚，诸将奉帝诏，莫敢加刃，王知之，每奔北，独以一骑殿后，迫者不敢追。是谓东昌之捷，燕军再却还。三年二月，燕再出师，三月朔，次滹陀河，辛巳，与盛庸遇于夹河，阵斩燕将谭渊及其指挥董中峰等，庸军亦失都指挥庄得等骁将数人。

《成祖本纪》："三月辛巳，与盛庸遇于夹河，谭渊战死，朱能、张武殊死斗，庸军少却，会日暮，各敛兵入营。王以十余骑逼庸营野宿，及明起视，已在围中，乃从容引马，鸣角穿营而去，诸将以天子有诏，'无使负杀叔父名'，仓卒相顾愕眙，不敢发一矢。"此为史本纪明载之事，各书皆言成祖遇败，则恃帝有诏不相害，往往独身为殿以免，盖非虚也。惠帝既崇叔父于交战之时，何不先善全于削藩之始，以王师而卒败于叛藩，其失机固非一端也。

是日战互相胜负，东北风忽起，尘埃涨天，沙砾击面，燕兵在北，乘风纵击，庸大败走德州，吴杰、平安自真定引军与庸会，闻败引还，王诱与战，复败之。于是帝罢齐泰、黄子澄，谪外以解说于燕，而实使之募兵。燕王亦上书，求并撤吴杰、盛庸、平安之众，而后释兵就燕藩，方孝孺请且与报书往复，急令辽东诸将入山海关，攻永平，真定诸将渡卢沟桥，捣北平。五月，燕师驻大名，盛庸、吴杰、平安等分兵扼燕饷道。燕王再上书，帝欲罢庸等兵，孝孺阻之，乃囚燕使。王亦遣降将李远率轻骑南下，焚王师粮，盖德州馈饷皆道徐、沛。六月，远令士卒易甲胄，杂南军中，插柳枝于背为识，过济宁、谷城，直至沛县，南军不之觉，凡粮艘所在尽焚之，军资器械俱烬，运军散走，京师大震，德州遂缺粮。远还，盛庸遣兵邀之，复为远伏兵所败。

中原千里，朝廷设官治理之地，燕师轻行其间，焚粮而返，如入无人之道，此明年燕王所以不转战于山东，直越境遂逼京师也。齐、黄庸碌，孝孺书生，帝仁柔非燕王比，此时而疏忽如此，复有李景隆辈作奸于内，帝于稍能战之将不之信，号令有不能行，前所令攻袭北平之师先后错落，绝无期会，其败宜也。

七月，平安自真定乘虚攻北平，燕世子固守告急。是时方孝孺以门人林嘉猷尝入燕邸，知高煦谋倾世子状，言于上，为书与世子间之。高煦在军中，已知朝廷有去书，于王前言世子反，王大怒，则世子已遣使送朝使及所致书至，未启封也。王乃曰："几杀吾子！"王遣将刘江援北平，而盛庸又檄大同守将房昭引兵入紫荆关，掠保定下邑，驻易州水西寨，据寨以窥北平。燕王在大名，曰："保定失则北平危。"乃班师。九月，平安为刘江所败，王围水西寨，十日克之，乃还北平。十一日，辽东守将杨文始引兵围永平，略蓟州、遵化诸郡县，燕遣刘江往援，杨文败走。是时王称兵已三年，亲冒矢石，为士卒先，常乘胜逐北，亦屡濒于危，所克城邑，兵去旋复为朝廷守，三出三返，所据仅北平、保定、永平三郡而已。

以天下之全力，奉天子之命，讨一叛藩，至是始以真定之兵自南入，大同之兵自西入，辽东之兵自东入，而期会参差，各被击辄败退，中枢无能主兵事者也。

会诏有司系治中官奉使之不法者，先后奔燕，具言京师可取状。王乃慨然思临江一决，不复返顾，道衍力赞之。明年正月，乃直为批亢捣虚之计。

《宦官传》："建文帝嗣位，御内官益严，诏：'出外稍不法，许有司械闻。'及燕师逼江北，内臣多逃入其军，漏朝廷虚实。"据此则宦官入燕军，乃燕师临江时事，本纪则在三年之冬，以意度之，当从《宦官传》，此时非内臣漏虚实时也。朝廷虚实，燕自知之，六月已遣李远直下徐、沛焚粮，中原无备，固已大著，以后举动之散漫，岂能逃燕王之目？建文之政，若不轻弄兵，或能用将之贤者，其举动无不优于列帝。驭宦官严而为宦官泄其虚实，岂能咎其严驭？正惟守备虚而不实，足启戎心，宦官不泄，燕岂无侦探乎？

四年正月，燕王由馆陶渡河，徇徐州，平安军来蹑，击败之，又败铁铉军。四月，再与平安战，先败后胜，遂禽平安，置淮安不顾，直趋扬州。天子遣庆成郡主至军中，许割地以和，不听。六月，江防都督陈瑄以舟师叛附于燕，遂自瓜州渡。盛庸以海艘迎战，败绩。既下镇江，遂次龙潭，天子复遣大臣议割地，诸王继至，皆不听。至金川门，谷王橞、李景隆等开门迎降，都城遂陷。下令大索齐泰、黄子澄、方孝孺等五十余人，榜其姓名曰奸臣。己巳，即皇帝位，迁兴宗孝康皇帝主于陵园，仍称懿文太子，大诛奸党，夷其族。诏今年以洪武三十五年为纪，明年为永乐元年，建文中更改成法，一复旧制。

成祖以马上得天下，既篡大位，遂移其武力以对外，凡五征漠北，皆亲历行阵，假使建文承袭祖业，必不能有此。此明一代之侈言国威者无不归功于永乐之世也。今摄其要略述于下：

安南，自古本中国地，古称交趾，《山海经》有交胫国，其时不过谓南方有此人种，非有封建而使之立一国也，南荒不入版图之地而已。至秦统一中国，遍设郡县，安南遂为秦之象郡，汉初为南越赵佗所属。武帝平南越，置交趾、九其、日南三郡。唐为安南都护护府，属岭南道，始有安南之名，然已为羁縻地，与腹内郡县有别。历五代至宋，皆为土酋世有，而臣服于中国。宋初封为交趾郡王，待遇更高。南宋孝宗时封安南国王，盖为称国之始，历元至明。洪武元年，以开国遣使宣谕，二年来贡请封。时安南王为陈氏，名曰煓，明往封之使至，曰煓已卒，当嗣者再奏请封，既而国中篡弑相寻，数传之后，至建文元年，其国相黎季犛弑数主，卒取陈氏而代之，并称帝改元。永乐元年，奉表称己为陈氏之甥，国人乐推，权理国事，明就封之，而其旧臣裴伯者来奏季犛父子弑逆，并由老挝宣慰司送其前王裔陈天平至。四年，命送天平归国，季犛迎候于境上，诱至险隘处，地名芹站，袭杀天平并明送使薛，护送之军将黄中等败还，乃大发兵讨之。总兵官征夷将军朱能道卒，即命副将军张辅代之，大破黎氏，尽擒其父子，时在五年五月。既克安南，访陈氏后，国人言已为黎贼杀尽，乃夷为郡县，设都、布、按三司，分全国为十五府，曰：交州、北江、谅江、三江、建平、新安、建昌、奉化、清化、镇蛮、谅山、新平、演州、乂安、顺化，分辖三十六州，一同八十一县。又直隶州五，曰：太原、宣化、嘉兴、归化、广威，分辖二十九县，要害之地，咸设卫所。得地东西一千七百六十里，南北二千八百里，安抚人民三百一十二万有奇，获蛮人二百八万七千五百有奇，象、马、牛、米、粟、船、艘、军器各巨万。六月癸卯，命张辅访交趾人才，礼遣赴京，除黎氏一切苛政，放免刑人，居官者仍旧，与新除者参治。又诏访山林隐逸、明经博学、贤良方正、孝弟力田、聪明正直、廉能干济，下及书算兵法、技艺术数，悉以礼敦送，至京录用，先后奏举九千余人。既设布按二司，又命刑部尚书黄福并掌布按二司事，建设军民大小卫门四百七十二。逾年，安南复有反者，人思陈氏，颇相煽动。黄福请益兵，黔国公沐晟往，败绩，再命张辅往，诛叛首简定。辅在安南自永乐六年至八年，召还，余贼未平，留沐晟镇之，安南陈季扩仍与官军累战，互有胜负。朝廷招降季扩等，各授以文武官职，不赴任，掠如故。九年正月，命张辅再出师，迭破贼，直至十二年八月，陈季扩伏诛，安南始平。辅留镇安南，以前转饷久在安南之大理寺卿陈洽，加兵部尚书，替理军务，辅三擒伪王，福有威惠，交人怀之，十五年冬，辅召还。十六年，黎利复反，时代辅镇安南者为李彬，而以中官马骐监其军，责贡物于安南，安南人苦之，叛者四起，以黎利为最剧，骐又掣官吏办赋之肘，颇有良吏遇害者，骐又诬黄福有异志，成祖虽不以罪福，而以久劳召福还，代以陈洽。洪熙、宣德间，官军累失利，将帅不睦，各拥兵自卫，洽争之不得。宣德元年十一月，官军大败，洽奋马突阵死。宣宗先尝议弃安南，仍使自为一国，廷臣或赞或否，至是复议之。乃使黄福访求陈氏后，黎利复连败官军，又遣人奉表称陈氏有后名暠，乞加封，上问群臣，张辅以为不可许，蹇义、夏原吉亦言不宜骤成功，而杨士奇、杨荣主罢兵息民，遂复安南国。

元帝于洪武三年殁于应昌，《明史》书崩，谥之曰顺帝。其实，元尚以帝制自居，国中自有谥号，明修《元史》不载，清修《明史》亦未补著耳。《日下旧闻考》据朝鲜史称，元帝北奔后，谓之北元，其有大事，亦颁诏高丽。顺帝之谥曰惠宗，其子爱猷识里达腊嗣，改元宣光。是年克应昌。元嗣主遁归和林，获其子买的里八剌，封为崇礼侯以招元嗣主。时王保保方拥众谋恢复，招之不得，数用兵亦不能深入，北兵亦屡来攻。七年秋，太祖以嗣主未有子，遣崇礼北归以谕之，亦无效。十一年，嗣主卒，国人谥曰昭宗。买的里八剌改名脱古思帖木儿嗣立，改元天元，仍时扰塞上。二十年，克海西，纳哈出降。二十一年，北伐，闻脱古思在近塞捕鱼儿海，即应昌。袭之，获其次子地保奴及妃主官属甚众。脱古思偕长子天保奴遁和林，未至，为其下也速迭儿所弑，并杀天保奴，此后谥号遂不传于世。又五传皆被弑，但知最后之世名坤帖木儿，为部人鬼力赤所篡，乃去帝号称可汗，去国号称鞑靼。至永乐六年，鞑靼知院阿鲁台以鬼力赤非元裔，杀之，迎元后本雅失里立为可汗。成祖以书谕令降，不从。七年，复遣使往，被杀，乃命淇国公邱福等征之，大败，五将军皆没。明年，帝亲征，时本雅失里与阿鲁台君臣已各自为部，连战均败之。师还，阿鲁台遂来贡。越二年，本雅失里为瓦剌马哈木所杀，立答里巴为汗。阿鲁台请内附，乞为故主复仇，帝封阿鲁台为和宁王。十二年，帝征瓦剌，大败其众，马哈木遁。自是阿鲁台去瓦剌之逼，数年生聚，畜牧蕃盛，渐骄蹇，时来窥塞。二十年春，大入兴和，即张家口。诏亲征，阿鲁台遁，焚其辎重，收其牲畜而还。归途并讨兀良哈，以其助逆，捕斩甚众，兀良哈降。明年，复亲征阿鲁台，出塞后，闻阿鲁台为瓦剌所败，部落溃散，遂班师。明年，二十二年，阿鲁台犯大同、开平，复议亲征，四月发京师，阿鲁台遁，深入，不见敌，穷搜无所得，各军以粮不继引还，是为五度阴山矣。六月甲子，班师，七月辛卯，崩于榆木川。其后，宣宗宣德三年，复亲征兀良哈，斩获凯旋。至英宗正统十四年，王振复挟帝亲征瓦剌也先，遂有土木之变。

　　成祖劳于军旅如此。然明之边患，太祖之防边深意，则由成祖坏之。当时惟以元后为大敌，视东北诸部蔑如也。最大之失，因欲篡夺，而惧国内之军不尽为用，既劫宁王，乃起大宁所属兀良哈三卫，饵之以利，使为己尽力，遂转战得大位，即弃大宁以畀三卫，而开平、兴和势孤，久之俱不能不弃。太祖时分封诸子，使以全力开辟东北者凡有六王，燕王在北平，谷王在宣府，宁王在大宁，辽王在广宁，韩王在开原，沈王在沈阳。成祖以燕藩起兵，以后惟恐强藩在边，兵力难制，尽徙五王于内地，以北平为京师而已填之。韩、沈本尚未之国，韩改平凉，沈改潞州，宁为靖难兵所劫而南，辽、谷皆以燕叛自归京师。谷王后以开金川门纳燕师，成祖德之；辽王则以为贰己，待遇颇有厚薄。但各徙封，辽由建文时已徙荆州，遂仍之；谷改长沙；宁改南昌。东北无防、边境内缩，宣府、大同亦失势，乃欲尽力招降女直，多设卫所，冀与兀良哈三卫并为一区，而别设奴儿干都司以控制之，又用中官亦失哈主其事。亦失哈之劳师远出，《明史》又以其为经略女直，为清室所讳言，遂不见于史。至清末由吉林将军委员探黑龙江北之路，乃于伯利之永宁寺发现亦失哈两次碑记，颇载规画奴儿干都司之事。日本人以为大好史实，证明明代东北疆域之广，绝非如清世记载所云，并疑亦失哈尚是元之内监，颇侈其功绩。其实不然，亦失哈盖海西女直人，成祖用以招致女直，遂历次率师以往，直至宣德、正统年间，为老于东事之人，遂久为辽东镇守太监，土木变时，尚镇辽东。其设都司之事，久已无成，兵出海西，颇为女直所袭杀。宣德之末，乃决罢其远征，只于开原之三万卫寄一奴儿干都司空名而已。东北无重镇，建州既强，遂移明祚。亦失哈事迹略见于《宦官·王振传》中。英宗被执以后，女直蠢动，朝廷虑亦失哈同与为变，乃召还京，距元亡已八十余年，亦失哈尚以辽东镇守太监被召。其所以屡至极边者，自是明廷之威力；所以无成，正缘宦官无远识。明列帝不能用贤将帅图此事，其时总辽东兵者巫凯、曹义，相继数十年，尚为名将，而开边之事偏任宦官，遂终罢弃进取之策。日本人疑为元代宦者及震其远略，皆以意度之之说，《明实录》可考其详，即《明史》亦尚有《王振传》可据也。

　　成祖之不隳明业，在能遵太祖整饬吏治之意。自永乐以来，历洪熙、宣德三朝皆未之改，故能固结民心，后世虽有祸败，根本不遽摇撼。当太祖时，重赏重罚，一闻守令有不贤，立予逮问，至则核其实；若以守官被谤，立予升擢，反跻显秩。故亲民之官，不患公道之不彰，不以权贵为惮，天下多强项之吏，略已见前。永乐以降，所用公卿，其历外任时，率多循良之绩，其专以爱民勤政著者，若周新等一传二十余人，皆有异政，此尚不在《循吏传》中，盖又为循良之特殊者。至《循吏》一传，有目者三十人，附传者至多。《吴履传》附二十五人，《高斗南传》附十三人，以上皆太祖时。《史诚祖传》附四人，《谢子襄传》附二人，《贝秉彝传》附五人，以上皆永乐时。《李信圭传》附二十人，皆洪熙、宣德至正统时。皆秩满以民意奏留者。此类官亦有作伪，宣宗时发觉两人，罪之。自后部民奏留，必下所司核实。《李骥传》附五人，历洪、永、洪、宣时，同以宣德五年为奉特敕之郡守。《赵豫传》附七人，历永乐至正统时。《范希正传》附七人，皆宣德、正统时。盖全传百二十人，宣德以前六十余年间得百人以上，正统至嘉靖百三十余年间得十余人，隆、万五十余年间仅两人，天、崇两朝则无一人，吏治之日降可知矣。宣德以前，尚多不入《循吏传》之循吏，正统以后，公卿有吏绩者亦极少，嘉靖以后，则更不足言。正统初，三杨当国，多循宣德之旧政，故其以前之待贤长吏，直以国脉民生相倚任，选择郡守，由廷臣公举，赐特敕遣行，后世之任命督抚无此隆重也。治有善状，秩满九年，升秩加俸，而使再任，久者任一地至三十余年，其联一任至十八年，联两任至二十七年者尤多。尤奇者，永乐中，高斗南知云南新兴州，衰老乞归，荐子吏科给事中恂自代，成祖许之。知州得举后任，且即其子，子又已为谏官，不必得知州而荐之，竟荷帝允，盛世士大夫之风，岂以后所能想见？久任责成，政治一定之轨，世愈衰而愈不可见。以贿用人者，利其数易以取盈；以请托用人者，不得不数易以应当道。情贿所用之人，原不足使之久任，但不久任亦不过使虎狼更迭为暴，此监司方面之责，实朝廷之意向为之也。大僚不能慎选有司，而使之久任以成化，在明初有道之君固有以处之矣。万历间亦有爱民之官，不忍矿税之殃民，往往挺身与阉人相抗，为民请命。阉以挠矿挠税入告，无不朝请夕逮，一系狱至数十年，宰相台谏论谏之章数十上，永予不报，至其为阉所迫，未入狱而已发愤自尽者累累也。此其人不得以善政入《循吏传》，乃反见于诸凶阉陈增、梁永、高淮、陈奉等传中，令读史者毛戴发竖、叹息痛恨而已。视洪、永、洪、宣之朝如在天上，此成祖内政之美，而家法贻之数朝者也。

然内政之败坏，其弊亦自成祖而起。盖篡弑之为大恶，欲济其恶，必有倒行逆施之事。靖难兵起，久而无成，因建文驭宦官极严，而叛而私以虚实报燕，遂敢于不顾中原，直趋京邑。篡弑既成，挟太祖之余烈以号召天下，莫敢不服，以此德阉，一意重用，尽坏太祖成宪。

《明史·宦官传序》："建文帝嗣位，御内臣益严，诏：'出外稍不法，许有司械闻。'及燕师逼江北，内臣多逃入其军，漏朝廷虚实。文皇以为忠于己，而狗儿辈复以军功得幸，即位后遂多所委任。永乐元年，内官监李兴奉敕往劳暹罗国王。三年，遣太监郑和帅舟师下西洋。八年，都督谭青营有内官王安等。又命马靖镇甘肃，马骐镇交阯。十八年，置东厂刺事。盖明世宦官出使、专征、监军、分镇、刺臣民隐事诸大权皆自永乐间始。初，太祖制：'内臣不许读书识字。'后宣宗设内书堂，选小内侍，令大学士陈山教习之。遂为定制。用是多通文墨，晓古今，逞其智巧，逢君作奸。数传之后，势成积重，始于王振，卒于魏忠贤，考其祸败，其去汉、唐几何哉！"

既篡大位，不知国君含垢之义，诸忠斥责，激成奇惨极酷之举，复太祖永废不用之锦衣卫、镇抚司狱，用纪纲为锦衣，寄耳目，一时被残杀者犹有数，遂为明一代屠戮忠良之特制，与东厂并用事，谓之厂卫，则流祸远矣。

《史·刑法志》："东厂之设，始于成祖。锦衣卫之狱，太祖尝用之，后已禁止，其复用亦自永乐时。厂与卫相倚，故言者并称厂卫。初，成祖起北平，刺探宫中事，多以建文帝左右为耳目，故即位后专倚宦官，立东厂于东安门北，令嬖昵者提督之，缉访谋逆、妖言、大奸恶等，与锦衣卫均权势。"

《佞幸·纪纲传》于屠戮建文朝忠臣之外，又言："诬逮浙江按察使周新，致之死。帝所怒内侍及武臣，下纲论死，辄将至家，洗沐好饮食之，阳为言，见上必请赦若罪，诱取金帛且尽，忽刑于市。数使家人伪为诏下诸方盐场，勒盐四百余万，还复称诏夺官船二十，牛车四百辆，载入私第，弗予直。构陷大贾数百家，罄其赀乃已。诈取交阯使珍奇。夺吏民田宅。籍故晋王、吴王，干没金宝无算，得王冠服，服之高坐，置酒，命优童奏乐，奉觞呼万岁，器物僭乘舆。欲买一女道士为妾，都督薛禄先得之，遇禄大内，挝其首脑裂几死。恚都指挥哑失帖木不避道，诬以冒赏事捶杀之。腐良家子数百人充左右。诏选妃嫔，试可令暂出待年，纲私纳其尤者。吴中故大豪沈万三，洪武时籍没，所漏赀尚富，其子文度蒲伏见纲，进黄金及龙角龙文被，奇宝异锦，愿得为门下，岁时供奉。纲乃令文度求索吴中好女，文度因挟纲势，什五而中分之。纲又多蓄亡命，造刀甲弓弩万计。端午，帝射柳，纲属镇抚庞瑛曰：'我故射不中，若折柳鼓噪，以觇众意。'瑛如其言，无敢纠者，纲喜曰：'是无能难我矣。'遂谋不轨。十四年七月，内侍仇纲者发其罪，命给事、御史廷劾，下都察院按治，具有状，即日磔纲于市，家属无少长皆戍边，列状颁示天下。"

　　成祖不过以己由篡得国，将以威胁天下，遂假小人以非常之威，其不法为后来锦衣卫官尚有不逮，而诏狱既设，遂以意杀人，不由法司问拟，法律为虚设，此皆成祖之作俑也。

明朝的盛衰

吕思勉

　　明太祖起于草泽，而能铲除胡元，戡定群雄，其才不可谓不雄。他虽然起于草泽，亦颇能了解政治，所定的学校、科举、赋役之法，皆为清代所沿袭，行之凡600年。卫所之制，后来虽不能无弊，然推原其立法之始，亦确是一种很完整的制度，能不烦民力而造成多而且强的军队。所以明朝开国的规模，并不能算不弘远。只可惜他私心太重。废宰相，使朝无重臣，至后世，权遂入于阉宦之手。重任公侯伯的子孙，开军政腐败之端。他用刑本来严酷，又立锦衣卫，使司侦缉事务，至后世，东厂、西厂、内厂遂纷纷而起。（东厂为成祖所设，西厂设于宪宗时，内厂设于武宗时，皆以内监领其事）这都不能不归咎于诒谋之不臧。其封建诸子于各地，则直接引起了靖难之变。

　　明初的边防，规模亦是颇为弘远的。俯瞰蒙古的开平卫，即设于元之上都。其后大宁路来降，又就其地设泰宁、朵颜、福余三卫。泰宁在今热河东部，朵颜在吉林之北，福余则在农安附近。所以明初对东北，威悛远瞻。其极盛时的奴儿干都司设于黑龙江口，现在的库页岛，亦受管辖。（《明会典》卷一〇九：永乐七年，设奴儿干都司于黑龙江口。清曹廷杰《西伯利亚东偏纪要》说庙尔以上250余里，混同江东岸特林地方，有两座碑：一刻《敕建永宁寺记》，一刻《宣德六年重建永宁寺记》，均系太监亦失哈述征服奴儿干和海中苦夷之事。苦夷即库页。宣德为宣宗年号，宣德六年为公元1431年。）但太祖建都南京，对于北边的控制，是不甚便利的。成祖既篡建文帝，即移都北京。对于北方的控制，本可更形便利。确实，他亦曾屡次出征，打破鞑靼和瓦剌。但当他初起兵时，怕节制三卫的宁王权要袭其后，把他诱执，而将大宁都司，自今平泉县境迁徙到保定。于是三卫之地，入于兀良哈，开平卫势孤。成祖死后，子仁宗立，仅一年而死。子宣宗继之。遂徙开平卫于独石口。从此以后，宣、大就成为极边了。距离明初的攻克开平，逐去元顺帝，不过60年。明初的经略，还不仅对于北方。安南从五代时离中国独立，成祖于1406年，因其内乱，将其征服，于其地设立交趾布政使司，同于内地。他又遣中官郑和下南洋，前后凡七次。其事在1405年至1433年之间，早于欧人的东航有好几十年。据近人的考究：郑和当日的航路，实自南海入印度洋，达波斯湾及红海，且拂非洲的东北岸，其所至亦可谓远了。史家或说：成祖此举，是疑心建文帝亡匿海外，所以派人去寻求的。这话亿度而不中情实。建文帝即使亡匿海外，在当日的情势下，又何能为？试读《明史》的外国传，则见当太祖时，对于西域，使节所至即颇远。可见明初的外交，是有意沿袭元代的规模的。但是明朝立国的规模，和元朝不同。所以元亡明兴，西域人来者即渐少。又好勤远略，是和从前政治上的情势不相容的，所以虽有好大喜功之主，其事亦不能持久。从仁宗以后，就没有这种举动了。南方距中国远，该地方的货物，到中原即成为异物，价值很贵；又距离既远，为政府管束所不及，所以宦其地者率多贪污，这是历代如此的。明朝取安南后，还是如此。其时中官奉使的多，横暴太甚，安南屡次背叛。宣宗立，即弃之。此事在1427年，安南重隶中国的版图，不过22年而已。自郑和下南洋之后，中国对于南方的航行，更为熟悉，华人移殖海外的渐多。近代的南洋，华人实成为其地的主要民族，其发端实在此时。然此亦是社会自然的发展，得政治的助力很小。

　　明代政治的败坏，实始于成祖时。其一为用刑的残酷，其二为宦官的专权，而两事亦互相依倚。太祖定制，内侍本不许读书。成祖反叛时，得内监为内应，始选官入内教习。又使在京营为监军，随诸将出镇。又设立东厂，使司侦缉之事。宦官之势骤盛。宣宗崩，英宗立，年幼，宠太监王振。其时瓦剌强，杀鞑靼酋长，又胁服兀良哈。1449年，其酋长也先入寇。王振贸然怂恿英宗亲征。至大同，知兵势不敌，还师。为敌军追及于土木堡，英宗北狩。朝臣徐有贞等主张迁都。于谦力主守御。奉英宗之弟景帝监国，旋即位。也先入寇，谦任总兵石亨等力战御之。也先攻京城，不能克，后屡寇边，又不得利，乃奉英宗归。大凡敌兵入寇，京城危急之时，迁都与否，要看情势而定，敌兵强，非坚守所能捍御，而中央政府，为一国政治的中心，失陷了，则全国的政治，一时要陷于混乱，则宜退守一可据的据点，徐图整顿。在这情势之下，误执古代国君死社稷之义，不肯迁都，是要误事的，崇祯的已事，是其殷鉴。若敌兵实不甚强，则坚守京城，可以振人心而作士气。一移动，一部分的国土，就要受敌兵蹂躏，损失多而事势亦扩大了。瓦剌在当日形势实不甚强，所以于谦的主守，不能不谓之得计。然徐有贞因此内惭，石亨又以赏薄怨望，遂结内监曹吉祥等，乘景帝卧病，闯入宫中，迎英宗复辟，是为"夺门之变"。于谦被杀。英宗复辟后，亦无善政。传子宪宗，宠太监汪直。宪宗传孝宗，政治较称清明。孝宗传武宗，又宠太监刘瑾，这不能不说是成祖恶政的流毒了。明自中叶以后，又出了三个昏君。其一是武宗的荒淫。其二是世宗的昏聩。其三是神宗的怠荒。明事遂陷于不可收拾之局。武宗初宠刘瑾，后瑾伏诛，又宠大同游击江彬，导之出游北边。封于南昌的宁王宸濠，乘机作乱，为南赣巡抚王守仁所讨平，武宗又借以为名，出游江南而还。其时山东、畿南群盗大起，后来幸获敉平，只可算得徼幸。武宗无子，世宗以外藩入继。驭宦官颇严，内监的不敢恣肆，是无过于世宗时的。但其性质严而不明，中年又好神仙，日事斋醮，不问政事。严嵩因之，故激其怒，以入人罪，而窃握大权，政事遂至大坏。其时倭寇大起，沿海七省，无一不被其患，甚至沿江深入，直抵南京。北边自也先死后，瓦剌复衰，鞑靼部落入据河套，谓之"套寇"。明朝迄无善策。至世宗时，成吉思汗后裔达延汗复兴，击败套寇，统一蒙古。达延汗四子，长子早死。达延汗自与其嫡孙卜赤徙牧近长城，称为插汉儿部，就是现在的察哈尔部。次子为套寇所杀。三子系征服套寇的，有两子：一为今鄂尔多斯部之祖，亦早死。一为阿勒坦汗，《明史》称为俺答，为土默特部之祖。第四子留居漠北，则为喀尔喀三部之祖。（车臣，上谢图，札萨克图。其三音诺颜系清时增设）自达延汗以后，蒙古遂成今日的形势了，所以达延汗亦可称为中兴蒙古的伟人。俺答为边患是最深的。世宗时，曾三次入犯京畿。有一次，京城外火光烛天，严嵩竟骗世宗，说是民家失火，其蒙蔽，亦可谓骇人听闻了。世宗崩，穆宗立，未久而死。神宗立，年幼，张居正为相。此为明朝中兴的一个好机会。当穆宗时，俺答因其孙为中国所得，来降，受封为顺义王，不复为边患。插汉儿部强盛时，高拱为相，任李成梁守辽东，戚继光守蓟镇以敌之。成梁善战，继光善守，张居正相神宗，益推心任用此二人，东北边亦获安静。明朝政治，久苦因循。张居正则能行严肃的官僚政治。下一纸书，万里之外，无敢不奉行惟谨者，所以吏治大有起色。百孔千疮的财政，整理后亦见充实。惜乎居正为相不过10年，死后神宗亲政，又复昏乱。他不视朝至于20余年。群臣都结党相攻。其时无锡顾宪成，居东林书院讲学，喜欢议论时政，于是朝廷上的私党和民间的清议，渐至纠结而不可分。神宗信任中官，使其到各省去开矿，名为开矿，实则借此索诈。又在穷乡僻壤，设立税使，骚扰无所不至。日本丰臣秀吉犯朝鲜，明朝发大兵数十万以援之，相持凡7年，并不能却敌，到秀吉死，日本兵才自退。神宗死后，熹宗继之。信任宦官魏忠贤，其专横又为前此所未有。统计明朝之事，自武宗以后，即已大坏，而其中世宗、神宗，均在位甚久。武宗即位，在1506年，熹宗之死，在1627年，此122年之中，内忧外患，迭起交乘，明事已成不可收拾之局。思宗立，虽有志于振作，而已无能为力了。

崇祯致亡之症结

孟森

　　天启七年（1627年）八月乙卯，帝崩，是为二十二日，丁巳，二十四日。信王即皇帝位，大赦天下，以明年为崇祯元年。熹宗崩之日，信王奉遗诏，即夕入临，居宫中，比明，群臣始至。时崔呈秀方改兵部尚书，夺情视事，比入临，内使十余传呼呈秀甚急，呈秀入与忠贤密谋久之，语秘莫得闻，或云："忠贤欲篡位，呈秀以时未可止之也。"帝既即位于八月二十四日，至十月，乃罢崔呈秀。时阉党自危，杨所修、杨维垣、贾继春先后劾呈秀以尝帝，呈秀遂罢。又削浙江巡抚潘汝祯籍，以其建祠作俑。而阉党布在朝列，竟相持莫敢动。杨邦宪建祠疏至，帝阅而笑。忠贤辞建祠，辄允。乃仅于部属中得主事钱元悫、陆澄源各一疏，又嘉兴贡生钱嘉征一疏，论劾忠贤。帝召忠贤，使内侍读疏，忠贤震恐丧魄，急以重宝啖信邸太监徐应元求解，帝斥应元。以十一月甲子朔，命："忠贤凤阳安置。"戊辰，罢各边镇守太监。己巳，忠贤与其党李朝钦行至阜城，自缢。崔呈秀闻之，亦自缢。十二月，客氏及其子侯国兴、弟客光先与魏良卿皆伏诛，客氏诏赴浣衣局掠死，籍其家，良卿、国兴、光先皆弃市，家属无少长皆斩。客氏之籍也，于其家得宫女姙身者八人，盖将效吕不韦所为，帝大怒，命悉笞杀之。诏天下所建逆祠悉拆毁变价。逮陆万龄于狱，监候处决。崇祯元年（1628年）正月，诏"中官非奉命，不得出禁门"。僇忠贤尸，寸磔，悬首河间。僇崔呈秀尸，悬首蓟门。

　　崇祯之处忠贤当矣，罢各边镇守，禁中官出禁门。创巨痛深，宜有此明断。乃未几又悉用阉，至日后开城迎闯之曹化淳，正为帝之所尊信者，帝犹自谓"非亡国之君"，此读史者所可论定也。

元年正月，大计天下吏。杨维垣以御史佐计，以东林与崔、魏并诋，并坚持三案。是时柄国者皆忠贤遗党，无敢颂言东林者。编修倪元璐首上疏一再驳正维垣，当局以互相诋訾两解之，而公论乃渐明矣。嗣是阁中阉党黄立极、张瑞图、施凤来陆续罢。五月，从倪元璐言，毁《三朝要典》，焚其板。阉党侍讲孙之獬闻之，诣阁大哭，天下笑之。之獬后降清，入《贰臣传》。于是罹忠贤之祸者多赠官赐谥，东林始不负罪于世，而阉党犹持朝局，动以计陷右东林者。二年三月，始定逆案，分别磔、斩、秋后处斩及充军、坐、徒、革职、闲住各等罪名，共二百余人，诸奸亦多漏网者，维垣名在充军之列。

维垣于仇东林、翻逆案最力，为清流所深恶，然南都破后，能以一死了之；东林后辈，亦有降于闯军，列于清廷者。鼎革之际，事多难言，惟皭然不污者终以正人为多。

元年四月，起袁崇焕为兵部尚书，督师蓟、辽。崇焕以忤忠贤去，忠贤诛，王之臣被劾去，廷臣争请召崇焕，诏所司敦趣上道。七月至京师，召对平台，自任五年可复全辽，请勿令在朝诸臣以权力掣臣肘，以意见乱臣谋，帝悉从之，并假便宜赐尚方剑。崇焕又以前此熊廷弼、孙承宗皆为人排构，不竟其志，上言："恢复之计，不外臣昔年以辽人守辽土，以辽土养辽人，守为正著、战为奇著、和为旁著之说。法在渐不在骤，在实不在虚，任而勿贰，信而勿疑。驭边臣与廷臣异，军中可惊可疑者殊多，但当论成败之大局，不必摘一言一行之微瑕。事任既重，为怨实多，诸有利于封疆者，皆不利于此身者也，是以为边臣甚难。臣非过虑，中有所危，不得不告。"帝优诏答之。八月抵关，适宁远兵缺饷四月哗变，先靖其乱，即裁并诸镇，关内外止设二大将，祖大寿驻锦州，赵率教驻关门，身自居中驻宁远。请罢宁远及登、莱巡抚不设，亦报可。二年六月，崇焕杀毛文龙。文龙镇东江，朝廷视为意外之兵，不能时给饷，文龙因得以自筹之说，假通商名，往来海上，多贩违禁物规利。建州所资于中国者，得之东江，而文龙亦多得建州所产参、貂，赂遗朝贵，恒为阉党所乐袒庇。既拥厚利，所集刁健不逞之徒极众，建州亦颇有顾忌，而朝鲜亦赖以联中朝之声气。崇焕莅镇，疏请遣部臣理东江饷。文龙恶文臣监制，抗疏驳之，崇焕不悦。寻文龙来谒，接以宾礼，文龙不让，崇焕谋益决。至是以阅兵为名，泛海抵双岛，文龙来会。崇焕相与燕饮每至夜分，文龙不觉也。崇焕议更营制，设监司，文龙怫然。崇焕以归乡动之，文龙曰："向有此意，但惟我知东事，东事毕，朝鲜衰弱，可袭而有也。"崇焕滋不怿，遂以是月五日，邀文龙观将士射。先设幄山上，伏甲士幄外，文龙至，其部卒不得入。崇焕曰："予诘朝行，公当海外重寄，受予一拜。"交拜毕登山，因诘文龙违令数事，文龙抗辩，崇焕厉声叱之，命去冠带絷缚，文龙犹倔强，崇焕曰："尔有十二斩罪，知之乎？祖制：大将在外，必命文臣监。尔专制一方，军马钱粮不受核。一当斩。人臣之罪，莫大欺君。尔奏报尽欺妄，杀濒海难民冒功。二当斩。人臣无将，将则必诛。尔奏称：'牧马登州，取南京如反掌。'大逆不道。三当斩。每岁饷银数十万，不以给兵，月止散米三斗有半，侵盗军粮。四当斩。擅开马市于皮岛，私通海外诸国。五当斩。部将数千人，悉冒己姓，副将以下，滥给札付千，走卒舆夫尽金绯。六当斩。自宁远剽掠商船，自为盗贼。七当斩。强取民间子女，不知纪极，部下效尤，人不安室。八当斩。驱难民远窃人参，不从则幽之岛上，僵卧死者，白骨如莽。九当斩。辇金京师，拜魏忠贤为父，塑冕旒像于岛中。十当斩。铁山之败，丧军无算，掩败为功。十一当斩。开镇八年，拥兵观望，不能恢复寸土。十二当斩。"数毕，文龙喋不能置辩，但叩头乞免。崇焕召谕其从官曰："文龙罪状当斩否？"皆惶怖唯唯，中有称文龙数年劳苦者，崇焕叱退之，乃顿首请旨出尚方剑斩文龙于帐下。然后出谕其部卒曰："诛止文龙，余无罪。"皆不敢动。分其兵为四协，以文龙子承祚及副将陈继盛等领之，犒军士，檄抚诸岛，尽除文龙虐政。还镇，以其状上闻，末言："文龙大将，非臣得擅诛，谨席藁待罪。"上骤闻意殊骇，既念文龙已死，方任崇焕，乃优旨褒答。崇焕又上言："文龙一匹夫，不法至此，以海外易为乱也，其众合老稚四万七千，妄称十万，且民多，兵不能二万，妄设将领千，今不宜更置帅，即以副将陈继盛摄之，于计便。"又虑部下为变，请增饷银至十八万。皆报可。

　　崇焕诛文龙一事，流传失实之记载不可胜举，至今人有为文龙抱屈，称崇焕忌才者。然史文明白，合之《实录》所见，于文龙之罪状无疑也。但史又言："文龙专阃海外，有跋扈声，崇焕一旦除之，自谓可弭后患，然东江屹然巨镇，文龙死，势日衰弱，且岛弁失主帅，心渐携，益不可用，其后致有叛去者。"此为后来诋议诛毛为失计说之所由来。然此皆崇焕冤死后岛兵变化之事实，若使崇焕久任以处其责，何至视刘兴祚兄弟与陈继盛相屠杀，而卒令耿仲明、孔有德、尚可喜辈遂为清廷佐命哉？诛毛部署不过三阅月，崇焕已中清太宗反间，明廷自坏长城，反信高捷、袁弘勋、史㻫，为阉党报仇，兴大狱，以妄杀文龙陷辅臣钱龙锡。易代以后，流闻语尚不实，则审慎读史者之少矣。

十月，建州兵毁边墙入犯，崇焕入援。谤者以崇焕先有与建州通和之意，谓其招虏胁和，将为城下之盟。清太宗又授计叛将高鸿中，于军中所获宦官二人前故作耳语，云："今日撤兵，袁巡抚有密约，事可立就。"纵宦官归，以闻于帝。遂再召见于平台，诘杀文龙事，缚付诏狱。祖大寿骇而毁关东奔，犹于狱中取崇焕手书召大寿，得无叛去。时阁臣钱龙锡持正，不悦阉党。阉党王永光复用，为吏部尚书，引同党御史高捷、史㻫，为龙锡所扼，遂以龙锡与崇焕屡通书，讦议和，杀文龙为龙锡主使，并罢龙锡。时起用孙承宗御建州兵，兵退。遂于三年八月磔崇焕，九月逮龙锡，十二月下龙锡狱。阉党借议和诛毛，指崇焕为逆首，龙锡等为逆党，谋更立一逆案，与前案相抵。内阁温体仁、吏部王永光主其事，欲发自兵部，而兵部尚书梁廷栋不敢任而止，仅议："龙锡大辟，决不待时。"帝不信龙锡逆谋，龙锡亦悉封上崇焕原书及所答书，帝令长系。明年，中允黄道周申救谪外，而帝亦诏所司再谳，减龙锡死，戍定海卫，在戍十二年，两赦不原。其子请输粟赎罪，周延儒当国，尼不行，南渡后始复官归里卒。崇祯宰相五十人，龙锡尚为贤者，崇祯初与刘鸿训协心辅政，朝政稍清，两人皆得罪去。崇焕则以边事为己任，既被磔，兄弟妻子流三千里，籍其家无余赀，天下冤之。帝茫无主宰，而好作聪明，果于诛杀，使正人无一能任事，惟奸人能阿帝意而日促其一线仅存之命，所谓"君非亡国之君"者如此。

李自成、张献忠及建州兵事

孟森

  明自中叶以后，人民起事虽时有，然旋起旋灭，至崇祯朝遂以亡明，盖由外困于建州，内民生日蹙故耳。万历之末，东事既起，饷不足而加赋无已，民失其乐生之心。兵弊于军制废弛，班军困于占役，而京营不足用，卫所之军，亦为豪家供奔走，虽一诸生可役使之，重以隐占虚冒，举天下之兵不足以任战守。而召募之说兴，于是聚游手好闲，无尺籍可稽之民，假以器械，教之技击，赴警则脱逃哗溃，既穷且悍之众遍于闾里。天启六年八月，本纪书："陕西流贼起，由保宁犯广元。"是时阉党乔应甲巡抚陕西，朱童蒙巡抚延绥，皆贪黩虐民，起事以此日众；且又连岁大饥。崇祯元年十一月，有白水王二通于县役，纠众墨其面，掠蒲城之孝童，韩城之淄川镇，由是府谷王嘉胤、宜川王左挂并起攻城堡杀官吏，安塞高迎祥、汉南王大梁复纠众应之，迎祥自称闯王，大梁自称大梁王。迎祥，李自成舅也，其闯王之号，后遂为自成所袭称。

  二年春，诏以杨鹤为三边总督平乱，参政刘应遇击斩王二、王大梁，参议洪承畴击破王左挂。会建州兵薄京师，山西巡抚耿如杞勤王兵哗而西，延绥总兵吴自勉、甘肃巡抚梅之焕勤王兵亦溃，乱势益炽。鹤畏之，乃主抚，其有降者给免死牒，安置延绥、河曲间。三月，起事民众更由陕渡河入山西。六月，王嘉胤陷府谷，米脂张献忠应之。献忠，延安卫柳树涧人，隶延绥镇为军，犯法当斩，主将陈洪范奇其状貌，请于总兵官王威释之，乃逃去。先从神一元领红旗为先锋，及是据米脂诸寨，自称八大王，是为张献忠著名之始。入山西之首领王嘉胤于崇祯四年六月为其同伙所杀，更推号紫金梁即王自用者为魁，与迎祥、献忠共三十六营，众二十余万，皆聚山西。于是迎祥甥李自成与其兄子过往从迎祥。自成时未有名，但号闯将，本米脂人，世居怀远堡李继迁寨。幼牧羊于邑大姓艾氏，及长充银川驿卒，善骑射，数犯法，知县晏子宾捕之，将置诸死，脱去为屠。至是从迎祥，是为李自成渐露头角之始。自成之起在献忠后也。

邑大姓艾氏家牧羊。史言自成之托始如此。《人海记》录《枣林杂俎》云："惠世扬，米脂人，万历甲辰进士，历刑部侍郎。李自成故牧卒也，尝给事世扬之家，及僭号，语人曰：'得惠先生来则甚幸。'因致书，世扬即至，拜右平章，时左平章则牛金星也。自成败，从本朝兵入燕，三年不见用，后放归。绥德副总兵王永强作乱，劫世扬从军，败于朱原镇，永强自缢，世扬不知所终。"据此则邑大姓为惠氏，所牧者马也。世扬名在东林，天启五年杨、左之狱，与赵南星等皆在削籍追赃之列。《东华录》："顺治四年八月甲戌，左副都御史惠世扬以年老致仕。"是后又降清。

三边总督杨鹤以无功遣戍，洪承畴代之，督诸将曹文诏、杨嘉谟战，所向克捷。后文诏及在籍故锦衣金事张道濬等，道濬。泽州沁水人，张铨子，以难荫。先后为言官论列得罪及他调去。迎祥、献忠等复伪降突渡河，入河南、湖广，逼四川。七年春，以陈奇瑜为山西、陕西、河南、湖广、四川总督，专事平乱，以卢象升为郧阳抚治。奇瑜困迎祥、自成等于车箱峡，自成以计赂奇瑜左右，伪请降，奇瑜遽许之，檄诸将按兵毋杀，所过州县为具糇传送。自成等甫渡栈即大噪，适略阳大众数万亦来会，在在告警，奇瑜坐削籍，而李自成之名大显，与张献忠相埒矣。

奇瑜削籍，洪承畴代，甫受命而东，西宁兵变不得下，迎祥、自成遂攻陷巩昌、平凉、临洮、凤翔诸府数十州县，败官军，戕道员，围陇州四十余日，承畴遣将击破之，遂东走河南，承畴奉诏出关追之。八年春正月，自成等大会于荥阳，由自成倡议，分大众抗各路官军，迎祥、献忠及自成等东出，遂陷凤阳，焚皇陵，势大炽。所树帜大书"古元真龙皇帝"。大饮合乐，声势益张。自此屡分屡合，时败时振，官兵迭有伤亡。九年七月，陕西巡抚孙传庭击迎祥盩厔，被俘死，其众乃共推自成为闯王。十一年春，承畴、传庭合力作战，大破自成，尽亡其卒，独与刘宗敏等十八骑入商洛山中不敢出。其年献忠降，自成势益衰。而辽事亟，承畴改蓟、辽总督，传庭改保定总督，而传庭复以疾辞，逮下狱。传庭患失聪，而杨嗣昌劾其托疾故也。自是主持其事者为嗣昌与熊文灿。

嗣昌，湖南武陵人，万历进士。父鹤，天启间，为阉党除名，嗣昌亦引疾。崇祯初，鹤以被逮，嗣昌三疏请代，得减死。既嗣昌历官右佥都御史巡抚永平、山海诸处，复升兵部侍郎，总督宣、大、山西军务。疏陈边事，帝异其才。以父忧去，复遭继母丧。崇祯九年，夺情起兵部尚书。三疏辞，不许。十年三月，抵京召对。嗣昌博涉文籍，多识先朝故事，工笔札，有口辩，帝大信爱之。前尚书张凤翼柔靡无所规画，嗣昌锐意振刷，帝益以为能，所请无不听，曰："恨用卿晚。"嗣昌议大举进兵，请以陕西、河南、湖广、江北为四正，四巡抚分剿而专防，以延绥、山西、山东、江南、江西、四川为六隅，亦巡抚分防而协剿，是谓十面之网。总督、总理二臣专任征讨。总督者，总督山西、陕西、河南、湖广四川军务洪承畴；总理者，总理南畿、河南、山西、陕西、湖广、四川军务王家祯。嗣昌握兵柄，承帝眷，以帝急平乱，冀得一人自助，乃物色得大言自诡之熊文灿，而嗣昌挟帝所信任以为之主。

文灿，贵州永宁卫人，徙家蕲水，由进士历官至布政司。崇祯元年，以福建布政司就迁巡抚。福建海上，郑芝龙为渠帅，颇愿受抚，当事谕降之。文灿至，善遇芝龙，使为己用，芝龙屡立功，文灿遂以功擢总督两广军务，仍借芝龙力，最后击刘香死，海上尽平，时崇祯八年。史《文灿传》："文灿官闽广久，积赀无算，厚以珍宝结权要，谋久镇岭南。会帝疑刘香未死，且不识文灿为人，遣中使假广西采办名往觇之。文灿盛有所赠遗，留饮十日，中使喜，语及中原寇乱，文灿方中酒，击案骂曰：'诸臣误国耳，若文灿往，讵令鼠辈至是？'中使起立曰：'吾非往广西采办也，衔上命觇公。公当世才，非公不足办贼。'文灿悔失言，随言五难四不可以自遁。中使曰：'吾见上自请之，若上无所吝，即公不得辞矣。'文灿辞穷，应曰：'诺。'中使果还言之帝。文灿居蕲水，与邑人姚明恭为姻娅，明恭官詹事，又与嗣昌善，知中使誉言，因荐之嗣昌曰：'此有内援可引也。'嗣昌荐之。十年四月，拜文灿兵部尚书兼右副都御史，代王家祯为总理。文灿拜命，即请以左良玉军属己，而大募粤人及乌蛮精火器者一二千人自护，弓刀甲胄甚整。次庐山，谒所善僧空隐，僧曰：'公误矣。'文灿屏人问故，僧曰：'公自度能制贼死命乎？'曰：'不能。诸将有可属大事不烦指挥而定者乎？'曰：'未知如何也。'曰：'上特以名使公，厚责望，一不效，诛矣。'文灿却立良久曰：'抚之何如？'僧曰：'吾料公必抚，然流寇非海寇比，公其慎之。'"是为文灿受任之原委。

嗣昌设十面之网，意在主战，与文灿主抚，本不相中。文灿既至，良玉桀骜，不受节制，其下又与粤军不和，大诟，不得已遣还南军，然良玉实不为用，嗣昌言于帝，乃以边将冯举、苗有才五千人隶焉。时嗣昌号建四正六隅策，文灿则决计招降，初抵安庆，即遣人招张献忠、刘国能，二人听命，乃益刊招降檄布通都。又请尽迁民与粟闭城中，期无所掠当自退。帝怒，谯让文灿，嗣昌以既已任之，则曲为之解，仍上疏克期平定，以今年十二月至明年二月为限。当时任事者，尚有总督洪承畴。嗣昌言于帝："熊文灿任事仅三月，承畴七年不效，论者绳文灿急，而承畴纵寇莫为言。"帝知嗣昌有意左右，变色曰："督、理二臣但责及时平贼，奈何以久近藉之口？"嗣昌乃不敢言。嗣昌建合剿之策，谓必可平定，而专任文灿。文灿则专主抚，所主张本不相合，帝亦不复诘，亦无言者。初，献忠为左良玉军所败，中箭创甚不能战，十一年春，侦知陈洪范隶文灿麾下为总兵，因遣间赍重币献洪范，愿率所部降。洪范以告文灿，受其降。献忠遂据谷城，请十万人饷。文灿又招十三家先后降。嗣昌方以逾期故，疏引罪乞代，帝不许，命察行间功罪，乃盛称文灿功而罪承畴。承畴方与陕抚孙传庭大破李自成，自成走入峣函山中。献忠则在谷城治甲仗，言者知其必反，而帝信嗣昌倚文灿，不为忧。十二年五月，献忠合十三家一时并起，设伏败左良玉兵。帝闻变大惊，削文灿官，戴罪视事。嗣昌于六月甫由兵部尚书改礼部，兼东阁大学士，入参机务，仍掌兵部事。变既闻，上疏请斥，不许。帝以既挠群议用嗣昌，悟其不足倚，而犹冀其一出平乱谢天下，遂命以辅臣督师。再疏辞，不允。以九月杪抵襄阳，入文灿军，听文灿自诉，且檄召文灿所用知府万年策、金事孔贞会效用军前，而河南巡按高名衡既劾文灿，又劾二人以抚愚文灿不可用。嗣昌发愤疏辩，谓："廷臣以文灿不能剿贼，诬其无才；不能用兵，诬其无算。文灿特过持重耳，流寇数十百万，不可胜诛，必抚剿并施，方可解散。文灿收拾两年，功已十成六七，独献忠再叛，八营动摇。今以一眚废置，并所用之人訾之，非公论。"（此疏见《明史稿·嗣昌传》。）以此曲庇文灿，而帝卒重罪之，文灿以十三年十月弃市。

十一年九月，建州又复入边，以宣、大、山西总督卢象升督师御之。象升亦以与嗣昌议不合，遂以监军中官高起潜分其兵，又扼其饷，陷象升阵亡。又与起潜比，谓象升不死。有诏验视，赞画杨廷麟得其尸，嗣昌故靳之。遣三逻卒察其死状，其一人俞振龙者，归言象升实死，嗣昌怒，鞭之三百，暴尸八十日而后殓。终嗣昌未死之日，不得议恤。象升以对建州主战，而嗣昌在本兵因与不合陷之，并欲没其死事之烈，此为嗣昌一大罪状。方是时，文灿主抚亦当嗣昌意，嗣昌归功文灿而欲倾承畴。帝以东事亟，召承畴、传庭入援，嗣昌议移承畴督蓟、辽，且尽留承畴所率入援之秦兵，属承畴东守。传庭谓嗣昌："秦军不可留。秦军妻子俱在秦，久留于边，非哗则逃，不复为吾用。安危之机不可不察。"嗣昌不听，传庭疏争之，帝不能用，不胜郁郁，耳遂聋。初传庭入卫，象升方战殁，命代统诸镇援军，请召对决大计，嗣昌以传庭与己多不同，高起潜亦与传庭不协，合而沮之，竟不得入朝。十二年春，承畴与传庭并受命，承畴督蓟、辽，传庭督保定、山东、河北军务。复疏请陛见，嗣昌大惊，谓传庭将倾己，饬来役赍疏还之，传庭愤甚，耳益聋，不能听机事，遂乞休，嗣昌又劾其托疾。帝大怒，斥为民，下巡抚杨一儁核真伪。一儁奏言非伪，并下一儁狱，传庭长系待决。举朝知其冤，莫敢言。系狱三年，至嗣昌败后，朝士乃交荐起督陕。嗣昌主兵柄时，大将任战者，仅卢象升、孙传庭、洪承畴为最著。嗣昌陷卢死，并仇其死后，陷孙几死，复排洪于外，所倚所庇惟有熊文灿，此其任本兵时之所为也。而其时于颠倒命将是非之外，又有残民以绝国脉之大罪。当万历末，以清犯辽东，三次加派，已驱民走险而致大乱。崇祯间，一再加派，曰剿饷，曰练饷，合前万历末所加名辽饷，共谓之三饷。剿饷、练饷，皆嗣昌主议而帝用之。拥剿饷而不剿，拥练饷而无可练。至清入关而首除三饷，遂取中国，而民已多数安之，是尤为新朝造取代之资矣。谓兵事正殷，非饷不济。清方以兵取天下，较之明以兵守天下者岂不更费武力，然以首革三饷而兴，求之宫廷节约，以养战士，自有其道。明君臣当危亡之时，竭力椓丧，不恤资敌，此固亡国之臣所为，亦岂非亡国之君所信用乎？

当十年三月，嗣昌始履本兵任，议设十面之网，并荐熊文灿为总理，即议增兵十二万，增饷二百八十万，其措饷之策四：一因粮，二溢地，三事例，四驿传。因粮者，因旧额之粮量为加派，亩输粮六合，石折银八钱，伤残地不与，岁得银百九十二万九千有奇；溢地者，民间土田溢原额外者，核实输赋，岁得银四十万六千有奇；事例者，富民输资为监生，一岁而止；驿传者，前此邮驿裁省之银，以二十万充饷。户部不敢违，议上，帝传谕："不集兵无以平寇，不增饷无以饷兵，勉从廷议，暂累吾民一年。"改因粮为均输，布告天下，使知为民去害之意，是为剿饷。帝言累民一年，本以一年为限，而遂为久计矣。

十二年，清兵入边，破济南始返。未解严时，廷臣请练边兵，嗣昌议各镇练兵数至七十余万。帝又采副将杨德政议，练民兵捍乡土，不他调，天下府千、州七百、县五百，汰府通判、州判官、县主簿。府改设练备，秩次守备；州县改设练总，秩次把总。嗣昌以势有缓急，请先行畿辅、山东、河南、山西，于是有练饷之议。

剿饷在嗣昌原议一年即止，饷尽而乱未平，诏征其半。至行练饷时，反并剿饷皆全征。帝虑失信，大学士薛国观、程国祥以为可行，嗣昌复言："加赋出于土田，土田尽归有力家，百亩增银三四钱，稍抑兼并耳，贫者何害？"帝意遂决。由是剿饷之外，复增练饷七百三十万。计辽饷在神宗末为五百二十万，崇祯初又增百四十万，后再增剿饷、练饷，计千万，先后增赋一千六百七十万，民不聊生，益起为乱。迨帝知悔前失，用大学士蒋德璟言，诏罢练饷，自成兵已逼城下，有诏而不复能行矣。夫古礼家之说，年不顺成，天地祖宗可以杀礼，社稷神祇可以变置。古者神权最重，而救国只有夺典礼，而不闻可以剥民生。卧薪尝胆，乃有国者自处于极苦，与军民同其生活，自能尽全国之人力物力以渡此难关。若曰暂累吾民，君与相以及有禄之士大夫则不受其累，是薪胆之苦只有人民卧且尝也。崇祯间最用事最专且久之杨嗣昌，独为帝所特简，谓非亡国之君而何？

剿饷之用途犹有可指，若练饷之用途实为可笑。各镇就旧兵而抽练之，当时论者即谓九边自有额饷，概予新饷则旧饷安归？边兵多虚额，今指为实数，饷益虚糜而练数仍不足，且抽练而其余遂不问，则旧饷之兵公然不练，而练者又仍虚文，加练饷而边防愈弱矣。至州县民兵益无实，徒糜厚饷。凡此皆以嗣昌主之，且事巨莫敢难也。此皆嗣昌居中用事之亡国成绩也，其督师以后则又有可言矣。

嗣昌入熊文灿军受代，以十月朔大誓三军，以左良玉有将才，请拜为平贼将军，报可。良玉既佩将军印，志浸骄，遣使以书谢，嗣昌不悦。会贺人龙败献忠于兴安，请进秩赐奖，欲渐贵之，以抗良玉。良玉知之甚愠。恩威不足以相服，而用术数交斗于将帅之间，武夫无肝胆可共，危急时孰能用命？当是时，官军虽新胜，而嗣昌申养锐之戒，诸将遂无斗志，虽遣将但遥相应，未令合击。代嗣昌为本兵者傅宗龙，克十二月平乱，又数趣分道进兵，嗣昌迁延至岁暮未一战。张琮、贺人龙之捷，本非嗣昌功，其所檄湖广巡抚。孔照遣杨世恩、罗安邦两将攻罗汝才、惠登相者，则全军覆于黄草坪。孔照本屡取胜，至是所部一败。嗣昌以孔照先条上熊文灿主抚之误，心衔之，又忮其言中，遂独劾孔照逮下狱。孔照子检讨以智，伏阙讼父冤，膝行沙中两年，帝心动，始议前功，减死遣戍，则遇败巧中他疆臣以自免之一事也。嗣昌驻襄阳，既节制各路军，乃以楚地广衍，乱难制，驱使献忠等入蜀，冀因地险蹙之可全胜。又虑蜀兵扼险，恐彼不得入，遂调蜀锐万余为己用，使蜀中罢弱不足支。蜀抚邵捷春愤曰："督师杀我！"争之不能得。于是献忠遂西。其时总督陕西三边军务为郑崇俭，由本兵令兼督蜀军，嗣昌亦檄秦军入蜀，崇俭遂于十三年二月率副将贺人龙、李国奇会左良玉，败献忠于玛瑙山。崇俭身在行间，嗣昌远处襄阳，而帝以嗣昌一出即奏捷，大悦，赏功犒师，悉归功嗣昌。既而捷春以嗣昌弱其兵，秦师入蜀者，又以崇俭奉命还关中，亦噪而西归，蜀无防御之力，献忠等尽萃蜀中。楚将奉嗣昌令追献忠入蜀者，败于土地岭。献忠攻蜀各郡县，嗣昌果委罪蜀军，斩蜀将邵仲光，而劾捷春逮下狱论死，捷春仰药死狱中。捷春清谨有惠政，被逮日，士民哭送，竞逐散来逮官旗，蜀王亦疏救，不听。则嗣昌不任弃蜀之罪而巧陷他疆臣之又一事也。蜀既陷，嗣昌为自免计，已陷捷春，又奏崇俭撤兵太早，削其籍。迨嗣昌败死，帝尚恨崇俭不与嗣昌犄角共平乱，逮下狱，不俟秋后，以五月弃市。南都时，给事中李清始讼其有胜无败，而为他人巧卸、遂服上刑之冤。则嗣昌既陷蜀，而凡稍能军之疆臣皆为卸罪之故连陷以死之又一事也。

帝于嗣昌始终眷注，慰劳赐敕，犒师发帑，一再相望。嗣昌以献忠等尽入蜀，身率师尾之，檄诸将邀击，令俱不行。下令降者授官，惟献忠不赦，擒斩者赍万金爵侯。翌日，军府自堂皇至庖湢遍题："斩嗣昌献者，赍白金三钱。"

嗣昌骇愕。嗣昌小有才，躬亲簿书，军行必自裁进止，千里待报，常失机会。郧阳抚治王鳌永尝谏之，不纳，旋奏罢鳌永而代以袁继咸。鳌永上书于朝曰："嗣昌用师一年，荡平未奏，非谋虑之不长，缘操心之太苦。天下事，总挈大纲则易，独周万目甚难，况贼情瞬息更变，举数千里征伐机宜尽出一人，文牒往返，动逾旬月，坐失事机，无怪乎经年不战也。其间玛瑙山一捷，督辅本号令良玉退守兴安，若必遵之，无此捷矣。陛下任嗣昌，不必令与诸将同功罪，但责其提衡诸将之功罪；嗣昌驭诸将，不必人人授以机宜，但核其机宜之当否；则嗣昌心有余闲，自能决奇制胜，何至久延岁月，老师糜饷哉？"鳌永所陈，颇中嗣昌之病。帝令中枢饬嗣昌，嗣昌性所偏，不能从也。献忠等既横行蜀中，由蜀南而复西。十四年正月，嗣昌统舟师下云阳，檄诸军陆行追击，诸军惟猛如虎蹑其后，与战黄陵城，大败，献忠入楚。嗣昌檄良玉兵，不应，献忠乃轻骑一日夜驰三百里，抵襄阳，诱启城门，执襄王。献忠坐王堂下，予之酒曰："吾欲斩杨嗣昌头，嗣昌在远，今借王头，俾嗣昌以陷藩伏法，王努力尽此酒。"遂害王。襄阳故熊文灿所驻，嗣昌来代，以其地为重镇，设守甚备，竟被破之。嗣昌在夷陵，惊悸，上疏请死，下至沙市，又洛阳已陷，福王亦遇害，益忧惧，遂不食，以三月朔日死。廷臣交章论列，嗣昌已由郧抚袁继咸、河南巡按高名衡以自裁闻，而其子则以病卒报，莫能明矣。廷臣论嗣昌罪，帝终念之，赐祭，令有司护枢还籍，且论前功，进太子太傅。后献忠陷武陵，发其七世祖墓，焚嗣昌夫妇枢，其子孙获半尸改葬焉。

嗣昌在中枢，在内阁，所倚者熊文灿，所忌而陷之者卢象升、孙传庭。其才苟在平世，未尝不可供簿书文墨之用。要其苛察自用，无知人之明，尤根本误在柄国而不知恤民，与帝同一受病，谓其甘心祸国，有何等赃污渎职，则非也。帝固以此信之，嗣昌亦以此自信。其子山松，后作《孤儿吁天录》，到处为乃父辩诬，言其有劳无过。当清修《明史》之日，冀以此涂饰史馆诸人耳目，为作佳传。馆臣未受其误，然当时固有受误者矣，潘耒《遂初堂集》有《阅孤儿吁天录》诗云"是父有是子，忠孝声不坠。信史垂千秋，公论未宜废"等句。竟颠倒黑白至此！

建州之为明患，清太宗之继承太祖，由天命改称天聪，乃在崇祯改元之先一年。其对明屡言愿和，亦未必非蓄锐持重本意。自袁崇焕遣使通吊以后，任事者亦非无欲和之意，在明欲休民整军，实宜许和而修内政。乃力已不竞，必争虚骄之气，欲建州屈身归罪，而后宣赦受降，其势不能。于是君臣间务为掩耳盗铃之计，意实愿和，而有人揭明和字，必引为大耻，谴责任事之臣，朝野议论，亦以言和者为卖国大罪，劫持君相，君相又无知己知彼之定力，始用反间而杀袁崇焕，使天下误信为以言和受戮。既而陈新甲在兵部主和，而帝意亦向之，惟意在委其事于本兵，或者外有虚骄之浮言，即可谴本兵以自盖其丑，君臣间先有此等巧卸谬见。一闻新甲扬言主和已得帝允，则发怒杀之，天下亦多以为主和当杀。危急时一听不负责任者之意气用事。又敢于敲剥国中，驱民走险，以自剿绝其命，此所以童昏之武宗、熹宗不亡国，时未至也；思宗而欲免于亡，非于任人、恤民两事加意不可，乃俱反之，独自谓"非亡国之君"，此其所以死而不悟其非也。若自知所为足以亡国，或尚有一线之望耳，乃至殉国之日，犹曰"朕非亡国之君"，可谓至死不悟矣。至后人亦谅其非亡国之君，则美其能殉社稷，固应善善从长也。

自熊文灿主抚，杨嗣昌受代督师，皆与张献忠为相涉。李自成之起在献忠后，闯王之号本袭高迎祥旧称，迎祥与献忠为同起。至自成露头角，在车箱峡一役，用计得出险，事在崇祯七年六月。八年正月，陷凤阳，燔皇陵，自成从献忠求皇陵监小阉善鼓吹者不得，怒偕迎祥辈入陕，而与献忠分途。献忠独东下。自成在陕与洪承畴军久周旋，自成兄子过与高杰，皆为所部勇悍善战者，屡败官军，既而杰降承畴。九月，承畴与自成大战渭南、临潼，自成败，遂复偕迎祥出朱阳关，与献忠合，陷陕州，攻洛阳，出入豫、皖之间。而是时卢象升新授总理江北、河南、湖广、四川军务。九年春，自成、迎祥等方南犯，已临江，犯江浦、六合不得逞，西攻滁州，象升自凤阳会诸路师来援，大破之于朱龙桥。时官军屡衄，诸将畏惧不前，象升激以忠义，军中尝绝粮三日，象升亦水浆不入口，以是得将士心，战辄有功。迎祥等再入豫、楚、秦、蜀之交，纷集山谷，迄不能平。迎祥与自成由郧、襄山谷再分道入陕，迎祥趋兴安、汉中，自成走延绥，犯巩昌，一再败官军，自成势复振。会廷议推孙传庭为陕抚，乃遣将击斩据商洛之整齐王，躬督军破迎祥，迎祥被擒，时在九年七月。自成继迎祥为闯王，李闯之称实始于是。

当传庭督战关中之日，正清太宗大举入塞之时，清兵由喜峰口入，蹂躏畿辅，京师戒严。卢象升入援北去，改任宣、大总督，承畴、传庭任军事，屡获胜，而荆、襄改任熊文灿为总理，与杨嗣昌相倚，主招抚。献忠以受抚借饷养锐，自成则为洪、孙所迫入商洛山中，一时势焰稍衰。十一月九日，清兵再入边，嗣昌在本兵，既陷卢象升致战死，又忌孙传庭逮之下狱，而调洪承畴督蓟、辽，平乱之军事一委之熊文灿。于是自成、献忠复起。至文灿罪状昭著，嗣昌自出督师，入蜀多与献忠接触，而自成独走河南，收集众多，得阉党尚书李精白子信，以曾发粟活饥民，为民所德，归自成为之号召。又有卢氏举人牛金星、卜者宋献策皆归之。改李信名岩，听其言，散所掠财物振饥民，有"迎闯王，不纳粮"之词，儿童相歌以煽动，从自成者日众。福王常洵封于洛阳，拥厚赀不恤士，自成至，营卒与通，陷其城。自成颇得饥民爱戴，一再围开封不克。会杨嗣昌已累败而死，复起孙传庭于狱中，时在十五年正月。传庭方日夜治军于关中，自成三攻开封，监军御史苏京趣传庭出关，传庭上言兵新募不堪用，帝不听，不得已出。九月抵潼关，开封已陷。自成西行逆秦师，传庭军先胜后败，天大雨，粮不至，士卒采青柿以食，冻且饥，故败，谓之"柿园之役"。传庭败归陕西，计守潼关，扼京师上游，且军新集，不利速战，益募勇士，开屯田，缮器积粟，督工严急，秦民苦之。秦士大夫乃相与哗于朝，言"秦督玩寇"。十六年五月，朝命兼督河南、四川军务，又加督山西、湖广、贵州及江南北军，赐剑，趣战益急。传庭不得已，叹曰："往不返矣，然丈夫岂能再对狱吏？"诀妻子，再出师。时自成方据襄阳，号襄京，署置官属，自称新顺王。集议所向，牛金星劝走京师，杨永裕请下金陵，断北方粮道，顾君恩独曰："金陵居下流，失之缓；直走京师，不胜，退安所归？失之急。关中桑梓地，百二山河，得天下三分之二，先取之立基业，旁略三边，资其兵力攻取山西，后向京师，庶进战退守，万全无失。"自成从之。乃集众谋渡河，传庭分兵防御。既迫于朝议出师，遂与自成战，大破之于郏，几禽自成。会天大雨，道泞，粮车不进，自成以轻骑出汝州截粮道，传庭乃分军，自率军迎粮，其守营军于传庭既行，亦争发，自成军遂蹑其后，官军大败。传庭至潼关，不复振。十月，自成陷潼关，传庭死之，自成遂达成入关之谋。传庭两出师，皆为雨所败，亦天时人事相会以助自成，遂竟亡明。或言传庭不死，帝疑之，不予赠荫。不半载，京师亦不守矣。

自成入潼关，列城不攻自破，遂攻西安，守将开门纳之，执秦王存枢以为权将军，余宗藩及文武大吏死或降相继。乘胜取宁夏，下庆阳，执韩王亶塉。攻兰州，甘肃巡抚林曰瑞死之，进陷西宁，于是肃州、山丹、永昌、镇番、庄浪皆降，全陕皆没。十七年正月庚寅朔，定国号大顺，改元永昌。先得西安及属城时，已改其故乡延安府曰天保，米脂曰天保县，清涧曰天波府，至是改己名曰自晟，追尊其曾祖以下加谥号，以李继迁为太祖。设天佑殿大学士，授牛金星，置六政府尚书，设弘文馆、文谕院，谏议、直指使、从政统会尚契司、验马寺、知政使、书写房等官。复五等爵，大封功臣，侯刘宗敏以下九人，伯刘体纯以下七十二人，子三十人，男五十五人。定军制：有一马儳行列者斩之，马腾入田苗者斩之。籍步兵四十万，马兵六十万。兵政侍郎杨王休为都肄。出横门至渭桥，金鼓动地。令弘文馆学士李化鳞等草檄驰谕远近，指斥乘舆。先是自成既下全陕后，乃遣兵渡河陷平阳，杀宗室三百余人，进陷各县，至是多望风送款。二月，自成自渡河，破汾州，徇河曲、静乐，攻太原，执晋王求桂，巡抚蔡懋德死之。北徇忻、代，宁武总兵周遇吉战死，并边东陷大同，杀代王传，代藩宗室殆尽。攻宣府，总兵姜瓖降，巡抚朱之冯死之，遂趋阳和，由柳沟逼居庸，总兵唐通、太监杜之秩迎降。三月十三日焚昌平。先遣人挈重货或贾贩都市，或充部院掾吏，刺探机密，朝廷有谋议，数千里立驰报，而兵部发骑往探，辄勾之降，无一还者。游骑至平则门，京师犹不知。十七日，环攻九门，门外先设三大营悉降。京师久乏饷，乘陴者少，益以内侍，内侍专守城事，百司不敢问。十八日，攻益急，既降之宣府监视太监杜勋，自成遣缒入见帝，索禅位。帝怒叱之，下诏亲征。日暝，帝所尊信之太监曹化淳启彰义门，自成军尽入，帝出宫登煤山，望烽火彻天，叹曰："苦我民耳！"归乾清宫，令送太子及永王、定王于戚臣周奎、田弘遇第，剑击长公主，趣皇后自尽。十九日天未明，鸣钟集百官，无至者，复登煤山，书衣襟为遗诏，以帛自缢于山亭，帝遂崩，明亡。综帝之世，庙堂所任，以奸谀险诡为多且久，文武忠干之臣，务摧折戮辱，或迫使阵亡，或为敌所禽。至不信外廷，专倚内侍，卒致开门引入。而当可以恤民时，君臣锐意刻剥，至临殉之日，乃叹曰"苦我民"，使早存此一念，以为辨别用人之准，则救亡犹有可望，乃有几微大柄在手，即不肯发是心，犹不自承为亡国之君，何可得也！

第八章

盛极而衰的清朝

圣祖撤藩取台湾

孟森

　　南明既亡，天下绝望，谓清业可定矣。实则必危必乱之症结，其不易拔除，较之取胜于末运之朝，伸威于稔恶之寇，其难不啻倍蓰。天下初定，骄悍之武夫，反侧之凶盗，以击斗为专业，不乐归农者，屯结不散，戴一渠魁，为延其生命之计，此渠魁即今所谓军阀。清初武力，自有根柢，但用汉人号召汉族，招降纳叛，事半功倍。大势既定，则解散编制，必有一番扰乱。其所以毅然措手，不稍迟回者，亦正恃有有根柢之武力在也。其时屯结之众，统名三藩。三藩之实力，以吴三桂为首。三桂既以兵通缅甸，缚献明永历帝以自效，朝廷先撤旗兵北归，亦所以示放牛归马，将与天下更始。虽其报功之典，不能不用前明沐氏镇滇之体制相待，然逐渐裁兵，则与爵位并非一事。三桂为延长兵事计，一攻广西之陇纳山蛮，再平贵州之水西、乌撒两土司，以武功震耀于朝廷，而实厚自封殖。朝廷议裁绿营，三桂亦听命，于康熙四年奏裁云南绿旗兵五千有奇。则以绿旗为明之经制旧军，而其先所挟藩属甚众，又广收逋寇以益之，盖裁老弱而实已增精锐也。

　　陇纳山蛮与水西土司，用兵一在二年，一在三年，非一地，非一事。《史稿》未明清修《贰臣传》文义。水西设治，以比喇为平远，盖平远治在水西之比喇坝也。史馆不考事实，遽改比喇为陇纳。此需订正。又《三桂传》所增事实，有不尽可信者，别见下。至如称三桂为江南高邮人，籍辽东。当有所据，俟再考证。

　　三桂藩属，于顺治十七年三月癸亥定平西、靖南二藩兵制时，已有佐领五十三。一佐领计有甲士二百，而丁数五倍之，计五丁出一甲，是有壮丁五万余也。分左右两都统，虽用清制，然统将皆所部署，皆其死党。是年七月戊午，又有旨如三桂请，以投诚兵分忠勇、义勇各五营，营各千二百人，统以由自成军投明、由明复投三桂之剧盗马宝等十将，皆为总兵。十月复请设云南援剿四镇总兵官，以四川、湖广本任之统兵大员为之。更树死党于云、贵两省之外，贵州自由三桂兼辖，两省督抚咸受节制，用人则吏、兵二部不得掣肘，用财则户部不得稽迟，所除授号曰西选。三桂之爵，进为亲王。据五华山永历帝故宫为藩府，增华崇丽。籍沐天波庄田七百顷为藩庄。广征关市，榷盐井、金矿、铜山诸利，一切自擅。通使达赖喇嘛，互市北胜州。辽东之参，四川之黄连、附子，遣官就运转鬻收其直。富贾领其财为权子母，谓之藩本。厚饵士大夫之无籍者，择诸将子弟四方宾客肆武事，材技辐辏，朝臣一指摘，抗辞辩诘，朝廷辄为谴言者以慰之。尚、耿二藩始并封粤，耿藩旋移闽。三藩鼎踞南服，糜饷岁需二千余万，近省挽输不给，仰诸江南，绌则连章入告，既赢不复请稽核，耗天下之半。三桂专制滇中十余年，日练士马，利器械，水陆冲要，遍置私人，各省提镇，多其心腹。子应熊，尚世祖妹和硕长公主，朝政纤悉，旦夕飞报。此未撤藩前所有不可终日之势也。

西选之说，相传吴三桂所除授之官，各省皆有，每出一缺，部选者到任，往往遇西选者先到，则折回。魏源《圣武记》亦言："西选之官遍天下。"此恐传之太过。在云、贵两省则必有是事，遍天下之说或非也。当时敢于论三桂者，不过三人，多得罪去。御史杨素蕴所论，专指三桂用人授官一事，疏言："三桂以分巡上湖南道胡允等十员题补云南各道，并奉差部员亦在其内，深足骇异。"又言："三桂疏称：'求于滇省，既苦索骏之无良；求于远方，又恐叱驭之不速。'则湖南、四川，去滇犹近，若京师、山东、江南，距滇不下万里，不知其所谓远者将更在何方？皇上特假便宜，不过许其就近调补耳，若尽天下之官，不分内外，不论远近，皆可择而取之，则何如归其权于吏部铨授，为名正而言顺？纵或云、贵新经开辟，料理乏人，诸臣才品，为藩臣所素知，亦宜请旨令吏部签补，乃径行拟用，不亦轻朝廷而衰国体乎？"据此则当时所论三桂任官之不法，亦不过谓所辖云、贵省内缺官，任意指调他省及京朝之员充补，非他省缺官，三桂辄以遣员来补也。杨疏在顺治十七年，虽其后三桂跋扈尚久，然天下之官有缺，何由报知滇省，而得据为选授之柄？终觉于理不近也。

康熙十二年三月，平南王尚可喜首请归老辽东，以子之信留镇粤，自率两佐领之众及藩属孤寡老幼自随。时尚、耿二藩各有十五佐领及绿旗兵六七千、丁口二万。部议：尽移所部随可喜归辽东。将行，而三桂、精忠以七月间先后请撤藩，以探朝旨。朝议不敢决允，惟尚书莫洛等数人独言宜撤，命议政王、贝勒、大臣会核，仍不敢决。圣祖特旨允二藩请，悉移辽东。分遣部院大臣入滇、粤、闽奖谕，并经理撤藩事。侍郎折尔肯、学士傅达礼至滇，三桂遂以十一月二十一日杀云南巡抚朱国治反。折尔肯等被留，贵州巡抚、总兵以下皆降，云贵总督甘文焜驻贵阳，闻变出走，为所属叛将围之，自刎死。十二月京师闻变，召还闽、粤所遣部臣，停撤尚、耿二藩。三桂自称"天下都招讨兵马大元帅"，以明年甲寅为周王元年。时天下岌岌，京师亦有称朱三太子谋放火举事者，未及期，为同党所首，获数百人，首事者遁去，勘问以为奸民杨起隆所为，非真朱三太子，而朱三太子之名则自此遍中于人心。盖自南明之亡，思明者无所系属，乃始传言明崇祯帝尚有第三子在人间，欲戴以起事者虽未辨真伪，然历数十年而卒获朱三太子其人，杀之而后心安焉。其有举动则始于是。朝命削三桂爵，以顺承郡王勒尔锦为宁南靖寇大将军，讨之，执三桂子额驸应熊下之狱。孔有德部众尚在广西，加其婿孙延龄抚蛮将军，其故将线国安为都统，命镇广西，以恩结之。

明年春正月，三桂陷沅州，偏沅巡抚驻长沙，闻风已弃城遁，总兵吴之茂以四川叛应三桂，巡抚、提督皆降，四川尽陷。夷陵总兵徐治都赴援，退守防地。二月，三桂连陷湖南诸郡，直至岳州，湖南又尽陷。孙延龄亦以广西叛。三月，耿精忠反，执福建总督范承谟幽之，巡抚降。襄阳总兵杨来嘉以谷城叛。先是，湖南、四川皆三桂分布党羽，设援剿诸镇地，至是响应甚速。四月，诏以分调禁旅、遣将分防情形寄示平南王尚可喜，以笼络之，盖四藩中孔有德旧部亦已变，独尚藩未动，可喜年老，决无意发难，将留此为南方一屏蔽。而是月则诛三桂子应熊并孙世霖，削孙延龄、耿精忠职爵，示无所瞻顾。三桂闻应熊诛，惊曰："上少年乃能是！"初仓卒起事，天下以三桂剿绝明后，无可假借之名义，僭号为周，人心非所属。三桂至澧州，意颇前却，至是推食而起曰："事决矣。"耿藩既变，浙东响应，精忠既遣其将马九玉、曾养性入浙，又遣白显忠犯江西，所至土匪蜂应，江西尤甚。八旗劲旅与相持于中原，迭有胜败，未能速进。朝廷通使于达赖喇嘛，欲借其力，号召信仰黄教之青海、蒙古，由西边攻川、滇之西，发诏川、滇、黔诸省供应军食，盖以从乱之地饵蒙古军。诏书刊十三年八月初三日，此诏不见《东华录》，亦不见《史稿》叙其事日，盖亦纷乱之拙计。其后达赖喇嘛并不出蒙军，反以割地连和为请，朝议却之。诏书见存北京大学史料室，可见当时应付之不易。是时赴浙应敌者，以康亲王杰书为奉命大将军，赴粤者以安亲王岳乐为定远平寇大将军，防守陕西者以尚书加大学士衔莫洛为经略。至十二月，陕西提督王辅臣又叛，经略莫洛死之。十四年二月，进陷兰州。自此为三桂兵力所极。广西则叛将马雄时时窥广东，尚可喜老病不能军，子之信劫其父降三桂。于是诸藩之毒尽发。甘肃尚存张勇、王进宝诸将，能与相持，中原则旗军督率地方文武渐有收复，为三藩祸既炽而地域有所限制，可与言恢复时矣。

十五年五月，抚远大将军图海败王辅臣于平凉，辅臣降，诏复其官，授靖寇将军，立功自效，诸将弁皆原之，以此鼓叛者来归之气。时官兵各路皆捷，诸藩势日蹙。十月，杰书师次延平，耿藩将耿继美以城降，精忠遣子显祚献自铸印乞降。精忠盖亦效三桂所为，称"总统兵马大将军"，蓄发易衣冠，铸"裕民通宝"钱。至是，献其印降。杰书入福州疏闻，命复其爵，从征海寇自效。盖时郑成功子经尚据台湾，是时入闽、浙，不问清军、耿军守地，乘乱略取，陷漳州，海澄公黄芳度殉。亦逼建昌，耿藩守将耿继善遁。朝廷因敕杰书速进，乘机下福州。十二月，尚之信使人诣简亲王喇布军前乞降，且乞师，愿立功赎罪。诏赦其罪，且加恩优叙。孙延龄为三桂将吴世琮所杀，踞桂林。十六年三月，以莽依图为镇南将军，赴广州。四月至南安。叛将严自明以城降，遂克南雄，入韶州。五月己卯，之信出降，命复其爵，随大军讨贼。十七年，于时三桂已起事阅六年，自称为周五年之三月朔，以地日蹙，援日寡，思建号以系从乱者封拜之望，用群下劝进，称帝，改元昭武，以所在衡州为定天府，置百官，大封诸将，国公、郡公、侯、伯有差。颁新历，举云、贵、川、湖乡试，号所居曰殿，瓦不及易黄，以漆髹之，构芦舍万间为朝房。筑坛衡山，行郊天即位礼。是时年六十七，老病噎，八月又病痢，噤不能语，召孙世璠于滇，未至而死。世璠抵贵阳，其下即拥嗣称帝，改号洪化。当是时，巨魁既死，孤雏继业，其下骁悍敢死之夫犹能奉以周旋。清军闻三桂死，锐气自倍，然与世璠军战，犹迭有进退，其强悍固结不易解散可知。三桂所用水师将领林兴珠先已降，朝廷封以侯爵，资其习水之用，乃收洞庭之险，急攻湖南。将军莽依图等徇广西，吴世琮走死。西军则张勇所用赵良栋自略阳破阳平关，克成都，王进宝自凤县破武关，取汉中，进克保宁、顺庆。鄂边将军吴丹、提督徐治都自巫山克夔州、重庆。湖南大军贝勒察尼等迭取各郡县，三桂所都衡州亦下。于十九年春，在湘之藩下诸将均归贵阳就世璠，世璠令再扰川南，降将谭弘复叛，夔州再陷。朝命罢吴丹。以赵良栋尽护四川诸军，与定远平寇大将军彰泰由湖南，平南大将军赉塔由广西，分三道入云南。十月，彰泰克镇远，薄贵阳，世璠与其将吴应麒等奔还云南。二十年正月，赉塔与彰泰两军会于云南之嵩明州。二月，进攻云南省城，并收云南各郡县，世璠拒守久不下。九月，赵良栋军亦渡金沙江来会，良栋议断昆明湖水道，速攻之。十月二十八日戊申，世璠自杀，次日，其将线率众降，戮世璠尸，传首京师，所署将吏悉降。十二月丁酉，遣官行祭告礼。己亥，宣捷受贺。先是群臣请上尊号，不许。癸卯，乃上太皇太后、皇太后两宫徽号，颁恩诏，赦天下。

　　三桂起事之年，圣祖年方冠。撤藩议起，事由尚可喜请归老而由其子代镇，非请撤也。部议遽以撤藩覆允，朝议两歧，英主独断，实已定于此时。尚藩不求撤而已撤，吴、耿乃不自安，求撤以相尝试，一旦尽允之。当日情事，于二十年十二月，群臣以大憝既除，请上尊号，圣祖召议政王大臣、大学士、九卿、詹事、科道等官谕曰："曩者平南王尚可喜奏请回籍，朕与阁臣面议，图海言断不可迁移。朕以三藩俱握兵柄，恐日久滋变，驯致不测，故决意撤回。吴三桂反叛，八年之间，兵民交困，倘复再延数年，百姓不几疲敝耶？忆尔时，惟有莫洛、米斯翰、明珠、苏拜、塞克德等言应迁移，其余并未言迁移必致反叛，议事之人至今尚多。试问当日曾有言吴三桂必反者否？及吴逆倡叛，四方扰乱，多有退而非毁，谓因迁移所致。若彼时诿过于言应撤者，尽行诛戮，则彼等含冤泉壤矣。朕自少以三藩势焰日炽，不可不撤，岂因吴三桂反叛遂诿过于人耶？贼虽已平，疮痍未复，君臣宜益加修省，恤兵养民，布宣德化，务以廉洁为本，共致太平。若遂以为功德，崇上尊称，滥邀恩赏，实可耻也！"王大臣等再以皇上一切调度、非臣等意虑所及、理应加上鸿称以显功德为请。复谕："吴三桂初叛时，伪札煽惑，兵民相率背叛，此皆德泽未孚、吏治不能剔厘所致。今幸地方平靖，独念数年之中，水旱频仍，灾异迭见，师旅疲于征调；被创者未起，闾阎困于转运，困苦者未苏。且因军兴不给，裁减官员俸禄，及各项钱粮并增加各项银两未复旧。每一轸念，甚歉于怀。若大小臣工，人人廉洁，俾生民得所，风俗醇厚，教化振兴，虽不上尊号，令名实多。如政治不能修举，则上尊号何益？朕断不受此虚名也。朕自幼读书，览古人君行事，始终一辙者甚少，尝以为戒，惟恐几务或旷，鲜克有终。宵衣旰食，祁寒盛暑不敢少间，偶有违和，亦勉出听断，中夜有几宜奏报，披衣而起，总为天下生灵之计。今吏鲜洁清之效，民无康阜之休，君臣之间全无功绩可纪，倘复上朕尊号，加尔等官秩，则徒有负愧，何尊荣之有？至于太皇太后、皇太后加上徽号，诏赦天下，理所宜然。其上朕尊号之事，断不可行。"云云。所叙撤藩之初廷议情状及藩变以后归咎情状，皆见事由主断。以图海之威重，且不主张，亲贵中亦绝无成见，惟受命出师，效其奔走之力，扼要屯驻，能守而后言战。叛党有来归者，不吝爵禄，且实保全之，不轻斩刈，此不能不谓圣祖之有作为矣。

又观其经乱讨伐八年之中，朝廷举措，极示整暇。其时天下士夫皆有望治之心，并无从乱之意。逸民遗老，亦早痛恨三桂之绝明，尤无人赞助藩变者。要亦圣祖善驭天下士夫，略举其迹：十二年岁杪闻变发兵，而十三年二月，书："上御经筵。"中间有皇子生、皇后崩等事。命将行师，又无日无之。八月再书："上御经筵。"则典礼无废也。九月朔谕翰林院掌院学士傅达礼等："日讲关系甚大，今停讲已久，若再迟恐致荒疏，日月易迈，虽当此多事之时，不妨乘间进讲。于事无误，工夫不间，裨益人心不浅。尔衙门议奏。"院臣以几务殷繁，间日一进讲。上曰："军机事情，有间数日一至者，亦有数日连至者，非可限以日期，其仍每日进讲，以慰朕倦倦向学之意。"

举经筵，康熙朝自九年为始，十三年不因军务而间断，此可书也。而《史稿·本纪》二月书："上御经筵。"八月不书，九月朔乃书之，因谕"每日进讲"。与《东华录》不同。此《史稿》不明故事之误也。经筵与日讲，并非一事，九月无御经筵之理。因九月朔有"每日进讲"之谕，而移并一处，望文生义，不可不订正之。

十四年四月谕："日讲原期有益身心，增长学问。今止讲官进讲，朕不覆讲，但循旧例，日久将成故事，不惟于学问之道无益，亦非所以为法于后世也。嗣后进讲时，讲官讲毕，朕仍覆讲，如此互相讨论，庶几有裨实学。"康熙间讲学之风大盛，研求性理，此时已用熊赐履开其先声，纂修经义，明习天文、算学，皆于此开其端。以天子谆谆与天下通儒为道义之讲论，实为自古所少，其足以系汉人之望者如此。而考其时势，则正复黔、秦、蜀、湘尽陷，东南浙、闽、两广、江西蠢蠢思变，方于十三年岁杪议亲征而未发之时，无论其为镇定人心与否，要能无日不与士大夫讲求治道，其去宦官宫妾蔽锢深宫之主远矣。

十五年十月，命讲官进讲《通鉴》，以"前代得失有裨治道，撰拟讲章进讲"。覆奏从《纲目》中择切要事实，首列纲，次列目，每条后总括大义，撰为讲说，先儒论断亦酌量附入。十六年，三藩尽叛，各地皆发之后，叛服之数晓然，兵事大有把握。三月谕翰林院掌院学士喇沙里：令翰林官将所作诗赋词章及直行草书，不时进呈。上召至懋勤殿，亲自披阅，以御临书赐喇沙里。此又振兴文事，为鸿博开科先声，皆极得抚驭汉人之法。兵事实力在八旗世仆，人心向背在汉士大夫，处汉人于师友之间，使忘其被征服之苦，论手腕亦极高明矣！

故宫有圣祖巡幸出征时报告两宫太后及训示诸皇子之语，文理甚拙，字体亦劣，于康熙朝御书文彩或有假借。然南巡时对众挥毫，传布甚夥，断非伪为。或道途手简，转是内竖等所代作，未可以此疑之。

是年五月初四日己卯，尚之信降。而是日谕大学士等："帝王之学，以明理为先，格物致知，必资讲论。向来日讲，惟讲官敷陈讲章，于经史精义未能研究印证，朕心终有未慊。今思讲学必互相阐发，方能融会义理，有裨身心。以后日讲，或应朕躬自讲朱注，或解说讲章，仍令讲官照常进讲。尔等会同翰林院掌院学士议奏。"寻复议："讲官进讲时，皇上或先将《四书》朱注讲解，或先将《通鉴》等书讲解，俾得仰瞻圣学。讲毕，讲官仍照常进讲。"据此则帝于讲官所进讲章，拟于未讲之先，自将讲章向讲官先讲，然后由讲官再订正之，复议未敢任此也，圣祖则可谓好学矣。自后日讲时帝自晰经传之旨极多，皆于进君子退小人，亲贤远佞之意，就圣贤之语有会而发，《东华录》所载极多，不具录。十七年正月，诏举"博学鸿儒"。时三桂尚未称帝，叛众意尚坚，而海内士夫向往之诚，歌颂之盛，已视朝廷之举动而日有加增矣。历年巡幸之事，若行围讲武，巡近畿访民疾苦，巡边，谒陵，亲祀明陵，亲禾劝耕，每奉太皇太后以行，所至亦以讲官从，进讲不辍。其时关外勤朴之风未改，所经过无累于民，《实录》累书其所幸，若士民之游历无异也。时西南战事方急，中原及畿辅，已晏然向治如此。然都城北邻蒙古察哈尔部，自太宗征服以后，林丹汗走死，其子额哲来降，得其传国玺，念系元世祖嫡裔，封为亲王，仍冠内蒙四十九旗之上。传至布尔尼，当康熙十四年，征其兵助讨藩变，不至，旋煽奈曼等部同叛。以多铎孙信郡王鄂札为抚远大将军，图海为副，讨之，六阅月而平。《史稿·图海传》："讨布尔尼时，禁旅多调发，图海请籍八旗家奴骁健者率以行，在路骚掠一不问，至下令曰：'察哈尔，元裔，多珍宝，破之富且倍。'于是士卒奋勇，无不一当百，战于达禄，布尔尼设伏山谷，别以三千人来拒，既战伏发，土默特兵挫，图海分兵迎击，敌以四百骑继进，力战覆其众。布尔尼乃悉众出，用火攻，图海令严阵待，连击大破之，招抚人户一千三百余，布尔尼以三十骑遁。科尔沁额驸沙津追斩之，察哈尔平。"据此则滇乱年余时，又对察哈尔用兵，除调不附察之蒙旗赴讨外，官军主力，乃八旗家奴，则旗下正兵已尽发，可见南方军事之棘。但所谓家奴，即属包衣下人物，诱以利即成劲旅，又可见八旗风气之悍劲。考《图海传》此文，旧史馆传所无，出李元度《先正事略》，李想自有本，今未能详矣。

主撤藩者，亲贵中无人，重臣若图海，亦力持以为不可，莫洛等言之而圣祖用之，是庙谟先定，非群策也。统兵大将则皆亲贵，然一蹉跌即召回，无始终其事者，则运用在一心，非倚办于一二大将也。赞撤藩而出预军事者，仅一莫洛，早为叛将所戕。明珠辈幸而言中，以此徼后来之宠。其时非有主持之力，圣祖随材器使，疆臣中得李之芳能捍闽浙之患，蔡毓荣能收云南会师之功。武臣中得西陲数将，张勇及王进宝、赵良栋能与中原之师夹击收效。是皆因事见材，非先倚此数人而举其事。圣祖之平三藩，为奠定国基之第一事，少年智勇，确为事实。又能功成不自骄满，力辞尊号，惟务讲学，开一代醇厚之风，较之明万历以来不郊、不庙、不朝，而边将小小捕斩之功，无岁不宣捷颁赏，君臣以功伐自欺，以进号蒙赏，糜费国财，互相愚滥，其气象何啻天壤之隔也！

鸿博开科，正在滇变未平之日，而其时文运大昌，得才之盛，至今尚为美谈，非特当时若不知西南之未靖，即后之论世者，亦若置三藩为又一时事，而以己未词科为清代一太平盛事。今为提出以时事相比论之，且应知己未词科，纯为圣祖定天下之大计，与乾隆丙辰之词科，名同而其实大异，此论清事之一要点也。康熙十八年三月朔，试荐举博儒之士一百五十四人于体仁阁，先赐宴，后给卷，颁题《璇玑玉衡赋》，省耕二十韵。读卷官派大学士李霨、杜立德、冯溥，掌院学士叶方霭，凡四人。取中一等二十名，二等三十名，俱入翰林，先已有官者授侍读、侍讲，曾中进士者授编修，布衣生员以上授检讨，俱令纂修《明史》。其中理学、政治、考据、词章、品行、事功，多有笼罩一代者。而其誓死不就试者为尤高，至更能有高名而不被荐，尤为绝特，若顾炎武是矣。是时高才博学之彦多未忘明，朝廷以大科罗致遗老，于盛名之士，无不揽取，其能荐士者，虽杂流卑官，亦许呈荐。主事、内阁中书、庶吉士，犹为清班；若兵马司指挥刘振基之荐张鸿烈，督捕理事张永琪荐吴元龙。至到京而不入试者，亦授职放归，若杜越、傅山诸人。入试而故不完卷，亦予入等，若严绳孙之仅作一诗是也。盖皆循名求士，大半非士之有求于朝廷。后来丙辰再举大科，入试百九十三人，取一等五人，二等十人；补试二十六人，取一等一人，二等三人，试至两场。二等授职，贡、监只得庶吉士，逾年散馆，有改主事、知县者，而士以为至荣，且得士亦远不及己未之品学。部驳三品以下所荐，不准与试，皆以资格困之，是士有求朝廷矣。故康熙之制科，在销兵有望之时，正以此网罗遗贤，与天下士共天位，消海内漠视新朝之意，取士民之秀杰者以作兴之，不敢言利禄之途，足以奔走一世也。此事宜与平三藩之时代参观，弥见圣祖作用。

三藩既平，国势已振，而郑氏犹踞台湾。东南滨海之地，禁民勿居，又禁出海之民，以为坚壁清野之计。仍时时有海警。八旗劲旅不习风涛，于此无能为役。自三藩既平，满人思以功名自奋者，自然乘时会而生。台湾在卧榻之侧，然惟汉人能图之。成大功者姚启圣、施琅二人，而世皆传姚之功为施所掩。《国史》所纪，颇与私家所传不尽合。而台湾之历史，以前多不明了，兹悉约为辨正焉。

古书无台湾之名，而其地距福建之泉州绝近，岂得古沿海之人一无闻见？

近柯先生劭忞著《新元史》，于《外国·琉求传》后系论曰："琉求，今之台湾。今之琉求，至明始与中国通，或乃妄传为一，误莫甚矣。"此说极是。史书中琉求有传，惟《隋书》、《宋史》及《元史》。《隋书》云："琉求国居海岛之中，当建安郡东，水行五日而至。"隋建安郡，当今兴、泉、漳、汀滨海诸郡地。又云："大业元年，海师何蛮等，每春、秋二时，天清风静，东望依希似有烟雾之气，亦不知几千里。三年，炀帝令羽骑尉朱宽入海求访异俗，何蛮言之，遂与蛮俱往，到琉求国，言不相通，掠一人而返。明年又往，抚慰不从，取其布甲而还。"《宋史》："淳熙间，琉求人猝至泉州水澳、围头等村杀掠，人闭户则免。"《元史》："琉求在南海之东，漳、泉、兴、福四州界内，澎湖诸岛与琉求相对，亦素不通。天气清明时，望之隐约若烟若雾，其远不知几千里也。西、南、北岸皆水，至澎湖渐低。近琉求则谓之落漈。漈者，水趋下而不回也。凡西岸渔舟到澎湖以下，遇飓风发作，飘流落漈，回者百一。琉求在外夷，最小而险者也。世祖至元末，遣使杨祥、阮鉴等往宣抚，以二十九年三月二十九日自汀路尾屿舟行，至是日巳时，海洋中正东望见有山长而低者，约去五十里，祥称是琉求国，鉴称不知的否。祥乘小舟至低山下，以人众不亲上岸，令军官刘闰等二百余人以小舟十一艘载军器，领三屿人陈辉者登岸，岸上人众，不晓三屿人语，为其杀死者三人，遂还。四月二日至澎湖。"

据诸史所言，地望距泉、汀极近。自汀属海屿往，且不过一日可达，部署登岸，被抗而还，抵澎湖计亦不过一两日程，其为台湾地无疑。至明洪武初所诏谕之琉球，则俨然旧国，与元以前所记无文字、无年岁、无疆理、无官属者，文野迥异。国有三王，曰中山，曰山南，曰山北，皆以尚为姓，而中山最强。洪武五年正月，命行人杨载以即位建元诏去其国，自是随使入朝贡，奉笺表无虚岁。三王迭来，且请子弟入国学。其距中国道里，据《清通典》，自福州五虎门出海，历程一千七百里至其国。据《琉球国志略》，康熙五十八年遣使测量，琉球偏东五十四度，距福州八度三十分，推算径直海面一千七百里，船行则福州至姑米山四十更，计二千四百里；回五十更，计三千里云。与五日程之说大异，故曰《新元史》之说确也。《清一统志》尚以历史之琉求为明以来之琉球，其叙台湾，莫详于《国史·施琅传》，琅疏言："明季设澎水标于金门，出汛至澎湖而止。台湾原属化外，土番杂处，未入版图，然其时中国之民，潜往生聚于其间，已不下万人。郑芝龙为海寇时，以为巢穴。及崇祯元年，郑芝龙就抚，借与红毛为互市之所，红毛遂联结土番，招纳内地民，成一海外之国，渐作边患。至顺治十八年，海逆郑成功攻破之，盘踞其地。"据此，则台湾原为郑氏巢穴，特距其地于土番之中，未有建置之规划。至芝龙就抚于明，乃以台借红毛，为互市所，则亦若澳门之于葡萄牙，本以为好而相假，非红毛以力取之也。红毛为其时西洋人之通称，实为荷兰国人。红毛经营三十余年，乃成一海外之国，成功乃以兵力逐久假不归之荷兰，又传子至孙，奉明正朔者二十余年。是则开辟台湾者始终为郑氏。姚启圣为清代平台首功。诸家记启圣事，谓生于郑芝龙起事之岁，至年六十而台湾郑氏亡，启圣亦卒，以为天特生启圣与台湾相终始。启圣生明天启四年甲子，芝龙入台即在是年，至崇祯元年即让与红毛而身就抚，是据台不过四年，且无海外立国之计，一招即受抚，其不重视台可知也。此既名为台湾以后之历史也。

　　姚启圣人奇事奇，轻侠豪纵，为路人可以杀人报仇，恤人患难，可以不自顾其身命，以犯法亡入旗。在明末本为浙江会稽籍诸生，入旗后中康熙二年旗籍第一名举人，出为县令，多奇特之行。康亲王杰书统兵讨耿精忠，启圣从立功，浒升至福建布政使，寻擢总督。台湾郑经，即成功子，闽乱以来，屡侵略福建沿海郡邑，其将刘国轩尤能军。启圣御之，连复所侵地，遂以收全台为己任，开修来馆以纳降，不惜金钱重贿，多行反间，以携其党。不终岁，将士降者二万余人。又请前被裁之水师提督施琅，以百口保其复任。施琅者，泉州晋江人，雄杰习于海，故隶芝龙部。芝龙降于贝勒博洛，琅族叔福从之；琅从成功招，留为明用。既而与成功不相得，遁归福所。琅父大宣及弟显，俱为成功所杀。琅既归新朝，久之无所遇，归居泉州。顺治十一年十二月，朝命郑亲王世子济度为定远大将军征成功，入泉州，拔琅从军。十二年，成功攻福州，琅击却有功，授同安副将，进总兵。康熙元年，擢水师提督。时成功已死，子经统其众。琅累战有功，加右都督，授靖海将军。康熙七年，密陈郑氏克取状，而部议难之，且以为疑，遂裁水师提督，召琅入为内大臣，隶镶黄旗将军。十六年，复水师提督，启圣累保琅，未用。二十年，郑经又死，子克塽幼。内阁学士李光地亦奏保琅，乃复任琅为水师提督焉。

　　先是，郑氏已屡败，尽弃闽省海边地，并海坛、金门、厦门等群岛。郑氏之众，悉归台湾。旗军在闽无所用，启圣使客说耿精忠自请入朝，亦劝康亲王杰书请班师，悉其供亿之费，从事平台。时郑克塽袭称延平王，而事皆取决于其下刘国轩、冯锡范。琅以国轩最悍，时方守澎湖，计一战破之，则台湾可不战下。遂于二十二年六月攻澎湖，力战克之，国轩遁归台湾，克塽及锡范等果震慑乞降。琅于八月率师入台受降，克塽及国轩、锡范以下皆出降。琅由海道专奏捷，而启圣则驰驿入奏，迟琅奏二十日而达。圣祖得捷音甚喜，立封琅靖海侯。启圣以积年经画之劳，赏竟弗及。会启圣又奏言"庙谟天定，微臣无力"，圣祖益疑其有怨望意，未几启圣以疽发背卒。卒后，尚论之士多有为启圣鸣不平者，因于琅有贬辞。其实为国立功，琅与启圣所见自同，惟其奏捷取巧，受爵不让，有攘功之迹，掠赏之情，亦可议者。其论台湾之善后，朝议主迁民弃地不设守。李光地为泉州产，于此役颇自谓有所参预，圣祖亦以其晓事，询问之。光地尤主张招红毛畀以其地，此见光地自撰《语录》及《年谱》，圣祖不纳。琅疏争其事，略言："顺治十八年，郑成功攻红毛破之，踞台湾地，窥伺南北，侵犯江、浙，传及其孙克塽，积数十年。一旦畏天威，怀圣德，纳土归命，以未辟之方舆，资东南之保障，永绝海邦祸患，人力所能致之。若弃其地，迁其人，以有限之船渡无限之民，非数年难以报竣。倘渡载不尽，窜匿山谷，所谓借寇兵而赍盗粮也。且此地原为红毛所有，时在垂涎，乘隙复踞，必窃窥内地，重以夹板船之精坚，海外无敌，沿海诸省，断难晏然。至时复勒师远征，恐未易见效。如仅守澎湖，则孤悬狂洋之中，土地单薄，远隔金门、厦门，出足不受制于彼，而能一朝居哉！部臣苏拜、抚臣金等，以未履其地，莫敢担承。臣伏思海氛既靖，汰内地溢设之官兵，分防两处，台湾设总兵一、水师副将一、陆营参将二、兵八千，澎湖设水师副将一、兵二千。初无添兵增饷之费，已足固守。其总、副、参、游等官，定以二三年转升内地，谁不勉力竭忠！其地正赋杂粮，暂行蠲免。现在一万之兵，仍给全饷，即不尽资内地转输。盖筹天下形势，必期万全。台湾虽在外岛，实关四省要害，无论耕种犹资兵食，固当议留。即荒壤必借内地挽运，而欲其不为红毛，亦断不可弃。弃之必酿成大祸，留之诚永固边隅。事关封疆重大，伏祈乾断施行。"疏入，下议政王大臣等议，仍未决。总督启圣从琅议。上召询廷臣，大学士李霨是琅；寻侍郎苏拜亦请从琅，与启圣同议，请设总兵等官及水陆兵，并设三县、一府、一巡道。上允行。盖成琅之美者启圣也，琅实负启圣，启圣何尝忌琅。其卒于是年，亦寿数适然耳；必谓愤郁致死，不浅之乎论启圣哉！琅又疏言："克塽纳土归诚，应携族属，刘国轩、冯锡范应携家口，同明裔朱恒等俱令赴京。其武职官一千六百有奇，文职官四百有奇，应候部议。降兵四万余人，或入伍，或归农。"诏授克塽公衔，国轩、锡范伯衔，俱隶上三旗；其余职官及朱恒等，命于附近各省安插垦荒。旋授国轩天津总兵。终清之世，郑氏之后及国轩、锡范皆以世袭佐领辖其所属，至清亡乃止。

盛明之缺失

孟森

　　圣祖即位之年，明裔始亡，遗民无可归向，乃移而属诸隐遁之故明皇子。其时朱三太子实在民间，虽莫能迹其确址，风声自不可尽泯。吴三桂起事之年，京师亦有朱三太子事开始。自是隐约出没，恒挂人口。至康熙三十八年南巡，谒明太祖陵，敕访明后，备古三恪之数，且举元后蒙古之恩礼不替为证，天下未尝不闻而义之，然绝无人敢冒死希此荣宠。在朱三太子自身，或真有亡国之恨，光复之愿，则虽屈于无力，亦决不欲出臣清朝；而其他故明疏属，亦莫有入网罗者。则满洲人之深忌华夏故主，诚中形外，人尽喻之，可想见矣。至四十七年乃卒泄露朱三太子真相，审理既确，卒以假冒诛之，尽杀其子孙。此事余别有述，不备载。夫历代帝裔，得保全者原少，清以为明讨伐叛乱入关，有国亦已六七十年，拟乎杞宋之封，或出由衷之语。夫曹魏代汉而山阳有国，其亡乃在晋永嘉之乱；司马代魏，陈留就封，其卒亦在晋惠太安之初。曹马世称篡窃之凶，犹能容前代之君如此。圣祖不能容明裔，亦胸中自有种族之见，惟恐人望之有归，此则后来排满，亦自种之因也。

　　圣祖以儒学开一代风气，儒家言：天子至于庶人，皆以修身为本，身修则家齐，然后可以治国平天下。圣祖过举无多，不可谓身不修，然诸皇子之狠戾残贼，太子旋废旋立，既立复废，临朝痛哭，不能救正，至晏驾亦有疑义，复开兄弟相杀之端，此亦人伦之变矣。帝于诸王，纵之太过，教之太疏。始立太子，亦留心为择师保，而为权幸所间，敬礼不终，后遂无正人敢为太子师者，太子亦不复择师。观应诏陈言之董汉臣，当太子有师保时，而以"谕教元良"为说，与"慎简宰执"并举，则太子必有不率教之征象。而为太子师者即汤

275

斌，斌亦言惭对董汉臣，盖有不可显言之故在。其"慎简宰执"一言，侵及明珠、余国柱，阁臣合而仇言者，汤斌为众矢之的，几获重谴。当是时，明珠权倾内外，正人悚息，以倾轧牵及太子之师，无从施教。太子如此，诸王可知。圣祖于训子之事，不列于政治朋党之外，旗下人家视教子之师为教书匠，此风在圣祖时已然，殆亦关外遗传之弊习也。录其事证如下：

《史稿·理密亲王允礽传》：康熙十四年十二月乙丑，圣祖以太皇太后、皇太后命，立为皇太子。太子方幼，上亲教之读书。六岁就傅，太子以十三年五月初三日生，于十八年为六岁。令张英、李光地为之师，又命大学士熊赐履授以性理诸书。二十五年，上召江宁巡抚汤斌以礼部尚书领詹事，斌荐起原任直隶大名道耿介为少詹事，辅导太子。介旋以疾辞，逾年斌亦卒。

蒋氏《东华录》：康熙二十五年二月，叙汤斌奏永禁苏州上方山五通淫祠后，即云："先是廷臣有言：'辅导皇太子之任，非汤斌不可者。'至是上谕吏部曰：'自古帝王谕教太子，必简和平谨恪之臣，统领宫僚，专资赞导。江宁巡抚汤斌在讲筵时，素行谨慎，朕所稔知，及简任巡抚以来，洁己率属，实心任事，久宜援擢大用，风示有位。'"

又：五月不雨，诏臣工直言得失，灵台郎董汉臣以"谕教元良，慎简宰执"奏。御史陶式玉劾汉臣摭拾浮泛之事，夸大其词，请逮系严鞫。下九卿议，有欲重罪汉臣者。寻奉特旨免议。大学士余国柱以汤斌当九卿会议时有惭对董汉臣之语。传旨诘问，斌奏："董汉臣以谕教为言，而臣忝长宫僚，动违典礼，负疚实多。"上以词多含糊，令再回奏，斌言："臣资性愚昧，前奉纶音，一时惶怖，罔知所措。年来衰病侵寻，愆过丛集，动违典礼，循省自惭，乞赐严加处分，以警溺职。"上因其遮饰，仍不明晰，严饬之。

以上蒋《录》所有，而王《录》皆无之，殊为可异。有何可讳而烦删削？如《实录》未削而王氏不录，岂以此为无关政事耶？旧国史馆《汤斌传》又悉载入。要之当时宰执之非人，固大不理于人口，而与元良之教并举，则太子失教，亦为一大事可知。明珠擅权，余国柱济恶，阁员悉受指麾，廷臣多承意指，汤斌之由巡抚入为太子师，亦由明珠辈不得婪索于苏省，怂恿内召，机械变诈，盛极一时。圣祖无尊重子师之诚意，清代名流，以汤为一代名臣之最，记其言行事实者极多，《史稿》略采众说，得其大意，与旧史馆传统为官样者有别，录如下：

《史稿·汤斌传》：方明珠用事，国柱附之，布政使龚其旋坐贪，为御史陆陇其所劾，因国柱贿明珠得缓。国柱更欲为斌言，以斌严正不得发。及蠲江南赋，国柱使人语斌，谓皆明珠力，江南人宜有以报之，索赇。斌不应。比大计，外吏辇金于明珠门者不绝，而斌属吏独无。二十五年，上为太子择辅导臣，廷臣有举斌者，诏曰："自古帝王谕教太子，必简和平谨恪之臣统率宫僚，专资辅翼。汤斌在讲筵时，素行谨慎，朕所稔知，及简任巡抚，洁己率属，实心任事，允宜拔擢，以风有位，授礼部尚书管詹事府事。"将行，吴民泣留不得，罢市三日，遮道焚香送之。初靳辅与按察使于成龙争论下河事，久未决。廷臣阿明珠意，多右辅。命尚书萨穆哈、穆成额会斌勘议。斌主浚下河，如成龙言。萨穆哈等还京师，不以斌语闻。斌至，上问斌，斌以实对，萨穆哈等坐罢去。二十六年，五月不雨，灵台郎董汉臣上书指斥时事，语侵执政。下廷议，明珠惶惧，将引罪。大学士王熙独曰："市儿妄语，立斩之，事毕矣。"斌后至，国柱以告，斌曰："汉臣应诏言事，无死法。大臣不言而小臣言之，吾辈当自省。"上卒免汉臣罪。明珠、国柱愈忌。摘其语上闻，并摭斌在苏时文告语曰："爱民有心，救民无术。"以为谤讪。传旨诘问，斌惟自陈资性愚昧，愆过丛集，乞赐严加处分。左都御史璩丹、王鸿绪等又连疏劾斌。会斌先荐候补道耿介为少詹事，同辅太子。介以老疾乞休，詹事尹泰等劾介侥幸求去，且及斌妄荐，议夺斌官。上独留斌任。国柱宣言："上将隶斌旗籍。"斌适扶病入朝，道路相传，闻者皆泣下，江南人客都下者，将击登闻鼓讼冤，继知无其事乃散。九月改工部尚书，未几疾作，遣太医诊视。十月自通州勘贡木归，一夕卒，年六十一。斌既卒，上尝语廷臣曰："朕遇汤斌不薄，而怨讪不休，何也？"明珠、国柱辈嫉斌甚，微上厚斌，斌祸且不测。

耿介，登封人，与斌俱先以词臣为监司，解官师事孙奇逢讲学，为清道学名儒。斌荐与同辅太子，正是重视辅导太子之责，斌遭构忌，牵连及介，遂并休致。

《史稿·儒林·耿介传》：二十五年，斌疏荐介赋质刚方，践履笃实，家居淡泊，潜心经传，学有渊源。召为侍讲学士，旋升詹事府少詹事，特命辅导皇太子。上尝命书字，介书"孔门言仁言孝，盖仁、孝一理，仁者孝之本体，孝者仁之发用。不言仁，无以见孝之广大；不言孝，无以见仁之切实"四十三字以进。上悦，书"存诚"二大字赐之。会斌被劾，介引疾乞休。詹事尹泰劾介诈疾，并劾斌不当荐介。部议革职。奉旨免革职，依原道员品级休致。在朝凡五十三日，遂归。

又吏部尚书达哈塔，旗员中之贤者。康熙十八年，魏象枢保清廉官，以达哈塔与陆陇其同荐。至是亦以尚书为太子讲官，与汤、耿并获咎。

史馆《达哈塔传》：二十六年四月以雨泽愆期，诏同大学士勒得洪、余国柱等清理刑部狱囚。时尚书汤斌、少詹事耿介等为皇太子允礽讲官，达哈塔奉命与汤斌、耿介并辅导皇太子。六月，以讲书失仪，三人俱罚俸。达哈塔奏言："臣奉命辅导东宫，诚欲竭力自效，恪供厥职，奈赋性愚拙，动辄愆仪，数日之内，负罪实多。以汤斌、耿介尚不能当辅导之任，况庸陋如臣，敢不即请罢斥。"下部察议，以辅导东宫为日未久，遽自请罢，规避图安，应革职。得旨宽免。

达哈塔以满籍大臣同辅导太子，即同获咎，又不比耿介之为汤斌所荐，应与株连矣，然亦以讲书失仪，与汤、耿同罚，而汤、耿之获咎，则又不言讲书失仪事，要是正人不能为太子师而已。是年八月，达哈塔亦以他事降级卒。嗣后更不闻有士大夫为太子师者，惟于诸家集中，见太子作字吟诗，由圣祖传视诸臣，诸臣例为谀讼，或太子自以令旨赐诸臣诗字、诸臣纪恩等作。无亲切辅导之人，设有之，则太子失爱时，必有士大夫遭其罪戮者矣。夫太子生在康熙十三年，明年立为太子，至二十六年只十四岁，于汤、耿诸臣被遣，未必有所关涉，要其不可受教之故，必自有在。太子母孝仁皇后，索尼之女，大学士索额图之妹。圣祖诸子多为私亲所昵比，其例甚多。圣祖平时似不过问，至酿祸乃咎之，则唆太子不率教者即此私亲矣。

史馆《索额图传》：皇太子允礽以狂疾废黜，上谕廷臣曰："昔允礽立为皇太子时，索额图怀私倡议，凡服御诸物俱用黄色，所定一切仪制几与朕相似，骄纵之渐，实由于此，索额图诚本朝第一罪人也。"

然则太子之不能率教，自有养成骄纵之人。明珠、余国柱欲排挤汤斌，引之于辅导之任，即是投之陷阱。圣祖诸子之祸，不能谓非无由致之。至世宗取得大位，于国事实能胜继承之任，此亦清自得天之幸，非人事所能及也。撮书康熙晚年太子诸王之祸如左。

《理密亲王允礽传》自汤斌卒后续叙云：太子通满、汉文字，娴骑射，从上行幸，赓咏斐然。二十九年七月，上亲征噶尔丹，驻跸古鲁富尔坚嘉浑噶山，遘疾，召太子及皇三子允祉至行宫。太子侍疾无忧色，上不怿，遣太子先还。三十三年，礼部奏祭奉先殿仪注，太子拜褥置槛内，上谕尚书沙穆哈移设槛外，沙穆哈请旨记档，上命夺沙穆哈官。

此事殊可怪，定一拜褥之位置，而礼臣张皇如此。检《东华录》，事在三月丁未，《录》云："谕大学士等：'礼部奏祭奉先殿仪注，将皇太子拜褥设置槛内。朕谕尚书沙穆哈曰："皇太子拜褥应设槛外。"沙穆哈即奏请朕旨，记于档案，是何意见？著交该部严加议处。'寻议，尚书沙穆哈应革职交刑部，侍郎席尔达、多奇均应革职。得旨：沙穆哈著革职，免交刑部；席尔达、多奇，俱从宽免革职。"礼部定祭先仪注，必过尊太子，虽有谕移太子拜褥向下，亦不敢从。请旨记档，冀免后祸。太子之骄纵及其左右如索额图等之导以骄纵，圣祖之明，岂有不知？不思变化太子气质，但严处礼臣，使之闻之，父子之间，过存形迹，亦失谕教之道，惟有坐待其祸发而已。

《传》又云：三十四年，册石氏为太子妃。三十五年二月，上再亲征噶尔丹，命太子代行郊祀礼，各部院奏章听太子处理，事重要，诸大臣议定启太子。六月，上破噶尔丹还，太子迎于诺海河朔，命太子先还。上至京师，太子率群臣郊迎。明年，上行兵宁夏，仍命太子居守。有为蜚语闻上者，谓："太子昵比匪人，素行遂变。"上还京师，录太子左右用事者置于法，自此眷爱渐替。

录太子左右用事者置于法，其时为三十六年，太子年二十四。此节文证以《东华录》，是年九月甲午，上还京师，而先二日壬辰，谕内务府，处分膳房人、茶房人、哈哈珠子等人。则所谓太子左右用事者，未有一外廷士大夫也。

《东华录》：康熙三十六年九月壬辰，上谕内务府总管海喇孙等："膳房人花喇、额楚，哈哈珠子德住，茶房人雅头，伊等私在皇太子处行走，甚属悖乱，著将花喇、德住、雅头处死，额楚交与伊父英赫紫圈禁家中。"

膳房、茶房皆蛰御小臣，哈哈珠子为王子亲随，此等人本可奔走宫府，而以行走为悖乱，其中必有悖乱事实。额楚一名，可交与其父圈禁，其父必系亲切要人。太子既获册立，尚何所求，而乐与厮役小人交结如此，可见圣祖失教。十年前自汤斌、耿介等获咎之后，东宫已无正人为左右，詹事府名为东宫官属，与辅导之事绝不相关。太子方在英年，而不亲师保如此，其亦异于前代盛明之主矣。

《传》又云：四十七年八月，上行围，皇八子当作皇十八子，或排印时误脱。允礽疾作，留永安拜昂阿。上回銮临视，允礽病笃，上谕曰："允礽病无济，区区稚子，有何关系？至于朕躬，上恐贻高年皇太后之忧，下则系天下臣民之望，宜割爱就道。"因启跸。九月乙亥，次布尔哈苏台，召太子，集诸王大臣，谕曰："允礽不法祖德，不遵朕训，肆恶虐众，暴戾淫乱，朕包容二十年矣，乃其恶愈张，僇辱廷臣，专擅威权，鸠聚党与，窥伺朕躬起居动作。"

圣祖于此时有包容二十年之说，是年太子方三十五岁，二十年前仅十五岁耳，是年为康熙四十七年，二十年前为二十七年，其前一年即汤斌、耿介获咎，董汉臣以天旱陈言涉及太子之时，可知太子之不率教，其实举国已知，虽不从明珠等阁员杀董汉臣，而太子师横被责让，并无约束太子之意，蓄意包容，遂历二十年而决裂，岂非姑息之爱误之？

《传》又云：平郡王讷尔素、贝勒海善、公普奇遭其殴挞，大臣官员亦罹其毒。朕巡幸陕西、江南、浙江，未尝一事扰民，允礽与所属恣行乖戾，无所不至，遣使邀截蒙古贡使，攘进御之马，致蒙古俱不心服。朕以其赋性奢侈，用凌普为内务府总管，以为允礽乳母之夫，便其征索，凌普更为贪婪，包衣下人无不怨憾。

不用正人辅导，而用太子乳母之夫总管内务府，以便其征索。夫使太子征索于内务府，内务府所辖者包衣，自然以贪婪取怨，岂非姑息纵恶之至。

《传》又云："皇十八子抱病，诸臣以朕年高，无不为朕忧。允礽乃亲兄，绝无友爱之意。朕加以责让，忿然发怒，每夜逼近布城裂缝窃视。从前索额图欲谋大事，朕知而诛之。今允礽欲为复仇，朕不卜今日被鸩，明日遇害，昼夜戒慎不宁。似此不孝不仁，太祖、太宗、世祖所缔造，朕所治平之天下，断不可付此人。"上且谕且泣，至于仆地。

"索额图欲谋大事"句，《东华录》作"助伊潜谋大事"，语更明显。则往时已有图逆发觉之事，但或以为事出索额图，未必太子本意耳。考清《国史·索额图传》，事在四十二年四月，《传》所叙与此不同。索额图已于四十年以老乞休，允之。四十一年，复召侍太子德州养病，以时方南巡，太子侍行，至德州而病，帝遂回銮，而留太子德州养病也。太子养病必召其私亲侍，且为纵恶之私亲，是时犹纯为姑息如此。索额图先为家人讦告罪款，留中未宣，至四十二年仍传谕："家人告尔，留内三年，有宽尔之意，而尔背后怨尤，议论国事，结党妄行。举国俱系受朕深恩之人，若受恩者半，不受恩者半，即俱从尔矣。去年皇太子在德州时，尔乘马至皇太子中门方下，即此是尔应死处，尔自视为何等人耶？朕欲遣人来尔家搜看，恐连累者多，所以中止。若将尔行事指出一端，即可正法。念尔原系大臣，朕心不忍，令尔闲住，又恐结党生事，背后怨尤议论，著交宗人府拘禁。"寻死于禁所。《传》取叙谕辞，吞吐不明，讦告之款，未明何事，而结党妄行，若非举国受恩，即可俱被诱惑而去。据此情罪，直是与帝互争天下，天下非索额图所能有，其为代太子谋早取大位明矣。其下忽又掩过重情，但责以德州侍疾时，乘马失礼于太子，即是死罪，与上说大异。又云若搜看其家，恐多连累，则又非失礼而有犯逆，且不可使有连累，则顾忌甚切，自属为太子地矣。然则索额图助太子谋逆之案，早发觉于五年之前，太子不悛，又日日在防范之内，废太子之祸，固已迫在眉睫矣。

《传》又云：即日执允礽，命直郡王允禔监之。诛索额图二子格尔芬、阿与吉善及允礽左右二格、苏尔特、哈什太、萨尔邦阿，其罪稍减者遣戍盛京。

观所诛者乃索额图二子，余亦旗下人员，大抵索等所援引同类。此时有名之罪人，不过如此。十一年前所置于法之太子左右用事人，更为旗下群小，并不必纪其名，则太子之隔绝士大夫，固已久矣。"谕教元良"之语，初不足动圣祖之心。在二十余年之前，早信从士大夫，斥退私亲，扶植正士，以坊培东宫，其时方十四五岁童子，少成若性，熏德善良，何至异日之惨！

《传》又云：次日，上命宣谕诸臣及侍卫官兵，略谓："允礽为太子，有所使令，众敢不从，即其中岂无奔走逢迎之人？今事内干连，应诛者已诛，应遣者已遣，余不更推求，毋危惧。"上既废太子，愤懑不已，六夕不安寝，召扈从诸臣涕泣言之，诸臣皆呜咽。既又谕诸臣，谓："观允礽行事，与人大不同，类狂易之疾，似有鬼物凭之者。"及还京，设毡帐上驷院侧，令允礽居焉，更命皇四子与允禔同守之。寻以废太子诏宣示天下，上并亲撰文，告天地、太庙、社稷曰："臣祗承丕绪，四十七年余矣，于国计民生，夙夜兢业，无事不可质诸天地。稽古史册，兴亡虽非一辙，而得众心者未有不兴，失众心者未有不亡。臣以是为鉴，深惧祖宗垂贻之大业，自臣而坠。故身虽不德而亲握朝纲，一切政务，不徇偏私，不谋群小，事无久稽，悉由独断，亦惟鞠躬尽瘁，死而后已。在位一日，勤求治理，不敢少懈。不知臣有何辜，生子如允礽者，不孝不义，暴虐惛淫，若非鬼物凭附，狂易成疾，有血气者岂忍为之？允礽口不道忠信之言，身不履德义之行，咎戾多端，难以承祀。用是昭告昊天上帝，特行废斥，勿致贻忧邦国，痛毒苍生。抑臣更有哀吁者：臣自幼而孤，未得亲承父母之训，惟此心此念，对越上帝，不敢少懈。臣虽有罪子，远不及臣，如大清历数绵长，延臣寿命，臣当益加勤勉，谨保终始。如我国家无福，即殃及臣躬以全臣令名。臣不胜痛切，谨告。"

此为第一次废太子，其时已言似有鬼物凭之，遂开允祉首告允禔厌胜事。厌胜当亦不诬，但促其首告，或此疑为鬼附之说。要之圣祖之爱憎太子，初无成心，非有移爱他子而致此，则甚可信。祭告文不见《东华录》，王《录》惟云："翰林院奉敕撰之文，不当帝意，自撰此文。翻清书时，又将'鞠躬尽瘁，死而后已'，二语改译。再谕以'不可改，不可以为此系人臣语，人君实更应鞠躬尽瘁'。"云云。据此则祭告文实是亲笔，世疑宫中发见圣祖亲笔文，文字俱甚劣，遂以为御笔尽出倩代者，前言清列帝作字，每对众挥毫，不应尽假，文理亦于讲读谈论中窥见程度。证以此文及其谕饬撰译之人，绝非不能作通顺文字者也。

《传》又云：

太子既废，上谕："诸皇子中，如有谋为皇太子者，即国之贼，法所不宥。"诸皇子中，皇八子允禩谋最力，上知之，命执付议政大臣议罪，削贝勒。十月，皇三子允祉发喇嘛巴汉格隆为皇长子允禔厌允礽事，上令侍卫发允礽所居室，得厌胜物十余事。上幸南苑行围，遘疾，还宫，召允礽入见，使居咸安宫。上谕诸近臣曰："朕召见允礽，询问前事，竟有全不知者，是其诸恶，皆被魔魅而然。果蒙天佑，狂疾顿除，改而为善，朕自有裁夺。"廷臣希旨，有请复立允礽为太子者，上不许。左副都御史劳之辨奏上，上斥其奸诡，夺官予杖。既上召诸大臣，命于诸皇子中举孰可继立为太子者，诸大臣举允禩。明日，上召诸大臣入见，谕以太子因魇魅失本性状。诸大臣奏："上既灼知太子病源，治疗就瘥，请上颁旨宣示。"又明日，召允礽及诸大臣同入见，命释之，且曰："览古史册，太子既废，常不得其死，人君靡不悔者。所执允礽，朕日不释于怀，自今召见一次，胸中乃疏快一次。今事已明白，明日为始，朕当霍然矣。"又明日，诸大臣奏请复立允礽为太子，疏留中未下。上疾渐愈。四十八年正月，诸大臣复疏请，上许之。三月辛巳，复立允礽为皇太子，妃复为皇太子妃。

此为太子废后复立，圣祖顾念其子，疑为鬼物所凭，而又恰有谋太子者适为厌胜之事。太子之失德，自不缘厌胜而来，而其乘此疑团，遂认为被厌胜，以图一时之复位。帝虽欲复立，终疑请复立为图见好太子，作异日居功之地，则务谴臣下之言复立者。窥伺帝旨之徒，遂疑帝实不欲复太子，而别举允禩以当之，又大失帝意。此善投机会者之弄巧反拙，成康熙间夺嫡案之一大反复。

自四十八年三月，复立太子。逾二年，至五十年十月，复以旗籍大臣多人为太子结党会饮，所牵涉者有户部书办沈天生等，串通本部员外郎，包揽湖滩河朔事例，额外多索银两，诸大臣皆受贿，为数亦不过数千金。因谓："允礽求此等人保奏，惟其不仁不孝，难于进益，徒以言语货财，卖属此辈，潜通信息，尤属无耻之人。"此其痛斥太子，情节猥琐，《东华录》甚详，而似亦不甚近情。以将传帝位之太子，何求于群小而与为朋比？《史稿》撮叙，更不分明，疑其中有难言之隐矣。诸大臣者，尚书耿额，又指为索额图之家奴，欲为索额图报复，牵连审讯，至明年五月始结，罪至绞监候以下有差，而太子尚未俱废，使其觉悟改悔，未尝不留与时机。而太子为人，众臣既盛道其聪明，圣祖亦言其骑射、言词、文学无不及人之处，何以甘入下流，为稍知自爱之子弟所不肯为？此则失教之至，而纵使习染于旗籍昏愦之索额图家，少成若性，岂非溺爱不明于先，而又不能终于愦愦，尽失英主之本色，以致有一废再废之举耶？太子过恶，前辈别无记载，故只有疑其冤抑，意为夺嫡之余，世宗朝修《圣祖实录》多未可信。然世宗于允礽初无图夺之迹，后因不立太子，始生事在人为之志，乃别是一事。谓允禩辈夺嫡甚烈，适为世宗驱除，未始不幸获渔翁之利则有之。至《圣祖实录》谓尽出雍正朝伪撰，则于事理为不必然。而其证据，今尤有可举者，录之以存其真相。

《朝鲜实录》肃宗三十四年戊子，即康熙四十七年十一月庚寅，是月癸酉朔，庚寅乃十八日。是日书：皇历赍咨官韩重琦赍来清国咨文，清国废其太子胤礽，本朝方物之赠太子，勿令赍来。其废黜诏制略曰："荒淫无度，私用内外帑藏，捶挞大臣以下，欲为索额图傍伺朕躬，若不于今日被鸩，即明日遇害云。"

据此则废太子诏，实是当时原文。

又：三十五年己丑，即康熙四十八年三月甲午，是月壬申朔，甲午为二十三日。是日书：

冬至使闵镇厚、金致龙、金始焕等自清国还，引见劳慰，仍问虏中事，镇厚对曰："以下先言朱三太子事，略之。盖闻虏中形止，渐不如前，胡人持皇帝阴事，告外人无所隐，如乍废太子，旋复其位；殴曳马齐，仍官其子。处事已极颠倒。而又贪爱财宝，国人皆称爱银皇帝。且太子性本残酷，百姓公传道之曰：'不忠不孝，阴蒸诸妹。'若其诸子之暴虐，乃甚于太子云。胡命之不久，此可知矣。"

朝鲜忠于明，始终对清视为胡虏，乾隆以后稍改，然终不忘明。盖其国见解，自命为箕子之后，而于女真持种族之见甚深，因种族之见，其评清帝本不甚作美辞，自难尽信，但所传清国百姓谈太子王过恶，及诸子之无佳誉，当是得诸闻见。

《史稿·允礽传》：五十一年十月，复废太子，禁锢咸安宫。

据《本纪》及《东华录》，书废太子在九月庚戌，即九月晦日，次日十月辛亥朔，御笔朱书谕王大臣，故允礽再废在五十一年十月，谕中有云："前次废置，情实愤懑，此次毫不介意，谈笑处之而已。"故更无颁诏等事。

《传》又云：五十二年，赵申乔疏请立太子，上谕曰："建储大事，未可轻言。允礽为太子时，服御俱用黄色，仪注上几于朕，实开骄纵之门。宋仁宗三十年未立太子，我太祖、太宗亦未豫立。汉、唐已事，太子幼冲，尚保无事，若太子年长，左右群小，结党营私，鲜有能无过者。太子为国本，朕岂不知，立非其人，关系匪轻。允礽仪表、学问、才技，俱有可观，而行事乖谬，不仁不孝，非狂易而何？凡人幼时，犹可教训，及长而诱于党类，便各有所为，不复能拘制矣。立皇太子事，未可轻定。"自是上意不欲更立太子，虽谕大学士、九卿等裁定太子仪仗，卒未用。终清世不复立太子。

不立太子，为清一代特色。乾隆朝有端慧太子永琏，则由追赠。复作《储贰金鉴》，集古来立太子之为祸事迹，垂训后世，亦皆以康熙朝事为炯戒焉。证以《朝鲜实录》，亦载太子之立而复废，略如清《国史》所说。

朝鲜《肃宗实录》：三十八年，即康熙五十一年壬辰，十二月癸酉：二十四日。先是，李枢以彼中事情报备局曰："皇帝在热河时，部院重臣相继下狱。回驾后，面谕大臣，放置太子，而姑无颁诏之举云。故详探，则以为太子经变之后，皇帝操切甚严，使不得须臾离侧，而诸弟皆在外般游，故恨自己之拘检，猜诸弟之闲逸，怨恨之言，及于帝躬。而皇帝出往热河，则太子沉酗酒色，常习未悛，分遣私人于十三省富饶之处，勒征货赂，责纳美姝，小不如意，诉谗递罢。皇帝虽知其非，不得已勉从。而近则上自内阁，下至部院，随事请托，必徇其私而后已。皇帝自念年迈，而太子无良，其在热河时，部院诸臣，曾受太子请托，屈意徇私之人，锁项拘囚，回驾后放置太子于别宫云。其后仍付其礼部咨文，而我国所献太子方物，亦令停止矣。"

《朝鲜实录》所载，与《东华录》约略相符。益知《圣祖实录》非世宗以意修改。而世宗于太子之废，实无所干预。但神器无所归，乘机取得大位，康熙间极力营谋夺嫡者，至时反为他人拾取而去，因忿极而多不逊之言行，遂开世宗屠戮兄弟之端。余别有考，不具录。

夺嫡之狱，允禩为主，度允禩笼络人心，其术必有大过人者。诸兄弟皆为尽力，宗藩贵戚，满、汉大臣，亦多有预其谋者。老臣如佟国维、马齐，勋旧如遏必隆之子阿灵阿，佟国纲之子鄂伦岱，明珠之子揆叙，汉文臣如王鸿绪，皆以举允禩为太子被谴。兄弟中如允禵、允禟、允䄉、允䄉，皆甘推戴，允禵为皇长子，尤身犯大不韪以遂其私，不知何以归心允禩至此。世宗亦专以允禩为大敌。互见余所作《世宗入承大统考》。

《史稿·允禔传》：四十七年九月，皇太子既废，允禔奏曰："允礽所行卑污，失人心，术士张明德尝相允禩必大贵，如诛允礽，不必出皇父手。"上怒，诏斥允禔凶顽愚昧，并戒诸皇子勿纵属下人生事。允禔用喇嘛巴汉格隆魇术，厌废太子，事发，上命监守，寻夺爵幽于第。四月，上将巡塞外，谕："允禵镇魇皇太子及诸皇子，不念父母兄弟，事无顾忌，万一祸发，朕在塞外，三日后始闻，何由制止。"下诸王大臣议。于八旗遣护军参领八、护军校八、护军八十，仍于允禵府中监守。上复遣贝勒延寿，贝子苏努，公鄂飞，都统辛泰，护军统领图尔海、陈泰并八旗章京十七人，更番监守，仍严谕疏忽当族诛。雍正十二年卒，世宗命以固山贝子礼殡葬。

又《允禩传》：圣祖第八子，康熙三十七年三月，封贝勒。四十七年九月，署内务府总管事。太子允礽既废，允禩谋代立，诸皇子允禟、允䄉、允禵，诸大臣阿灵阿、鄂伦岱、拨叙、王鸿绪等，皆附允禩，允禩原作禔，当误。言于上，谓："相士张明德言允禩原作禔，当误。后必大贵。"上大怒。会内务府总管凌普以附太子得罪，籍其家，允禩原作禔，当误。颇庇之，上以责允禩，谕曰："凌普贪婪巨富，所籍未尽，允禩每妄博虚名，凡朕所施恩泽，俱归功于己，是又一太子矣。如有人誉允禩，必杀无赦。"翌日，召诸皇子入谕曰："当废允礽时，朕即谕诸皇子，有钻营为太子者，即国之贼，法所不容。允禩柔奸性成，妄蓄大志，党羽相结，谋害允礽。今其事皆败露，即锁系交议政处审理。"允禟语允䄉，入为允禩营救，上怒，出佩刀将诛允䄉，允祺跪抱劝止，上怒少解，仍谕诸皇子、议政大臣等，毋宽允禩罪。逮相士张明德会鞫，词连顺承郡王布穆巴，公赖士、普奇，顺承郡王长史阿禄。张明德坐凌迟处死，普奇夺公爵，允禩亦夺贝勒为闲散宗室。上复谕诸皇子曰："允禩庇其乳母夫雅齐布，雅齐布之叔厮长吴达理与御史雍泰同榷关税，不相能，诉之允禩，允禩借事痛责雍泰。朕闻之，以雅齐布发翁牛特公主处，圣祖第十三女和硕温恪公主下嫁翁牛特杜棱郡王仓津。允禩因怨朕，与褚英孙苏努相结，败坏国事。允禩又受制于妻，妻为安郡王岳乐甥，嫉妒行恶，是以允禩尚未生子，此皆尔曹所知。尔曹当遵朕旨，方是为臣子之理。若不如此存心，日后朕考终，必将朕躬置乾清宫内，束甲相争耳。"

圣祖斥责允禩，深刻如此。纵谕诸皇子语，或一时未达外廷，然会鞫张明德，词连多人，又夺允禩贝勒，当已明白可共喻矣。然又有大臣会举为太子一事，终疑太不近情，或斥责允禩之语，不无世宗朝添入。至其被举而为圣祖所责，则固事实。允禩之夺贝勒，则但以闻张明德诞语而不奏闻耳。

《传》又云：上幸南苑，遘疾还宫，召允禩入见，并召太子使居咸安宫。斋未几，上命诸大臣于诸皇子中举可为太子者。阿灵阿等私示意诸大臣举允禩，上曰："允禩未更事，且雏罪，其母亦微贱，宜别举。"上释允礽，亦复允禩贝勒。四十八年正月，上召诸大臣，问倡举允禩为太子者，诸臣不敢质言，上以大学士马齐先言众欲举允禩，因谴马齐，不复深诘。寻复立允礽为太子。

以上为允禩夺嫡曲折。后世宗即位，引近允禩，首封亲王，畀以重任，初不致憾于夺嫡，且举允禩之大臣，亦多倚任。后来深罪允禩，不缘夺嫡前案，别见余《三案考实》中《世宗入承大统案》。太子复立后又废，斯时允禩无可希冀，而允禵独为抚远大将军，圣祖拟有付托意。允禵为世宗同母弟，后亦不容于世宗。当时人言藉藉，以为世宗乃夺允禵之位。允禵行十四，世宗行四，所谓亲承末命时，以圣祖"传十四皇子"之语，改"十"字为"于"字而夺之也。语见《大义觉迷录》，世宗自述而自辟之。要之圣祖诸子，皆无豫教，惟世宗之治国，则天资独高，好名图治，于国有功，则天之佑清厚，而大业适落此人手，虽于继统事有可疑，亦不失为唐宗之逆取顺守也。

嘉庆间兵事之海患

孟森

    海盗之为患，至明而始大且久，统名之曰倭。与万历间之出兵朝鲜御倭，截然非一事也。嘉靖平倭之说，亦不过殪其名酋，稍杀一时盗敌耳。至明末乃归结于郑氏。郑芝龙受抚而并歼他盗刘香，郑成功用其遗众而开台湾，则为明之遗忠。清用绿旗各营，举不足以与之争长技，则于漳、泉习海之人中物色其能胜大任者，要亦皆郑氏旧部，有内衅而离郑自归，且亦视清为可与共功名者耳。台湾平后，经营海疆，习海者既开功名之路，亦遂暂分盗业，而倚海为巢，盗故时有。海上言剿捕之事，日有所闻，至乾隆末而大炽。盖盗以安南为外援，得大肆于粤、闽海滨也。安南黎氏，自明宣德间有国，入清累世臣服。其强臣阮氏，世逼其君。至乾隆五十四年，阮光平终逐其君黎维祁而代之。清廷先救黎氏，维祁已一次复国。及阮氏复逞，清师大败，总督孙士毅退入镇南关。帝撤士毅归，以福康安代将，光平乞降，而请主其国，恳赐封号，福康安遽受之，帝亦俞允，而转以福康安不能于此役受王封为惜。是为高宗之昵于所私，而犹以安南已降，张大武功，为十全之一。此高宗之汰侈，而亦清室之衰征也。

    阮光平之发难，由佛兰西教士阿兰特为介，乞得佛国兵船为助，又仿造船械，训练其兵，颇师西人海上余技。既以兵篡国，国用不足，乃遣乌槽船百余，总兵官十二，以采办军饷为名，多招中国海盗为向导，为寇海疆。当乾隆五十七年，光平死，子光缵嗣。嘉庆初，各省奏擒海贼屡有安南兵将及总兵封爵敕印，诏移咨安南，尚不谓国王预知。安南黎氏甥阮福映以暹罗兵为黎氏复仇，号旧阮，而以篡黎氏者为新阮。光缵既与旧阮构兵，益苦费绌，其总督陈宝玉招集粤艇，肆掠海中。浙定海总兵李长庚御盗，获安南艇队大统兵进禄侯伦贵利。又有安南总兵黄文海，与盗目伍存七有隙，以二艇投于闽，闽乃用其式以造艇。盖是时盗有较坚巨之艇，清军弗及也。浙抚阮元讯伦贵利供，备得安南伙盗为患状。光缵谢罪，委之旧阮，而以伦贵利为罪首。时贵利已于取供后磔死。清廷又以川、楚白莲教事日棘，未暇深问，以国王不知赦之。嘉庆二年，光缵解盗犯六十余名至广东，降敕褒赐，而盗不止。七年，旧阮克新阮，光缵被擒。八月，福映缚送光缵所招中国盗犯莫观扶等三名，皆受光缵封东海王及总兵职者。十二月，福映灭安南，遣使入贡，并陈复仇始末。又言其国本古越裳，乞以南越名国，帝以南越古两广地，不可予此名。八年，改为越南，封福映为越南王。越南不复通盗，而盗已得船械，驾官军之上，为海疆巨患矣。盗以同安人蔡牵为魁，有凤尾、水澳诸帮，皆附牵。商船出洋，勒税番银四百圆，时银圆乃外国币，谓之番银。回船倍之。结陆地会党济其粮械。官无舰，有舰亦不可用，雇商船载兵任战。既而粤仿商船造艇有效。浙抚阮元先奏，以李长庚总统浙定海、黄岩、温州三镇水师，旋升提督。阮元率官商捐金付长庚，造大舰三十，名"霆船"，铸配大炮四百余。而粤抚孙玉庭尚奏言："古有海防，不闻海战。"盖入海搏贼，固非时议之所拟及也，而诏特行之。六年艇成，兵威大振，迭获盗中著目。八年正月，迫盗首蔡牵于闽，牵窘，乞抚于闽督玉德，纳之。牵请勿令浙师由上风来逼我，玉德调长庚兵居下风，牵遂缮器备物扬帆去。以畏霆船故，厚赂闽商，更造大于霆之船，载货出海济牵，而以被劫报。牵得大船复振，横渡台湾，劫米数千石，分济闽、粤、温盗米，遂与合。大船至八十余，势甚炽。长庚建议禁商造大船，免资盗。海上驰逐累年，牵未就获。十一年二月，扼之于鹿耳门，复脱去。诏夺长庚翎顶。长庚奏言："船不得力，臣坐船尚较蔡牵船低五六尺，诸镇船更下于此。曾与诸镇议，愿预支廉造大船三十号，督臣以为需时费财，不肯具奏。"诏褫玉德职逮治，升湖南巡抚阿林保代之。阿林保至，连疏密劾长庚，请革职治罪。帝疑之，密询浙抚。时阮元以忧归，代者为清安泰，颇能与元同意倚长庚，为疏辩。帝意解，切责阿林保。疏言当时海军状甚悉，《东华录》不载，清安泰本传亦无之。谕旨中稍述数语，其原文详《圣武记》，而《先正事略》采之入《长庚事略》。今录之，以见中国前所无之技术，官与盗皆习海者，而后争此奇胜。后则为欧洲尤习海而兼科学先进，海上技术，更非此比，则非徒不习海者不足言海事，中国之习海者亦相去甚远。此世运之不同，而善事之必先利器则一也。

清安泰奏言：长庚熟悉海岛形势，风云沙线，每战自持柁，老于操舟者不能及。且忘身殉国，两载在外，过门不入。以捐造船械，倾其家资，所俘获尽以赏功，故士争效死。且身先士卒，屡冒危险。八月中剿贼渔山，围攻蔡逆，火器瓦石雨下，身受多创，将士亦伤百有四十人，鏖战不退，故贼中有"不畏千万兵，只畏李长庚"之语，实水师诸将冠。惟海艘越两三旬，若不燀洗，则苔结，驾驶不灵。其收港并非逗留，且海中剿贼，全凭风力，风势不顺，虽隔数十里，犹数千里，旬日尚不能到也。是故海上之兵，无风不战，大风不战，大雨不战，逆风逆潮不战，阴云蒙雾不战，日晚夜黑不战，飓期将至，沙路不熟，贼众我寡，前无泊地，皆不战。及其战也，勇力无所施，全以大炮相轰击，船身簸荡，中者几何。我顺风而逐，贼亦顺风而逃，无伏可设，无险可扼，必以钩镰去其皮网，以大炮坏其柁牙篷胎，使船伤行迟，我师环而攻之，贼穷投海，然后获其一二船，而余船已飘然远矣。贼往来三省数千里，皆沿海内洋，其外洋浩瀚，则无船可掠，无呑可依，从不敢往。惟遇剿急时，始间以为遁逃之地，倘日色西沉，贼直窜外洋，我师冒险无益，势必回帆收港，而贼又逭诛矣。且船在大海之中，浪起如升天，落如坠地，一物不固，即有覆溺之忧。每遇大风，一舟折桅，全军失色，虽贼在垂获，亦必舍而收泊。易桅竣工，贼已远遁，数日追及，桅坏复然。故常屡月不获一贼。夫船者，官兵之城郭、营垒、车马也。船诚得力，以战则勇，以守则固，以追则速，以冲则坚。今浙省兵船皆长庚督造，颇能如式。惟兵船有定制，而闽省商船无定制，一报被劫，则商船即为贼船。船愈高大，多炮多粮，则愈足资寇。近日长庚剿贼，使诸镇之兵隔断贼党之船，但以隔断为功，不以禽获为功。而长庚自以己兵专注蔡逆坐船围攻，贼行与行，贼止与止。无如贼船愈大炮愈多，是以兵士明知盗船货财充积，而不能为禽贼禽王之计。且水陆兵饷例止发三月，海洋路远，往反稽时，而事机之来，间不容发，迟之一日，虽劳费经年，不足追其前效。此皆已往之积弊也。非尽矫从前之失，不能收将来之效；非使贼尽失所长，亦无由攻其所短。则岸奸济贼之禁，尤宜两省合力，乃可期效。

帝责阿林保，谓："到任不过旬月，地方公事、海洋情形，素不熟悉，于李长庚更从未谋面，辄连次参奏，殊属冒昧。朕又不昏聩糊涂，岂受汝蛊惑，自失良将。朕已降旨，将剿办蔡逆责成该提督。若阿林保因参奏不遂，遇事掣肘，致蔡逆逋诛，海疆贻误，朕惟执法惩办。浙省既无高大商船，阿林保等速在闽省雇募，迅即解交李长庚，口粮火药亦须源源接济。"事在十一年八月。疏内"皮网""钩镰"云者，蔡牵船用牛皮网纱多层，淋海水使湿，以御炮火，必用长柄钩镰拉去之，炮始有效也。嗣是长庚迭出击，至十二年十二月，率闽水师提督张见升追牵，穷所向，至黑水外洋，当粤潮阳县地，牵仅存三舟，长庚击破牵舨篷，自以火攻船，维其船后，敌急发一炮，适中长庚喉而殒。时闽、粤水师合剿，船械数十倍于敌，而张见升见总统船乱，即麾舟师退，牵乃遁，未就获于此役。

《啸亭杂录》：上罢玉德，以阿林保代之。阿林保见贼势难结局，置酒款长庚曰："大海捕鱼，何时入网？然海外事无左证，公但斩一假蔡牵首至，余即飞章报捷，而以余贼归善后办理，则不惟公受上赏，余亦当邀次功，孰与穷年冒鲸波侥幸万一哉？"长庚慨然曰："石三保、聂人杰之事，长庚不能为。且久视海舶如庐舍，不畏其险也。誓与贼同死，不与贼同生。"闽督不怿。丁卯十二月，贼以三舟舣某岛，去官军半里，长庚以舟师围港口，计日就禽。闽督飞檄促战，动以逗桡为词。长庚斫舷怒，下令誓一日禽贼。贼决死战，有卒跳上贼船，几禽牵者再，牵奴林阿小素识长庚，暗中由篷窗出火枪，中长庚胸而薨。

亲贵纪事，不满于旗员，而悼惜名将如此。其时满人之信望已坠矣。然核其言，殊未可信。玉德以五月革，阿林保由湘抚升闽督，奉命在五月十九日丙寅。七月间连劾长庚，谕旨明谓其到任不过旬月，于长庚更未谋面，但据称拆阅长庚致代督温承惠书，有"七月初十将兵船进港燖洗"，疑其私行回署。又于七月二十一日盗首李按一事，尚未知悉，遽迭参其玩误纵贼，力请革职治罪。疑忌参劾，自是实情。长庚在浙逐敌不暇，安有暇赴闽督置酒宴？新督亦知旧督以不得于长庚而夺职，因此谓非去长庚，督威不立，则有之；若敢于以大不韪之语，要长庚同意，必无是理。长庚本海中搏战，并非困敌于一岛，浙、闽会剿，何能飞檄专促长庚？长庚与阮元交最密，剿海盗事互助为功。元撰《长庚传》,于长庚中炮时事则云:"见升本庸懦,又窥总督意,颇不受提挈。及是,远见总帅船乱,遽率舟师退,牵乃遁入安南夷海中。"则闽督与长庚自有芥蒂,亦属事实,但未必如礼邸所录之甚也。

　　长庚死事闻,帝谕有"览奏心摇手战,震悼之至"等语。追封伯爵,谥忠毅。命以所部王得禄、邱良功嗣任。军无总统,命阿林保择驻厦门、漳州一带调度。海盗巨酋,自蔡牵外有粤朱,与牵时合时分,互寇海疆。十三年,为金门镇总兵许松年轰毙,弟朱渥复领其众。浙洋复有土盗张阿治、骆亚卢等,为邱良功等所歼。十四年,朱渥以众三千余,船四十二,炮八百余,降于闽。旋邱良功为浙江提督,王得禄为福建提督。浙、闽将帅无间,以是年九月,合剿蔡牵于定海之渔山,乘上风逼之,转战至黑水深洋,逾一夜至明日午,良功见水已绿,近内洋,惧日暮敌更遁外洋,大呼,以己舟骈敌舟,闽舟又骈浙舟,敌死战,毁浙舟篷,扎伤良功腓,浙舟脱出,闽舟又骈敌舟,敌余舟皆为诸镇所隔,不能救牵,牵船中创,毙余三十人,铅丸亦罄,以番饼作炮子,得禄亦受伤,挥兵火其尾楼,复以坐船冲断其柂,牵乃首尾举炮,自裂其船沉于海。封王得禄二等子,邱良功二等男。粤洋尚有安南余艇之众,百龄代吴熊光督粤,严断接济,粮及硝磺不得漏出洋,其众以外洋无可掠,乃冒死入掠内河,官兵守待捕斩,有以制之,而尚有总兵许廷桂败死,敌突围遁走一事。敌终以穷蹙,各帮先后降,百龄所降至二万余众,船三百余,炮千数百。粤事平,赏百龄轻车都尉世职。蔡牵余党亦降于闽,尚有千余人。时澳门葡萄牙人备兵舶二,英吉利备兵舶四,各愿助战,朝议不许。见《圣武记》。自后海上外国船械日精,官与盗旧法皆见绌,遂开新海防时代。

鸦片案始末

孟森

  道光朝兵事，六年有叛回张格尔之役，十二年有叛瑶赵金龙之役，不旋踵而皆定。清廷之威信尚存，亦恃川、楚立功宿将。杨遇春、杨芳之于回，罗思举之于瑶，转战迅速，而赏功必以旗籍大员居上。实则平回大帅长龄主张割西城膏腴封回酋而退守东四城，平瑶钦差宗室禧恩攘功逃责，均暴露勋贵之无能，其事皆不足述。至鸦片一案，则为清运告终之萌芽。盖是役也，为中国科学落后之试验，为中国无世界知识之试验，为满洲勋贵无一成材之试验，二百年控制汉族之威风，扫地以尽，于清一代兴亡之关匪细也。

  三代以后，至清中叶以前，国无外交名义。"外交"一字，作罪恶之称。《礼记》所谓"为人臣者无外交，不敢贰君"。《春秋·穀梁传》所谓"大夫无境外之交，束修之馈"。至于国君，则名为天子，即无敌于天下。四征不庭，乃为王者。至力屈于敌，明明卑以事之，仍称彼来曰"款"，我往曰"抚"。此古来夷夏相对之通例。鸦片案乃引起事变之端。中国之盲于外交，应受事变之教训，则固不自量力者所必致也。政治不自量力，必使万国就臣妾之列；学问不自量力，致使国防民用皆自趋于弱与贫，而以强与富让人。苟非如此，鸦片案何由发生？即发生鸦片害人，乌即成束手屈服之交涉？故鸦片非主因，中国之政与学相形见绌，乃其主因。今先略述鸦片案之来历。

  中国自古有罂粟，词赋家皆或赏艳其花，农学家或采用其实，为济荒之用，从未有发明其为毒品者。明万历间李时珍作《本草纲目》，始有阿芙蓉一品。时珍解云："阿芙蓉前代罕闻，近方有用者，云是罂粟花之津液也。"又引王氏《医林集要》，言是天方国种红罂粟花，不令水淹头，七八月花谢后，刺青皮取之者。作《医林集要》者为王玺，当与李时珍时代尚近。天方国用以入药，据云纪元前早已传自希腊，既而流行各国，印度尚为最后。取浆凝为干块，款客嚼食如槟榔。明末，始有苏门答腊人吸食之法。康熙中，台湾平，海禁弛，沿海居民得南洋吸食法，精思之，遂成中国吸烟特色。流行各省，至开馆卖烟。雍正七年定兴贩鸦片罪至充军，开馆卖烟照邪教惑众律拟监候，船户地保邻佑人等杖徒，失察之地方文武及关监督严加议处，是为鸦片定罪之始。时尚未定吸食者罪名也。嘉庆十五年以后，一再饬禁。而自英吉利以公司侵占印度之后，制烟土益精。英商以贩烟为大利，始犹泊于澳门，以葡萄牙既有之埠地为卸载转贩地；既且移之黄埔，于货物中夹带私售。道光元年，申禁洋船至粤，先令行商具结，所进黄埔货船，并无鸦片，方准开舱。若行商容隐，查出加等治罪。开馆者绞，贩卖者充军，吸食者杖徒，法愈密矣。行商者，粤商十三家，经官立案，开设洋行，以承接外商之贩货来者。其初十三家谓之洋商，而外商则曰夷商。后订约讳言"夷"字遂称外商为洋商，洋行并废，外商得自设行栈销售。乾、嘉以来不如是也。当有洋行时，外商非投行不能销货。英人设公司经理贸易，主其事者名曰大班。大班来粤，率寄寓洋行。洋行优其供应，而朘削之无所不至。初定行佣，每两货价奏抽三分，继而军需出其中，贡价出其中，又与关吏相比，课税增，规费亦增，取之十倍、二十倍于前。而十三洋行为世业，悉索于外商，养尊处优，驾两淮盐商之上。今所传粤中富家刊刻丛书，若海山仙馆潘氏、粤雅堂伍氏，皆当时洋行十三家之一也。鸦片不过商品之一，其实即无烧烟案，通商既久，必有变端。一缘葡萄牙擅澳门之先占利益，二缘粤关之加重规费。葡商在澳门，筑高楼而居，其商船到者，只纳船钞，别无课税。他国之商，船泊黄埔，钞、课并纳，又非投行，无寄顿销售之策。既销之后，又不能久寓，必回澳租赁葡人之屋，谓之住冬。葡人俨然为各国之东道主，各国皆羡之。而英人商务尤盛，印度又近，重以鸦片之销行，视中国贸易尤重，而不得如葡人之有根据，嘉庆间，一再窥澳门，葡人辄请中国援助。粤督辄宣谕不许相犯，或且绝其互市，迫令退师。其时英人不敢深抗。中国固地主，有主权。而心不能平，必欲谋一相当之地，以雪见绌于葡人之愤。此一事也。中国关征之法，应本宽大，守"讥而不征"之训，各关所定征额甚微。以粤关论，乾隆《会典》所载十八年奏销之额，广东海关五十一万五千一百八十八两，为天下额征最巨之关。其时江苏海关额征只有七万七千五百有九两。今以上海关为收数最高，年必数千万。可知通商以后，国家之受惠实多矣。昔时额征之外，或解羡余，不为常例。而士大夫往往用名刺讨关。关督爱才者，过客投一诗，以为可观，即许其满载而去。百年以前，中国国民为别一种风味。但国家并无多取之意，官吏自有婪索之能。课赋之外加以规费，关员之外加以行商。所领军需、贡价，未尝不为公用，而又绝非正供。洋行求取于外商者多端，遂分内用、外用名目。当康熙间平定台湾，始开海禁，外商通互市之处，原不限定粤中。康熙三十七年，设定海关，英人始来通市。然粤近澳门，寄寓近便，多聚于粤，粤关即迭增重费，外商争执不见应。雍正中控于大府，稍稍裁减，未几如故，乃有移市入浙之志。商舶赴舟山者日多，粤督争之，奏请浙关增税使倍于粤。朝旨亦以宁波番舶云集，日久留住，又成一粤之澳门，将示限制，许增浙关税。未几复定制，外商不准赴浙贸易，归并粤港。粤洋行益据垄断之利，诛求不已。于是乾隆二十四年英商喀喇生遣通事洪任辉仍赴浙，请在宁波开港。而浙抚已奉新令，悉毁定海关夷馆。闻又有舟泊舟山，发令驱逐，断其岸上接济。洪任辉愤甚，自海道至天津，乞通市宁波，并讦粤关陋弊。七月，命福州将军来粤按验，得其与徽商汪圣仪交结状，治圣仪罪，而下洪任辉于狱，久之乃释。后又禁丝斤违禁出洋，亦为英商所不便。隐忍既久，乃于乾隆五十八年，英王雅治遣使臣马戛尔尼等来朝贡，表请派人驻京及通市浙江宁波、舟山，天津，广东等地，并求减关税。不许。六十年，复入贡，表陈中国大将军前年督兵至的密，英国曾发兵应援。的密，即廓尔喀也。奏入，敕书赐赍如例。

英国两次入贡，其后一次有表文，无专使，特由在粤大班名波朗者呈粤督请转奏。《东华录》具载之，故宫复发表原档。盖为前一次贡使回国后之回讯耳。附带土宜，作为贡物，亦不过大呢六箱。所欲就此次说明者，为廓尔喀之役曾有助力，补述之以见好于中国而已。其动机为欲避粤关，改市赴浙。商人请之不得，由国王具礼命使代请之。此其君民利害之相共，资本主义之实行，与当时中国人心理不同。转译表文，亦失原意。在康熙、雍正朝当不如此盲昧。

英国经此郑重声请，仍不得当。嘉庆中，英遂有一再谋占澳门之举，中国又禁格之，使不得逞，事在七年及十三年。至十五年，其大班又禀控粤抚，谓贸易资本皆自国帑借领，不堪亏折，请酌量裁减，以利远人。粤抚韩饬司议，寝不行。二十一年，英国复遣使分入京、粤。其入粤者，先以谒见仪注起争执。盖旧制，外夷贡使见制府、将军皆免冠俯伏，大吏坐堂皇受之。英使加拉威礼不可，署督董教增勉许免拜伏礼，使者免冠致敬，大府离席立受，在粤主宾，尚为成礼。其入京之正贡使罗尔美、副贡使司当东舟抵天津，朝命户部尚书和世泰就津赐宴，有司谕以谢宴应跪叩，不可。又告以乾隆五十八年该国使臣入觐仪注，不答。和世泰导使臣至圆明园，仁宗御殿受觐，使臣称病。帝怒其无礼，却贡不纳。旋虽酌收数事，仍颁敕赐以珍玩以答之。然为粤关规费事而来，本意竟未能达，怏怏而去。

乾隆五十八年觐见礼节，据档案，八月初六日字寄留京王大臣，有"使臣迁延装病，不知礼节。伊无福承受恩典，亦即减其接待之礼，以示体制"等语。次日又有寄字，有"该使臣等经军机大臣传谕训戒，颇知悔惧。既遵天朝法度，自应仍加恩视，以遂其远道瞻觐之诚"等语。则是此次英使曾为中朝勉行拜跪礼也。然据嘉庆二十一年英使来聘档案，司当东原系乾隆朝贡使之子，随带来京，此次责以拜跪，并据当时已行之礼为谕。而司当东言，"彼时礼节，虽经目睹，实系年幼不记得"等语。或者彼时中朝自行斡旋之处，对外言贡使已悔惧，而实未面行觐礼，但留其文于案牍中耶？

至道光时，外商已自立公局为寓所，不住洋行，不复循回澳住冬之例。会粤城外大火，民居荡然，外商修葺公局，多占民居旧址，为民所控，粤抚朱桂桢督役拆毁。英商禀诉，以八事相要挟，"移泊外洋，停止开舱"，相持半年始解。凡此纠葛，外商率致怨于粤。此二事也。

有以上两种积嫌，国家不足酬远人傲惠之恩，即惟有震以畏威之策。若示以威不足畏，则要挟狡展，势必有变端矣。鸦片则会逢其适之物也。当时有一派，目击烟销日旺，银钱外泄，成中国绝大漏卮，昌言自种自销，抵制英印所产，收回利权。此光禄卿许乃济所奏陈，知名之士若吴兰修、仪克中皆有是说。疆臣则卢坤约略言之，不敢明请。粤抚祁则具稿请邓督领衔，邓亦允之，而为粤绅持清议者所阻。同光间有伪撰《洪经略奏对笔记》行世，其中主张种烟抵制印土，殆即许乃济、吴兰修辈所为，托之洪承畴以惑宫寝。兰修有《弭害论》，见梁廷枏《夷氛记闻》，畅发此指。十八年，鸿胪卿黄爵滋有"漏卮宜防，请置重典"一奏，诏下内外诸臣，广收众议。众无敢言开禁者，独湖广总督林则徐言尤悚切，且规划防禁之法尤备。宣宗为所动，遣言弛禁者。降太常卿许乃济为六品顶戴，召则徐至京面授方略，以兵部尚书佩钦差大臣关防驰驿赴粤，会督抚商办。定贩卖吸食皆死，著为令。则徐至粤，粤督邓廷桢亦贤者，体朝旨厉行禁约。除严拿贩烟吸烟之犯，又穷治外来烟土，务尽毁之以绝根株。时英商尽匿烟土于趸船，泊碇零丁洋面者二十有二艘。钦差、粤督坐堂皇，传集十三洋行，发交谕帖，令转谕英商公司呈报存储烟土实数。时公司大班名义律，得谕迁延不复，则徐侦知英最巨之烟商查顿已遁，其次颠地尚与义律在夷馆谋遁，乃锢其所用买办华人，而调巡船围泊夷馆后，使不得下河，又筏断河口。义律计无复之，乃请就黄埔栈房及碇洋趸船所有，共二万二百八十三箱，尽数呈缴。则徐亲赴虎门验收，凡二百三十七万六千二百五十四斤。奏请派员解京。得旨令在海口销毁，俾军民知所震畏。乃开池引卤水入，随投随夹以石灰，俟其扬沸，旋自糜烂。盖以火烧之，烟灰亦为吸品。同存性之石灰，随水糜烂，乃与灰黏合，无复烟之用也。则徐之布置周密如此。奏定缴烟外商，计箱赏茶叶五十斤。当时出洋茶税石二两五钱。洋行会馆，由公司包饷费六两七钱，并运至海口水脚及武夷山买价。恩赏则一律蠲兑，所得亦颇抵烟值。遴随员知府余保纯、刘开域颁汉夷字结式，令诸国缮缴。义律坚不具结，负气缴还所赏茶斤，谓："遵结则后有烟土夹带，货没入官，人则正法，恐各商在途尚有烟土，不敢由彼一身代认此责。"时在澳门会议，葡商亦谓："货可充公，人则西国无斩首例，请不具正法字。"则徐以所请不与内地办法划一，斥之。保纯亦无以难义律之说，为具牍代请，而义律则谓委员已许之矣。既为则徐驳斥，乃怨大吏反复，以护货之兵与我舟师抗，我舟攻其趸船于零丁洋，毁其二艘。义律率货船屡战，皆中于炮而退。有英船愿缮结纸求入者，义律挥兵阻之。具结请入之船，见提督巡洋，坐船树红旗，又误以为来战，亦燃炮迎击。接仗凡六次，卒为舟师击毙无算。时别国货船向不带烟者皆遵令具结，惟英船不就范。大理卿香山曾望颜请封关禁海，设法剿办。下粤中议，则徐以违抗只有英商，不拒各国，正可以夷制夷；粤人以海为生，尤不宜设禁自窘。奏覆而止。

按：林文忠禁烟之切实，备战之严密，分别各国之审慎，皆无可议。惟严催具结而不急为英商裁革粤关规弊，无以慰其积年希惠之心，未免视外人之弊害稍有隔膜。即取结亦稍操切。但严厉禁烟，为民除害，外人舆论亦不甚以为非。若有恤商之德意，平众商之怨尤，义律虽狡，无能鼓煽，事可不至扩大。且体念远人，保其商利，亦大国应持之正义也。文忠未免忽之。缴烟每箱赏茶叶五十斤，计烟价略相当，出《夷氛记闻》。然文忠《政书》原奏作五斤，且总计赏十余万斤，合五斤之数，岂《记闻》之误耶？

英市既绝，英商船至者三十艘，阻于义律，不得入，咸怨咎之。义律惧，请许率诸商还澳，俟本国信至，开舱贸易，词颇婉顺。而朝旨虽允不禁海，然对英封禁甚严，则徐不敢更张，峻拒之。英船泊外洋，以厚利购接济。则徐自出驻海滨，罔避风雪暑雨，辛勤筹备，民多感愧，相戒无复私售。十九年冬，朝命改则徐督粤，调廷桢督两江，旋改浙闽。英国自得粤中焚烟之讯，其国会议禁烟理直，当听中国之命。而义律以商人烟土被焚，请国库给价；且印度烟销为大利，怂恿发兵。英廷争议汹汹，卒决称兵，命其国戚伯麦率本国兵船十余艘、驻防印度兵船数十艘，联东向。则徐自奉旨断英市，首责诸国毋听英假借船号，毋代运出入货物；激励美、法，使不直英国所为。又以俄旧亲华而与印度邻，英、俄相忌，又约属夷廓尔喀伺印度之隙。且知英远来费巨，鸦片减值而售，成本不敷尽供军用，决其持久必蹙，与提督关天培定议，严防要隘，全力剿办，悬赏购捕斩义律及白夷黑夷价有差；获其船者，财物尽充赏。移会闽海、江、浙，各刻意防其舍粤他犯。二十年夏，英兵船至，则徐奏闻，尚有"以逸待劳，以主待客，彼何能焉"之谕。英船至粤月余，无隙可乘，驶三十一艘赴浙，经福建，突攻厦门。浙督邓廷桢驻闽，出驻泉州，檄金厦道刘耀椿守御，炮击沉其兵船一，水师焚攻其一船，毙英兵数十。英全驶至浙之定海，陷之。朝命江督伊里布为钦差大臣，赴浙视师。革浙抚乌尔恭额职，旋定罪绞候，以刘韵珂代。经此一挫，而朝旨突变。此宣宗意志之不定，任事者之不能执成命以行事，亦世变之所以不可支持也。

浙未失事以前，剿办意甚坚决。则徐对英人请求较近情之语，亦不能留伸缩之余地。当上年九月义律以兵抗战时，九龙炮台击沉英船奏捷折，奉批："不患卿等孟浪，但患过于畏葸。"而于折内又累加旁批。折文云："苟知悔悟，尽许回头。"其旁批云："不应如此，恐失体制。"折文云："奉法者来之，抗法者去之。"其旁批云："未免自相矛盾。恭顺抗拒，情虽不同，究系一国之人，不应若是办理。"十一月初八日，有诏："英夷反复，先放大炮。未绝其贸易，不足示威。即使此时出结，亦难保无反复情事。兹屡次抗拒，仍准通商，殊属不成事体。区区货税，何足计论。彼自外生成，尚何足惜！著林则徐等酌量情形，即将英吉利国货贸易停止，船只尽行驱逐，不必取结，凶犯亦不值令交出。著出示列其罪状，宣布各夷，倘敢包庇潜带入口，从重治罪。"云云。则徐接此字寄，所以对义律之婉求无从通融也。洎定海一失，粤中之蜚语亦即上闻，谓"缴烟时先许以值，后负之而致激变"。此事当时有数说。

《夷氛记闻》云：

林公至粤，居越华书院。洋行总散各商侨寓其侧，备日夜传讯。义律呈缴禀至，夜传总商入见，责以："汝为官商，倘有私许以价，而后设法赔补事，慎汝脑袋。"总商叩首力言不敢而出。盖是时粤人纷纷疑夷人居奇之物不数日而呈缴净尽，意行商必许以事后给价。及闻公言，畏得罪，不能不负约以自保，不暇复计夷怨，而夷已禀缴无及。然语皆出揣测，事秘，罔有显据也。

金安清撰《林文忠公传》云：

公才望赫奕冠寰宇。英酋义律慑公威重，与广府余保纯、洋商伍姓者密议，愿缴在海船土二万一千箱，易丝、茶偿。余乃常州绅士，为公抚吴时激赏，素以干力著。伍则与义律最昵，知使节不久留，欲弥缝其间，而阴与洋行分年偿其直。其禀牍恭甚。公据其词入告，奉旨嘉奖，有"不虑尔等孟浪，但虑尔等畏葸"语。公乃驰檄宣示英国王，词意剀壮，外国争传其文。就省城外浚大地，焚毁数月始尽。陶文毅卒，旋奉旨调两江总督。枢相忌其功，思困之，乃请以邓调两江，而移公为粤督。命下，余、伍之初计沮。

据上两说，许给烟价事有之，而非则徐所知。但衅之由生，亦不由偿价负约。义律并未形诸文牍。因勒令具结，致成决裂。且即给价购焚，亦不甚失体。果有其事，则徐尽可先奏，何必讳言？朝廷以此罪则徐，上欲加之罪耳！当浙陷定海之际，英船留澳门者，忽焚澳门后通香山之关闸，为守闸之前山营都司炮伤英兵数十，沉其小舟。七月十八日，则徐所遣副将陈连升率游击马辰攻其泊磨刀洋之兵船，战胜，以捷闻。奉批斥则徐贪功启衅。则徐遂力陈六月后粤海防范情形，请戴罪赴浙竭力图克复。不报。

奏言：

窃臣奏报拿获雅片烟犯折内，钦奉朱批："外而绝断通商，并未绝断；内而查拿犯法，亦未能净。无非空言搪塞。不但终无实际，又生出许多波澜，思之曷胜愤懑，看汝以何词对朕也。钦此。"

此为当日所奉严旨，亦未有许给价后负约之说，但转变太速，殊乏君人之度。

是月，伯麦偕义律驶天津陈诉，出一汉文奏本，上直隶总督琦善转奏。其文为英人所具，可证则徐无许给烟价之语。文惟见《夷氛记闻》，录以明以前粤中英人所借口之真相。

奏云：

英吉利国臣统领本国水师主帅子爵巴儿多免谨呈天朝大清国大皇帝驾下：窃巴儿多免现奉敝国主命，协同本国陆路统领总兵官布尔利带领水陆军兵战船前来贵国。缘为去年本国之正领事官义律暨来贵国贸易之商民，竟被广东钦差林、邓总督凌辱无道，以众欺寡。并一向敝国之商民到广东，被该省大宪等欺压无辜。为此奉命前来上诉。惟思船多兵众，夫用兵必须水陆择地，护船安营，是为首要之机，熟思贵国各直省大宪，以为业已封港，不通贸易，决不纳言，不肯接呈代奏，准有相拒之形，此即必彼此相斗，因此不得不直登定海，俾得各船安营有所倚。去年林钦差到广，不数日，首先将西洋各国人用水陆官兵围困在省城寓行之内，立即封舱，连日不准出入，兼绝伙食，勒缴在洋面停泊船内之烟土。又言限日尽缴，否则要斩要杀。如于限内缴出，则仍前交易买卖也。窃思贵国新例，禁买禁卖烟土，但既已禁绝，无人敢买，则西洋人亦必不再来。即有愚人带来，亦无人敢买，然则带来何益？且去年所缴之烟土，系在洋面，并非起运入内地，而外国商人亦万万不能运得入港也。奈林、邓二宪勒缴，而英国商人等如不缴，则不受杀亦要饿死，虽不惧杀而饥渴难当，只得含恨忍气以缴之，然后再酌议论。讵料缴之后，忽又要具结，称"如有嗣后查出船内夹带烟土，即将货物全行入官，其领事人即正法"等语。但查犯禁货物入官，其领事人连船逐出，不准交易，此例西洋各国古今通行。惟正法条，西洋古今无杀头之刑。况且船多人众，万一遇有水手一二不肖私自夹带，不拘多少，岂不累人？货物入官，而人亦受杀戮之惨。即因此，正领事官义律暨诸客商皆不肯具此结之原委也。林、邓二宪因前事不服众，未得具结，即著封港，不准交易。切思英国荷蒙通商已来，百十余年，贸易买卖场中，岂无赊欠通融？今计贵国洋行商人，前后共欠已有数百万两之多。一旦封港，不独不能贸易，又坏了到广东船内之货物，不胜枚举。英国商人所失之本，何可胜言。且封港之后，林、邓二宪曾与义律商允具结，嗣后货船到广，任从查搜，如无夹带烟土，方准入口，否则逐回，不准贸易。奈林、邓二宪，前言不对后语，反复无常，忽然改变，仍执前议，具甘受正法之结也。后来义律等另有求商事体递呈，奈林、邓二宪绝不肯收。即去年封港后，适有英国兵船巡海，到广洋面，该船之总兵官递呈，系请询封港之由，以为开解，奈二宪仍不独不肯收呈，更又命水师提督带领水师官兵前来相拒，是以不得不还炮相喧矣。去年林、邓二宪禁止买办，不准供办伙食之后，有吕宋货船一只，与英国货船同泊洋面，正欲回帆之际，适其船内人过来英船探望，即或随送些少食物。林、邓二宪责言吕宋人不应与英船人往来，不应送食物，竟用毒计，命人于黑夜之中将吕宋船只烧毁，并伤毙三人。可怜该船无辜，受此惨害，神人共愤。切思欧罗巴洲各国，即大国小邦，帝国王邦，无分统属。吕宋国与英国，火烟相益，非亲即故。今同在异邦客地，过船探候，即或送些伙食，亦系人情之常事。且欧罗巴洲与亚细亚洲相隔九万余里，不独无分统属，而且只有西洋船只到中华，而中华船只万万不能到西洋。今林、邓二宪系中国之官，在广东止可管中国广东事，岂能管到西洋？即今大英国主仁慈，怜含吕宋船人无辜受此惨苦，即命如数赔其银两。但未审林、邓二宪，此事如何奏报？

此奏中只言林、邓于具结事反复，即上所云"余保纯允为具牍代请，义律谓委员已许之"之事也，并不言许给烟价，则并余保纯等亦未尝许之可知也。今以理度之，当是实是以商捐茶叶，用给赏之名，以代给价。故《夷氛记闻》较量其值，言土每箱给茶五十斤，凿凿可据。林折只言五斤，乃不欲多举其数。以本系捐办，无需奏销，对朝旨严办之意为合。此正余保纯之干才。其后因具结有违言，义律亦未受赏其为五斤、五十斤，更无可辨。窃谓此为事实也。

英帅奏辞温雅，其于初次兵船开仗，直曰"还炮相喧"，轻偿已极。要于中国并无必用武力之意，特视其可侮而侮之，亦是事实。奏意虽出自英帅，而达意必有汉奸。以兵官而具此辞令，程度自高。当时中国去文，动足招侮。《中西纪事》载英人在定海递书，内言："二月间遣使暂讨烟价数十万，入粤东配茶，天朝大臣粤宪回复言：'本大臣威震三江五湖，计取九洲四海，兵精粮足。如尔小国不守臣节，定即申奏天朝，请提神兵猛将，杀尽尔国，片甲无存'等语。"此语出自英人所递书中，或非实有其事，然夏燮自加数语云："此盖回复外夷之词，不嫌俚俗也。"然则著书之人有此寒陋，亦见当时士大夫之荒唐召侮，何足与西人比也。奏文外又出其国会致我国相书，要求六事：一索货价，二求广州、厦门、福州、定海、上海为市埠，三欲敌体平行，四索犒军费，五不得以外洋贩烟船贻累岸商，六请尽裁洋商浮费。琦善以闻，又令娴习西文之鲍鹏作覆书，称义律为公使，谓："上年缴烟，必有曲折，将来钦差大臣往粤查办，不难水落石出。"并犒以牛酒。诏革则徐、廷桢职，令俱在粤候勘，而命琦善驰驿至粤代则徐职。琦善在天津见英帅语平和，谓不难驯伏，畜意稍给烟直，仍许贸易，即当了事，而给值则意粤关监督即能任措。既至粤，义律辈亦回粤守待，见新钦差易与，求索益高。而粤关利厚则费亦素巨，无余存，乃知棘手。惟撤海防兵以示无敌英意，冀英人鉴谅。诘开炮创英者将加罪，军心解体。又欲从英人诉词，谓则徐拒不上闻，将奏谴之，欲证成于巡抚怡良。怡良不敢应。检案牍，则又无可指摘，不得发。先是，则徐防海所募，择海滨渔疍亡命熟沙礁险要者，一旦撤裁使失业，为英购汉奸招引而去。向之所惮，转济其用，形便曲折尽泄，要挟益无顾忌。坚索香港为埠地，以抵葡之澳门。琦善不敢决允，但增许烟价，冀就范。提督关天培请添兵设守，则峻拒以媚英。义律以议迟迟不决，突攻陷沙角、大角两炮台。敢战之将，副将陈连升以下，束手身殉者数人，事在二十年十一月十五日。琦善委罪于天培，奏请重治，仍请续与夷议款。天培与镇将请增发兵药，琦善靳之。然亦恐再有失陷，重得罪，亟奏请开禁通商，给厦门为市地，以明年正初旬为期，还以烟价。其与义律伸约，则称之为公使大臣，许以香港全岛相畀，而以浙江所获英俘易定海。义律覆文，请缴还两炮台及所掠粤船，愿由海道赴浙撤兵，求备文代递伊里布，俾知缴还定海之由，送给留定英船兵目。琦善依言达浙，而伊里布亦遂无守御意。时朝旨以两炮台失陷，又决痛剿，革琦善、天培顶戴，调湖南、四川、贵州及南赣兵驰赴粤。琦善不知，犹自出阅视虎门，与义律晤商条款。义律耀兵炮以示之，琦善更张皇入奏。奉严旨："朕断不能似汝之甘受欺侮，迷而不返。胆敢背朕谕旨，仍然接受夷书恳求，实出情理之外，是何肺腑！无能不堪之至。汝被人恐吓，甘为此遗臭万年之举。今又摘举数端，恐吓于朕，朕不惧焉。"此谕见《东华录》二十一年正月二十四日辛亥，其失态固与琦善相称矣。

其前，于正月初七日甲午，命宗室奕山为靖逆将军。湖南提督杨芳方入觐，道皖，命折往粤，与户部尚书隆文同为参赞大臣。前在粤候勘之林则徐、邓廷桢，亦于上年十二月中奉旨著琦善督同办理。于是杜门候勘之林则徐复出，则询知舟勇已尽撤，无可为计。正月初五日，义律已知朝议复变，驱船攻横档炮台。台药不继，关天培阵亡。嗣是英舰进攻岸台，辄领鸦片舟尾入，约窑户艇泊其旁载运。粤兵名为迎敌，亦与通同，以护贩为利。忠勇之军，撤溃已尽。利之所在，对敌如戏。杨芳以宿将负威望，官民望其来，道佛山，一路呼噪相迓。既至则谓"夷炮命中，能在船舶荡漾中击我实地，较我实地所发转有准，此必邪教技术所致"，传令地方保甲，遍收妇女溺器为厌胜具，载以木筏，约闻炮急眠器口向敌，伏卒即抄出夹攻。敌掠筏而过，守筏副将先遁，芳急勒兵入城。敌船未敢猝入省河，亦震芳威声，恐有布置，乃使人持书至凤凰冈台营，求入城面致芳。营将总兵长春遽引使入，迨返而敌尽知虚实，分攻猎德及大黄炮台，皆下。芳犹奏长春有御敌功，赏花翎勇号，时在二十一年一月。其先，义律、伯麦以琦善已允给香港，联名出示香港居民，称为英国子民，有事须禀英官治理。并以此照会大鹏协副将赖恩爵，恩爵以呈怡良。则徐劝怡良实奏，怡良迟徊，为粤绅所恳促，乃允。奏入，而江督裕谦参琦善畏葸偏私之奏适至。诏革琦善职，拿解赴京，籍其家。以奉命驻江西理饷之刑部尚书祁代粤督。而杨芳亦有攻守八难之奏，乞允通商，意多与琦善合。奕山、隆文继至，芳亦劝其勿浪战取败，意在徐就抚议。而奕山忽为人言所动，以三月晦发兵冲突省河英船，搜义律于夷馆，义律先遁，官兵遂掠其货物。越日，英船反攻，官军溃退，辎重船筏尽失。乘胜夺北门外山颠奢定炮台，俗名"四方炮台"，于是俯瞰城中，窥以远镜，纤悉毕见。子弹时以城中官署为的。城守始汹惧，而杨芳独以镇定闻，火箭巨弹，肃肃声过耳畔，笑骂而已。或劝稍避，不顾也。于时民居遭毁，兵多擅逃，城守岌岌，款夷之议遂决。则徐已于上月奉旨以四品卿衔赴浙候旨。盖裕谦以钦差大臣入浙，与闽督、浙抚先后皆奏则徐在粤无误故也。粤城上悬白旗示服从，军帅以下会印付保纯，缒城出，就商义律。旋议定，饷军六百万圆，计四百二十万两，作清还商欠，限五日内交足。大将军挈外来兵离省远驻，英船亦退出虎门。洋行括银不足额，仅得百二十万两，由藩、运、关三库垫足，由大将军奕山，参赞隆文、杨芳，驻防将军阿克精阿，督祁，抚怡良，副都统格瑞会奏给商欠银议款事。其银是否即作烟价及香港是否停给，款议未之及，奏中亦不以陈明。其实英兵方缺饷，得资为窥犯要挟地也。款成，耆定台未退出，伯麦自台下率众闯诸村落淫掠，至奸及老妇。举人何玉成柬传南海、番禺、增城诸村，各备丁壮，出护附郭三元里。各乡义愤集至数万人，夷目毕霞率众与战。始民稍却，旋各乡众大至，围之竟夜，天明搜杀，伯麦、毕霞皆死，收其调兵符券及防身兵器，夷兵乞命之声震山谷。村民围耆定台英兵，计令饿毙台上。义律密遣人求救于保纯，或劝以兵助民并缚义律，重与约法。所给商欠银，时仅交四之一，当事以款银已去，败盟无利，事在和后，不欲为戎首，不用其策。粤督令南、番两令随广府保纯出，步向三元里拱揖代夷乞免，民乃解围。粤人至今举三元里为快。嗣是粤人踵行团练，遂为后数年拒夷入城督抚封爵之用。

三元里役之后，民气极盛，英兵已约定退出虎门。粤督大修守备，义律因不欲复入虎门，请与粤人市，不忍肆扰，别营市地于香港，请官为示，召商民就港贸易。请之至再，而内商以越海不愿往，又请以退出之尖沙嘴、九龙山二地易香港。当事以未奉谕旨却之，反劝其入市黄埔。义律以入市须经虎门，阻我兴筑炮台。纠纷不已，款市仍滞不行。五月，革则徐卿衔，发伊犁，廷桢亦遭戍。会英国王别派朴鼎查为将，巴葛及思亚刺、力巴、敦时为副，增兵增舰来粤。义律遂返英。朴鼎查以军官兼管商务，与伯麦为将时又有异。奕山偕隆文离省，居三水县之金山，撤湖南兵归，而独留杨芳驻省弹压。隆文居金山，独以愤不食死。朴鼎查按义律所议约，止收商欠而撤在粤兵，无与他省事。思尝试觇中国意，或不止就义律已成之功，于是舍粤洋北抵潮之南澳，泊船于长山尾，且登陆秣马，渐造屋为层楼。澳官无止之者。澄海县诸生在粤受课作海防论，乃及此事。书院监院梁廷枏发之，祁督饬海阳令查毁。朴鼎查遂以七月初十日犯厦门，投书驻厦提督，自称公使，吧噶称水师提督，敦时称陆路提督，谓不照上年天津所议事款，应有兵事，暂借厦门屯军，定议即缴还。提督陈化成适改官江南去，闽海亦奉旨以粤夷就款撤兵，总督颜伯焘仓卒迎击，大败，将士多死丧，遂失厦门。伯焘故有志杀敌，且非议邓廷桢在闽，谓能守而不能攻，事前购船铸炮，称有备。其置炮在台墙深处，炮口止能对一点。英船窥知之，避其中点，鼓行无阻，夺台反炮向内攻，所备适以自杀。英既破厦门，不留据其地，即分扰台湾、定海，而尤以定海为注意，犯台湾者为小股尝试。守台总兵达洪阿、兵备道姚莹，早以海警戒防，莹尤以练达通博知名。当邓廷桢督闽时，已请奏起泉州在籍提督王得禄，故李长庚部下，平蔡牵封子爵者，出襄军事。八月十五日，英船挟三板犯鸡笼杙，越日进口，炮坏二沙湾兵房，台炮击中其船，遁而触礁，生禽黑夷二百数十，杀数十；白夷杀二人，沉一人。后一日，又搜杀白夷五，获其图册。九月十三日，英船再扑二沙湾，击毙二夷，遂退。其扰定海者，亦以八月十二日至。自伊里布以钦差入浙，一意附和琦善，撤防待义律交还定海。定海名交还，尚留船盘踞。伊里布示谕居民毋敌视，并以已起碇之船数移慰巡抚，又奏收复定海。巡抚刘韵珂以敌方筑炮台，开河达城中，踞住岑港、沈家门，开两处民房，又出伪示招居民接济，缕奏其患。会朝命于粤又主剿，逮琦善籍其家，遂革伊里布大学士职，仍留江督任，命裕谦驰往代之。旋召伊里布入京，六月，革职发军台。裕谦入浙，奏保则徐，恃为谋主。未几，则徐遣戍去。至闻厦门失守，急檄处州镇总兵郑国鸿、寿春镇总兵王锡朋会同定海镇总兵葛云飞，以兵五千守焉。至是，敌至，连日拒击小胜。至十七日，敌大举猛攻，三总兵同时阵亡，定海城再陷。进犯镇海，分攻金鸡、招宝二山炮台。金鸡山奋击，毙敌数百。提督余步云守招宝山，先有二心。前数日，裕谦召步云盟神誓师，见裕谦无退志，称足疾不跪。敌至，不令兵开炮，甫抵山麓，遽弃台走。敌据招宝山，俯攻镇海城。城陷，裕谦殉节。裕谦故诚勇公班第曾孙，壮烈思无忝祖先，劾琦善、伊里布，慕林则徐，盖旗籍之矫矫者。既陷镇海，即攻宁波，步云又奔上虞，道府从之，时为八月二十九日。巡抚急守绍兴，扼曹娥江，防其犯省。九月初，英兵迭入余姚、上虞、奉化肆掠，毁其仓库，旋退而乱民乘之，浙东蹂躏甚惨。

九月初四日乙卯，命宗室大学士奕经为扬威大将军，驰驿赴浙办理军务。所命参赞大臣，皆不果行，旋以侍郎文蔚、副都统特依顺为参赞。又命怡良为钦差大臣赴福建，擢河南巡抚牛鉴督两江。出琦善于狱，使效力军前。奕经客宿迁举人臧纡青，劝奕经奏召林则徐来浙勷办，止琦善，斩余步云。奕经庸懦不敢用，仅止琦善。乃改发琦善军台，未几即为叶尔羌帮办大臣，旋仍柄用如故，盖有首相穆彰阿为之内主也。二十二年正月，奕经军次绍兴，与文蔚定议，分袭宁波、镇海。预泄师期，两处皆败。二月，敌攻慈溪，金华协副将朱桂与战，督抬枪兵匿崖石树林自蔽，毙敌四百余，兵无伤者。军无后继，桂请文蔚发兵数百为援，不许。至暮发兵二百，敌已分兵绕出桂兵后，桂与其子武生昭南死之。文蔚从随员侍卫容照等议，防敌夜攻，弃军走，军资尽失。时朴鼎查方嗾兵舰再攻台湾，姚莹督官兵御之于大安港，别设伏于迤北土地公港，诱敌舰入，触礁不能驶，尽覆之。除淹毙杀毙外，擒红白夷十九、黑夷三十。上年获禁之百三十余夷，言官请无庸解京，就台正法。及是，并新获者皆斩于台，仅留禁其夷目勿杀。后遂为朴鼎查诬控所杀非兵，而系商民。穆彰阿主于内，使怡良就讯虚实。怡良嫉台湾镇道未以功归钦差，证成之。镇道皆下狱，以餍英人意，旋释之。至三十年，宣宗崩，文宗宣示穆彰阿罪，始正言镇道之受屈。而扰浙之英人既得志，又以浙为无可恋，更北扰，乃可胁成前约。有郑鼎臣者，前战死之处州镇郑国鸿子，志复父仇，投军自效，率定海水勇，多挈火具，附敌船焚攻，辄烬其船，多有擒斩。文蔚退还浙西，尽撤战火诸船。鼎臣不从，随行请治以法。奕经心重鼎臣忠孝，诺而未行。鼎臣于三月中累焚英船，焚溺英兵五六百。奕经、文蔚前经因败夺翎顶，至是因焚攻有功，皆蒙赏复。而浙抚刘韵珂意在羁縻，奏请仍命伊里布至浙主款；又以杀零夷为非，以鼎臣等为虚报冒功。鼎臣具四大舰，载所获夷级衣械及击碎船板送核，事乃白。时朝廷已复命宗室尚书耆英为钦差大臣入浙，并署杭州将军。耆，满洲亲贵，为一时庸劣之尤，足以显清室之王气已尽者也。三月二十七日，英军弃宁波北犯，奕经遂奏收复郡城，旋又弃镇海，未及夸张克捷。乍浦已于四月初九日失守，驻防副都统长喜投水死。驻防横暴，平时已与土人不洽，至有警，更多所指摘，谓为汉奸，于调集助守之福建水勇亦凌辱之，战时遂举火为内应。英水兵登岸，顷刻而城陷，平湖、海盐大扰，会城亦戒严。事闻，以乍浦顷刻溃散，皆余步云屡走屡失城池，未议重谴，有以倡之。始奉严旨拿解治罪，久之，至岁杪乃伏法。鸦片之战，失律逃溃者相望，正法者止步云一人。当时朝议，能却敌者，既以挑衅得罪；其逃避者，自应以弥衅邀赏，则步云之见法亦冤也。

浙抚刘韵珂，以煦煦为惠，得民心。浙中军事，有大将军、参赞及钦差辈先后叠集，责亦不在巡抚。其竭力赞和，惟恐失敌意致败，则不可掩。然民乃谅其弭祸，亦颇感之。伊里布之再来，韵珂所请，专为议款。乍浦既失，伊里布诣英船商款事，英人气骄甚，无成而返。韵珂意郑鼎臣辈屡获英俘，未还俘，故仇不解，乃奏出所获白黑夷于狱，载送乍浦，则英又弃乍浦，虏其军资去矣。追送镇海，俘还船不谢，受俘者亦默无一言以复。五月己酉朔，朝命乃以伊里布赏四品顶戴，署乍浦副都统，而英船于是日已泊吴淞。江督牛鉴以办防驻海口。初三日，英攻宝山。至初八日，提督陈化成在南门外海迎战，炮沉英船二，折一船桅，英船以炮弹火箭，焚及民舍。牛鉴方与化成分守海口，炮弹落其近处，失色退走还城，所督诸军从而皆溃。英军大进。余步云旧部徐州兵先遁，化成余亲军不及百，为夙所训练，随化成不退。化成手燃巨炮击贼，临危犹破一舟，中炮遽卒。鉴遁而城亦陷，驻上海文武官皆走松江。英船随入上海，城已空矣。十四日，更向松江，先奉调来援之寿春镇总兵尤渤，沉船塞港，置炮相拒于城外八里之地。英兵亦缘道示威，无意深入，被拒，遂退出吴淞，改驶长江口。六月七日甲申，牛鉴奏请仿照乾隆年间征缅罢兵事，准予英人通商。奉批："中伊里布之害不浅矣，曷胜愤懑。"又批："朕之用兵，实出于万不得已。若将征缅之事比拟，事不相类，拟甚不伦，想卿必为伊里布簧惑矣。朕愈加忧愤。倘将士有所窥伺，稍有解体，将成瓦解，可设想耶？总因朕无知人之明，自恨自愧。"先是，宝山失守之报至，朝命伊里布、耆英驰赴上海，会同牛鉴筹防堵。至是，又命伊里布回乍浦副都统任，止留耆英会办防剿。其时江防荡然，英船已过江阴、瓜洲抵镇江矣。牛鉴遁还江宁，京口副都统海龄守镇江，忌汉人，谓有汉奸，搜索骚扰。参赞齐慎、提督刘允孝以兵至，亦拒不延入。相持二三日，英军梯陴而上，镇江陷，海龄自缢，家属多殉。江宁相距，一日可达矣。

朴鼎查先奉英王命，仍赴天津请议约通商，故由宁波迤退而北，闯吴淞，闯长江，皆视可侮而取胜以壮声势。既陷镇江，其部夷马理逊者，其父为贡使，曾至北京，父亦名马理逊，当时谓之秩马理逊，自命为知中国地理政事，进言于朴鼎查，谓江宁为南北咽喉，踞以要挟，无不得志；或且扬言将冲挖高家堰堤，坏河防，阻运道，北京必汹惧，胜往天津。朴鼎查从之，令诸船齐进。一路声炮，焚毁瓜洲、仪征所有盐舶商船殆尽。以六月二十八日，集船八十五，逼江宁城。伊里布以议款情熟，仍具奏驰抵江省，其先既奉有"设法招抚，许便宜行事"之旨，遣其家仆张喜赴英船，以候款开导。英果不攻城，但责成议甚亟。初六日，耆英亦至，复遣员与张喜再诣英船。朴鼎查用马理逊预议，索三千万圆，稍减为二千一百万，以六百为补偿烟价，三百万为续还旧商欠，千二百万为军费。本年先交六百万，余分三年带交。又索香港为彼商侨居地，广州、福州、厦门、宁波、上海五口为通商贸易地。税项公立章程，遵中国例则征输，先占厦门、宁波、镇海、定海、乍浦、宝山、镇江各城岸，俟五口通商即退还。贸易各口设关，自设领事官经理。货至，责成领事官赴关纳税。裁去官设行商，由来商自行交易。彼国官至，与中国官用平行礼。及事后彼此释放俘虏。语毕，即促归商定。委员佐领塔芬布等还报，当事以不但悉如英初意，且所索更奢，迁延不敢覆。更往返议拟，英船已易白旗以俟，忽于初八日夜令易红旗，约次日复开仗。谓闻之谍者，中国用缓兵计，实调兵来决死战也。

总督、钦差急遣布政使黄恩彤偕前委员侍卫咸龄见英帅，开诚告以无他，并一切勉循所请，船众欢呼。于是牛鉴、伊里布、耆英会奏言："夷逼金陵，情形危迫，呼吸即成事端。根本一有挫动，邻近如安徽、江西、湖北，皆可扬帆直达。所请虽贪利无厌，而意但在求市地通商，尚非潜蓄异谋可比。与其兵连祸结，流毒滋深，曷若不惜巨费，以全大局。所索纹平七折银一千四百七十万两，商欠折二百十万两，行令粤商按数归还。本年先交四百二十万，就将扬州商人现给之五十万圆扣抵外英攻镇江，扬州盐商赂以五十万圆，称犒师，祈勿过江扰累，令江苏捐备百万，再拟于浙江、江苏、安徽三省库存及关征粤税库通融借拨。其余三年带交，岁不及三百万计数实应岁三百五十万，故意轻减，为掩耳盗铃计，彼国货税既新加饶裕，可以作抵此则甚确，较用兵费实不及三之一。至厦门，夷虽退，尚未收复。香港、古浪屿、定海、招宝山，则仍据守未退。与其久被占踞，不若归我土地。既愿遵输税课，即属悔过向风。此后彼因自获马头，我即借以捍蔽海疆，以为国家之利。所请与官讲平礼，虚文本可通融。事定后，亦应释俘囚以讲和好，宽胁从以安反侧。"附单详载条款以闻。奏入，帝甚怒。穆彰阿委曲晓譬，为东南数百万民命强为抑遏，加恩勉如所请，而谕令反复详议，永销后患。耆英等同诣英船，与立和约十三条、善后事宜八款，钤以关防。海关丁书巡役陋规，亦悉予禁革。八月初十日，恭值万寿，英官仰祝纯嘏，虔请代奏。英船以八月二十五日出江入海，诸帅设饯于正觉寺而去。此所谓壬寅《白门约》，即所谓不平等条约之第一缔结也。

晚清的政局

吕思勉

中国地方大而政治疏阔，要彻底改变，是很不容易的。所以一朝中衰之后，很难以重振。何况清朝，从道光以来，所遭遇的，是千古未有的变局？然而这时候，清朝还能削平内难，号称中兴，这是什么理由呢？这都是汉人帮他的忙。

清朝人满、汉之见，是很深的。从道光以前，总督用汉人的很少，专征更不必论了。到咸丰初年，而局面一变。清仁宗中岁以后，是信任曹振镛的。振镛的为人，琐屑不知大体。（陈康祺《燕下乡脞录》说：宣宗初即位，苦章奏之多，以问曹振镛。振镛说："皇上几暇，但抽阅数本，摘其字迹有误者，用朱笔乙识发出。臣下见皇上于细节尚且留心，自不敢欺罔矣。"此说未知确否。总之不知大体，不能推诚布公，而好任小数，拘末节，则是实在的。）宣宗则初任曹振镛，后相穆彰阿。穆彰阿是个柔佞之徒。鸦片战争之役，他竭力主持和议。旧时人的议论，有诋为权奸的。其实他哪里说得上权奸？不过坐视宣宗的轻躁，（宣宗是性质轻躁，好貌为严厉，而实无真知灼见的人。但看其鸦片战争时的举动，就可知了。当时下情的不能上达，于此亦很有关系。）而不能匡正罢了。宣宗死于1850年，子文宗继立。文宗在清代诸帝中，汉文的程度号称第一。亦颇有志于图治。这时候，正值海疆多事，太平军又已起兵之际，时事很为艰难。文宗乃罢斥穆彰阿、耆英，昭雪林则徐、达洪阿、姚莹等。又下诏求直言。曾国藩、倭仁等，都应诏有所论列。海内翕然，颇有望治之意。此时因内外满员，多属昏聩庸懦，不足任用。军机大臣文庆，力言于帝，说要重用汉人。文宗颇能采纳。这是咸同时代，所以能削平内乱的根本。

专制政体，把全国的事情，都交给一个人做主。于是这一个人的智愚仁暴，就能使全国的人民大受其影响。而君位继承之法，又和家族中的承继并为一谈。于是家庭间的争夺，亦往往影响于国事。这是历代都是如此的，到晚清仍是其适例。清文宗因时事艰难，图治无效，意思就倦怠了。其宗室中，载垣、端华、肃顺，因此导之以游戏，而暗盗政权。军机拱手而已。1860年，文宗因英、法联军进逼，逃到热河。英、法兵退了，群臣都恳请回銮，载垣等以在热河便于专权，暗中阻止。明年，文宗就死在热河。文宗皇后钮祜禄氏无子，贵妃叶赫那拉氏，生子载淳，是为穆宗。年方六岁。载垣等宣布遗诏，自称赞襄政务大臣。（载垣、端华、肃顺外，御前大臣景寿，军机大臣穆荫、匡源、杜翰、焦祐瀛，共八人。）叶赫那拉氏和奕䜣等密谋回銮。到京，便把载垣、端华、肃顺执杀。（当时肃顺护送梓宫，两宫及载垣、端华，自间道先归。至京，猝发载垣、端华之罪，杀之。肃顺则被执于途，亦被杀。）于是尊钮祜禄氏为母后皇太后，叶赫那拉氏为圣母皇太后，同时垂帘听政。而实权都在那拉氏。（钮祜禄氏徽号为慈安，谥孝贞，当时称东宫皇太后。叶赫那拉氏号慈禧，谥孝钦，当时称西宫皇太后。）

载垣等三人之中，肃顺颇有才具。重用汉人之议，肃顺亦是极力主张的。那拉后、奕䜣，虽和肃顺是政敌，却于此点能遵循而不变。当时沈桂芬、李棠阶等，尽忠于内；湘淮诸将，勠力于外，所以能把内难削平。内难既定之后，那拉后渐渐地骄侈起来。穆宗虽是那拉后所生，却和钮祜禄后亲昵。1869年，那拉后所宠的太监安得海，奉后命到广东。路过山东，山东巡抚丁宝桢，把他捉起来，奏闻。清朝的祖制，太监不准外出，出宫门便要处死的。那拉后无可如何，只得许其照办。有人说：此事实是穆宗授意的。从此母子之间，更生隔阂。1872年，穆宗将立皇后。钮祜禄氏属意于尚书崇绮之女阿鲁特氏。那拉后欲立凤秀之女富察氏，相持不能决。乃命穆宗自择。穆宗如钮祜禄后之意，那拉后大怒。大婚之后，禁止穆宗和皇后同居。穆宗郁郁，遂为微行，因以致疾，于1874年病死。宫中讳言是出天痘死的。

清朝当高宗时，曾定立嗣不能逾越世次之例。穆宗死后无子，照清朝的家法，自应在其侄辈中选出。但如此，那拉氏便要做太皇太后，未免位高而无权。加以醇亲王奕譞的福晋，是那拉氏的妹妹。所生的儿子载湉，就是那拉氏的外甥。于是决意迎立了他，是为德宗。（德宗立后，穆宗皇后饮药死。时懿旨说以德宗嗣文宗，生子即承大行皇帝。侍读学士广安上疏，援宋太宗故事，请颁铁券，奉旨申饬。及穆宗后既葬，吏部主事吴可读自杀，遗疏请长官代奏，请再下明文，将来大统，必归继承大行皇帝之子。懿旨说："皇帝将来诞生皇子，自能慎选贤良，缵承统绪，继大统者即为穆宗毅皇帝嗣子，皇帝必能善体是意也。"因清朝家法，不许建储，所以不能说德宗哪一个儿子继承穆宗，而只能说缵承统绪的，即为穆宗嗣子。）年方四岁，两宫再垂帘。钮祜禄氏虽然无用，毕竟是嫡后，那拉氏终有些碍着她。1881年，钮祜禄后忽然暴死。那拉氏从此更无忌惮。宠太监李莲英。罢奕䜣，而命军机大臣遇事和奕谟商办。卖官鬻爵。把海军衙门经费，移修颐和园。1891年，德宗大婚亲政。然实权仍都在那拉后之手。因此母子之间，嫌隙更深。遂成为戊戌政变的张本。

中国当道咸之世，很不愿意和外人交接。被迫通商，实在是出于无奈。同治初年，还是这等见解。所以当时欧美各国来求通商，还是深闭固拒。但是到后来，迫于无可如何，也就只得一一和他们订约了。（各国立约，除英、法、俄、美外，惟瑞典在1847年，在《天津》《北京》两约之前，余则皆在其后。当1858年、1860年间，清廷虽胁于兵力，和英、法、俄、美订约，对于其余诸国，还是深闭固拒的。所以桂良、花沙纳在上海议商约时，西、葡两国来求通商，桂良据以奏闻，上谕还是不许。后来有许多国请于薛焕奏闻，上谕仍令严拒，并令晓谕英、法、美三国，帮同阻止。有"如各小国不遵理谕，径赴天津，惟薛焕是问"之语。然1861年，普鲁士赴上海求通商，为薛焕所拒，径赴天津入京，由法使为之代请，清廷卒无可如何，与之立约。于是荷兰、丹麦于1863年，西班牙于1864年，比利时于1865年，意大利于1866年，奥斯马加于1869年，相继与中国订约。当其请求立约时，大率由英、法等国，为之介绍。而所订条约，即以介绍国之条约为其蓝本，所以受亏益深。这都是同治一朝中之事。其中惟秘鲁因有苛待华工，葡萄牙因有澳门交涉，在同治朝商订条约，久无成议。《秘约》直至1874年，即同治十三年才商定。明年，即光绪元年才互换。《葡约》则到1887年才订定。清代所订条约，以《南京条约》为始，至《天津》《北京》两条约而集其大成。同治一朝所订条约，差不多全是抄袭成文的。至1874年的《秘鲁条约》以后，则所订条约，较前已略有进步了。但大体上，因为前此的条约所束缚，所以总不能免于不平等之讥。至后此所订条约，其吃亏又出于《天津》《北京》两约之外的，则以1895年和日本所立的《马关条约》为始。）至1867年，总署乃奏派志刚、孙家毂及美人蒲安臣Hon Anson Burlingame等。出聘有约各国。在美国定约八条。在欧洲各国，则申明彼此交涉。当以和平公正为主，不可挟持兵力，约外要求。（在美所定《续约》八条，最要的，第一条申明"通商口岸及水路洋面贸易行走之处，并未将管辖地方水面之权给予。美与他国失和，不得在此争战，夺货，劫人。凡中国已经及续有指准美国或别国人居住贸易之地，除约文内指明归某国官管辖外，皆仍归中国地方官管辖"。第二条："嗣后与美另开贸易行船利益之路，皆由中国做主，自定章程——惟不得与原约之意相背。"都与国权很有关系。第三条：中国可在美国设领。第四、五、六、七条，都是关于华人入美及入美后待遇问题，因为当时华人往美的，已经很多了。第八条关于襄理中国制造，"美国愿指派熟练工程师前往，并劝别国一体相助。惟中国内治，美国并无干预催问之意。于何时，照何法办理，总由中国自主酌度"，并含有利用外国技术，开发中国之意。在美定约后，志刚等又历英、法、普、俄、瑞典、丹麦、荷兰等国。1870年，蒲安臣死于俄都。志刚等又历比、意、西三国而归。）这实在是中国外交更新的第一声。惜乎后来未能继续进行。至于改革，前此是说不到的。同治以后，湘淮军中人物，主持政事。他们都是亲身经历，知道西洋各国，确有其长处，我们欲图自强，是万不能不仿效的。于是同文馆、广方言馆、制造局、船厂、水师和船政学堂，次第设立。轮船、电报、铁路、邮政、新法采矿等，亦次第兴办起来。（1862年，李鸿章抚苏，奏设广方言馆于上海——后移并制造局，译出西书颇多。1864年，又在上海设制造局。1866年，以左宗棠请，于福建设船厂。由沈葆桢司其事。是年，又于北京设同文馆。1871年，曾国藩、李鸿章始奏派学生，赴美留学。1872年，设轮船招商局。筹办铁甲兵船。1876年，设船政学堂于福州。1880年，设水师学堂于天津。又设南北洋电报。1881年，设开平矿务局。同时创办唐胥铁路。）但所学的，都不过军械和技艺的末节，这断不足以挽回国势，而自进于世界强国之林。而且当时，还有顽固守旧之士，听说要造铁路，就说京津大路，从此无险可守的。闻同文馆将招正途出身的人学习，就以为于人心士气，大有关系的。（同文馆设立时，御史张盛藻请毋庸招集正途。奉批:"天文算学,为儒者所当知,不得目为机巧。"倭仁时为大学士,因此上疏谏诤,其疏,很可以代表当时守旧者的意见。今节录如下。疏说:"天文算学,为益甚微,西人教习正途,所损甚大。立国之道,尚礼义不尚权谋;根本之图,在人心不在技艺,今求之一艺之末,而又奉夷人为师。无论夷人谲诡,未必传其精巧;即使教者诚教,学者诚学,所成就者,亦不过术数之士;古往今来,未有恃术数而能起衰弱者也。议和以来,耶稣之教盛行,无识愚民,半为煽惑,所恃读书之士,讲明义理,或可维持人心。今复举聪明隽秀,国家所培养而储以有用者,变而从夷;正气为之不伸,邪气因而弥炽;数年以后,不尽驱中国之众,咸归于夷不止。伏读《圣祖文集》,谕大学士九卿科道云:西洋各国,千百年后,中国必受其累。仰见圣虑深远,虽用其法,实恶其人。今天下已受其害矣,复扬其波而张其焰邪?……")又有一种不谙国际情势,而专唱高调,自居于清流之列的。在民间,则因生产方法之不同,而在经济上,渐渐受外国的侵削。而大多数平民,依旧是耕凿相安,不知道今日是何世界;即读书人亦是如此。这都是几千年以来的积习,猝难改革,而外力却愈逼愈深,就演成晚清以后种种的事变。

汉族的光复运动

吕思勉

　　一个民族，进步到达于某一程度之后，就绝不会自忘其为一个独立的民族了。虽然进化的路径，是曲线的，有时不免暂为他族所压服。1729年，即清世宗的雍正七年，曾有过这样一道上谕。他说："从前康熙年间各处奸徒窃发，辄以朱三太子为名，如一念和尚、朱一贵者，指不胜屈。近日尚有山东人张玉，假称朱姓，托于明之后裔，遇星士推算有帝王之命，以此希冀蛊惑愚民，现被步军统领拿获究问。从来异姓先后继统，前朝之宗姓，臣服于后代者甚多，否则隐匿姓名，伏处草野，从未有如本朝奸民，假称朱姓，摇惑人心若此之众者。似此蔓延不息，则中国人君之子孙，遇继统之君，必至于无噍类而后已，岂非奸民迫之使然乎？"这一道上谕，是因曾静之事而发的。曾静是湖南人，读浙江吕留良之书，受着感动，使其徒张熙往说岳钟琪叛清，钟琪将其事举发。吕留良其时已死，因此遭到了剖棺戮尸之祸。曾静、张熙暂时免死拘禁，后亦被杀。这件事，向来被列为清朝的文字狱之一，其实乃是汉族图谋光复的实际行动，非徒文字狱而已。1729年，为亡清入关后之86年，表面上业已太平，而据清世宗上谕所说，则革命行动的连续不绝如此，可见一部分怀抱民族主义的人，始终未曾屈服了。怀抱民族主义的人，是中下流社会中都有的。中流社会中人的长处，在其知识较高，行动较有方策，且能把正确的历史知识，留传到后代，但直接行动的力量较弱。下流社会中人，直接行动的力量较强，但其人智识缺乏，行动起来，往往没有适当的方策，所以有时易陷于失败，甚至连正确的历史，都弄得缪悠了。清朝最大的会党，在北为哥老会，在南为天地会，其传说大致相同。天地会亦称三合会，有人说就是三点会，南方的清水、匕首、双刀等会，皆其支派。据他们的传说：福建莆田县九连山中，有一个少林寺。僧徒都有武艺。曾为清征服西鲁国。后为奸臣所谗，清主派兵去把他们剿灭。四面密布火种，趁夜举火，想把他们尽行烧死。有一位神道，唤做达尊，使其使者朱开、朱光，把18个和尚引导出来。这18个和尚，且战且走，13个战死了。剩下来的5个，就是所谓前五祖。又得五勇士和后五祖为辅，矢志反汩复汩。汩就是清字，汩就是明字，乃会中所用的秘密符号。他们自称为洪家。把洪字拆开来则是三八二十一，他们亦即用为符号。洪字大约是用的明太祖开国的年号洪武；或者洪与红同音，红与朱同色，寓的明朝国姓的意思，亦未可知。据他们的传说：他们会的成立，在1674年。曾奉明思宗之裔举兵而无成，乃散而广结徒党，以图后举。此事见于日本平山周所著的《中国秘密社会史》。（平山周为中山先生的革命同志，曾身入秘密社会，加以调查）据他说："后来三合会党的举事，连续不绝。其最著者，如1787年，即清高宗乾隆五十二年台湾林爽文之变便是。1832年，即宣宗道光十二年，两广、湖南的瑶乱，亦有三合会党在内。鸦片战争既起，三合会党尚有和海峡殖民地的政府接洽，图谋颠覆清朝的。"其反清复明之志，可谓终始不渝了。而北方的白莲教徒的反清，起于1793年，即乾隆五十八年，蔓延四川、湖北、河南、陕西四省，至1804年，即仁宗嘉庆九年而后平定，此即向来的史家称为川、楚教匪，为清朝最大的内乱之始的，其所奉的王发生，亦诈称明朝后裔，可见北方的会党，反清复明之志，亦未尝变。后来到1813年，即嘉庆十八年，又有天理教首林清，图谋在京城中举事，至于内监亦为其内应，可见其势力之大。天理教亦白莲教的支派余裔，又可见反清复明之志，各党各派，殊途同归了。而其明目张胆，首传讨胡之檄的则为太平天国。

太平天国天王洪秀全，系广东花县人。生于1812年，恰在民国纪元之前百年。结合下流社会，有时是不能不利用宗教做工具的。广东和外人交通早，所以天王所创的宗教，亦含有西教的意味。他称耶和华为天父，基督为天兄，而己为其弟。乘广西年饥盗起，地方上有身家的人所办的团练和贫苦的客民冲突，以1850年，起事于桂平的金田村。明年，下永安，始建国号。又明年，自湖南出湖北，沿江东下。1853年，遂破江宁，建都其地，称为天京。当天国在永安时，有人劝其北出汉中，以图关中；及抵武、汉时，又有人劝其全军北上；天王都未能用。既据江宁，耽于声色货利，不免渐流于腐败。天王之为人，似只长于布教，而短于政治和军事。委政于东王杨秀清，尤骄恣非大器。始起诸王，遂至互相残杀。其北上之军，既因孤行无援，而为清人所消灭。溯江西上之兵，虽再据武、汉，然较有才能的石达开，亦因天京的政治混乱，而和中央脱离了关系。清朝却得曾国藩，训练湘军，以为新兴武力的中坚。后又得李鸿章，招募淮军，以为之辅。天国徒恃一后起之秀的李秀成，只身支柱其间，而其余的政治军事，一切都不能和他配合。虽然兵锋所至达十七省（内地十八省中，惟甘肃未到）。前后共历15年，也不得不陷于灭亡的悲运了。太平天国的失败，其责实不在于军事而在于政治。他的兵力，是够剽悍的。其扎实垒、打死仗的精神，似较之湘、淮军少逊，此乃政治不能与之配合之故，而不能悉归咎于军事。若再推究得深些，则其失败，亦可以说是在文化上。（1）社会革命和政治革命，很不容易同时并行，而社会革命，尤其对社会组织，前因后果，要有深切的认识，断非简单，手段灭裂的均贫富主义所能有济。中国的下流社会中人，是向来有均贫富的思想的，其宗旨虽然不错，其方策则绝不能行。今观太平天国所定的把天下田亩，按口均分；二十五家立一国库，婚丧等费用，都取给国库，私用有余，亦须缴入国库等；全是极简单的思想，极灭裂的手段。知识浅陋如此，安能应付一切复杂的问题？其政治的不免于紊乱，自是势所必然了。（2）满洲人入据中原，固然是中国人所反对，而是时西人对中国，开始用兵力压迫，亦为中国人所深恶的，尤其是传教一端，太平天国初起时，即发布讨胡之檄。"忍令上国衣冠，沦于夷狄？相率中原豪杰，还我河山"，读之亦使人气足神王。倘使他们有知识，知道外力的压迫，由于清廷的失政，郑重提出这一点，固能得大多数人的赞成；即使专提讨胡，亦必能得一部分人的拥护。而他们后来对此也模糊了，反而到处传播其不中不西的上帝教，使反对西教的士大夫，认他为文化上的大敌，反而走集于清朝的旗帜之下。这是太平天国替清朝做了掩蔽，而反以革命的对象自居，其不能成事，实无怪其然了。湘、淮军诸将，亦是一时人杰，并无一定要效忠于清廷的理由，他们的甘为异族作伥，实在是太平天国的举动，不能招致豪杰，而反为渊驱鱼。所以我说他政治上的失败，还是文化上的落后。

和太平天国同时的，北方又有捻党，本蔓延于苏、皖、鲁、豫四省之间。1864年，天国亡，余众多合于捻，而其声势乃大盛。分为东西两股。清朝任左宗棠、李鸿章以攻之。至1867年、1868年，然后先后平定。天国兵锋，侧重南方，到捻党起，则黄河流域各省，亦无不大被兵灾了，而回乱又起于西南，而延及西北。云南的回乱，起于1855年，至1872年而始平，前后共历18年。西北回乱，则起于1862年，自陕西延及甘肃，并延及新疆。浩罕人借兵给和卓木的后裔，入据喀什喀尔。后浩罕之将阿古柏帕夏杀和卓木后裔而自立，意图在英、俄之间，建立一个独立国。英、俄都和他订结通商条约，且曾通使土耳其。英使且力为之请，欲清人以天山南北路之地封之。清人亦有以用兵劳费，持是议者。幸左宗棠力持不可。西捻既平之后，即出兵以攻叛回。自1875年至1878年，前后共历4年，而南北两路都平定。阿古柏帕夏自杀。当回乱时，俄人虽乘机占据伊犁，然事定之后，亦获返还。虽然划界时受损不少，西北疆域，大体总算得以保全。

　　清朝的衰机，是潜伏于高宗，暴露于仁宗，而大溃于宣宗、文宗之世的。当是时，外有五口通商和咸丰戊午、庚申之役，内则有太平天国和捻、回的反抗，几于不可收拾了。其所以能奠定海宇，号称中兴，全是一班汉人，即所谓中兴诸将，替他效力的。清朝从道光以前，总督用汉人的很少，兵权全在满族手里。至太平天国兵起，则当重任的全是汉人。文宗避英、法联军，逃奔热河，1861年，遂死于其地。其时清宗室中，载垣、端华、肃顺三人握权。载垣、端华亦是妄庸之徒，肃顺则颇有才具，力赞文宗任用汉人，当时内乱的得以削平，其根基实定于此。文宗死，子穆宗立。载垣、端华、肃顺等均受遗诏，为赞襄政务大臣。文宗之弟恭亲王奕䜣，时留守京师，至热河，肃顺等隔绝之，不许其和文宗的皇后钮祜禄氏和穆宗的生母叶赫那拉氏相见。后来不知如何，奕䜣终得和他们相见了，密定回銮之计。到京，就把载垣、端华、肃顺都杀掉。于是钮祜禄氏和叶赫那拉氏同时垂帘听政。（钮祜禄氏称母后皇太后，谥孝贞。叶赫那拉氏称圣母皇太后，谥孝钦。世称孝贞为东宫太后，孝钦为西宫太后）钮祜禄氏是不懂得什么的，大权都在叶赫那拉氏手里。叶赫那拉氏和肃顺虽系政敌，对于任用汉人一点，却亦守其政策不变，所以终能削平大难。然自此以后，清朝的中央政府即无能为，一切内政、外交的大任，多是湘、淮军中人物，以疆臣的资格决策或身当其冲。军机及内阁中，汉人的势力亦渐扩张。所以在这个时候，满洲的政权，在实际上已经覆亡了，只因汉人一方面，一时未有便利把他推倒，所以名义又维持了好几十年。

清朝的衰乱及覆亡

吕思勉

太平天国既亡，捻、回之乱复定，清朝一时号称中兴。的确，遭遇如此大难，而一个皇室，还能维持其政权于不敝的，在历史上亦很少见。然清室的气运，并不能自此好转，仍陵夷衰微以至于覆亡，这又是何故呢？这是世变为之。从西力东侵以后，中国人所遭遇到的，是一个旷古未有的局面，绝非任何旧方法所能对付。孝钦皇后自亦有其相当的才具，然她的思想是很陈旧的。试看她晚年的言论，还时时流露出道、咸时代人的思想来可知。大约她自入宫以后，就和外边隔绝了，时局的真相如何，她是不得而知的。她的思想，比较所谓中兴名臣，还要落后许多。当时应付太平天国，应付捻、回，所用的都是旧手段，她是足以应付的。内乱既定之后，要进而发愤自强，以御外患，就非她所能及了。不但如此，即当时所谓中兴名臣，要应付这时候的时局，也远觉不够。他们不过任事久了，经验丰富些，知道当时的一种迂阔之论不足用，他们亦觉得中国所遭遇的，非复历史上所有的旧局面，但他们所感觉到的，只是军事。因军事而牵及于制造，因制造而牵及于学术，如此而已。后来的人所说的"西人自有其立国之本，非仅在械器之末"，断非这时候的人所能见得到的，这亦无怪其然。不但如此，在当时中兴诸将中，如其有一个首领，像晋末的宋武帝一般，入据中央，大权在握，而清朝的皇帝，仅保存一个名义，这一个中央政府，又要有生气些。而无如中兴诸将，地丑德齐，没有这样的一个人物。而且他们多数是读书人，既有些顾虑君臣的名义，又有些顾虑到身家、名誉，不敢不急流勇退。清朝对于汉人，自然也不敢任之过重。所以当时主持中枢的，都是些智识不足、软弱无力，甚至毫无所知之人。士大夫的风气，在清时本是近于阘茸而好利的。湘军的中坚人物，一时曾以坚贞任事的精神为倡。然少数人的提倡，挽回不过积重的风气来，所以大乱平定未久，此种精神，即已迅速堕落。官方士习，败坏如故。在同、光之世，曾产生一批所谓清流。喜唱高调，而于事实茫无所知，几于又蹈宋、明人的覆辙。幸而当时的情势，不容这一种人物发荣滋长，法、越之役，其人有身当其冲而失败的，遂亦销声匿迹了。而士大夫仍成为一奄奄无气的社会。政府和士大夫阶级，其不振既如此，而宫廷之间，又发生了变故。清穆宗虽系孝钦后所生，顾与孝钦不协。立后之时，孝贞、孝钦，各有所主。穆宗顺从了孝贞的意思。孝钦大怒，禁其与后同居。穆宗郁郁，遂为微行，致疾而死。醇亲王奕𫍽之妻，为孝钦后之妹，孝钦因违众议立其子载湉，是为德宗。年方四岁，两宫再临朝。后孝贞后忽无故而死，孝钦后益无忌惮。宠任宦官，骄淫奢侈，卖官鬻爵，无所不为。德宗亲政之后，颇有意于振作，而为孝钦所遏，母子之间，嫌隙日深，就伏下戊戌政变的根源了。

内政的陵夷如此，外交的情势顾日急。中国历代所谓藩属，本来不过是一个空名，实际上得不到什么利益的。所以论政之家，多以疲民力、勤远略为戒。但到西力东侵以来，情形却不同了。所谓藩属，都是屏蔽于国境之外的，倘使能够保存，敌国的疆域，既不和我国直接，自然无所肆其侵略。所以历来仅有空名的藩属，到这时候，倒确有藩卫的作用了。但以中国外交上的习惯和国家的实力，这时候，如何说得上保存藩属？于是到19世纪，而朝贡于中国之国，遂悉为列强所吞噬。我们现在先从西面说起：哈萨克和布鲁特，都于公元1840年顷，降伏于俄。布哈尔、基华，于1873年沦为俄国的保护国。浩罕于1876年为俄所灭。巴达克山以1877年受英保护，乾竺特名为两属，实际上我亦无权过问。于是自葱岭以西朝贡之国尽了。其西南，则哲孟雄，当英、法联军入北京之年，英人即在其境内获得铁路铺设权。缅甸更早在1826年和1851年和英人启衅战败，先后割让阿萨密、阿剌干、地那悉林及白古，沿海菁华之地都尽。安南旧阮失国后，曾介教士乞援于法。后来乘新阮之衰，借暹罗之助复国，仍受封于中国，改号为越南。当越南复国时，法国其实并没给予多大的助力。然法人的势力，却自此而侵入，交涉屡有葛藤。至1874年，法人遂和越南立约，认其为自主之国。我国虽不承认，法国亦置诸不理。甚至新兴的日本，亦于1879年将自明、清以来受册封于中国的琉球灭掉。重大的交涉，在西北，则有1881年的《伊犁条约》。当回乱时，伊犁为俄国所据，中国向其交涉，俄人说：不过代中国保守，事定即行交还的。及是，中国派了一个昏聩糊涂的崇厚去，只收回了一个伊犁城，土地割弃既多，别种权利，丧失尤巨。中国将崇厚治罪，改派了曾纪泽，才算把地界多收回了些，别种条件，亦略有改正。然新疆全境，都准无税通商；肃州、吐鲁番，亦准设立领事；西北的门户，自此洞开了。在西南，则英国屡求派员自印度经云南入西藏探测，中国不能拒，许之。1857年，英人自印度实行派员入滇，其公使又遣其参赞，自上海至云南迎接。至腾越，为野人所杀。其从印度来的人员，亦被人持械击阻。这件事，云贵总督岑毓英，实有指使的嫌疑，几至酿成重大的交涉。次年，乃在芝罘订立条约：允许滇、缅通商，并开宜昌、芜湖、温州、北海为商埠。许英国派员驻扎重庆，察看商务情形，俟轮船能开抵时，再议开埠事宜。此为西人势力侵入西南之始。至1882年，而法、越的战事起。我兵初自云南、广西入越的都不利，海军亦败于福州。然后来冯子材有镇南关之捷，乘势恢复谅山。法人是时的情形，亦未能以全力作战，实为我国在外交上可以坚持的一个机会。但亦未能充分利用。其结果，于1885年，订立条约，承认法国并越，并许在边界上开放两处通商。（后订开龙州、蒙自、蛮耗。1895年之约，又订以河口代蛮耗，增开思茅。）英人乘机，于1885年灭缅甸。中国亦只得于其明年立约承认。先是《芝罘条约》中，仍有许英人派员入藏的条款，至是，中国乘机于《缅约》中将此款取消。然及1888年，英、藏又在哲孟雄境内冲突，至1890年，中国和英人订立《藏印条约》，遂承认哲孟雄归英保护。1893年，续议条约，复订开亚东关为商埠，而藏人不肯履行，又伏下将来的祸根。

对外交涉的历次失败，至1894年中、日之战而达于极点。中、日两国，同立国于东方，在历史上的关系，极为深切，当西力东侵之际，本有合作御侮的可能。但这时候，中国人对外情太觉隔阂，一切都不免以猜疑的态度出之，而日方则褊狭性成，专务侵略，自始即不希望和中国合作。中、日的订立条约，事在1871年。领判权彼此皆有。进口货物，按照海关税则完纳，税则未定的，则直百抽五，亦彼此所同。内地通商，则明定禁止。在中国当日，未始不想借此为基本，树立一改良条约之基，然未能将此意开诚布公，和日本说明。日本则本不想和中国合作，而自始即打侵略的主意，于是心怀不忿。至1874年，因台湾生番杀害日本漂流的人民，径自派兵前往攻击。1879年，又灭琉球。交涉屡有葛藤，而其时朝鲜适衰微不振，遂为日本踏上大陆的第一步，成为中、日两国权利冲突的焦点。1894年，日人预备充足，蓄意挑衅，卒至以兵戎相见。我国战败之后，于其明年，订立《马关条约》。除承认朝鲜自主外，又割台湾和辽东半岛，赔款至二万万两。改订通商条约，悉以中国和泰西各国所定的约章为准，而开辟沙市、重庆、苏州、杭州为商埠，日人得在通商口岸从事于制造，则又是泰西各国所求之历年，而中国不肯允许的。此约既定之后，俄国联合德、法加以干涉，日人乃加索赔款三千万两，而将辽东还我。因此而引起1896年的《中俄密约》，中国许俄国将西伯利亚铁路经过黑、吉两省而达到海参崴。当时传闻，俄国还有租借胶州湾的密约，于是引起德国的强占胶州湾而迫我立99年租借之约，并获得建造胶济铁路之权。俄人因此而租借旅、大，并许其将东省铁路展筑一支线。英人则租借威海威，法人又租借广州湾。我国沿海业经经营的军港，就都被占据了。其在西南：则法国因干涉还辽之事，向我要索报酬。于1895年订立《续议界务商务专条》，云南、两广开矿时，许先和法人商办。越南已成或拟设的铁路，得接至中国境内。并将前此允许英国不割让他国的孟连、江洪的土地，割去一部分。于是英国再向我国要求，于1897年，订立《中缅条约附款》。云南铁路允与缅甸连接，而开放三水、梧州和江根墟。外人的势力，侵入西南益深了。又自俄、德两国，在我国获得铁路铺设权以来，各国亦遂互相争夺。俄人初借比国人出面，获得芦汉铁路的铺设权。英人因此要求津镇、河南到山东、九广、浦信、苏杭甬诸路。俄国则要求山海关以北铁路，由其承造。英国又捷足先得，和中国订定了承造牛庄至北京铁路的合同。英、俄旋自相协议，英认长城以北的铁路归俄承造，俄人则承认长江流域的铁路归英承造。英、德又自行商议，英认山西及自山西展筑一路至江域外，黄河流域的铁路归德，德认长江流域的铁路归英。凡铁路所至之处，开矿之权利亦随之。各国遂沿用分割非洲时的手段，指我国之某处，为属于某国的势力范围，而要求我以条约或宣言承认其地不得割让给别国。于是瓜分之论，盛极一时。而我国人亦于其时警醒了。

自西力东侵，而中国人遭遇到旷古未有的变局。值旷古未有的变局，自必有非常的手段，然后足以应付之，此等手段，自非本来执掌政权的阶级所有，然则新机从何处发生呢？其一，起自中等阶级，以旧有的文化为根柢的，是为戊戌维新。其二，以流传于下级社会中国有的革命思想为渊源，采取西洋文化，而建立成一种方案的，则为辛亥革命。戊戌变法，康有为是其原动力。康有为的学问，是承袭清代经学家今文之学的余绪，而又融合佛学及宋、明理学而成的。（1）因为他能承受今文之学的"非常异义"，所以能和西洋的民主主义接近。（2）因为他能承受宋学家彻底改革的精神，所以他的论治，主于彻底改革，主张设治详密，反对向来"治天下不如安天下，安天下不如与天下安"的苟简放任政策。（3）主张以中坚阶级为政治的重心，则士大夫本该有以天下为己任的大志，有互相团结的精神。宋、明人的讲学颇有此种风概。入清以来，内鉴于讲学的流弊，外慑于异族的淫威，此等风气，久成过去了。康有为生当清代威力已衰，政令不复有力之时，到处都以讲学为事。他的门下，亦确有一班英多磊落之才。所以康有为的学问及行为，可以说是中国旧文化的复活。他当甲午战前，即已上书言事。到乙未之岁，中、日议和的时候，他又联合入京会试的举人，上书主张迁都续战，因陈变法自强之计。书未得达，和议成后，他立强学会于北京，想联合士大夫，共谋救国。会被封禁，其弟子梁启超走上海，主持《时务报》旬刊，畅论变法自强之义。此报一出，风行海内，而变法维新，遂成为一时的舆论。康有为又上书两次。德占胶州湾时，又入京陈救急之计。于是康有为共上书五次，只一次得达。德宗阅之，颇以为然。岁戊戌，即1898年，遂擢用有为等以谋变法。康有为的宗旨，在于大变和速变。大变所以谋全盘的改革，速变则所以应事机而振精神。他以为变法的阻力，都是由于有权力的大臣，欲固其禄位之私，于是劝德宗勿去旧衙门，但设新差使。他以为如此即可减少阻力。但阻碍变法的，固非尽出于保存禄位之私；即以保存禄位论，权已去，利亦终不可保，此固不足以安其心。何况德宗和孝钦后素有嫌隙，德宗又向来无权。于是有戊戌的政变。政变以后，德宗被幽，有为走海外，立保皇党，以推翻孝钦后，扶德宗亲政相号召。然无拳无勇，复何能为？而孝钦后以欲捕康、梁不得；欲废德宗，又为公使所反对；迁怒及于外人。其时孝钦后立端郡王载漪之子溥儁为大阿哥，载漪因急欲其子正位。宗戚中亦有附和其事，冀立拥戴之功的。而极陈旧的，"只要中国人齐心，即可将外国人尽行逐去，回复到闭关时代之旧"的思想，尚未尽去。加以下层社会中人，身受教案切肤之痛，益以洋人之强惟在枪炮，而神力可以御枪炮之说，遂至酿成1900年间义和团之乱。亲贵及顽固大臣，因欲加以利用，乃有纵容其在京、津间杀教士，焚教堂，拆铁路，倒电杆，见新物则毁，见用洋货的人则杀的怪剧。并伪造外人的要求条件，以恐吓孝钦后，而迫其与各国同时宣战。意欲于乱中取利，废德宗而立溥儁。其结果，八国联军入京城，德宗及孝钦后走西安。1901年的和约，赔款至450兆。京城通至海口路上的炮台，尽行拆去。且许各国于其通路上驻兵。又划定使馆区域，许其自行治理、防守。权利之丧失既多，体面亦可谓丧失净尽了。是时东南诸督抚，和上海各领事订立互保之约，不奉北京的伪令。虽得将战祸范围缩小，然中央的命令，自此更不行于地方了。而黑龙江将军又贸然与俄人启衅，致东三省尽为俄人所占。各国与中国议和时，俄人说东三省系特别事件，不肯并入和约之中讨论，幸保完整的土地，仍有不免于破碎之势。庚子一役闯出的大祸如此。孝钦后自回銮以后，排外变而为媚外；前此之力阻变革者，至此则变为貌行新政，以敷衍国民。宫廷之中，骄奢淫佚，朝廷之上，昏庸泄沓如故。满清政府至此，遂无可维持，而中国国民，乃不得不自起而谋政治的解决。

19世纪之末，瓜分之论，盛极一时。1899年，美国国务卿海约翰氏（John Hay）。乃通牒英、俄、法、德、意、日六国，提出门户开放主义。其内容为：（1）各国对于中国所获得的利益范围或租借地域，或他项既得权利，彼此不相干涉。（2）中国范围内各港，对他国入港商品，都遵守中国现行海关税率，课税由中国征收。（3）各国范围内各港，对他国船舶所课入口税，不得较其本国船舶为高。铁路运费亦然。这无非要保全其在条约上既得的权利。既要保全条约上的权利，自然要连带而及于领土保全，因为领土设或变更，既成的条约，在该被变更的领土上，自然无效了。六国都覆牒承认。然在此时，俄国实为侵略者，逮东三省被占而均势之局寝破。此时英国方有事于南非，无暇顾及东方，乃和德国订约，申明门户开放、领土保全之旨。各国都无异议。惟俄人主张其适用限于英、德的势力范围。英国力持反对。德国和东方关系究竟较浅，就承认俄国人的主张了。于是英国觉得在东方要和俄国相抗，非有更强力的外援不可，乃有1902年的英、日同盟。俄国亦联合法国，发表宣言，说如因第三国的侵略或中国的扰乱，两国利益受到侵害时，应当协力防卫。这时候，日本对于我国东北的利害，自然最为关切，然尚未敢贸然与俄国开战，乃有满、韩交换之论。大体上，日本承认俄国在东三省的权利，而俄人承认日本在韩国的权利。而俄人此时甚骄，并此尚不肯承认，其结果，乃有1904年的日、俄战争。俄国战败，在美国的朴茨茅斯，订立和约。俄人放弃在韩国的权利，割库页岛北纬五十度以南之地与日。除租借地外，两国在东三省的军队都撤退，将其地交还中国。在中国承认的条件之下，将旅顺、大连湾转租与日，并将东省铁路支线，自长春以下，让给日本。清廷如何能不承认？乃和日本订立《会议东三省事宜协约》，除承认《朴茨茅斯条约》中有关中国的款项外，并在三省开放商埠多处。军用的安奉铁路，许日人改为商用铁路。且许合资开采鸭绿江左岸材木。于是东北交涉的葛藤，纷纷继起，侵略者的资格，在此而不在彼了。当日、俄战争时，英国乘机派兵入藏，达赖出奔。英人和班禅立约，开江孜、噶大克为商埠。非经英国许可，西藏的土地不得租、卖给外国人。铁路、道路、电线、矿产不得许给外国或外国人。一切入款、银钱、货物，不得抵押给外国或外国人。一切事情，都不受外国干涉。亦不许外国派官驻扎和驻兵。中国得报大惊，然与英人交涉无效，不得已，乃于1906年，订立《英藏续约》，承认《英藏条约》为附约，但声明所谓外国或外国人者，不包括中国或中国人在内而止。在东北方面，中国拟借英款铺设新法铁路，日人指为南满铁路的平行线。（东省铁路支线，俄人让给日本的，日人改其名为南满路。）中国不得已作罢，但要求建造锦齐铁路时，日不反对。中国因欲借英、美的款项，将锦齐铁路延长至瑷珲。日人又嗾使俄人出而反抗。于是美国人有满洲铁路中立的提议。其办法：系由各国共同借款给中国，由中国将东三省铁路赎回。在借款未还清前，由各国共同管理，禁止政治上、军事上的使用。议既出，日、俄两国均提出抗议。这时候，因英、美两国欲伸张势力于东北而无所成，其结果反促成日、俄的联合。两国因此订立协约，声明维持满洲现状，现状被迫时，彼此互相商议。据说此约别有密约，俄国承认日本并韩，而日本承认俄国在蒙、新方面的行动。此约立于1910年。果然，日本于其年即并韩，而俄人对蒙、新方面，亦于其明年提出强硬的要求，且用哀的美敦书迫胁中国承认了。

外力的冯陵，实为清季国民最关心的事项。清朝对于疆土的侵削，权利的丧失，既皆熟视而无可如何，且有许多自作孽的事情，以引进外力的深入。国民对于清政府，遂更无希望，且觉难于容忍。在庚子以前，还希冀清朝变法图强的，至庚子以后，则更无此念，激烈的主张革命，平和的也主张立宪，所要改革的，不是政务而是政体了。革命的领导者孙中山先生，是生于中国的南部，能承袭明季以来的民族革命思想，且能接受西方的民治主义的。他当1885年，即已决定颠覆清朝，创建民国。1892年在澳门立兴中会。其后漫游欧、美，复决定兼采民生主义，而三民主义，于是完成。自1892年以来，孙中山屡举革命之帜。其时所利用的武力，主要的为会党，次之则想运动防军。然防军思想多腐败，会党的思想和组织力亦嫌其不足用，是以屡举而无成。自戊戌政变以后，新机大启，中国人士赴外国留学者渐多，以地近费省之故，到日本去的尤夥。以对朝政的失望，革命、立宪之论，盛极一时。1905年，中山先生乃赴日本，将兴中会改组为同盟会。革命团体至此，始有中流以上的人士参加。中山先生说："我至此，才希望革命之事，可以及身见其有成。"中流以上的人士，直接行动的能力，虽似不如下层社会，然因其素居领导的地位，在宣传方面的力量，却和下层社会中人，相去不可以道里计，革命的思潮，不久就弥漫全国了。素主保皇的康有为，在此时，则仍主张君主立宪。其弟子梁启超，是历年办报，在言论界最有权威的。初主革命，后亦改从其师的主张，在所办的《新民丛报》内，发挥其意见，和同盟会所出的《民报》，互相辩论，于是立宪、革命成为政治上的两大潮流。因对于清朝的失望，即内外臣工中，亦有主张立宪的。日、俄战争而后，利用日以立宪而胜，俄以专制而败为口实，其议论一时尤盛。清朝这时候，自己是并无主张的。于是于1906年下诏预备立宪。俟数年后，察看情形，以定实行的期限。人民仍不满足。1908年，下诏定实行立宪之期为9年。这一年冬天，德宗和孝钦后相继而死。德宗弟醇亲王载沣之子溥仪立。年幼，载沣摄政，性甚昏庸。其弟载洵、载涛则恣意妄为。居政府首席的庆亲王奕劻，则老耄而好贿，政局更形黑暗。人民屡请即行立宪，不许。1910年，号称为国会预备的资政院，亦以为请，乃勉许缩短期限，于三年后设立国会。然以当时的政局，眼见得即使召集国会，亦无改善的希望，人民仍觉得灰心短气。而又因铁路国有问题，和人民大起冲突。此时的新军，其知识已非旧时军队之比；其纪律和战斗力自亦远较会党为强。因革命党人的热心运动，多有赞成革命的。1911年10月10日，即旧历辛亥八月十九日，革命军起事于武昌。清朝本无与立，在无事时，亲贵虽欲专权，至危急时，仍不得不起用袁世凯。袁世凯亦非有诚意扶持清朝的，清人力尽势穷，遂不得不于其明年即中华民国元年二月十二日退位。沦陷了268年的中华，至此光复；且将数千年来的君主专制政体，一举而加以颠覆。自五口通商，我国民感觉时局的严重，奋起而图改革，至此不过70年，而有如此的大成就，其成功，亦不可谓之不速了。